U0525069

本书为中国人民大学重大规划项目"秦史与秦文化研究"（项目批准号：18XNLG02）的阶段性研究成果

作者单位："古文字与中华文明传承发展工程"协同攻关创新平台、中国人民大学国学院

秦史人物论稿

王子今 ◎ 著

中国社会科学出版社

图书在版编目（CIP）数据

秦史人物论稿 / 王子今著 . —北京：中国社会科学出版社，2021.7
（2021.11 重印）
ISBN 978-7-5203-8528-2

Ⅰ.①秦… Ⅱ.①王… Ⅲ.①历史人物—人物研究—中国—秦代 Ⅳ.①K820.33

中国版本图书馆 CIP 数据核字（2021）第 100962 号

出 版 人	赵剑英
责任编辑	史慕鸿
责任校对	刘　娟
责任印制	戴　宽

出　　版	中国社会科学出版社
社　　址	北京鼓楼西大街甲 158 号
邮　　编	100720
网　　址	http://www.csspw.cn
发 行 部	010-84083685
门 市 部	010-84029450
经　　销	新华书店及其他书店
印　　刷	北京明恒达印务有限公司
装　　订	廊坊市广阳区广增装订厂
版　　次	2021 年 7 月第 1 版
印　　次	2021 年 11 月第 2 次印刷
开　　本	710×1000　1/16
印　　张	23
插　　页	2
字　　数	389 千字
定　　价	128.00 元

凡购买中国社会科学出版社图书，如有质量问题请与本社营销中心联系调换
电话：010-84083683
版权所有　侵权必究

目　　录

秦文公和史敦 ………………………………………………（1）
  一　《秦记》的意义 ………………………………………（1）
  二　秦文公十三年：初有史以纪事 ………………………（2）
  三　史敦：第一位见诸史籍的秦国史官 …………………（4）
  四　《秦记》叙述"从襄公开头" …………………………（6）
  五　史敦与史官记梦制度 …………………………………（8）

政论与史论：秦史政治人物的对话 ………………………（11）
  一　秦穆公与由余的对话："自上圣黄帝""及其后世" …（11）
  二　秦孝公与卫鞅的对话："三代不同礼而王" …………（13）
  三　秦昭襄王与范雎的对话："五帝之圣"、"三王之仁"、
     "五伯之贤" ………………………………………………（14）
  四　范雎与蔡泽的对话："商君、吴起、大夫种" …………（17）
  五　秦王政神交韩非："见《孤愤》、《五蠹》之书" ………（20）
  六　秦人对历史的记录与温习 ……………………………（22）

商鞅及其"垦草"建议 ………………………………………（24）
  一　《商君书·垦令》的意义 ………………………………（25）
  二　"垦草"动员与秦国经济进步 …………………………（27）
  三　"近咸阳"诸水"尽得比山川祠" ………………………（30）
  四　秦地国土资源开发 ……………………………………（32）
  五　"垦草"成功与秦的扩张 ………………………………（36）

关于商君"强国弱民"理念 …………………………………… （39）
一 "秦用商君,富国强兵" ………………………………… （39）
二 《商君书》"国强民弱"政治公式 ……………………… （41）
三 "法大用,秦人治" ……………………………………… （43）
四 关于商君"刻薄" ………………………………………… （45）

秦孝公与商鞅的合作及定都咸阳决策 ……………………… （47）
一 秦都的转移:由林牧而农耕的进步 …………………… （47）
二 自雍徙都咸阳:从农耕区的边缘到农耕区的中心 …… （51）
三 始都咸阳与新的生态地理条件及经济地理形势 …… （55）

秦武公与秦"力士" …………………………………………… （59）
一 "武王有力好戏" ………………………………………… （59）
二 早期"力士"故事与"秦之力人" ………………………… （60）
三 秦史"三力"及相关现象 ………………………………… （63）
四 "力士"地位与秦文化"尚力"风格 ……………………… （67）
五 "扛鼎"、"举鼎"竞技表演 ……………………………… （69）
六 秦"尚力"传统在汉代社会的遗存 …………………… （73）
七 秦人对"力士"及"尚力"倾向的思考 ………………… （75）
八 关于"小人尚力"、"小人绝力" ………………………… （78）

宣太后的历史表演与秦史的宣太后时代 …………………… （82）
一 中国史的英雄时代 …………………………………… （82）
二 历史为宣太后提供的舞台 …………………………… （83）
三 宣太后的政治成功 …………………………………… （84）
四 "昭襄业帝"的历史条件 ……………………………… （86）
五 宣太后的"通"与"乱"与秦楚风俗史背景 …………… （92）

扁鹊"来入咸阳""为小儿医" ……………………………… （95）
一 扁鹊"随俗为变","即为小儿医" ……………………… （95）

二　秦简《日书》"生子"健康状况预言 ……………………… (97)
　　三　关于"秦人爱小儿" …………………………………………… (99)

甘罗"年十二""为上卿" ……………………………………………… (101)
　　一　《战国策》《史记》甘罗事迹记述 …………………………… (101)
　　二　甘罗故事疑议 ………………………………………………… (104)
　　三　"甘、奇显用，年乖强仕" …………………………………… (105)
　　四　"甘罗之悟吕不韦，张辟疆之觉平、勃，皆以十二龄" …… (107)
　　五　甘罗"声称后世" ……………………………………………… (109)
　　六　关于"甘罗相秦" ……………………………………………… (111)

"秦项橐"七岁为圣人师 ……………………………………………… (115)
　　一　孔子曰"后生可畏" …………………………………………… (115)
　　二　《战国策》《史记》"项橐"故事 ……………………………… (116)
　　三　"项託使婴儿矜" ……………………………………………… (120)
　　四　"项橐、颜回""万流仰镜" ……………………………………… (122)
　　五　"项橐""秦人"疑议 …………………………………………… (124)

白起与长平之战 ……………………………………………………… (127)
　　一　白起的时代："海内争于战功"，"务在强兵并敌" ………… (127)
　　二　上将军白起 …………………………………………………… (129)
　　三　决战长平 ……………………………………………………… (131)
　　四　"长平之坑" …………………………………………………… (133)
　　五　长平之战的历史记录 ………………………………………… (135)
　　六　杜邮悲剧 ……………………………………………………… (139)
　　七　长平的痛苦记忆与白起的历史形象 ………………………… (141)
　　八　长平追忆与白起纪念 ………………………………………… (144)
　　九　头颅山·白起台 ……………………………………………… (146)
　　十　《白起论》反思 ………………………………………………… (152)

郑国与"郑国渠" ……………………………………………………（157）
　　一　"郑国开渠利秦" ………………………………………………（157）
　　二　郑国渠："郑国"的纪念 ………………………………………（161）
　　三　"郑国间秦"行为与"郑国渠"的工程史意义 ………………（164）

嫪毐与"毐国"太原郡 …………………………………………（168）
　　一　嫪毐，士之无行者 ……………………………………………（169）
　　二　"以河西太原郡更为毐国" ……………………………………（170）
　　三　"赵山北"之地的政治文化中心 ………………………………（171）
　　四　秦王政即位初"晋阳反" ………………………………………（173）
　　五　"高皇帝居晋阳" ………………………………………………（176）
　　六　代王"都晋阳" …………………………………………………（179）
　　七　汉文帝"幸太原"，"复晋阳、中都民三岁" …………………（180）

吕不韦及其封君河南 …………………………………………（183）
　　一　吕不韦出身及其以财富影响政治进程的成功 ………………（183）
　　二　桃色污点与历史形象 …………………………………………（185）
　　三　阳翟·濮阳·河南雒阳：商人吕不韦的人生轨迹 …………（186）
　　四　吕不韦"食河南雒阳十万户" …………………………………（188）
　　五　"吕母冢"遗恨 …………………………………………………（189）

吕不韦与《吕氏春秋》 …………………………………………（191）
　　一　《吕氏春秋》的学术品级和不韦的文化贡献 ………………（191）
　　二　"天下非一人之天下也，天下之天下也" ……………………（192）
　　三　《吕氏春秋》的社会福利意识 …………………………………（193）
　　四　以"忠义"为品式 ………………………………………………（197）
　　五　"小忠"、"大忠"和"至忠" ……………………………………（200）
　　六　先王之教，莫显于"忠" ………………………………………（205）
　　七　"不忠，罪及其宗" ……………………………………………（211）
　　八　《吕氏春秋》中技术之学的知识精华 …………………………（217）

秦始皇的统一事业 …………………………………………………… (221)
　　一　"定于一":战国时期社会的共同理想 ……………………… (221)
　　二　秦始皇在统一进程中的作用 ………………………………… (223)
　　三　改诸侯置郡县 ………………………………………………… (225)
　　四　一法度衡石丈尺,车同轨,书同文字 ……………………… (226)
　　五　秦始皇统一的技术因素 ……………………………………… (229)
　　六　秦始皇统一成就与秦文化的开放性格 ……………………… (234)
　　七　秦始皇统一事业的历史评价 ………………………………… (235)

"皇帝"制度:秦始皇的政治发明 ……………………………………… (238)
　　一　"既并天下而帝" ……………………………………………… (238)
　　二　"议帝号"的政治讨论 ………………………………………… (240)
　　三　秦昭襄王"西帝"故事 ………………………………………… (242)
　　四　战争合法性宣传:"义兵" …………………………………… (243)
　　五　执政合法性宣传:"圣德" …………………………………… (246)
　　六　"黔首"的态度:"天下无异意" ……………………………… (248)
　　七　"宗庙"权威:益阳兔子山秦二世诏子婴"宜王如故" …… (250)
　　八　帝权的败落:"宜为王如故" ………………………………… (253)

乌氏倮、巴寡妇清"名显天下" ……………………………………… (255)
　　一　"鄙人牧长"和"穷乡寡妇" ………………………………… (255)
　　二　"秦皇帝礼巴寡妇清事"与"秦风"的关系 ………………… (257)
　　三　吕不韦的政策还是"秦始皇的本意" ……………………… (258)

《货殖列传》所见成功秦商 …………………………………………… (259)
　　一　"秦破赵,迁卓氏" …………………………………………… (260)
　　二　"山东迁虏"程郑 ……………………………………………… (262)
　　三　宣曲任氏 ……………………………………………………… (262)
　　四　因"塞之斥"致富的桥姚 …………………………………… (264)
　　五　无盐氏及"关中富商大贾" ………………………………… (266)

班壹"致马牛羊数千群" (269)
    一　班氏之先 (269)
    二　"秦之灭楚,迁晋、代之间" (270)
    三　班壹"以财雄边" (273)
    四　北方多以"壹"为字 (274)

李斯与"焚书坑儒" (276)
    一　"丞相李斯"的焚书建议 (276)
    二　"秦焚书"的历史记录和历史评价 (279)
    三　"坑儒"辨疑 (282)
    四　"焚坑"非"一时间事" (287)

徐市东渡的历史记忆 (290)
    一　徐市"入海求仙人" (290)
    二　徐市"止王不来" (291)
    三　徐市行迹与中国文化与"倭"的联系 (294)
    四　"千童"与"徐山" (297)

赵佗与龙川秦城 (298)
    一　赵佗乘龙川而跨南越 (298)
    二　龙川:赵佗的据点,北人的通路 (300)
    三　赵佗龙川秦城规划 (302)
    四　汉代南北交通的枢纽 (305)
    五　龙川军事交通地位的其他史证 (308)

"四皓""避秦商山" (311)
    一　"四皓"事迹原始 (311)
    二　"商山四皓"的出现 (316)
    三　"四皓"表演与张良的文化立场 (323)
    四　"紫芝"象征 (328)

五　黄老之学的短暂主导和道家行政参与的尝试 …………（331）
　　六　"四皓"在道教文化系统中的地位 ………………………（334）

孔鲋："秦非吾友" ……………………………………………………（338）
　　一　"陈涉博士"孔鲋 …………………………………………（339）
　　二　《古今人表》中孔鲋的等序 ………………………………（340）
　　三　孔鲋"秦"、"楚"职任 ………………………………………（343）
　　四　孔鲋之死 …………………………………………………（345）
　　五　孔鲋："吾为无用之学" ……………………………………（346）
　　六　"秦非吾友"的文化传统分析 ……………………………（349）

后　记 ………………………………………………………………（357）

秦文公和史敦

《秦记》是秦国的史书。太史公撰作《史记》,采用了许多《秦记》提供的历史记录。其中有很多详密的社会信息、新鲜的文化逸闻、生动的人物肖像、精彩的历史片段。《秦记》最初撰述,应当始于秦文公时代。秦人重史的传统,对于文明的继承与发展,形成了有积极意义的长久影响。

一 《秦记》的意义

秦始皇时代推行政治强权和文化专制政策的最突出的表现,就是焚书。《史记》卷六《秦始皇本纪》记载,对于是否实行封建制度,"始皇下其议",博士齐人淳于越的主张被否定,最终以李斯坚持的推行郡县制的意见作为这次政治辩论的结论。然而李斯又针对淳于越的政见,指出当时"今诸生不师今而学古,以非当世,惑乱黔首"的问题,提出对以"学"议"令"的行为"禁之便"。建议焚书:"臣请史官非《秦记》皆烧之。非博士官所职,天下敢有藏《诗》、《书》、百家语者,悉诣守、尉杂烧之。有敢偶语《诗》《书》者弃市。以古非今者族。吏见知不举者与同罪。令下三十日不烧,黥为城旦。所不去者,医药卜筮种树之书。若欲有学法令,以吏为师。"① 李斯的主张得到秦始皇的认可。

所谓"史官非《秦记》皆烧之",就是各国历史记载都被取缔,只留下秦国的史籍。这就是司马迁在《史记》卷一五《六国年表》中说的:"秦既得意,烧天下《诗》《书》,诸侯史记尤甚,为其有所刺讥也。

---

① 《史记》,中华书局1959年9月版,第254—255页。

《诗》《书》所以复见者，多藏人家，而史记独藏周室，以故灭。惜哉！惜哉！独有《秦记》，又不载日月，其文略不具。"司马迁感叹诸侯史记之不存，所谓"独有《秦记》"，即"史官非《秦记》皆烧之"的后果。所谓"又不载日月，其文略不具"，指出《秦记》内容其实并不很完备。不过，他同时又肯定，就战国历史内容而言，《秦记》的真实性是可取的："然战国之权变亦有可颇采者，何必上古。"对于以为秦史记录不值得尊重的态度，司马迁有所批评："传曰'法后王'，何也？以其近己而俗变相类，议卑而易行也。学者牵于所闻，见秦在帝位日浅，不察其终始，因举而笑之，不敢道，此与以耳食无异。悲夫！"司马贞《索隐》："案：言俗学浅识，举而笑秦，此犹耳食不能知味也。"①

李斯建议焚书时首先提出"臣请史官非《秦记》皆烧之"的第一条原则，说明对《秦记》的特殊看重。对于秦人来说，史学是有用之学，史书是有用之书。②

二 秦文公十三年：初有史以纪事

秦文公是秦史发展进程中有突出表现的君主。在确定"西垂"的政治重心地位之后，向东发展，逾陇山，至于"汧渭之会"。秦人长期在西汉水上游和渭水上游活动，经慎重考虑，在长江流域与黄河流域的抉择中确定往河渭方向开拓。这是非常重要的战略决策。秦文公在关中平原西部确立了行政中心，进行祠祀建设，经营信仰秩序。《史记》卷五《秦本纪》记载：

> 文公元年，居西垂宫。
> 三年，文公以兵七百人东猎。
> 四年，至汧渭之会。曰："昔周邑我先秦嬴于此，后卒获为诸侯。"乃卜居之，占曰吉，即营邑之。

---

① 《史记》，第686—687页。
② 王子今：《〈秦记〉考识》，《史学史研究》1997年第1期；《〈秦记〉及其历史文化价值》，《秦文化论丛》第5辑，西北大学出版社1997年6月版；《〈史记〉和〈秦记〉的关系》，《月读》2020年第5期。

> 十年，初为鄜畤，用三牢。
> 十三年，初有史以纪事，民多化者。
> 十六年，文公以兵伐戎，戎败走。于是文公遂收周余民有之，地至岐，岐以东献之周。
> 十九年，得陈宝。
> 二十年，法初有三族之罪。
> 二十七年，伐南山大梓，丰大特。
> 四十八年，文公太子卒，赐谥为竫公。竫公之长子为太子，是文公孙也。
> 五十年，文公卒，葬西山。竫公子立，是为宁公。①

在"秦襄公既侯，居西垂，自以为主少皞之神，作西畤，祠白帝，其牲用骝驹黄牛羝羊各一云"②之后，秦文公又"初为鄜畤"，"得陈宝"，以及"伐南山大梓，丰大特"，都有充实信仰世界，建立祠祀体系的性质。后者有体现向秦岭以南发展的试探。"文公以兵伐戎，戎败走。于是文公遂收周余民有之，地至岐，岐以东献之周"，显示出国土与国民控制的新进展。

"法初有三族之罪"，说明了司法体制方面对周制及东方传统的认同。

这位执政五十年的秦公，将秦史推进到新的历史阶段。除了"伐戎"军事成功之外，文化建设方面功绩的突出表现，即：

> 十三年，初有史以纪事，民多化者。

金德建在他的学术专著《司马迁所见书考》中有《〈秦记〉考征》一文。其中写道："开始写作《秦记》便在这一年。秦文公十三年是公元前七五三年，比较《春秋》的记事开始于鲁隐公元年（前七二二年），还要早三十多年。"③也就是说，秦人正式记录史事，甚至早于《春秋》。

当然，《春秋》撰述，前有基础。《春秋公羊传》唐徐彦疏："案：闵

---

① 《史记》，第179—180页。
② 《史记》卷二八《封禅书》，第1358页。
③ 金德建：《司马迁所见书考》，上海人民出版社1963年2月版，第419页。

因《叙》云：'昔孔子受端门之命，制《春秋》之义，使子夏等十四人求周史记，得百二十国宝书。……具有其文。'"又说"据鲁史"。亦说"据百二十国宝书，以为《春秋》"，"依百二十国史，以为《春秋》"。① 只是我们无从得知孔子"依百二十国史，以为《春秋》"，"百二十国史"中，是否包括秦国史。

三　史敦：第一位见诸史籍的秦国史官

张文立、宋尚文《秦学术史探赜》回顾秦的史学，说到"秦之史著《秦记》"。论者写道："《秦记》起于何时，作者为谁，已不可知了。秦穆公时有内史廖，《韩诗外传》称王廖，《说苑·尊贤》称王子廖。此人曾为秦穆公定计从戎王朝中得到贤士由于，助穆公'益国十二，开地千里，遂霸西戎'②。秦的另一位御史，佚名，秦昭王时人。秦昭王与赵惠文王会于渑池。秦王让赵王鼓瑟，时秦御史书曰：'某年月日，秦王与赵王会饮，令赵王鼓瑟'③。看来是一位负责记事的史官。胡毋敬做史官已在秦始皇时了。"④

对于秦的"史"的考索，似乎忽略了秦文公时代的"史敦"。

《史记》卷五《秦本纪》说，"（秦文公）十三年，初有史以纪事"，此后"十六年"、"十九年"、"二十年"、"二十七年"、"四十八年"、"五十年"之史事，均历历清晰明朗。"十三年"之前，也有"文公元年"、"三年"、"四年"、"十年"诸多事件的记载。是谁保留了这些历史记录呢？

关于"十年，初为鄜畤"的记载，裴骃《集解》："徐广曰：'鄜县属冯翊。'"司马贞《索隐》："音敷，亦县名。于鄜地作畤，故曰鄜畤。故《封禅书》曰：'秦文公梦黄蛇自天下属地，其口止于鄜衍'，史敦以为神，故立畤也。"⑤《史记》卷二八《封禅书》有关于作立"鄜畤"时

---

① （清）阮元校刻：《十三经注疏》，中华书局据原世界书局缩印本1980年10月影印版，第2195页。
② 原注："《史记·秦本纪》。"
③ 原注："《史记·廉颇蔺相如列传》。"
④ 张文立、宋尚文：《秦学术史探赜》，陕西人民出版社2004年5月版，第386页。
⑤ 《史记》，第180页。

秦文公与史敦对话的记载：

> 秦文公东猎汧渭之间，卜居之而吉。① 文公梦黄蛇自天下属地，其口止于鄜衍。② 文公问史敦，敦曰："此上帝之征，君其祠之。"于是作鄜畤，用三牲郊祭白帝焉。③

秦人文化意识中浓重的神秘主义色彩，反映在秦文公和史敦的对话中。对于秦文公"梦黄蛇自天下属地，其口止于鄜衍"，"此上帝之征，君其祠之"，是"史敦"帮助秦文公"作鄜畤"决策的重要意见。④ "文公问史敦"，说明二人关系的亲近，也体现秦国"史"的职责，透露出史学与神学的沟通。

《秦记》所见秦国君对史官意见的重视，又见于秦献公和另一位史官的对话。金德建《〈秦记〉考征》：

> （《老庄申韩列传》）⑤ 自孔子死之后，百二十九年，而《史记》周太史儋见秦献公曰："始秦与周合而离，离五百岁而复合，合七十岁而霸王者出焉。"⑥
>
> 按：《老庄申韩列传》这条所称的《史记》纪载到秦国的事迹，显然也是出于《秦记》无疑。这条《秦记》的文字，司马迁曾四次征引，又见于《周本纪》、《秦本纪》和《封禅书》。⑦

---

① 司马贞《索隐》："按：《地理志》汧水出汧县西北入渭。皇甫谧云'文公徙都汧'者也。"张守节《正义》："《括地志》云：'鄜县故城在岐州鄜县东北十五里，即此城也。'"
② 裴骃《集解》："李奇曰：'鄜音孚。山阪曰衍。'"司马贞《索隐》："鄜，地名，后为县，属冯翊。衍者，郑众注《周礼》云'下平曰衍'；又李奇《三辅记》云'三辅谓山阪间为衍'也。"
③ 《史记》，第1358页。
④ 王子今：《秦人的三处白帝之祠》，《早期秦文化研究》，三秦出版社2006年8月版，第21—33页。
⑤ 今按：《史记》卷六三《老子韩非列传》。
⑥ 今按：《史记》卷六三《老子韩非列传》原文为："自孔子死之后百二十九年，而史记周太史儋见秦献公曰：'始秦与周合，合五百岁而离，离七十岁而霸王者出焉。'"下文称："或曰儋即老子，或曰非也，世莫知其然否。"《史记》，第2142页。
⑦ 金德建：《司马迁所见书考》，第420页。

今按，《史记》卷四《周本纪》："烈王二年，周太史儋见秦献公曰：'始周与秦国合而别，别五百载复合，合十七岁而霸王者出焉。'"《史记》卷五《秦本纪》："（献公）十一年，周太史儋见献公曰：'周故与秦国合而别，别五百岁复合，合十七岁而霸王出。'"《史记》卷二八《封禅书》："（秦灵公作吴阳上下畤祭黄帝、炎帝）后四十八年，周太史儋见献公曰：'秦始与周合，合而离，五百岁当复合，合十七年而霸王出焉。'"① 文字虽略有不同，但"出于《秦记》无疑"的判断是可信的。

《急就篇》卷二"敦倚苏"，颜师古注："敦氏，秦文公时史敦之后也。倚苏，言为萌庶所倚赖，喜于来苏也。"《名贤氏族言行类稿》卷一四引《陈留风俗传》："敦氏，姞姓之后，《急就章》有敦倚。一云：秦文公时史敦之后也。"② 关于"敦"姓，《古今姓氏书辩证》卷七仅见一例："晋张方有将敦伟，夜击破刘沈军。"③

四 《秦记》叙述"从襄公开头"

金德建《〈秦记〉考征》分析《史记》卷五《秦本纪》"（秦文公）十三年，初有史以纪事"，以为"开始写作《秦记》便在这一年"。又指出："《秦记》在秦文公的时候开始写作。文公原是襄公所生，文公时初置史官，对于上面的襄公作一番补叙也在情理之中，所以《秦记》里的事迹叙述便从襄公开头了。"④

《史记》卷五《秦本纪》"从襄公开头"的记述，包括"襄公元年"、"襄公二年"、"七年"、"十二年"诸史事：

> 庄公居其故西犬丘，生子三人，其长男世父。世父曰："戎杀我大父仲，我非杀戎王则不敢入邑。"遂将击戎，让其弟襄公。襄公为太子。庄公立四十四年，卒，太子襄公代立。

---

① 《史记》，第 159、201、1364—1365 页。
② 管振邦译注，宙浩审校：《颜注急就篇译释》，南京大学出版社 2009 年 8 月版，第 86 页。
③ （宋）邓名世撰，王力平点校：《古今姓氏书辩证》，江西人民出版社 2006 年 6 月版，第 111 页。
④ 金德建：《司马迁所见书考》，第 419 页。

> 襄公元年，以女弟缪嬴为丰王妻。
>
> 襄公二年①，戎围犬丘，世父击之，为戎人所虏。岁余，复归世父。
>
> 七年春，周幽王用褒姒废太子，立褒姒子为適，数欺诸侯，诸侯叛之。西戎犬戎与申侯伐周，杀幽王郦山下。而秦襄公将兵救周，战甚力，有功。周避犬戎难，东徙雒邑②，襄公以兵送周平王。平王封襄公为诸侯，赐之岐以西之地。曰："戎无道，侵夺我岐、丰之地，秦能攻逐戎，即有其地。"与誓，封爵之。襄公于是始国，与诸侯通使聘享之礼，乃用骊驹③、黄牛、羝羊各三，祠上帝西畤。
>
> 十二年，伐戎而至岐，卒。生文公。④

记述是详密的。特别是"七年""秦襄公将兵救周，战甚力，有功"，又"以兵送周平王。平王封襄公为诸侯"事，是秦襄公建国史的记录，在秦史中具有非常重要的意义。

《史记》卷二八《封禅书》关于秦祠祀史或者信仰史的记述，也始于秦襄公："秦襄公攻戎救周，始列为诸侯。秦襄公既侯，居西垂，自以为主少暤之神，作西畤，祠白帝，其牲用骊驹黄牛羝羊各一云。"⑤

对于秦史"秦襄公"时代记述详尽的缘由，通常理解是"平王封襄公为诸侯"，秦"始列为诸侯"。然而金德建"文公时初置史官"，于是就襄公时代有所"补叙"，"所以《秦记》里的事迹叙述便从襄公开头了"的解说，从史学史的视角进行分析，自有特殊的学术启示。

在《汉书》卷二〇《古今人表》中，"秦襄公，严公子"列在"中中"等级，"秦文公，襄公子"列在"下上"等级⑥，差两个阶次。王利器、王贞珉《汉书古今人表疏证》：

---

① 张守节《正义》："《括地志》云：'故汧城在陇州汧源县东南三里。《帝王世纪》云秦襄公二年徙都汧，即此城。'"
② 张守节《正义》："周平王徙居王城，即《雒诰》云'我卜涧水东，瀍水西'者也。"
③ 裴骃《集解》："徐广曰：'赤马黑髦曰骊。'"
④ 《史记》，第178—179页。
⑤ 《史记》，第1358页。
⑥ 《汉书》，中华书局1962年6月版，第902—903页。

秦文公

襄公子

梁玉绳曰:"秦文公、襄公子,始见《史·秦纪》、《秦记》、《侯表》。立五十五年。(同上。)葬西山。(《秦纪》。)"

王先谦曰:"见《秦纪》。"①

"王先谦曰",见《汉书补注》:"先谦曰:'见《秦纪》。'"② "梁玉绳曰",不知所据,但所谓"立五十五年",显然是错误的。前引《史记》卷五《秦本纪》明确写道:"五十年,文公卒,葬西山。"而享国五十年,在秦史中仅次于秦昭襄王的五十六年,列于第二位。

五　史敦与史官记梦制度

"文公梦黄蛇自天下属地,其口止于鄜衍。文公问史敦……"而"史敦"的意见对于"作鄜畤"的决策形成决定性影响。此事应载录《秦记》。

秦国君的"梦",其解读和记录见于史书,应自"史敦"起始。《史记》卷二八《封禅书》中一则秦穆公自称梦见上帝以决策出师史事,也为《秦记》所载,同样也受到金德建的注意。《〈秦记〉考征》:

> (《封禅书》)秦缪公立,病卧五日不寤,寤乃言见上帝,上帝命缪公平晋乱,史书而记,藏之府,而后世皆曰秦缪公上天。
>
> 按:这所谓"史书而记",当然也是指《秦记》里面有过如此记载,以为秦缪公曾梦见上帝,命平晋乱。③

君王之梦,"史书而记,藏之府",也可以看作秦人神秘主义历史观念的一种反映。《史记》中记梦凡19例,除上引2例外,尚有17例,即:

---

① 王利器、王贞珉著,乔仁诚索引:《汉书古今人表疏证》,齐鲁书社1988年8月版,第603页。

② (清)王先谦撰:《汉书补注》,中华书局据清光绪二十六年虚受堂刊本1983年9月影印版,第357页。

③ 金德建:《司马迁所见书考》,第420—421页。

（1）《史记》卷三《殷本纪》："武丁夜梦得圣人，名曰说。以梦所见视群臣百吏，皆非也。于是乃使百工营求之野，得说于傅险中。"（2）《史记》卷三九《晋世家》："武王与叔虞母会时，梦天谓武王曰：'余命女生子，名虞，余与之唐。'"①（3）《史记》卷三七《卫康叔世家》："襄公有贱妾，幸之，有身，梦有人谓曰：'我康叔也，令若子必有卫。'"（4）《史记》卷一四《十二诸侯年表》："（郑）有妾梦天与之兰，生穆公兰。"②（5）《史记》卷一四《十二诸侯年表》："（曹）国人有梦众君子立社宫，谋亡曹。"③（6）《史记》卷一二八《龟策列传》："（宋元王）乃召博士卫平而问之曰：'今寡人梦见一丈夫，延颈而长头，衣玄绣之衣而乘辎车，来见梦于寡人……'"④（7）《史记》卷四七《孔子世家》："……夏人殡于东阶，周人于西阶，殷人两柱间。昨暮予梦坐奠两柱之间，予始殷人也。"（8）《史记》卷三九《晋世家》："骊姬谓太子曰：'君梦见齐姜。……'"（9）《史记》卷四三《赵世家》："赵盾在时，梦见叔带持要而哭，甚悲。"（10）《史记》卷四三《赵世家》："王梦见处女鼓琴而歌诗曰：……"（11）《史记》卷四三《赵世家》："王梦衣偏裻之衣，乘飞龙上天，不至而坠，见金玉之积如山。"（12）《史记》卷六《秦始皇本纪》："始皇梦与海神战，如人状。问占梦博士，曰：'水神不可见，以大鱼蛟龙为候。今上祷祠备谨，而有此恶神，当除去，而善神可致。'"⑤（13）《史记》卷六《秦始皇本纪》："二世梦白虎啮其左骖马，杀之，心不乐，怪问占梦。卜曰：'泾水为祟。'"⑥（14）《史记》卷八《高祖本纪》："刘媪尝息大泽之陂，梦与神遇。是时雷电晦冥，太公往视，则见蛟龙于其上。已而有身，遂产高祖。"（15）《史记》卷四九《外戚世家》："薄姬曰：'昨暮夜妾梦苍龙据吾腹。'"（16）《史记》卷一二五《佞幸列传》："孝文帝梦欲上天，不能，有一黄头郎从后推之上天，顾见其衣裻带后穿。觉而之渐台，以梦中阴目求推者郎，即见邓通，其衣

---

① 《史记》卷四二《郑世家》略同，第1772页。
② 《史记》卷四二《郑世家》略同，第1765页。
③ 《史记》卷三五《管蔡世家》略同，第1573—1574页。
④ 又《史记》卷一二八《龟策列传》褚先生补述："渔者举网而得神龟，龟自见梦宋元王，元王召博士卫平告以梦龟状。"第3238页。
⑤ 王子今：《略论秦始皇的海洋意识》，《光明日报》2012年12月13日、第11版。
⑥ 王子今：《秦二世直道行迹与望夷宫"祠泾"故事》，《史学集刊》2018年第1期。

后穿,梦中所见也。召问其名姓,姓邓氏,名通,文帝说焉,尊幸之日异。"(17)《史记》卷四九《外戚世家》:"男方在身时,王美人梦日入其怀。……长公主日誉王夫人男之美,景帝亦贤之,又有昔者所梦日符,计有所未定。"①

其中(14)至(17)已经属于汉史。三代至秦时13例中,计:殷史1例(1),晋史2例(2)(8),卫史1例(3),郑史1例(4),曹史1例(5),宋史1例(6),赵史3例(9)(10)(13),孔子事迹1例(7)。秦史与前说秦文公、秦穆公两例合计,则多达4例。数量是最多的。其资料来源所据,当本《秦记》。

与"梦"相关的意识,体现出人类特殊的精神生活内容,也是文明史进程中很普遍的社会文化现象。秦人历史记载中保留有关占梦的内容颇多,或许可以从一个侧面局部反映秦人历史观注重多方位收纳各种信息的文化特质。清代学者汪中说,《左传》除了直接记述人文历史而外,所有"天道、鬼神、灾祥、卜筮、梦之备书于策者",都属于"史之职也"。②有的学者于是认为,在春秋战国时代,"记梦","是史官的职责之一"。也就是说,"对梦的迷信的记载,是其身为史官的传统"。③

通过《史记》保留的珍贵资料,我们注意到秦史官记梦制度自史敦起始。这是考察秦史学史必须特别注意的迹象,也应当看作研究秦文化的风格时不宜忽略的重要信息。④

秦早期史官兼领史学与神学职任。后来记梦长期是史官职责,而梦的解说则由专门的"占梦"职官承担。《史记》卷六《秦始皇本纪》服务于秦始皇、秦二世的"占梦"的历史表现⑤,可以视作典型的史例。

---

① 《史记》,第102、1635、1598、587、669、3229、1944、1645、1783、1804、1824、263、273、341、1971、3192、1975—1977页。
② (清)汪中:《春秋左氏释疑》,(清)王昶辑《湖海文传》卷八《释》,清道光十七年经训堂刻本,第85页。"灾祥"或作"灾神"。(清)汪中:《春秋左氏释疑》,(清)贺长龄编《清经世文编》卷六九《礼政十六》,清光绪十二年思补楼重校本,第1825页。
③ 刘文英:《梦的迷信与梦的探索》,中国社会科学出版社1989年8月版,第25页。
④ 王子今:《秦史学史的第一页:〈史记〉秦文公、史敦事迹》,《渭南师范学院学报》(社会科学版)2020年第7期。
⑤ 《史记》,第263、273页。

政论与史论：秦史政治人物的对话

秦人有尊重历史的传统。《史记》卷五《秦本纪》"（秦文公）十三年，初有史以纪事，民多化者"①，是史学史上非常早的记录。而"民多化者"四字，体现出早期史学对社会文化的积极影响。

此外，我们还看到，许多秦人先祖传说，得以保留下来。例如，女修吞玄鸟卵"生子大业"的传说；伯益辅佐禹"平水土"，又"佐舜调驯鸟兽"，得"赐姓嬴氏"的传说；费昌"为汤御"，"败桀于鸣条"的传说；"恶来有力，蜚廉善走，父子俱以材力事殷纣"的传说；"造父以善御幸于周缪王""西巡狩"的传说，等等，都载录在史书中。也就是说，秦人在"初有史以纪事"之前，以各种方式存留了自己的历史记忆。

秦人对历史的看重，体现在政治生活的诸多方面。秦史记录中所见高层政治人物的对话，往往政论和史论结合，尤其习惯于在议政时以史事为比喻。政与史的结合，可以在多种主题的论说中应用。观察他们的历史感觉，分析相关政治史现象，可以体会秦文化的重史的特点。

一　秦穆公与由余的对话："自上圣黄帝""及其后世"

由余作为戎王的使节曾经出使秦国。

由余先祖为晋人，流落戎地后，仍"能晋言"。也就是说，他对于中原文化是有一定了解的。而"晋言"与秦人语言有相通之处。② 这使得由

---

① 《史记》，第179页。
② 王子今：《古晋语"天开之"索解——兼论秦晋交通的早期发展》，《史志研究》1998年第2期。

余与秦国最高执政者的对话有比较方便的条件。

据《史记》卷五《秦本纪》，由余曾经和秦穆公讨论"中国"和"戎夷"文化的优劣：

> 戎王使由余于秦。……闻缪公贤，故使由余观秦。秦缪公示以宫室、积聚。由余曰："使鬼为之，则劳神矣。使人为之，亦苦民矣。"缪公怪之，问曰："中国以诗书礼乐法度为政，然尚时乱，今戎夷无此，何以为治，不亦难乎？"由余笑曰："此乃中国所以乱也。夫自上圣黄帝作为礼乐法度，身以先之，仅以小治。及其后世，日以骄淫。阻法度之威，以责督于下，下罢极则以仁义怨望于上，上下交争怨而相篡弑，至于灭宗，皆以此类也。夫戎夷不然。上含淳德以遇其下，下怀忠信以事其上，一国之政犹一身之治，不知所以治，此真圣人之治也。"①

由余与秦穆公言"中国"、"戎夷"文化差异，以"治"、"乱"问题为考察着眼点。由余"自上圣黄帝"追述，又言"及其后世"，揭示了"中国"从"小治"到"交争怨而相篡弑，至于灭宗"的政治道德的沦丧与政治权力的败坏，进行了行政史和伦理史的回顾。而以"戎夷"之"上含淳德"、"下怀忠信"相比较，以史说理，以史论政，使秦穆公心悦诚服，事后赞誉"由余贤"。

"于是缪公退而问内史廖曰：'孤闻邻国有圣人，敌国之忧也。今由余贤，寡人之害，将柰之何？'内史廖曰：'戎王处辟匿，未闻中国之声。君试遗其女乐，以夺其志；为由余请，以疏其间；留而莫遣，以失其期。戎王怪之，必疑由余。君臣有间，乃可虏也。且戎王好乐，必怠于政。'缪公曰：'善。'因与由余曲席而坐，传器而食，问其地形与其兵势尽警，而后令内史廖以女乐二人遗戎王。戎王受而说之，终年不还。于是秦乃归由余。由余数谏不听，缪公又数使人间要由余，由余遂去降秦。缪公以客礼礼之，问伐戎之形。"其事系于秦穆公"三十四年"后而"三十六年"之前。"三十七年，秦用由余谋伐戎王，益国十二，开地千里，遂霸西

---

① 《史记》，第192—193页。

戎。天子使召公过贺缪公以金鼓。"① 秦穆公时代在西北方向民族战争的成功，与得到由余，"用由余谋"有关。而察知"由余贤"，最初是通过由余"自上圣黄帝""及其后世"的政治史与道德史的历史认识的表述。

马非百论由余"戎人"，以为很可能是"鬻诸国之人"，"《史记》虽有'其先晋人'之语，然此乃入秦后妄自攀附之词，不必真有其事"。② 如果此说成立，那么"戎人由余"③ 熟悉"中国"史事，当然可以令秦穆公惊异，产生"今由余贤，寡人之害"的感觉，应是自然的。

二 秦孝公与卫鞅的对话："三代不同礼而王"

秦国政治史中可以看到以言论影响国君，说服执政者推行自己政治主张的事迹。其论说方式，往往以古喻今，借用古来成功人物的影响进行鼓动。

如卫鞅支持秦孝公变法，就通过这种方式说服国君，辩胜论敌。《史记》卷六八《商君列传》记载，卫鞅初见秦孝公，"说公以王道而未入"，又"说公以霸道，其意欲用之矣"，再"说君以帝王之道比三代"，对方以为"久远，吾不能待"，于是"以强国之术说君，君大说之"，卫鞅自述："然亦难以比德于殷周矣。"似乎其判断衡比，内心依然采用古史为标尺。

秦孝公和卫鞅决策变法，为平息反对意见，有著名的与保守派代表人物甘龙、杜挚的论辩：

> 孝公既用卫鞅，鞅欲变法，恐天下议己。卫鞅曰："疑行无名，疑事无功。且夫有高人之行者，固见非于世；有独知之虑者，必见敖于民。愚者暗于成事，知者见于未萌。民不可与虑始而可与乐成。论至德者不和于俗，成大功者不谋于众。是以圣人苟可以强国，不法其故；苟可以利民，不循其礼。"孝公曰："善。"甘龙曰："不然。圣

---

① 《史记》，第193—194页。
② 马非百：《秦集史》，中华书局1982年8月版，第269页。
③ 马非百《秦集史》引"《史记·邹阳传》"及《盐铁论·相刺》《新序·杂事》，指出"汉人言由余者，则皆称为戎人"。又引"《说苑·善说篇》云：西戎左衽椎结，由余出焉"，"《潜夫论·论荣篇》云：由余生于五狄"。第268—269页。

人不易民而教，知者不变法而治。因民而教，不劳而成功；缘法而治者，吏习而民安之。"卫鞅曰："龙之所言，世俗之言也。常人安于故俗，学者溺于所闻。以此两者居官守法可也，非所与论于法之外也。三代不同礼而王，五伯不同法而霸。智者作法，愚者制焉；贤者更礼，不肖者拘焉。"杜挚曰："利不百，不变法；功不十，不易器。法古无过，循礼无邪。"卫鞅曰："治世不一道，便国不法古。故汤武不循古而王，夏殷不易礼而亡。反古者不可非，而循礼者不足多。"孝公曰："善。"以卫鞅为左庶长，卒定变法之令。①

卫鞅以"圣人苟可以强国，不法其故；苟可以利民，不循其礼"宣传改革。反对派提出"法古无过，循礼无邪"的主张，卫鞅则说："治世不一道，便国不法古。故汤武不循古而王，夏殷不易礼而亡。反古者不可非，而循礼者不足多。"

一个主张变革的政治活动家，在进行政论宣传的时候却要以历史人物的历史表现增强说服力。这是中国政治活动中变法改制而采取"托古"策略的早期表现。② 这种在秦国政坛的有效的政论宣传的风格，以"汤武"、"夏殷"的历史得失来影响当时的行政方向。卫鞅的言行，在中国改革史、中国变法史进程中，或许表现出策略方式的创始性意义。而这种策略，也是有深层文化理念的背景的。

三 秦昭襄王与范雎的对话："五帝之圣"、"三王之仁"、"五伯之贤"

据《史记》卷七九《范雎蔡泽列传》记载，范雎欲见秦昭襄王，上书言"明主立政"应用"有能者"。辞句间说到先古圣王"舜禹"："臣闻善厚家者取之于国，善厚国者取之于诸侯。天下有明主则诸侯不得擅厚者，何也？为其割荣也。良医知病人之死生，而圣主明于成败之事，利则

---

① 《史记》，第2228—2229页。
② 《三国志》卷二七《魏书·徐邈传》："其有所是非，则托古人以见其意，当时无所襃贬。"中华书局1959年12月版，第746页。王子今：《历代"托古改制"的文化背景分析》，《政治学研究》1988年第5期。

行之，害则舍之，疑则少尝之，虽舜禹复生，弗能改已。""于是秦昭王大说"，"使以传车召范雎。"

范雎面对秦昭襄王的恭敬态度，起初连曰"唯唯"。"秦王屏左右，宫中虚无人。秦王跽而请曰：'先生何以幸教寡人？'范雎曰：'唯唯。'有间，秦王复跽而请曰：'先生何以幸教寡人？'范雎曰：'唯唯。'若是者三。秦王跽曰：'先生卒不幸教寡人邪？'"范雎终于正式发言，一张口就说古人古事：

> 非敢然也。臣闻昔者吕尚之遇文王也，身为渔父而钓于渭滨耳。若是者，交疏也。已说而立为太师，载与俱归者，其言深也。故文王遂收功于吕尚而卒王天下。乡使文王疏吕尚而不与深言，是周无天子之德，而文武无与成其王业也。今臣羁旅之臣也，交疏于王，而所愿陈者皆匡君之事，处人骨肉之间，愿效愚忠而未知王之心也。此所以王三问而不敢对者也。臣非有畏而不敢言也。臣知今日言之于前而明日伏诛于后，然臣不敢避也。大王信行臣之言，死不足以为臣患，亡不足以为臣忧，漆身为厉被发为狂不足以为臣耻。且以五帝之圣焉而死，三王之仁焉而死，五伯之贤焉而死，乌获、任鄙之力焉而死，成荆、孟贲、王庆忌、夏育之勇焉而死。死者，人之所必不免也。处必然之势，可以少有补于秦，此臣之所大愿也，臣又何患哉！伍子胥橐载而出昭关，夜行昼伏，至于陵水，无以糊其口，膝行蒲伏，稽首肉袒，鼓腹吹篪，乞食于吴市，卒兴吴国，阖闾为伯。使臣得尽谋如伍子胥，加之以幽囚，终身不复见，是臣之说行也，臣又何忧？箕子、接舆漆身为厉，被发为狂，无益于主。假使臣得同行于箕子，可以有补于所贤之主，是臣之大荣也，臣有何耻？臣之所恐者，独恐臣死之后，天下见臣之尽忠而身死，因以是杜口裹足，莫肯乡秦耳。足下上畏太后之严，下惑于奸臣之态，居深宫之中，不离阿保之手，终身迷惑，无与昭奸。大者宗庙灭覆，小者身以孤危，此臣之所恐耳。若夫穷辱之事，死亡之患，臣不敢畏也。臣死而秦治，是臣死贤于生。

在提出正式政治意见之前表白基本态度的开场白中，先说"昔者吕尚之遇文王也"，随即言"五帝之圣"、"三王之仁"、"五伯之贤"，随即竟然又连续说到"乌获、任鄙"，"成荆、孟贲、王庆忌、夏育"。又说："伍子胥橐载而出昭关","卒兴吴国,阖闾为伯";"箕子、接舆漆身为厉,被发为狂,无益于主";等等。这五百多字的篇幅中,连续说到23个历史人物及其故事。秦昭襄王为其态度所感动。"秦王跽曰:'先生是何言也!夫秦国辟远,寡人愚不肖,先生乃幸辱至于此,是天以寡人恩先生而存先王之宗庙也。寡人得受命于先生,是天所以幸先王,而不弃其孤也。先生奈何而言若是!事无小大,上及太后,下至大臣,愿先生悉以教寡人,无疑寡人也。'范雎拜,秦王亦拜。"① 说到"宗庙"、"先王",似乎也表现出对话在同一语境中的和谐氛围。

论说天下形势、战略规划,如刘备、诸葛亮隆中会见的讨论,后人称"隆中对"。明人蒋灿《题杜少陵像》诗之二:"抗志隆中对,饥驱蜀道难。"② 清李光地《榕村语录》卷二一:"《通鉴》于己所不喜者,并其人削之,如屈平是也。于己所疑者,辄删去之,如《隆中对》是也。"③ 赵翼《古诗二十首》之九:"武侯事先主,身任帷幄筹。草草隆中对,后来语皆酬。"④ 刘邦与韩信汉中对话,或称"登坛对"。清雷鋐《读书偶记》卷一写道:"古人心胸,天下大势,动皆了了。韩淮阴侯登坛对,诸葛公隆中对是也。"⑤ 又有将韩信这段论议直接题为《登坛对》者⑥。秦穆公与由余的对话,秦孝公与卫鞅的对话,秦昭襄王与范雎的对话,都可以看作秦国执政决策者有关战略问题的君臣对。论者均重视在分析政治形势时采用历史经验与教训,以强化论说的征服力。

---

① 《史记》,第2404—2408页。
② (清)沈德潜编:《明诗别裁》卷一〇,清乾隆刻本,第125页。
③ (清)李光地撰,陈祖武点校:《榕村语录》卷二一,中华书局1995年6月版,第379页。
④ (清)赵翼著,李学颖、曹光甫校点:《瓯北集》,上海古籍出版社1997年4月版,第3页。
⑤ (清)雷鋐撰:《读书偶记》卷一,文渊阁《四库全书》本,台湾商务印书馆1986年版,第725册第675页。
⑥ (清)蔡世远编:《古文雅正》卷一,文渊阁《四库全书》本,台湾商务印书馆1986年版,第1476册第18—19页。该书卷五有《隆中对》,作者显示"《三国志》",第75—76页。《汉中府志赘语》卷一一也说到"韩信《登坛对》"。(清)光朝魁纂修:道光《褒城县志》附清道光十一年钞本,第372页。又有据《史记》文字著录"韩信《登坛对》"者,如(清)王行俭修乾隆《南郑县志》卷一四《艺文中·文》,清乾隆五十九年刻本,第451页;(民国)严如熤重辑《汉南续修郡志》卷二五《艺文上》,民国十三年刻本,第1461页;(民国)蓝培原撰《续修南郑县志》卷七上《艺文》,民国十年刊本,第705页。

我们读秦史，在非君臣关系的范雎与蔡泽的类似对话中，也看到相类同的语言程式。

四 范雎与蔡泽的对话："商君、吴起、大夫种"

蔡泽入秦时，范雎在秦国权重一时。面对蔡泽的挑战，他以此表达自信："五帝三代之事，百家之说，吾既知之，众口之辩，吾皆摧之，是恶能困我而夺我位乎？"① 历史知识的丰厚，被看作执政能力的首要表现。

而蔡泽与范雎的直接对话，首先宣讲"夫四时之序，成功者去"的历史哲学理念，随后亦以"秦之商君，楚之吴起，越之大夫种"等历史人物为说。在讨论中，又强调"比干忠而不能存殷，子胥智而不能完吴，申生孝而晋国乱"②，通过历史教训申明自己政治主张的合理。这样的言谈方式，应当理解为适应秦政治生态的一种语言选择。

据《史记》卷七九《范雎蔡泽列传》，"蔡泽曰：'若夫秦之商君，楚之吴起，越之大夫种，其卒然亦可愿与？'应侯知蔡泽之欲困己以说，复谬曰：'何为不可？夫公孙鞅之事孝公也，极身无贰虑，尽公而不顾私；设刀锯以禁奸邪，信赏罚以致治；披腹心，示情素，蒙怨咎，欺旧友，夺魏公子卬，安秦社稷，利百姓，卒为秦禽将破敌，攘地千里。吴起之事悼王也，使私不得害公，谗不得蔽忠，言不取苟合，行不取苟容，不为危易行，行义不辟难，然为霸主强国，不辞祸凶。大夫种之事越王也，主虽困辱，悉忠而不解，主虽绝亡，尽能而弗离，成功而弗矜，贵富而不骄怠。若此三子者，固义之至也，忠之节也。是故君子以义死难，视死如归；生而辱不如死而荣。士固有杀身以成名，唯义之所在，虽死无所恨。何为不可哉？'"对话的焦点，是"秦之商君，楚之吴起，越之大夫种""此三子"的命运。对于蔡泽"其卒然亦可愿与"的提问，范雎回答，这三位历史人物，"固义之至也，忠之节也"，"君子"、"士""杀身以成名"，"虽死无所恨"，是可以仿效追随的。蔡泽则指出"比干"、"子胥"、"申生"悲剧，提示"有忠臣孝子，而国家灭亡"情形，继续质问："今商君、吴起、大夫种之为人臣，是也；其君，非也。故世称三子致功

---

① 《史记》，第2419页。
② 《史记》，第2421页。

而不见德,岂慕不遇世死乎?夫待死而后可以立忠成名,是微子不足仁,孔子不足圣,管仲不足大也。"在再次说到此"三子"时,又说到另外三位历史人物:微子、孔子、管仲。他说:"夫人之立功,岂不期于成全邪?身与名俱全者,上也。名可法而身死者,其次也。名在僇辱而身全者,下也。"蔡泽之说,得到范雎认可。"于是应侯称善。"

后来,蔡泽对于范雎政治人生走向,又有直接的劝告。再次说到"商君、吴起、大夫种":"蔡泽少得间,因曰:'夫商君、吴起、大夫种,其为人臣尽忠致功则可愿矣,闳夭事文王,周公辅成王也,岂不亦忠圣乎?以君臣论之,商君、吴起、大夫种其可愿孰与闳夭、周公哉?'"以"闳夭、周公"作为比照。"应侯曰:'商君、吴起、大夫种弗若也。'"蔡泽又提出"秦孝公、楚悼王、越王"三位比照对象。"蔡泽曰:'然则君之主慈仁任忠,惇厚旧故,其贤智与有道之士为胶漆,义不倍功臣,孰与秦孝公、楚悼王、越王乎?'应侯曰:'未知何如也。'蔡泽曰:'今主亲忠臣,不过秦孝公、楚悼王、越王,君之设智,能为主安危修政,治乱强兵,批患折难,广地殖谷,富国足家,强主,尊社稷,显宗庙,天下莫敢欺犯其主,主之威盖震海内,功彰万里之外,声名光辉传于千世,君孰与商君、吴起、大夫种?'范雎回答:'不若。'蔡泽曰:'今主之亲忠臣不忘旧故不若孝公、悼王、句践,而君之功绩爱信亲幸又不若商君、吴起、大夫种,然而君之禄位贵盛,私家之富过于三子,而身不退者,恐患之甚于三子,窃为君危之。'"蔡泽还说:"语曰'日中则移,月满则亏'。"又以"物盛则衰,天地之常数也;进退盈缩,与时变化,圣人之常道也"相劝。并且举历史人物的遭遇以为教训:"苏秦、智伯之智,非不足以辟辱远死也,而所以死者,惑于贪利不止也。"曾经取得成功的政治家也指为反面的鉴戒:"昔者齐桓公九合诸侯,一匡天下,至于葵丘之会,有骄矜之志,畔者九国。吴王夫差兵无敌于天下,勇强以轻诸侯,陵齐晋,故遂以杀身亡国。"又说:"夏育、太史噭叱呼骇三军,然而身死于庸夫。"认为"此皆乘至盛而不返道理,不居卑退处俭约之患也"。

蔡泽再次说到"商君":"夫商君为秦孝公明法令,禁奸本",推行一系列改革措施,"是以兵动而地广,兵休而国富,故秦无敌于天下,立威诸侯,成秦国之业"。但是,"功已成矣,而遂以车裂"。白起军功显赫,"使秦有帝业。""楚、赵皆慴伏不敢攻秦者,白起之势也。"然而,"功已成矣,而遂赐剑死于杜邮"。又再次以"吴起"为例,"吴起为楚悼王立法"，"定楚国之政，兵震天下，威服诸侯。功已成矣，而卒枝解"。又言文种："大夫种为越王深谋远计，免会稽之危，以亡为存，因辱为荣，垦草入邑，辟地殖谷，率四方之士，专上下之力，辅句践之贤，报夫差之雠，卒擒劲吴。令越成霸。功已彰而信矣，句践终负而杀之。"蔡泽在与范雎的对话中反复说到"商君、吴起、大夫种"，这里又加上"白起"。蔡泽说："此四子者，功成不去，祸至于此。"作为与"大夫种"对照的，是"范蠡知之，超然辟世，长为陶朱公"。蔡泽又说："秦之欲得矣，君之功极矣，此亦秦之分功之时也。如是而不退，则商君、白公、吴起、大夫种是也。""四子之祸，君何居焉？"遂直接建议："君何不以此时归相印，让贤者而授之，退而岩居川观，必有伯夷之廉，长为应侯。世世称孤，而有许由、延陵季子之让，乔松之寿，孰与以祸终哉？即君何居焉？忍不能自离，疑不能自决，必有四子之祸矣。"范雎赞同他的意见，"于是乃延入坐，为上客"。几天之后，入朝，范雎向秦昭襄王推荐蔡泽，称赞其政治历史见识："其人辩士，明于三王之事，五伯之业，世俗之变，足以寄秦国之政。"于是"因谢病请归相印"，蔡泽"遂拜为秦相"。①

蔡泽在与范雎的对话中九次说到"商君、吴起、大夫种"，加上范雎自己说到了两次，则两人两次对谈，竟然十一次说到"商君、吴起、大夫种"这三位悲剧人物。在《史记》卷七九《范雎蔡泽列传》记载的两位传主的这两次会话中，所涉及历史人物凡30人，77人次。不计向秦昭襄王表扬蔡泽"明于三王之事，五伯之业"之"三王"、"五伯"，亦不及言"商君、吴起、大夫种"的"三子"及言"商君、白公、吴起、大夫种"的"四子"。计有：商君（公孙鞅）（10次），吴起（10次），大夫种（10次），越王（越王勾践）（7次），孝公（秦孝公）（5次），悼王（楚悼王）（5），白起（白公）（3次），闳夭（2次），周公（2次），范蠡（陶朱公）（2次），魏公子卬（1次），比干（1次），子胥（1次），申生（1次），微子（1次），孔子（1次），管仲（1次），文王（1次），成王（1次），苏秦（1次），智伯（1次），齐桓公（1次），吴王夫差（夫差）（2次），夏育（1次），太史噭（1次），马服（1次），伯夷（1次），延陵季子（1次），乔松（1次）。

---

① 《史记》，第2420—2425页。

秦政治生活中高层论辩喜好标榜古人古事的特点，与秦文化的历史意识有关。很可能是《秦记》的撰述保留了这种文化风格。相关史学迹象，也通过《史记》对《秦记》的沿袭，存留在司马迁笔下。

五　秦王政神交韩非："见《孤愤》、《五蠹》之书"

韩非是战国法家重要人物。他的学说对秦政有显著的影响。《史记》六三《老子韩非列传》写道："韩非者，韩之诸公子也。喜刑名法术之学，而其归本于黄老。非为人口吃，不能道说，而善著书。与李斯俱事荀卿，斯自以为不如非。"韩非试图影响韩国政治，未能成功。"非见韩之削弱，数以书谏韩王，韩王不能用。于是韩非疾治国不务修明其法制，执势以御其臣下，富国强兵而以求人任贤，反举浮淫之蠹而加之于功实之上。以为儒者用文乱法，而侠者以武犯禁。宽则宠名誉之人，急则用介胄之士。今者所养非所用，所用非所养。悲廉直不容于邪枉之臣，观往者得失之变，故作《孤愤》、《五蠹》、《内外储》、《说林》、《说难》十余万言。"张守节《正义》："韩非见王安不用忠良，令国消弱，故观往古有国之君，则得失之变异，而作《韩子》二十卷。"

韩非"著书"有《说难》。他终生未能显达，最后走向悲剧结局，可能也和韩非言语表达能力方面的欠缺有关："韩非知说之难，为《说难》书甚具，终死于秦，不能自脱。"司马贞《索隐》："说难者，说前人行事与己不同而诘难之，故其书有《说难》篇。"然而韩非自己写道："凡说之难，非吾知之有以说之难也；又非吾辩之难能明吾意之难也；又非吾敢横失能尽之难也。凡说之难，在知所说之心，可以吾说当之。"张守节《正义》："凡说难识情理，不当人主之心，恐犯逆鳞。说之难知，故言非吾知之有以说之乃为难。""能分明吾意以说之，亦又未为难也，尚非甚难。"①

据说"非为人口吃，不能道说，而善著书"，因而韩非文化影响的形成，在于其"著书"的传播。

秦王政欣赏韩非的论著，"人或传其书至秦。秦王见《孤愤》、《五蠹》之书，曰：'嗟乎，寡人得见此人与之游，死不恨矣。'李斯曰：'此

---

① 《史记》，第2146—2148页。

韩非之所著书也。'秦因急攻韩。韩王始不用非，及急，乃遣非使秦。秦王悦之，未信用。"①

而《韩非子》中的这两篇，是政治哲学与历史哲学结合的杰作。《韩非子·孤愤》说到越国历史，说到伯夷事迹。又回顾"齐亡"在于"吕氏弗制，而田氏用之"；"晋亡"在于"姬氏不制，而六卿专之也"。警告执政者，"今袭迹于齐、晋，欲国安存，不可得也"。《韩非子·五蠹》开篇就说"上古之世，人民少而禽兽众……"后来"有圣人作"，出现"燧人氏"、"有巢氏"。"中古之世，天下大水，而鲧、禹决渎。近古之世，桀、纣暴乱，而汤、武征伐。"又说到"古者文王""王天下"，以及"徐偃王"、"荆文王"，甚至"齐将攻鲁，鲁使子贡说之"等故事。

"秦王"读"《孤愤》、《五蠹》之书"，是要具备一定的史学基础的。而韩非的学说能够征服"秦王"，也在于其中表现的卓越的历史识见。

读《史记》卷六三《老子韩非列传》载录《韩非子·说难》，也有引史事论说的内容。如："伊尹为庖，百里奚为虏，皆所由干其上也。故此二子者，皆圣人也，犹不能无役身而涉世如此其污也，则非能仕之所设也。"又如："宋有富人，天雨墙坏。其子曰'不筑且有盗'，其邻人之父亦云，暮而果大亡其财，其家甚知其子而疑邻人之父。昔者郑武公欲伐胡，乃以其子妻之。因问群臣曰：'吾欲用兵，谁可伐者？'关其思曰：'胡可伐。'乃戮关其思，曰：'胡，兄弟之国也，子言伐之，何也？'胡君闻之，以郑为亲己而不备郑。郑人袭胡，取之。"除了"此二说者"之外，又有另一例："昔者弥子瑕见爱于卫君。卫国之法，窃驾君车者罪至刖。既而弥子之母病，人闻，往夜告之，弥子矫驾君车而出。君闻之而贤之曰：'孝哉，为母之故而犯刖罪！'与君游果园，弥子食桃而甘，不尽而奉君。君曰：'爱我哉，忘其口而念我！'及弥子色衰而爱弛，得罪于君。君曰：'是尝矫驾吾车，又尝食我以其余桃。'故弥子之行未变于初也，前见贤而后获罪者，爱憎之至变也。故有爱于主，则知当而加亲；见憎于主，则罪当而加疏。故谏说之士不可不察爱憎之主而后说之矣。"②涉及"伊尹"、"百里奚"，"郑武公"、"关其思"，"卫君"、"弥子瑕"的故事，是可以看作历史寓言的。

---

① 《史记》卷六三《老子韩非列传》，第2155页。
② 《史记》，第2153—2154页。

六　秦人对历史的记录与温习

秦人对历史的重视，通过出土文献也可以看到若干表现。

湖北云梦睡虎地秦墓出土竹简中有被称为《编年记》的文书，记录了自秦昭王元年（前306）至秦始皇三十年（前217）统一战争中的大事。墓主喜出生于秦昭王四十五年（前262），却补记了此前44年的历史大事。由此可见秦民间历史意识的普及程度。对于"昭襄王三十一年"史事，《编年记》写道："卅一年□"（三一壹）。"卅一年"后，字迹已经难以判明。从图版看，或许不止一字。原先的内容，或许即与"楚人反我江南"这样的重要历史事件有关。睡虎地秦墓竹简整理小组认为："战国时代在中国历史上占有重要地位。《史记·六国年表》是研究这段历史的主要参考书，但它所根据的主要是《秦记》，而《秦记》'不载日月，其文略不具'。因此，《史记》有关部分，无论是史实或年代方面都有某些不足之处。晋代在今河南汲县地方战国墓中发现竹简《纪年》后，不少人据以补充和校正《史记》，对战国史的研究颇有裨益。然而，《纪年》止于魏襄王二十年（公元前二九九年，秦昭王八年），不能用来核校《年表》的最后部分。《编年记》的发现，在一定意义上弥补了这个缺憾。"① 一个基层小吏，有关心历史的态度，有记录历史的热心，对于这些文字的珍爱，竟然将其随葬于墓中。

有人认为睡虎地秦墓竹简《编年记》"属于私家文书之一种，是家族大事记"。甚至说，"从记载方法看，编著者熟悉并了解当时史官的记事原则：采用编年体例，并逐年、逐条、逐项安排顺序记载，从未混乱过"。② 其实，这种文书记述方式，是可以看作秦民间重视历史记录之文化传统的证明的。

李学勤曾经分析天水放马滩秦简原简报中称作《墓主记》的几支简，"觉得所记故事颇与《搜神记》等书的一些内容相似，而时代早了五百来年，有较重要的研究价值"。简文记述一个名叫"丹"的人死后三年复

---

① 睡虎地秦墓竹简整理小组编：《睡虎地秦墓竹简》，文物出版社1990年9月版，释文注释第3页。
② 孙瑞：《从〈睡虎地秦墓竹简〉看秦国家族大事记》，《档案学通讯》1998年第3期。

活，讲述了死后在另一世界的有关见闻。其文开头称"卅八年八月己巳，邸丞赤敢谒御史"，文中又有"今七年"字样，文体一如纪实文书。① 这一简册，研究者已经改题为《丹》。②《史记》卷五《秦本纪》"（秦文公）十三年，初有史以纪事，民多化者"之所谓"化"，由此或可体现。这一重要的文化现象，对于我们认识秦人通常书写习惯模拟纪史的特点，也应当具有一定的启示意义。

---

① 李学勤：《放马滩简中的志怪故事》，《文物》1990年第4期。
② 张德芳主编，孙占宇著：《天水放马滩秦简集释》，甘肃文化出版社2013年3月版，第269—276页。

商鞅及其"垦草"建议

我们所看到的今本《商君书》，第一篇是《更法》，第二篇是《垦令》。据高亨《商君书作者考》，其中《更法》，"很明确是作于商鞅死后"，而"《垦令》一篇，当是商鞅所作"，"这是有明证的"。①

《更法》记录了商鞅和甘龙、杜挚有关是否应当变法的辩论。最后写道："公孙鞅曰：'前世不同教，何古之法？帝王不相复，何礼之循？伏羲神农教而不诛，黄帝尧舜诛而不怒，及至文武，各当时而立法，因事而制礼。礼法以时而定，制令各顺其宜，兵甲器备各便其用。臣故曰：治世不一道，便国不必法古。汤武之王也，不循古而兴；殷夏之灭也，不易礼而亡。然则反古者未可必非，循礼者未足多是也。君无疑矣。'孝公曰：'善。吾闻穷巷多怪，曲学多辨。愚者之笑，智者哀焉；狂夫之乐，贤者忧焉。拘世以议，寡人不之疑矣。'于是遂出《垦草令》。"同一史事，《史记》卷六八《商君列传》写道："卫鞅曰：'治世不一道，便国不法古。故汤武不循古而王，夏殷不易礼而亡。反古者不可非，而循礼者不足多。'孝公曰：'善。'以卫鞅为左庶长，卒定变法之令。"②

《商君书》说"于是遂出《垦草令》"，《史记》说"卒定变法之令"。

---

① 高亨：《商君书注译》，中华书局1974年11月版，第7、10页。也有学者持不同意见，认为《商君书》中可能并没有商鞅作品。如宾夕法尼亚大学荣誉教授卜德（Derk Bodde）写道："以他命名的一部重要的法家著作《商君书》由几种材料组成，其中可能没有一种是商鞅写的。但是有的部分，特别是较早期的部分，可能反映了他的思想。"《剑桥中国秦汉史》，杨品泉等译，中国社会科学出版社1992年2月版，第49页。另一译本作："《商君书》（由好几个人所写的法家著作）中，虽然注明是商鞅所写的，但是其中可能没有一篇是商鞅写的。此书有的部分，特别是较早的部分，或许能反映他的想法。"《剑桥中国史》第一册《秦汉篇》，方俐懿、许信昌等译，台北南天书店1996年1月版，第41页。

② 《史记》，第2229页。

《垦草令》就是第一道"变法之令"。

《垦草令》的颁布，是商鞅变法的第一步骤。

一 《商君书·垦令》的意义

对于《商君书》的第二篇《垦令》，研究者曾经有所分析。高亨说，"从文意观察，它不是垦草令的本文，乃是垦草令的方案，当为商鞅所写，献给秦孝公的"。"垦令二字的含义应是关于耕垦荒地的命令，但这篇文章的语气并不是国君的命令，而似商鞅的方案，恐是后人追题篇名，弄得不确切了。"① 也有人认为，"《垦令》是商鞅在秦国提出的关于鼓励开垦荒地，发展农业生产的方案"。② 或说，"垦令就是开垦荒地的命令。从内容看，本篇可能是商鞅关于垦荒的建议"。③

据《商君书·更法》，商鞅推行新法的第一道政令，就是《垦草令》。正如林剑鸣所指出的，"'垦草令'的原文现已佚失，其内容不能确知。不过在《商君书》中的第二篇有《垦令》，这可能就是商鞅向孝公提出的方案。从中可以大体推知'垦草令'的内容"。④ 郑良树也认为，《垦令》篇"应该是商鞅变法时所撰述的'草案'"。⑤

《商君书·垦令》提出了20种措施，一一论说，分别指出各条措施对于"垦草"的积极意义，如：

（1）农不敝而有余日，则草必垦矣。

（2）壮民疾农不变……少民学之不休，则草必垦矣。

（3）国安不殆，勉农而不偷，则草必垦矣。

（4）辟淫游惰之民无所于食，无所于食则必农，农则草必垦矣。

（5）窳惰之农勉疾，商欲农，则草必垦矣。

（6）意壹而气不淫，则草必垦矣。

（7）农事不伤，农民益农，则草必垦矣。

---

① 高亨：《商君书注译》，第10、19页。
② 《商君书新注》编辑组：《商君书新注》，陕西人民出版社1975年12月版，第11页。
③ 山东大学《商子译注》编写组：《商子译注》，齐鲁书社1982年10月版，第7页。
④ 林剑鸣：《秦史稿》，上海人民出版社1981年2月版，第181页。
⑤ 郑良树：《商鞅及其学派》，上海古籍出版社1989年6月版，第23页。

（8）废逆旅，则奸伪躁心私交疑农之民不行；逆旅之民无所于食，则必农，农则草必垦矣。

（9）壹山泽，则农慢惰倍欲之民无所于食；无所于食则必农，农则草必垦矣。

（10）上不费粟，民不慢农，则草必垦矣。

（11）褊急之民不斗，很刚之民不讼，怠惰之民不游，费资之民不作，巧谀恶心之民无变也；五民者不生于境内，则草必垦矣。

（12）农静，诛愚乱农之民欲农，则草必垦矣。

（13）余子不游事人，则必农，农则草必垦矣。

（14）愚农不知，不好学问，则务疾农；知农不离其故事，则草必垦矣。

（15）农民不淫，国粟不劳，则草必垦矣。

（16）农多日，征不烦，业不败，则草必垦矣。

（17）农恶商，商疑惰，则草必垦矣。

（18）农事必胜，则草必垦矣。

（19）业不败农，则草必垦矣。

（20）农民不败，则草必垦矣。

以"垦草"作为新法的首要内容，体现了秦国执政者大力发展农耕业的决心。正如有的学者所指出的，"商鞅变法由《垦草令》开始，反映了秦对发展农业问题的极端重视"。① 其基本措施，是全面动员民众务农，严格约束非农业经营，为农业生产的发展提供各种政策保证。

除《垦令》篇外，《商君书》的《算地》篇也突出强调"垦草"。其中写道："今世主有地方数千里，食不足以待役实仓，而兵为邻敌臣，故为世主患之。夫地大而不垦者，与无地者同；民众而不用者，与无民者同。故为国之数，务在垦草。"②

"垦草"，是商鞅变法的首要内容。对于《垦草令》的意义，有学者

---

① 樊志民：《秦农业历史研究》，三秦出版社1997年9月版，第63页。
② 容肇祖认为："《徕民篇》所说全在徕民，《垦令篇》所说全在垦草。《算地篇》则兼言徕民与垦草，并为重要。故此我以为《徕民》、《垦令》、《算地》三篇是同出于一手的。……同在秦昭王晚年所著成的。"容肇祖：《商君书考证》，《燕京学报》第21期，1937年6月。

认为在于"督促人民积极耕垦土地"①,"促使人们耕垦土地","垦草令就是开垦荒地的命令"②。也有人强调,"商鞅的革命主张的实施,促进了奴隶制赖以存在的经济基础——井田制的进一步瓦解"③,"(商鞅)提出的各项垦荒措施,对推动农业生产力的发展,巩固新兴地主阶级政权,具有重要意义"④。看来,人们多重视和肯定这一举措对秦政治史和经济史的意义,对于其他方面的作用,似有所忽略。

其实,我们如果从文化史和生态史的角度考察《垦草令》的影响,或许有助于获得关于秦史的新知。

二 "垦草"动员与秦国经济进步

《垦草令》的颁布和推行,促成了秦国显著的经济进步。

大规模"垦草"促成的田土面积的空前扩大,可能超过了周人原来的经营范围,使得农产品富足一时,秦国于是成为实力强盛的农业大国。周天子以及东方列国都已经不能再无视这一以成功的农耕经济为基础的政治实体的存在了。相应的国家行政管理重心的转移,体现在从雍迁都到咸阳。⑤

这一历史变化,同时使得秦文化的面貌出现了明显转折。

秦终于摆脱牧业传统的限制而成为农耕大国。通过从牧人和牧农兼营者到真正的农人的身份转变,其文化风格稳重务实的特色愈益显著。

《商君书·垦令》说:"褊急之民不斗,很刚之民不讼,怠惰之民不游,费资之民不作,巧谀恶心之民无变也;五民者不生于境内,则草必垦矣。"不利于社会安定的民风的纠正,可以为"垦草"准备条件。而农耕的发展,也必然使得民俗、民风、民族精神都出现相应的变化。

所谓"褊急"、"很刚"、"怠惰之民",和同篇说到的"轻惰之民","辟淫游惰之民","诛愚乱农之民","愚心躁欲之民","恶农慢惰倍欲之民","奸伪躁心私交疑农之民",等等,从一定意义上说,涵义是相近

---

① 高亨:《商君书注译》,第19页。
② 林剑鸣:《秦史稿》,第181页。
③ 《商君书新注》编辑组:《商君书新注》,第11页。
④ 山东大学《商子译注》编写组:《商子译注》,第7页。
⑤ 王子今:《秦定都咸阳的生态地理学与经济地理学分析》,《人文杂志》2003年第5期。

的。其中,"乱农"、"恶农"、"疑农之民"的说法值得我们注意。这些人看来有可能是以非农耕的经营方式为生的体力劳动者。"疑农之民",高亨解释为"迷惑农民的人"①,似有未妥。有谓"疑农"为"不安心农业生产"者②,或许更为接近原义。③

经历"垦草"以来长期的农耕发展,秦人方才可能积累和贡献《吕氏春秋》"上农"等四篇所体现的农学成就。

《汉书》卷三〇《艺文志》中著录的"六国时"农学作品可以说已经一无所存,我们所看到的专论农业的先秦文献,只有《吕氏春秋》中的《上农》《任地》《辩土》《审时》四篇。《上农》一篇,讲的是农业政策;《任地》《辩土》《审时》三篇,讲的是农业技术。④《吕氏春秋》还在《十二纪》中强调,施政要依照十二月令行事。而十二月令,实际上是长期农耕生活经验的总结。《吕氏春秋·上农》强调治国应当以农业为重,指出,古代的圣王所以能够领导民众,首先在于对农耕经济的特殊重视。民众务农不仅在于可以收获地利,而更值得重视的,还在于有益于端正民心民志。《吕氏春秋》提出了后世长期遵循的重农原则,特别强调其意义不仅限于经济方面,又可以"贵其志",即发生精神文化方面的作用。同篇又从这样三个方面说到推行重农政策的目的:

1. 民农则朴,朴则易用,易用则边境安,主位尊。
2. 民农则重,重则少私义,少私义则公法立,力专一。
3. 民农则其产复,其产复则重徙,重徙则死其处而无二虑。

就是说,民众致力于农耕,则朴实而易于驱使,谨慎而遵从国法,积累私产而不愿意流徙。很显然,特别是其中前两条,"民农则朴,朴则易用"以及"民农则重,重则少私义"的内涵,其实都可以从政治文化的角度

---

① 高亨:《商君书注译》,第 23 页。
② 《商君书新注》编辑组:《商君书新注》,第 17 页;山东大学《商子译注》编写组:《商子译注》,第 9、14 页。
③ 今按:"疑农",或许也可以读作"礙(碍)农"。《管子·兵法》:"一气专定,傍通而不疑。"俞樾《诸子平议》卷二《管子二》:"疑,当读为礙。《广雅·释言》曰:'礙,阂也。'旁通而不礙,言无隔礙也。"俞樾:《诸子平议》,中华书局 1954 年 10 月版,第 26—27 页。
④ 夏纬瑛:《吕氏春秋上农等四篇校释》,农业出版社 1979 年 2 月版,"序言"第 2 页。

来理解。这样的思想，对于后来历代统治者有长久的影响。《吕氏春秋》有关农业的内容，不仅体现了一种重视农耕的政策倾向，还体现了一种讲究实用的文化传统。

就学术史的地位而言，秦人在这一方面的文化积累，可以说已经形成了自己独有的优势。

已经有学者注意到，"秦之学术的作用多在形而下的实用方面"①，后来秦始皇焚书，不禁绝医药卜筮种树之书，说明对有实用价值的医学、农学、历算之学的重视。兵学在秦代得以流传，也有史例可以说明。②

《史记》卷七九《范雎蔡泽列传》中可见蔡泽语："大夫种为越王深谋远计，免会稽之危，以亡为存，因辱为荣，垦草入邑，辟地殖谷，率四方之士，专上下之力，辅句践之贤，报夫差之雠，卒擒劲吴。令越成霸。"③

这段文字，虽然是蔡泽说文种、勾践故事，其中"垦草入邑，辟地殖谷"，则似乎又采用了秦人语汇。

所谓"入邑"，司马贞《索隐》："刘氏云：'入犹充也。谓招携离散，充满城邑也。'"其涵义看起来似乎和《商君书·徕民》中所说招致来自邻国的移民的意思相近。有的学者因此指出，商鞅倡行垦草、徕民，是主要针对关中东部的政策。"关中东部作为秦新占领的地区之一，土地垦殖率相对低于关中西部，有'垦草'之余地；人口密度相对小于三晋诸邻，有'徕民'之空间。"④ 其实，"垦草入邑"，未必是说"垦草、徕民"。钱穆曾经论证"徕民"事在战国晚期，"若在孝公变法时，方务开阡陌，尽地力，内力之未充，其出而战也，亦窥机抵隙，因便乘势，非能亟战而操必胜之权也。无论秦之声威未震，关东之民不肯襁负而至；即至矣，亦祇以扰秦而亡之；欲求国内一日之安不可得，又何论于亡三晋而一天下哉？《史公序》商鞅变法，条理悉备，其一民于耕战则有之矣，徕三

---

① 张文立、宋尚文：《秦学术史探赜》，陕西人民出版社2004年5月版，第19页。
② 如项籍落难吴中，"阴以兵法部勒宾客及子弟"并亲教项羽"兵法"事，又张良得黄石公授《太公兵法》事，及韩信击赵，为背水之阵出奇制胜后，与部下讨论兵法事等。田旭东：《秦火未殃及兵书谈》，《西部考古》第1辑，三秦出版社2006年10月版，第257—262页；王子今：《秦世民间兵书的流传》，《中国文化》2013年秋季号（第38期）。
③ 《史记》，第2423页。
④ 樊志民：《秦农业历史研究》，第63页。

晋民耕于内，而驱秦民战于外，史公无此说也。后世言商君变法者往往以开阡陌与徕民并称，失之远矣"。蒋礼鸿以为"其说甚辨"。①

"入邑"，可能有促使民众定居的意义。这在由畜牧经济转轨为农耕经济的过程中，是显著的变化。

《商君书·垦令》中所见排斥"游惰之民"、"逆旅之民"②，以及"废逆旅"，"使民无得擅徙"的主张，也是与这种转轨过程相一致的。

《商君书·算地》说，"田荒"是和"国贫"联系在一起的，又说"田荒则民诈生"。这一观点，和《吕氏春秋·上农》所谓"民农则朴"，"民农则重"，有一脉相承的关系，其文化意义是十分显著的。

三　"近咸阳"诸水"尽得比山川祠"

"垦草"以来"耕"与"战"的相互促进，迫使秦人注意相应的生态条件的改造以满足农耕迅速发展的需要。

秦国祠祀系统对关中水系的特殊重视，体现出利用水资源发展农田灌溉的历史性成功。

《史记》卷二八《封禅书》列述秦人经营的关中祠所，其中体现山川神崇拜的祠祀对象：

> 自华以西，名山七，名川四。曰华山，薄山。薄山者，衰山也。岳山，岐山，吴岳，鸿冢，渎山。渎山，蜀之汶山。水曰河，祠临晋；沔，祠汉中；湫渊，祠朝那；江水，祠蜀。亦春秋泮涸祷塞，如东方名山川；而牲牛犊牢具珪币各异。而四大冢鸿、岐、吴、岳，皆有尝禾。陈宝节来祠。其河加有尝醪。此皆在雍州之域，近天子之都，故加车一乘，骝驹四。霸、产、长水、沣、涝、泾、渭皆非大

---

① 蒋礼鸿：《商君书锥指》，中华书局1986年4月版，第86页。
② 对于所谓"逆旅之民"，通常解释为"开设旅馆的人"、"开客店的人"、"开设客店的人"。高亨：《商君书注译》，第23页；《商君书新注》编辑组：《商君书新注》，第18页；山东大学《商子译注》编辑组：《商子译注》，第14页；北京电子管厂、北京广播学院《商君书评注》小组：《商君书评注》，中华书局1976年5月版，第29页。其实，"逆旅之民"也可以理解为旅人，不定居的人。有的辞书对"逆旅"的解释，即有"旅居"一义。如《汉语大词典》，汉语大词典出版社1992年12月版，第10卷第830页。

川,以近咸阳,尽得比山川祠,而无诸加。汧、洛二渊,鸣泽、蒲山、岳嶲山之属,为小山川,亦皆岁祷塞泮涸祠,礼不必同。而雍有日、月、参、辰、南北斗、荧惑、太白、岁星、填星、辰星、二十八宿、风伯、雨师、四海、九臣、十四臣、诸布、诸严、诸逑之属,百有余庙。西亦有数十祠。于湖有周天子祠。于下邽有天神。沣、滈有昭明、天子辟池。于杜、亳有三社主之祠、寿星祠;而雍菅庙亦有杜主。杜主,故周之右将军,其在秦中,最小鬼之神者。各以岁时奉祠。唯雍四时上帝为尊,其光景动人民唯陈宝。故雍四时,春以为岁祷,因泮冻,秋涸冻,冬塞祠,五月尝驹,及四仲之月月祠,若陈宝节来一祠。春夏用骍,秋冬用駵。時驹四匹,木禺龙栾车一驷,木禺车马一驷,各如其帝色。黄犊羔各四,珪币各有数,皆生瘞埋,无俎豆之具。三年一郊。秦以冬十月为岁首,故常以十月上宿郊见,通权火,拜于咸阳之旁,而衣上白,其用如经祠云。西畤、畦畤,祠如其故,上不亲往。诸此祠皆太祝常主,以岁时奉祠之。①

所谓"霸、产、长水、沣、涝、泾、渭皆非大川,以近咸阳,尽得比山川祠",以及"沣、滈有昭明、天子辟池"等,都说明"水"在秦神学系统中的重要地位。秦始皇三十六年(前211),"秋,使者从关东夜过华阴平舒道,有人持璧遮使者曰:'为吾遗滈池君。'因言曰:'今年祖龙死。'使者问其故,因忽不见,置其璧去。使者奉璧具以闻。始皇默然良久,曰:'山鬼固不过知一岁事也。'退言曰:'祖龙者,人之先也。'使御府视璧,乃二十八年行渡江所沈璧也。"② 这一传说,也体现出对滈池水神的崇拜。

山川风雨神崇拜以及岁时之祠,其实所体现的都不是纯神学的与经济生活无关的信仰,而往往是对自然恩遇的祈祝,体现着一种自然观、生态观。中国古代的农业和牧业部族,在这一点彼此类同。但是秦人在以咸阳

---

① 《史记》卷二八《封禅书》,第1372—1377页。
② 《史记》卷六《秦始皇本纪》,第259页。《汉书》卷二七中之上《五行志中之上》:"史记秦始皇帝三十六年,郑客从关东来,至华阴,望见素车白马从华山上下,知其非人,道住止而待之。遂至,持璧与客曰:'为我遗镐池君。'因言'今年祖龙死'。忽不见。郑客奉璧,即始皇二十八年过江所湛璧也。"第1399—1400页。事又见《水经注》卷一九《渭水》、《搜神记》卷四"华山使"条。

为中心的祭祀格局中河川崇拜的地位特别突出，值得我们重视。这一事实，应当与关中地区农田灌溉事业的发展有关。

后来的一些历史事实，如秦人大规模修建水利工程①，以及秦始皇"更名河曰德水，以为水德之始"②，等等，都可以与以咸阳为中心的河川崇拜联系起来分析。而"近咸阳"诸水"尽得比山川祠"这一现象，在一定程度上反映了商鞅变法之后因农业经济的发展对相关生态环境的特别重视。③

四　秦地国土资源开发

李剑农曾经写道："东方各国（除楚燕外）有地狭人稠之象，秦则为地旷人稀之地。""商鞅见秦之农户太少，旷地太多"，于是推行新法。④杨宽指出，"秦国地广人稀，荒地比较多，所以商鞅在秦国把奖励开垦荒地作为发展农业生产的重点，和李悝在魏国'尽地力之教'有所不同"。⑤林剑鸣说，"由于奴隶制的崩溃，在奴隶主国有土地上劳动的奴隶纷纷反抗、逃亡，使许多土地荒芜了。另外，因为秦国地广人稀，有大片土地没有开垦。为了增加剥削收入，必须设法发展农业生产，所以秦国的改革，首先从发布'垦草令'开始"。⑥

所谓"地旷人稀"，"地广人稀"，《通典》卷一《食货一》的说法则是"地广人寡"。⑦

---

① 战国晚期秦国修建的大型水利工程，最著名的有李冰主持的都江堰工程和郑国主持的郑国渠工程。参看林剑鸣《秦史稿》，第279—282页。
② 《史记》卷六《秦始皇本纪》，第238页。
③ 王子今：《秦定都咸阳的生态地理学与经济地理学分析》，《人文杂志》2003年第5期。
④ 李剑农：《先秦两汉经济史稿》，中华书局1962年12月版，第122页。
⑤ 杨宽：《战国史》（增订本），上海人民出版社1998年3月版，第203页。
⑥ 林剑鸣：《秦史稿》，第181页。
⑦ 《通典》卷一《食货一》："秦孝公任商鞅。鞅以三晋地狭人贫，秦地广人寡，故草不尽垦，地利不尽出，于是诱三晋之人，利其田宅，复三代无知兵事，而务本于内，而使秦人应敌于外。故废井田，制阡陌，任其所耕，不限多少。数年之间，国富兵强，天下无敌。""任其所耕，不限多少"句下原注："孝公十年之制。"中华书局1988年12月版，第6页。《册府元龟》卷四九五同。《太平御览》卷八二一引《史记》："秦孝公任商鞅。鞅以三晋地狭人贫，秦地广人寡，故草不尽垦，地利不尽出，于是诱三晋之人，利其田宅，复三代无知兵事，而务本于内，而使秦人应敌于外。故废井田，制阡陌，任其所耕，不限多少。数年之间，国富兵强，天下无敌。"中华书局用上海涵芬楼影印宋本1960年2月复制重印版，第3655页。

对于当时秦国"地广人寡"或"地广人稀"的自然条件的理解,可以借助《商君书·徕民》中的如下说法:

> 地方百里者:山陵处什一,薮泽处什一,溪谷流水处什一,都邑蹊道处什一,恶田处什二,良田处什四,以此食作夫五万。其山陵薮泽溪谷可以给其材,都邑蹊道足以处其民,先王制土分民之律也。
>
> 今秦之地,方千里者五,而谷土不能处什二,田数不满百万,其薮泽溪谷名山大川之材物货宝,又不尽为用,此人不称土也。

按照"先王制土分民之律",应当是"地方百里者:山陵处什一,薮泽处什一,溪谷流水处什一,都邑蹊道处什一,恶田处什二,良田处什四",然而"秦之地",则"谷土不能处什二,田数不满百万",可见当时农耕开发的程度甚低。对于所谓"今秦之地,方千里者五,而谷土不能处什二,田数不满百万",所谓"人不称土",蒋礼鸿说:"此非谓土不足,谓已垦者稀也。""谓耕者少而土多。"[①]

《商君书·算地》也有关于规划国土资源使用比率的内容:

> 凡世主之患,用兵者不量力,治草莱者不度地。故有地狭而民众者,民胜其地;地广而民少者,地胜其民。民胜其地,务开;地胜其民者,事徕。开则行倍。民过地,则国功寡而兵力少;地过民,则山泽财物不为用。夫弃天物,遂民淫者,世主之务过也,而上下事之,故民众而兵弱,地大而力小。故为国任地者,山林居什一,薮泽居什一,溪谷流水居什一,都邑蹊道居什四。此先王之正律也。

其中"都邑蹊道居什四"句,俞樾《诸子平议》说:"樾谨按:'都邑蹊道'下有阙文,今据《徕民》篇补云:'都邑蹊道居什一,恶田居什二,良田居什四。'"[②]

---

① 蒋礼鸿:《商君书锥指》,第87页。
② 俞樾《诸子平议》卷二〇《商子》作"恶田居什一"。俞樾:《诸子平议》,第392页。高亨引"俞说"作"恶田居什二"。而《商君书·徕民》即作"恶田处什二"。高亨:《商君书注译》,中华书局1974年11月版,第116页。

《商君书·算地》的作者还写道："今世主有地方数千里，食不足以待役实仓，而兵为邻敌，臣故为世主患之。夫地大而不垦者，与无地同。""故为国之数，务在垦草。"之所以推行"垦草"，是因为"地大而不垦"的缘故。

对于所谓"民胜其地者，务开"，有学者也解释说："'开'，辟也，谓务在辟草莱。"①

《商君书·徕民》说，"山陵处什一"，《算地》则说"山林居什一"。一"山陵"，一"山林"。用字有异，而"山林"之说，或许更能够体现当时的生态条件。

有学者认为，"商鞅倡行的垦草、徕民之术，只是适于关中东部特殊条件的具体政策，而缺乏比较普遍的实践意义。这是因为，关中西部自周秦之兴，即保持了较高的农业发展水平。在《徕民》、《算地》诸篇中被商君视为楷模的制土分民之术、任地待役之律，正是源诸岐丰，而行之于周秦的周制。它所规划的土地比例、食夫之数正是商君力图实现的理想目标。这里的土地开发与农业发展，不会在数百年后反倒有所衰退"。② 看来，以农业发展观的角度看，以"关中西部"为主要基地的"秦之地""人不称土"的说法，是可以动摇这一地区"保持了较高的农业发展水平"的判断的。

论者以为，商鞅变法"是以栎阳为中心进行的"，于是"结合栎阳前线实际，提出和颁行了一系列旨在促进当地农业发展的政策和法令"。所谓"栎阳乃新徙之都"，"为畿辅所在"的认识③，其实还可以商榷。④ 以为商鞅的新法只适用于"栎阳前线"而并不推行于全国，则似乎低估了变法的意义。

其实，历史上的"衰退"，是常见的现象。戎人势力的盛起，可能是导致关中西部"土地开发与农业生产"走向"衰退"不可避免的重要因素。可以推知，这种"衰退"并不始于周平王东迁时，而可能还要早一

---

① 朱师辙：《商君书解诂定本》，古籍出版社1956年6月版，第25页。
② 樊志民：《秦农业历史研究》，第63页。
③ 樊志民：《秦农业历史研究》，第62—63页。
④ 王子今：《秦献公都栎阳说质疑》，《考古与文物》1982年第5期；《栎阳非秦都辨》，《考古与文物》1990年第3期。

些,即在周幽王时代或更早"戎寇"① 兴起之时。

民族力量的消长,使得关中地区的生产方式和生态环境都发生了变化。与此相应的文化面貌,体现为秦人"对于周人甚而戎狄的文化,都能采取兼收并蓄的态度"。其政治形式,也形成了"略异于中原各国的""独特的生存制度"。②

所谓"今秦之地,方千里者五,而谷土不能处什二,田数不满百万",是一组国土资源利用效率的比例数字。这虽然是粗略的估计,但是和司马迁笔下的另一组同样来自于粗略估计的比例数字"关中之地,于天下三分之一,而人众不过什三;然量其富,什居其六"③ 比较,差距还是非常明显的。秦人经营的关中走向能够傲视天下的富足,是从《垦草令》迈出重要的初步的。

《商君书·垦草》说到的"轻惰之民"、"辟淫游惰之民"、"诛愚乱农之民"、"愚心躁欲之民"、"恶农慢惰倍欲之民"、"奸伪躁心私交疑农之民",很可能包括原先从事牧业生产或兼营农牧的劳动者。这些人在政府政策的刺激下,投入"垦草"运动之中,同时意味着他们原先的生产场所,植被性质发生了变化。

《垦草令》的实施所导致的农耕热潮,使得秦地的自然生态条件受到直接的影响,原有植被有所破坏。

另一方面,《商君书·垦草》写道:"壹山泽,则恶农慢惰倍欲之民无所于食;无所于食则必农,农则草必垦矣。"这里所谓"壹山泽",应当是商鞅首创的政策,《汉书》卷二四上《食货志上》写作"颛川泽之利,管山林之饶"④,《前汉纪》卷一三写作"专川泽之利,营山林之饶"。对于"壹山泽",有学者解释说:"谓专山泽之禁,不许妄樵采、佃渔。"⑤ 政府通过对"川泽"、"山林"资源的独占,迫使"恶农慢惰倍欲之民"断绝了原有的生命线,不得不参与"垦草"。然而对于"山泽"而言,却以类似王家自然保护区的形式,维护了原有的自然生态。

有学者以为"壹山泽"的政策在于"垄断山川林泽等自然资源",这

---

① 《史记》卷四《周本纪》,第149页。
② 余宗发:《秦人出入各家思想分期初探》,学海出版社1987年10月版,第36、48页。
③ 《史记》卷一二九《货殖列传》,第3262页。
④ 颜师古注:"'颛'与'专'同。'管',主也。"《汉书》,第1137页。
⑤ 朱师辙:《商君书解诂定本》,第9页。

样的判断是正确的。论者又强调其目的在于"抑制私营工商业",认为"农民无法自由使用山川林泽,私营工商业也就发展不起来","这些山林川泽从农业的角度看实无多大价值,但从工商业角度看则不然。虽不能生产五谷,但可以发展畜牧、种植、矿冶诸业"。① 有关"壹山泽"的政策与"抑制私营工商业"的关系,似嫌论说不够充分。而指出"山林川泽""可以发展畜牧",正可以说明商鞅变法推行《垦草令》对于秦国经济形态由牧农兼营到以农为主的历史转型的作用。

林剑鸣曾经论述秦至岐后发生的历史性变化,"秦在这个农业发达的地区建国,又将具有较高生产技术水平的周人接收过来,就很快地放弃了原来的以游牧为主的生活方式,而接受较高文明,这是十分自然的事"。论者以为秦人"很快地"发生了生活方式的转变,又说,秦人居岐最初的五十年,"正是他们由游牧经济最后完全转入农业经济的关键时期"②。然而,这一时期的秦农业,其实只是走进了初级阶段,距离"由游牧经济最后完全转入农业经济",还相当遥远。评价秦国的经济历程,如果说当时"开始了由游牧经济向农业经济的转变"③,可能是适宜的。这种转变的基本完成,是在商鞅推行《垦草令》的时代。

五 "垦草"成功与秦的扩张

据《史记》卷四三《赵世家》记述,赵惠文王元年(前298),"主父欲令子主治国,而身胡服将士大夫西北略胡地,而欲从云中、九原直南袭秦,于是诈自为使者入秦"④。秦国向北的扩张,逐渐推拒赵国的势力,而占有了上郡之地。

上郡地方经济发展速度比较缓慢,分析当地农业和牧业的比重关系,似乎牧业所占据的地位可能超过农业。这一情形,虽然不便和商鞅变法之前秦地的经济形态进行直接的比较,但是至少和关中西北部的情形颇为接近。有的农史学者曾经如此评价商鞅变法前后的情形:"关中西北的农牧

---

① 田昌五、臧知非:《周秦社会结构研究》,西北大学出版社1996年10月版,第144页。一说"山川林泽",一说"山林川泽",似有笔误。
② 林剑鸣:《秦史稿》,第40页。
③ 蔡万进:《秦国粮食经济研究》,内蒙古人民出版社1996年12月版,第1页。
④ 《史记》,第1812—1813页。

交错地带，受生产类型之制约，只宜农牧兼营，维持相对较低的农牧负载水平。"①

虽然直到汉初上郡地区的经济水准依然比较落后②，但是当时这里的生态环境，可能是值得后代的人们羡慕的。

秦惠文王时代，秦完成了对蜀地的占有。秦人兼并蜀地，是秦首次实现大规模的领土扩张，于是为后来统一事业的成功奠定了最初的基础。秦人并蜀的成就，除了军政谋略的明智而外，文化背景的历史作用也不宜忽视。可以说，秦文化的某些特质和蜀文化的某些特质，都对这一历史过程表现出影响。而这一历史过程对于秦文化和蜀文化的发育，作用都是显著的。③ 蜀地与秦地不同的生态条件④，也是我们在分析这一历史进程时不应当忽视的。李冰的水利经营，也可以看作改变生态条件的一种努力。

秦国执政阶层对于蜀地农耕经营的关注，以及关中农业政策在蜀地的推广程度，可以通过四川青川郝家坪出土秦武王时"更修《为田律》"木牍得到说明。⑤ 这一时期蜀地生态条件的相应变化，有学者在研究成果中已经涉及。⑥

考察商鞅变法以后的秦史，我们看到，与秦的扩张相应，上郡地方和巴蜀的占有，使秦的执政者开始试验与关中地区生态环境背景显著不同的北方草原荒漠地区和南方稻米生产区的管理，而当时的其他六个强国，则根本没有条件经历这样的行政实践。

这样的实践，可以看作统治大一统国家的一种必要的先期演习。

如果说，颁布《垦草令》时，秦国还在追赶东方各国的经济进程和

---

① 樊志民：《秦农业历史研究》，第63页。

② 王子今：《说"上郡地恶"——张家山汉简〈二年律令〉研读札记》，《陕西历史博物馆馆刊》第10辑，三秦出版社2003年10月版。

③ 王子今：《秦兼并蜀地的意义与蜀人对秦文化的认同》，《四川师范大学学报》1998年第2期。

④ 王子今：《战国秦汉时期中国西南地区犀的分布》，《面向新世纪的中国历史地理学——2000年国际中国历史地理学术讨论会论文集》，齐鲁书社2001年10月版，第132—156页。

⑤ 四川省博物馆、青川县文化馆：《青川县出土秦更修田律木牍——四川青川县战国墓发掘简报》，《文物》1982年第1期；杨宽：《释青川秦牍的田亩制度》，《文物》1982年第7期；黄盛璋：《青川新出秦田律木牍及其相关问题》，《文物》1982年第9期；李学勤：《青川郝家坪木牍研究》，《文物》1982年第10期。

⑥ 蓝勇：《历史时期西南经济开发与生态变迁》，云南教育出版社1992年10月版，第14—16页。

文化进程，那么，在占有上郡和蜀地，即形成了"大关中"的地理态势之后①，从生态经济和生态文化的视角考察，可以说秦国已经占有了明显的优势。

这些现象，虽然都是在商鞅变法之后发生的，但是商鞅变法是开始这一历史变化的一个起点。商鞅的《垦草令》作为第一部正式涉及在变革生产方式的同时改造生态环境的法令，其意义也因此值得我们重视。

---

① 王子今:《秦汉区域地理学的"大关中"概念》,《人文杂志》2003年第1期。

关于商君"强国弱民"理念

商鞅变法是促使秦国迅速崛起的重要的政治转折，也被看作改革成功的实例。所谓"秦用商君，富国强兵"（《史记》卷七四《孟子荀卿列传》），成为后来实现统一的历史基础。商鞅制定的新法除了奖励耕战而外，又有更具实效的通过什伍连坐制度将民众组织在政治网络中的内容，并且以法令形式强制削杀宗室贵族的政治权利，"有功者显荣，无功者虽富无所芬华"。据说正是由于打击旧势力之严厉，"商君相秦十年，宗室贵戚多怨望者"①。在强有力的支持者秦孝公去世后，新君即位，商鞅不久竟惨遭车裂之刑。然而正如《韩非子·定法》所说，商君虽死，"秦法未败也"。商鞅改革成效与他个人的悲剧结局成为千百年历史评论的主题。如果我们关注商鞅"强国弱民"理念在行政实践中的成败得失，也可以深化对中国改革史的认识。

一 "秦用商君，富国强兵"

秦孝公发起变法的动机，是谋求"秦强"。《史记》卷五《秦本纪》记载："孝公元年，河山以东强国六"，"秦僻在雍州，不与中国诸侯之会盟，夷翟遇之。孝公于是布惠，振孤寡，招战士，明功赏。下令国中"，言"诸侯卑秦，丑莫大焉"。宣布："寡人思念先君之意，常痛于心。宾客群臣有能出奇计强秦者，吾且尊官，与之分土。"商鞅正是在这样的背景下西行入秦，求见孝公，建议"变法修刑，内务耕稼，外劝战死之赏罚"，得到赞许。于是"卒用鞅法，百姓苦之；居三年，百姓便之"。② 商

---

① 《史记》卷六八《商君列传》，第 2230、2233 页。
② 《史记》，第 202—203 页。

鞅因变法有效，封列侯，号商君。

《史记》卷四四《魏世家》说："秦用商君，东地至河"，"安邑近秦，于是徙治大梁"。《史记》卷六八《商君列传》也说，新法推行九年，"秦人富强，天子致胙于孝公，诸侯毕贺"。秦国"富强"的事实，得到了周天子和诸侯列国的承认。按照贾谊《过秦论》的说法："秦孝公据殽函之固，拥雍州之地，君臣固守而窥周室，有席卷天下，包举宇内，囊括四海之意，并吞八荒之心。当是时，商君佐之，内立法度，务耕织，修守战之备，外连衡而斗诸侯，于是秦人拱手而取西河之外。"① 秦的迅速强盛，在于秦孝公有"席卷天下，包举宇内，囊括四海"，"并吞八荒"的雄心，而"商君佐之"，"内""外"均有成功建树。

蔡泽评价商鞅事迹，有"功已成矣，而遂以车裂"的感叹，对于商鞅之成功的具体内容，则说："秦孝公明法令，禁奸本，尊爵必赏，有罪必罚，平权衡，正度量，调轻重，决裂阡陌，以静生民之业而一其俗，劝民耕农利土，一室无二事，力田稸积，习战陈之事，是以兵动而地广，兵休而国富，故秦无敌于天下，立威诸侯，成秦国之业。"② 其终极意义正在于有效"强秦"，实现了"秦无敌于天下"的威势。

司马迁在《史记》卷一三〇《太史公自序》中使用的总结性语言，肯定了商君的历史功绩："鞅去卫适秦，能明其术，强霸孝公，后世遵其法。"③ 商鞅"强霸孝公"，实现了秦孝公"强秦"的夙愿，也完成了为秦的帝业奠基的历史任务。所谓"后世遵其法"，是确定的历史事实。杀灭商鞅人身的秦惠文王依然坚持商鞅之法，维持了政策的稳定性。直到秦末，商鞅时代制定的法律体系和政策方向仍是执政的主导。而《后汉书》卷四〇上《班彪传》、《续汉书·舆服志上》与《舆服志下》、《三国志》卷一《魏书·武帝纪》裴松之注引《魏书》以及《晋书》卷三〇《刑法志》等都说"汉承秦制"。《后汉书》卷五二《荀爽传》又有"汉承秦法"的说法。《汉书》卷二三《刑法志》："相国萧何攗摭秦法，取其宜于时者，作律九章。"④ 《史记》卷一〇六《吴王濞列传》张守节《正

---

① 《史记》，第1847、2232、278—279页。
② 《史记》卷七九《范雎蔡泽列传》，第2422页。
③ 《史记》，第3313页。
④ 《汉书》，第1096页。

义》:"汉初因秦法而行之。"① 《史记》卷一〇七《魏其武安侯列传》张守节《正义》:"汉初至武帝太初以前,并依秦法。"② 《汉书》卷七《昭帝纪》颜师古注引如淳曰:"汉初因秦法而行之也。"③ 《汉书》卷八《宣帝纪》颜师古注引文颖曰:"萧何承秦法所作为律令,律经是也。"④ 商鞅参与设计的秦的制度似乎延续着超稳定的效能。实际上直到昭宣时代,依然可以听到帝王亲自发布的"汉家自有制度,本以霸王道杂之"⑤的宣言,告知人们秦的法家传统长久发生着政治影响。

二 《商君书》"国强民弱"政治公式

商鞅的行政理念有一个重要的原则,就是在谋求"强国"的另一面,强调"弱民",即压抑民众的欲求、智能、意愿、权利,限制其可能参与社会管理和国家行政的条件。

《商君书·垦令》主张的政治导向包括"民不贵学问"。以为:"民不贵学则愚,愚则无外交,无外交则国安而不殆。"又期望"农静诛愚",俞樾《诸子平议》指出"诛通作朱","诛愚"就是《庄子·庚桑楚》"人谓我朱愚"的"朱愚","朱义与愚近"。高亨将"农静诛愚"解释为"农民安静而愚昧"。⑥ 商鞅以为"愚农无知,不好学问"作为行政理想,主张彻底的愚民。《商君书·农战》中甚至说:"农战之民千人,而有《诗》《书》辩慧者一人焉,千人者皆怠于农战矣。"民众中有千分之一的人有一定的知识,也会败坏行政主张的实施。民众心理简单,专心务农,就便于管理,易于驱使:"圣人知治国之要,故令民归心于农。归心于农,则民朴而可正也。纷纷则易使也;信可以守战也。壹则少诈而重居;壹则可以赏罚进也;壹则可以外用也。"《商君书·壹言》也说"治国者贵民壹,民壹则朴"。所谓"夫开而不塞,则短长;长而不攻,则有奸"。按照高亨的译文,也是说:"治国,如果开导人民的知识,而不加以堵

---

① 《史记》,第2824页。
② 《史记》,第2855页。
③ 《汉书》,第230页。
④ 《汉书》,第253页。
⑤ 《汉书》卷九《元帝纪》,第277页。
⑥ 高亨:《商君书注译》,中华书局1974年11月版,第25页。

塞，人民的知识就增长。人民的知识增长，而不去攻打敌国，就产生奸邪。"①

对于民众和行政的关系，《商君书·说民》期望"政胜其民"，期望"法胜民"，认为："民胜其政，国弱；政胜其民，兵强。""民胜法，国乱；法胜民，兵强。"用"政""法"压制民心、民欲、民智、民权，则"兵强"。如果反之，则"国弱"、"国乱"。

《商君书》专有《弱民》一篇，开篇就提出"民弱国强，国强民弱"的政治公式，强调"有道之国，务在弱民"的主张："朴则强，淫则弱；弱则轨，淫则越志；弱则有用，越志则强。"朱师辙《商君书解诂》说，"朴则强，淫则弱"应作"朴则弱，淫则强"。按照有的学者的理解，这段文字可以这样读："民众朴实，就不敢抗拒法令；民众放荡，就不把法令放在眼里。不敢抗拒法令，思想行动就不会越轨；蔑视法令，就会胡思乱想胡作非为。思想行动规规矩矩，就能听从役使；胡思乱想胡作非为，就难以驾驭。"② 可以看到，商鞅期求"民弱"，是要让民众朴实专一，简单麻木，恪守法轨，服从控制。《商君书·农战》中的说法，就是"民朴一"，"则奸不生"。

《商君书·弱民》又写道："政作民之所恶，民弱；政作民之所乐，民强。民弱国强，民强国弱。政作民之所乐，民强；民强而强之，兵重弱。政作民之所恶，民弱；民弱而弱之，兵重强。故以强重弱，削；弱重强，王。以强攻强，弱，强存；以弱攻弱，强，强去。强存则削，强去则王。故以强攻弱，削；以弱攻强，王也。"这里又具体涉及"弱民"的政策导向。这段话的文意，据高亨提示，即："政策建立人民所憎恶的东西，人民就弱；政策建立人民所喜欢的东西，人民就强。人民弱，国家就强；人民强，国家就弱。人民所喜欢的是人民强；如果人民强了，而政策又使他们更强，结果，兵力就弱而又弱了。人民所喜欢的是人民强；如果人民强了，而政策又使他们转弱，结果，兵力就强而又强了。所以实行强民的政策，以致兵力弱而又弱，国家就削；实行弱民的政策，以致兵力强而又强，就能成就王业。用强民的政策攻治强民和弱民，强民是依然存在；用弱民的政策攻治弱民和强民，强民就会消灭。强民存在，国家就

---

① 高亨：《商君书注译》，第 83 页。
② 山东大学《商子译注》编写组：《商子译注》，齐鲁书社 1982 年 10 月版，第 142 页。

弱；强民消灭，就能成就王业。可见，用强民政策统治强民，国家就会削弱；用弱民政策统治强民，就能成就王业。"①"民"被区分为"强民"和"弱民"。在通常的情况下，成就王业，要消灭或者压制"强民"。实行"弱民"的政策，就能够"成就王业"。秦政的历史性成功，应当就是遵循了这一原则。秦政的失败，也与这样的政策倾向有关。

《商君书》并不完全出于商鞅之手。但是作为商鞅追随者总结的理论，也是与商鞅的政治理念基本符合的。

三 "法大用，秦人治"

《史记》卷五《秦本纪》关于商鞅变法所谓"法大用，秦人治"，记录了商鞅之法确实得以成功推行的情形。《史记》卷六八《商君列传》说，新法施行一年，"秦民之国都言初令之不便者以千数"。甚至"太子犯法"。商鞅说："法之不行，自上犯之。"应当惩治太子，然而"太子，君嗣也，不可施刑"，于是"刑其傅公子虔，黥其师公孙贾"。据说，"明日，秦人皆趋令"。新的法令得到拥护，"行之十年，秦民大说，道不拾遗，山无盗贼，家给人足。民勇于公战，怯于私斗，乡邑大治"。而"秦民初言令不便者有来言便者"，商鞅说，"此皆乱化之民也"，把他们都流放到边城。于是，"其后民莫敢议令"。②商鞅执法严厉，甚至禁止人们对法令的内容和执法的形式有所议论。

面对秦末暴动的历史，人们"因民之疾秦法"③而产生的认识，有所谓"秦法重"④、"秦法至重"⑤、"秦法酷烈"⑥、"秦法酷急"⑦、"秦法峻急"⑧等。《盐铁论·刑德》："昔秦法繁于秋荼，而网密于凝脂。"⑨《史记》卷一二二《酷吏列传》："昔天下之网尝密矣。"司马贞《索隐》：

---

① 高亨：《商君书注译》，第161页。
② 《史记》卷六八《商君列传》第2231页。
③ 《史记》卷五三《萧相国世家》，第2020页。
④ 《史记》卷八九《张耳陈余列传》，第2574页。
⑤ 《史记》卷九七《郦生陆贾列传》，第2705页。
⑥ 《汉书》卷八七下《扬雄传下》，第3572页。
⑦ 《史记》卷六《秦始皇本纪》，第229页。
⑧ 《汉书》卷三〇《艺文志》，第1707页。
⑨ 王利器校注：《盐铁论校注》（定本），中华书局1992年7月版，第565页。

"案：《盐铁论》云'秦法密于凝脂'。"① "秋荼"、"凝脂"之说，形容了秦法繁密严酷的程度。

秦统一后，东方新占领区的政策似乎是失败的。这是导致秦短促而亡的重要原因之一。反秦的"群盗"均出现于东方。当时的关中，并没有发生反秦运动。② 然而刘邦入关，宣布约法三章时，有"与父老约，法三章耳：杀人者死，伤人及盗抵罪。余悉除去秦法。诸吏人皆案堵如故"的说法。③《史记》卷九二《淮阴侯列传》载韩信对刘邦语："大王之入武关，秋豪无所害，除秦苛法，与秦民约，法三章耳，秦民无不欲得大王王秦者。"④ 看来，"秦民"对"秦苛法"的废除，也是真心拥护的。《汉书》卷二三《刑法志》称"约法三章"以致"蠲削烦苛，兆民大说"。⑤《汉书》卷二六《天文志》则说："与秦民约法三章，民亡不归心者。"⑥《三国志》卷三五《蜀书·诸葛亮传》裴松之注《蜀记》："昔高祖入关，约法三章，秦民知德。"⑦ 也说"秦民"对"秦法"的严酷久已反感。

《战国策·秦策一》说："商君治秦，法令至行，公平无私，罚不讳强"，于是"兵革大强，诸侯畏惧，然刻深寡恩，特以强服之耳"。⑧ 秦法压抑民众"以强服之"者，尤其表现在对思想和言论的强权控制。《史记》卷九七《郦生陆贾列传》："秦法至重也，不可以妄言，妄言者无类。"⑨《汉书》卷一上《高帝纪上》颜师古注引应劭曰："秦法禁民聚语。"⑩《汉书》卷一三《异姓诸侯王表》颜师古注应劭曰："秦法，诽谤者族。"⑪ 都指出了秦法对思想言论的高压。由于商鞅的成功，法家思想和主张在秦地得到较为全面的贯彻和落实。而法家崇尚专制与强权的

---

① 《史记》，第3131页。
② 王子今：《秦王朝关东政策的失败与秦的覆亡》，《史林》1986年第2期。
③ 《史记》卷八《高祖本纪》，第362页。
④ 《史记》，第2612页。
⑤ 《汉书》，第1096页。
⑥ 《汉书》，第1302页。
⑦ 《三国志》，第917页。
⑧ （西汉）刘向集录：《战国策》卷三《秦策一》，上海古籍出版社1985年3月版，第75页。
⑨ 《史记》，第2705页。
⑩ 《汉书》，第24页。
⑪ 《汉书》，第365页。

倾向，在政治实践中最初的表现也暴露出严重的弊端。其典型史例就是商鞅的事迹。李约瑟在《中国科学技术史》第2卷《科学思想史》中写道："（法家）以编订'法律'为务，并认为自己主要的责任是以封建官僚国家来代替封建体制。他们倡导的极权主义颇近于法西斯。""法家"和"法西斯"尽管看起来都姓"法"，两者之间的简单类比我们却未必完全同意。但是法家"倡导""极权主义"的特征，却是确定无疑的。

四　关于商君"刻薄"

司马迁在《商君列传》中评价商鞅的个人品性和政治风格，有"商君其天资刻薄人也"的说法，又指出其"少恩"，说："余尝读商君《开塞》《耕战》书，与其人行事相类。卒受恶名于秦，有以也夫。"商鞅在秦国并没有树立起正面的政治形象，又长期成为历代政论家的批判对象，确实是有道理的。对于"刻薄"，司马贞《索隐》："谓天资其人为刻薄之行，'刻'谓用刑深刻，'薄'谓弃仁义，不悃诚也。""谓鞅得用，刑政深刻，又欺魏将，是其天资自有狙诈。"①

明代学者张燧《千百年眼》卷三《商鞅徙言令便者》曾经称许改革家商鞅其意志的坚定果决："（商）鞅一切不顾，真是有豪杰胸胆！"②然而商鞅对于文化的冷漠，却长期受到历代文化人，特别是儒学学者的指责。班固说："商鞅挟三术以钻孝公。"又说商鞅是"衰周之凶人"。③所谓"三术"，按照应劭的解说，是"王"、"霸"和"富国强兵"之术。可见，商鞅的政治思想以"术"即策略方式作为主体内容的。而这种"术"，其实只是以"富国强兵"为目标的追求短期实效的具体政策。《汉书》卷六《武帝纪》颜师古注引用了李奇的说法："商鞅为法，赏不失卑，刑不讳尊，然深刻无恩德。"④后来有人甚至认为商鞅应当为秦国"风俗凋薄，号为虎狼"⑤承担责任。朱熹也曾经批评："他欲致富强而

---

① 《史记》卷六八《商君列传》，第2237页。
② （明）张燧撰，贺新天校点：《千百年眼》，河北人民出版社1987年8月版，第48页。
③ 《汉书》卷一〇〇上《叙传上》，第4227、4230页。
④ 《汉书》，第156页。
⑤ 《魏书》卷一一一《刑罚志》，中华书局1974年6月版，第2872页。

已，无教化仁爱之本，所以为可罪也。"① 就是说，只是片面追求国家"富强"，甚至不惜以文化倒退为牺牲来换取"国强"，因此应当承担历史罪责。司马迁评价商鞅行政所谓"刻薄"、"少恩"，不只是对商鞅个人进行道德品性和文化资质的分析，实际上也发表了对商鞅改革的社会历史效应的一种文化感觉。《战国策·秦策一》说商鞅推行新法，"道不拾遗，民不妄取，兵革大强，诸侯畏惧。然刻深寡恩，特以强服之耳"。所谓"刻深寡恩"，高诱解释说："刻，急也。寡，少也。深，重也。言少恩仁也。"②

贾谊《陈政事疏》批评商鞅"遗礼义，弃仁恩"，轻视思想文化的建树而专力于军事政治的进取，竟然导致"秦俗日败"，社会风习颓坏，世情浇薄。家族间的亲情纽带也为实际的利益追求所斩断。当时秦国民间，据说"借父耰锄，虑有德色；母取箕箒，立而谇语"。将耰锄一类农具借给父亲，也会以为施以恩惠而容色自矜，母亲取用箕箒一类用物，竟然可以恶言咒骂。秦人自商鞅之后兴起功利第一的时代精神，虽然能够"并心而赴时"，致使秦国强盛，"信并兼之法，遂进取之业"，终于灭六国，兼天下，然而在军事成功的另一面，却是文化上的"天下大败"。道德的沦丧，风俗的败坏，已经"不同禽兽者亡几耳"，原先的"廉愧之节，仁义之厚"③，已经难以复归。许多年之后，引起人们深切感叹的我们国民性中若干阴暗面的消极表现，如自私、冷酷等等，或许都可以在商鞅这样的法家政治家的实践中看到早期发生的因由。

---

① （宋）黎靖德编，王星贤点校：《朱子语类》卷五六，中华书局1986年3月版，第1331页。
② （西汉）刘向集录：《战国策》，第75页。
③ 《汉书》卷四八《贾谊传》，第2244页。

秦孝公与商鞅的合作及定都咸阳决策

《史记》卷五《秦本纪》记载："（秦孝公）十二年，作为咸阳，筑冀阙，秦徙都之。"① 《史记》卷六《秦始皇本纪》："孝公享国二十四年。……其十三年，始都咸阳。"② 《史记》卷六八《商君列传》也写道："于是以鞅为大良造。……居三年，作为筑冀阙宫庭于咸阳，秦自雍徙都之。"③

秦孝公与商鞅决策定都咸阳，形成了秦国兴起的历史过程中的显著转折。定都咸阳，是秦政治史上的辉煌亮点。咸阳形胜，因生态地理条件和经济地理形势的优越，促成了秦始皇的帝业。汉并天下，定都长安，依然有沿袭这一优势的考虑。

一 秦都的转移：由林牧而农耕的进步

秦的政治中心，随着秦史的发展，呈现由西而东逐步转移的轨迹。

秦人传说时代的历史，有先祖来自东方的说法。而比较明确的秦史记录，即从《史记》卷五《秦本纪》所谓"初有史以纪事"的秦文公时代起，秦人活动的中心，经历了这样的转徙过程：

西垂—汧渭之会—平阳—雍—咸阳

其基本趋势，是由西向东逐渐转移。

---

① 《史记》，第203页。
② 《史记》，第288页。
③ 《史记》，第2232页。

在秦定都雍与定都咸阳之间,有学者提出曾经都栎阳的意见。笔者认为,司马迁的秦史记录多根据《秦记》,因而较为可信的事实①,是值得重视的。而可靠的文献记载中并没有明确说明秦迁都栎阳的内容。就考古文物资料而言,栎阳的考古工作也没有提供秦曾迁都栎阳的确凿证据,其城址遗迹年代均判定为秦代或汉代。② 根据现有材料依然可以肯定:栎阳始终未曾作为秦都。③ 王国维考察"秦都邑"的移动,曾经有"东略之世,决无反徙西北之理"的论断。④ 思考"栎阳"和"咸阳"的关系,也应该注意到这一意见。

秦都由西垂东迁至于咸阳的过程,是与秦实践"东略"战略,国力不断壮大的历史同步的。秦迁都的历程,又有生态地理和经济地理的背景。

史念海曾经指出:"在形成古都的诸因素中,自然环境应居有一定的重要位置。都城的设置是不能离开自然环境的。如果忽略了自然环境,则有关都城的一些设想就无异成为空中楼阁,难得有若何着落。""都城的自然环境显示在地势、山川、土壤、气候、物产等方面。"⑤ 徐卫民在总结秦都城变迁的历史规律时,也曾经提醒人们注意,"(自然环境)既是形成都城的基础因素,又可成为都城发展的限制性因素,加之不同历史时期的都城对自然环境的利用和要求的角度不同,因此就可能形成都城的迁徙"。他还指出:"在东进的过程中,秦人也对占领区的地形环境进行观察,以便选择较为理想的地方作为都城,因而随着占领的土地越多,选择的机会也多起来。"他于是认为,秦都东迁的过程,"因此完全可以说是优化选择和充分利用地理优势的过程"。⑥ 这样的分析,无疑是正确的。然而我们如果从另一角度进一步考察择定新都的动机,还可以发现,秦人由西而东迁都的决策,有于生态条件和经济形式方面进行"优化选择"

---

① 王子今:《〈秦记〉考识》,《史学史研究》1997年第1期;《〈秦记〉及其历史文化价值》,《秦文化论丛》第5辑,西北大学出版社1997年6月版。

② 中国社会科学院考古研究所栎阳发掘队:《秦汉栎阳城遗址的勘探和试掘》,《考古学报》1985年第3期。

③ 王子今:《秦献公都栎阳说质疑》,《考古与文物》1982年第5期;《栎阳非秦都辨》,《考古与文物》1990年第3期。

④ 王国维:《秦都邑考》,《观堂集林》卷一二,中华书局1961年6月版,第532页。

⑤ 史念海:《中国古都和文化》,中华书局1998年7月版,第180页。

⑥ 徐卫民:《秦都城研究》,陕西人民教育出版社2000年1月版,第67页。

的因素。

秦人有早期以畜牧业作为主体经济形式的历史。

《史记》卷五《秦本纪》记载："（秦先祖大费）佐舜调驯鸟兽，鸟兽多驯服，是为柏翳。""非子居犬丘，好马及畜，善养息之。犬丘人言之周孝王，孝王召使主马于汧渭之间，马大蕃息。""于是孝王曰：'昔伯翳为舜主畜，畜多息，故有土，赐姓嬴。今其后世亦为朕息马，朕其分土为附庸。'邑之秦，使复续嬴氏祀，号曰秦嬴。"① 秦最初立国，曾经得益于畜牧业的成功。

我们还应当看到，作为秦早期经济发展基地的西垂之地，长期是林产丰盛的地区。② 原生林繁密的生态条件，可以成为特殊的物产优势的基础，同时也在一定意义上表现出不利于农耕经营之发展的影响。《汉书》卷二八下《地理志下》说秦先祖柏益事迹，"为舜朕虞，养育草木鸟兽，赐姓嬴氏"。③ 与《史记》卷五《秦本纪》记载"调驯鸟兽"有所不同，经营对象包括"草木"。所谓"养育草木"，暗示林业在秦早期经济形式中也曾经具有相当重要的地位。根据考古发现，当时"秦人起码已过着相对定居的生活"，"其饮食生活当以农作物的粮食为重要食物来源"，有的学者指出，"这完全不像人们一贯传统的说法，认为秦人当时是过着游牧、狩猎的生活"。④ 注意秦人经营林业的历史，或许有助于理解有关现象。

《史记》卷五《秦本纪》如此记录秦文公营邑于"汧渭之会"的情形："三年，文公以兵七百人东猎。四年，至汧渭之会。曰：'昔周邑我先秦嬴于此，后卒获为诸侯。'乃卜居之，占曰吉，即营邑之。"⑤ 秦文公决定在"汧渭之会"营建城邑，具有重要的历史意义。王国维曾经说，"文公始逾陇而居汧渭之会，其未逾陇以前，殆与诸戎无异。"⑥ 而这一历

---

① 《史记》，第173、177页。
② 《汉书》卷二八下《地理志下》："天水、陇西，山多林木，民以板为室屋。""故《秦诗》曰'在其板屋'。"第1644页。
③ 《汉书》，第1641页。
④ 樊志民：《秦农业历史研究》，三秦出版社1997年9月版，第9—10页。
⑤ 《史记》，第179页。
⑥ 王国维：《观堂集林》卷一二《秦都邑考》，第531页。王国维还就对《史记》卷五《秦本纪》"非子居犬丘"的误解，指出："徐广以犬丘为槐里，《正义》仍之，遂若秦之初起已在周畿内者，殊失实也。"并有附记："此稿既成，检杨氏守敬《春秋列国图》，图西犬丘于汉陇西郡西县地，其意正与余合。"

史转变的契由，竟然是"以兵七百人东猎"。《汉书》卷二八下《地理志下》也写道，天水、陇西及安定、北地等地方，"皆迫近戎狄，修习战备，高上气力，以射猎为先"。所以《秦诗》曰"王于兴师，修我甲兵，与子偕行"。① "及《车辚》②、《四载》③、《小戎》④ 之篇，皆言车马田狩之事。"

秦文公的另一事迹也值得我们注意。《史记》卷五《秦本纪》："十六年，文公以兵伐戎，戎败走。于是文公遂收周余民有之，地至岐，岐以东献之周。"⑤ 这一历史记载告诉我们，秦人已经以"收周余民有之"的形式继承了周人的农耕经验，接受了周人的经营方式，在岐以西之地从事农业生产。对于"岐以东"同样具有悠久农耕传统和农耕条件可能更为优异的土地，则尚无全面占有的条件。

《史记》卷五《秦本纪》还记载："二十七年，伐南山大梓，丰大特。"秦文公时代的这一史事，具有浓重的神秘主义色彩。裴骃《集解》有这样的解说：

> 徐广曰："今武都故道有怒特祠，图大牛，上生树本，有牛从木中出，后见于丰水之中。"

张守节《正义》引《括地志》云：

> 大梓树在岐州陈仓县南十里仓山上。《录异传》云："秦文公时，雍南山有大梓树，文公伐之，辄有大风雨，树生合不断。时有一人病，夜往山中，闻有鬼语树神曰：'秦若使人被发，以朱丝绕树伐汝，汝得不困耶？'树神无言。明日，病人语闻，公如其言伐树，

---

① 《诗·秦风·无衣》。颜师古注："《无衣》之诗也。言于王之兴师，则修我甲兵，而与子俱征伐也。"
② 《诗·秦风·车邻》。颜师古注："《车辚》，美秦仲大有车马。其诗曰'有车辚辚，有马白颠'。"
③ 《诗·秦风·驷驖》。颜师古注："《四载》，美襄公田狩也。其诗曰'四载孔阜，六辔在手'，'輶车鸾镳，载猃歇骄'。"
④ 《诗·秦风·小戎》。颜师古注："《小戎》，美襄公备兵甲，讨西戎。其诗曰'小戎俴收，五楘良辀'，'文茵畅毂，驾我骐馵'，'龙盾之合，鋈以觼軜'。"《汉书》，第1644页。
⑤ 《史记》，第179页。

断，中有一青牛出，走入丰水中。其后牛出丰水中，使骑击之，不胜。有骑堕地复上，发解，牛畏之，入不出，故置髦头。汉、魏、晋因之。武都郡立怒特祠，是大梓牛神也。"

张守节按："今俗画青牛障是。"① 其实，也有可能《录异传》的这段文字为张守节《正义》直接引录，而并非由《括地志》转引，如此，则应当读作：

> 《括地志》云："大梓树在岐州陈仓县南十里仓山上。"《录异传》云："秦文公时，雍南山有大梓树，文公伐之，辄有大风雨，树生合不断。时有一人病，夜往山中，闻有鬼语树神曰：'秦若使人被发，以朱丝绕树伐汝，汝得不困耶？'树神无言。明日，病人语闻，公如其言伐树，断，中有一青牛出，走入丰水中。其后牛出丰水中，使骑击之，不胜。有骑堕地复上，发解，牛畏之，入不出，故置髦头。汉、魏、晋因之。武都郡立怒特祠，是大梓牛神也。"

这样断读，并不影响我们对文意的理解。

对于这一"大梓牛神"的传说，可以进行神话学的分析，文化象征意义的分析。其内容告诉我们，已经进入农耕经济阶段的秦人，在其文化的深层结构中，对于以往所熟悉的林业、牧业和田猎生活，依然保留着长久的怀念。②

二 自雍徙都咸阳：从农耕区的边缘到农耕区的中心

自"武公卒，葬雍平阳"，以及"德公元年，初居雍城大郑宫"，又

---

① 《史记》，第180—181页。
② 《华阳国志》卷三《蜀志》说："（蜀人）乃嘲秦人曰：'东方牧犊儿。'秦人笑之，曰：'吾虽牧犊，当得蜀也。'"（晋）常璩撰，任乃强校注：《华阳国志校补图注》，上海古籍出版社1987年10月版，第123页。可知秦的国际形象长期未能洗刷畜牧文化色彩，而秦人内心亦并不以"牧犊"为耻。

"卜居雍，后子孙饮马于河"① 之后，雍城成为秦的行政中心。建都于雍的秦国，已经明确将东进作为发展方向。雍城是生态条件十分适合农耕发展的富庶地区，距离周人早期经营农耕，创造的农业奇迹的所谓"周原膴膴"② 的中心地域，东西不过咫尺。而许多学者是将其归入广义的"周原"的范围之内的。③

秦人东向发展的历史进程，是以军事方式推进的。从秦穆公发起对晋国的战争，又"益国十二，开地千里，遂霸西戎"，到"献公即位，镇抚边境，徙治栎阳，且欲东伐，复缪公之故地"，至于秦孝公时，"十年，卫鞅为大良造，将兵围魏安邑，降之"。④ 秦国以战争手段力克强敌，艰难发展，逐步扩张疆土。

还应当看到，在这一历史阶段，在与敌国进行持续的战争的同时，秦人又进行着与自然的持续的战争。

秦人由于从畜牧业经济中脱生不久，在文化传统方面还保留有许多旧时礼俗，于是被中原人仍然看作"夷翟"、"戎翟"。《史记》卷五《秦本纪》说，秦孝公以前，"秦僻在雍州，不与中国诸侯之会盟，夷翟遇之"，秦人以为"诸侯卑秦，丑莫大焉"。⑤《史记》卷一五《六国年表》还写道："秦杂戎翟之俗"，"秦之德义不如鲁卫之暴戾"。⑥

不过，以雍城为中心的秦国，实际上已经在农业经济的轨道上平稳运行了相当长的时间，并且取得了引人注目的成就。

雍城出土的铁制农具，是迄今所知我国发现最为集中的早期铁农具。⑦

---

① 《史记》卷五《秦本纪》，第184页。
② （清）王先谦撰：《诗三家义集疏》卷二一《大雅·緜》，中华书局1987年2月版，第836页。
③ 史念海：《周原的变迁》，《河山集》二集，生活·读书·新知三联书店1981年5月版，第214—231页；《周原的历史地理与周原考古》，《西北大学学报》（哲学社会科学版）1978年第2期，收入《河山集》三集，人民出版社1988年1月版，第357—373页。林剑鸣也明确说，"雍位于汧河上游的雍水附近，这里是周原最富庶的地区"。《秦史稿》，上海人民出版社1981年2月版，第43页。
④ 《史记》卷五《秦本纪》，第194—203页。
⑤ 《史记》，第202页。
⑥ 《史记》，第685页。
⑦ 王学理、尚志儒、呼林贵等：《秦物质文化史》，三秦出版社1994年6月版，第10—12页。

秦国农业的进步,还表现在秦穆公十二年的"汎舟之役"。《左传·僖公十三年》记载:"冬,晋荐饥,使乞籴于秦。秦伯谓子桑:'与诸乎?'对曰:'重施而报,君将何求?重施而不报,其民必携;携而讨焉,无众必败。'谓百里:'与诸乎?'对曰:'天灾流行,国家代有。救灾恤邻,道也。行道有福。'丕郑之子豹在秦,请伐晋。秦伯曰:'其君是恶,其民何罪?'秦于是乎输粟于晋,自雍及绛相继,命之曰'汎舟之役'。"①《史记》卷五《秦本纪》的记载略同:"晋旱,来请粟。丕豹说缪公勿与,因其饥而伐之。缪公问公孙支,支曰:'饥穰更事耳,不可不与。'问百里傒,傒曰:'夷吾得罪于君,其百姓何罪?'于是用百里傒、公孙支言,卒与之粟。以船漕车转,自雍相望至绛。"②

另一可以反映秦国农业成就的史例,是《史记》卷五《秦本纪》:"戎王使由余于秦。由余,其先晋人也,亡入戎,能晋言。闻缪公贤,故使由余观秦。秦缪公示以宫室、积聚。由余曰:'使鬼为之,则劳神矣。使人为之,亦苦民矣。'"③戎王使者由余来访,秦穆公展示"宫室、积聚",炫耀国力,致使对方不得不惊叹。所谓"宫室、积聚",后者是农耕经济的直接成就,前者是农耕经济的间接成就。

尽管以雍城为都城的秦国的农业水平已经相当成熟,但是在与东方诸国的竞争中依然处于不利的地位。除了在文化传统和经济积累方面的不足而外,雍城的生态地理与经济地理条件与"岐以东"地方相比,也处于劣势。当时的雍城,临近林区和耕地的交界,也临近畜牧区和农业区的交界。正如樊志民所指出的,"关中西北的农牧交错地带,受生产类型之制约,只宜农牧兼营,维持相对较低的农牧负载水平"。④与东方长期以农为本的强国比较,"秦僻在雍州",形成了生态条件和经济背景的强烈的反差,于是也成为致使"中国诸侯"不免"夷翟遇之"的因素之一。

在这样的形势下,秦孝公和商鞅为了谋求新的发展,决定迁都咸阳。《史记》卷五《秦本纪》记载,"(秦孝公)十二年,作为咸阳,筑冀阙,秦徙都之"。《史记》卷六《秦始皇本纪》:"孝公享国二十四

---

① 《春秋左传集解》,上海人民出版社1977年8月版,第284页。
② 《史记》,第188页。
③ 《史记》,第192页。
④ 樊志民:《秦农业历史研究》,三秦出版社1997年9月版,第63页。

年。……其十三年，始都咸阳。"《史记》卷六八《商君列传》也写道："于是以鞅为大良造。……居三年，作为筑冀阙宫庭于咸阳，秦自雍徙都之。"① 定都咸阳，是秦史具有重大意义的事件，也形成了秦国兴起的历史过程中的显著转折。这一商鞅时代的重要决策，也影响到交通史的进程。

秦迁都咸阳的决策，有将都城从农耕区之边缘转移到农耕区之中心的用意。迁都咸阳实现了重要的历史转折。一些学者将这一举措看作商鞅变法的内容之一，是十分准确的历史认识。②《史记》卷六八《商君列传》记载，商鞅颁布的新法，有这样的内容："僇力本业，耕织致粟帛多者复其身。事末利及怠而贫者，举以为收孥。"③ 扩大农耕的规划，奖励农耕的法令，保护农耕的措施，使得秦国掀起了一个新的农业跃进的高潮。而推进这一历史变化的策划中心和指挥中心，就设在咸阳。

秦经营咸阳的时代，交通战略也有了新的思路。因东向进取的需要，函谷关和武关道路首先受到重视。而蜀地的占领，必须有蜀道的交通条件以为可靠的军事保障。对于秦兼并蜀地这一重要的历史事实，我们在《史记》中可以看到司马迁如下的记述：秦惠文王更元九年（前316），（1）司马错伐蜀，灭之（卷五《秦本纪》），（2）击蜀，灭之（卷一五《六国年表》），（3）起兵伐蜀，十月，取之，遂定蜀，贬蜀王更号为侯，而使陈庄相蜀（卷七〇《张仪列传》）；秦惠文王更元十四年（前311），（4）蜀相壮杀蜀侯来降（卷五《秦本纪》），（5）蜀相杀蜀侯（卷一五《六国年表》）；秦武王元年（前310），（6）诛蜀相壮（卷五《秦本纪》），（7）诛蜀相壮（卷一五《六国年表》），（8）蜀侯煇、相壮反，秦

---

① 《史记》，第203、288、2232页。
② 翦伯赞主编《中国史纲要》在"秦商鞅变法"题下写道："公元前356年，商鞅下变法令"，"公元前350年，秦从雍（今陕西凤翔）迁都咸阳，商鞅又下第二次变法令"。人民出版社1979年3月版，第75页。杨宽《战国史》（增订本）在"秦国卫鞅的变法"一节"卫鞅第二次变法"题下，将"迁都咸阳，修建宫殿"作为变法主要内容之一，又写道："咸阳位于秦国的中心地点，靠近渭河，附近物产丰富，交通便利。"上海人民出版社1998年3月版，第206页。林剑鸣《秦史稿》在"商鞅变法的实施"一节，也有"迁都咸阳"的内容。其中写道："咸阳（在咸阳市窑店东）北依高原，南临渭河，适在秦岭怀抱，既便利往来，又便于取南山之产物，若浮渭而下，可直入黄河；在终南山与渭河之间就是通往函谷关的大道。"上海人民出版社1981年2月版，第189页。
③ 《史记》，第2230页。

使甘茂定蜀（卷七一《樗里子甘茂列传》）；秦昭襄王六年（前301），（9）蜀侯煇反，司马错定蜀（卷五《秦本纪》），（10）蜀反，司马错往诛蜀守煇，定蜀（卷一五《六国年表》）。从起初（1）（2）（3）的"伐蜀，灭之"，"击蜀，灭之"，"伐蜀"，"取之，遂定蜀"，到（9）（10）之最终"定蜀"①，秦人征服蜀地，经历了三代秦王前后十数年的时间。这一系列军事行动，都必然是在蜀道畅通的条件下完成的。

秦国执政者大力发展农耕业的基本措施，是全面动员民众务农，严格约束非农业经营，为农业生产的发展提供充备的劳动力资源和有效的政策性保证。有的学者指出，商鞅倡行垦草、徕民，是主要针对关中东部的政策。"关中东部作为秦新占领的地区之一，土地垦殖率相对低于关中西部，有'垦草'之余地；人口密度相对小于三晋诸邻，有'徕民'之空间。"② 从这一角度理解商鞅推行《垦草令》的意义，秦定都咸阳所体现的进取意识，可以给人更深刻的印象。

大规模"垦草"促成的田土面积的空前扩大，可能超过了周人的经营范围，使得农产品富足一时，秦国于是成为实力强盛的农业大国。周天子以及东方列国都已经不能再无视这一以成功的农耕经济为基础的政治实体的存在了。

三 始都咸阳与新的生态地理条件及经济地理形势

《史记》卷五《秦本纪》说，商鞅建议秦孝公"变法修刑，内务耕稼，外劝战死之赏罚"③，新法的基本原则，是"内务耕稼"。商鞅变法在促成"耕稼"发展方面的成功，是在定都咸阳之后取得的。

《史记》卷七《项羽本纪》记载："项王乃立章邯为雍王，王咸阳以西，都废丘。""立司马欣为塞王，王咸阳以东至河，都栎阳。"④ 可见咸阳位于关中之中，是两分关中的中界。正如有的学者所指出的，"咸阳位当关中平原的中心地带，恰在沣、渭交会以西的大三角地带。这里有着大

---

① 其中（8）与（9）（10）有关"蜀侯煇"、"蜀守煇"的记载相互抵牾，当有一误，疑（8）中"侯煇"二字为衍文。
② 樊志民：《秦农业历史研究》，第63页。
③ 《史记》，第203页。
④ 《史记》，第316页。

片的良田沃土，早为人们所开发利用，是个农产丰富的'奥区'"。① 咸阳在当时因生态地理与经济地理条件的优越，本身已经成为富足的"天府"，同时又具有能够领导关中地方的地位。

对于秦定都咸阳之后继续推行变法，国势日盛的历史，司马迁在《史记》卷五《秦本纪》中有这样的记述：

> 十二年，作为咸阳，筑冀阙，秦徙都之。并诸小乡聚，集为大县，县一令，四十一县。为田开阡陌。东地渡洛。十四年，初为赋。十九年，天子致伯。二十年，诸侯毕贺。秦使公子少官率师会诸侯逢泽，朝天子。②

《史记》卷六八《商君列传》也记载：

> 于是以鞅为大良造。将兵围魏安邑，降之。居三年，作为筑冀阙宫庭于咸阳，秦自雍徙都之。而令民父子兄弟同室内息者为禁。而集小乡邑聚为县，置令、丞，凡三十一县。为田开阡陌封疆，而赋税平。平斗桶权衡丈尺。行之四年，公子虔复犯约，劓之。居五年，秦人富强，天子致胙于孝公，诸侯毕贺。③

我们看到，商鞅在咸阳推行了3项重要的政策，终于使得"天子致伯"，"诸侯毕贺"：

（1）确定并完善县制。（《秦本纪》："并诸小乡聚，集为大县，县一令，四十一县。"《商君列传》："集小乡邑聚为县，置令、丞，凡三十一县。"）

（2）确定并完善田制。（《秦本纪》："为田开阡陌。"《商君列传》："为田开阡陌封疆。"）

（3）确定并完善税制。（《秦本纪》："初为赋。"《商君列传》："赋税平。平斗桶权衡丈尺。"）

---

① 王学理：《咸阳帝都记》，三秦出版社1999年8月版，第41页。
② 《史记》，第203页。
③ 《史记》，第2232页。

秦孝公与商鞅的合作及定都咸阳决策　　57

　　落实这些政策之后，秦国与东方传统农耕国家在体制上已经没有差别，在农业经济的管理方面，已经迈进了成熟的阶段。也就是说，秦孝公和商鞅在咸阳领导了一场在秦史上具有重要意义的胜利的经济革命。

　　《史记》卷六《秦始皇本纪》记载："先王庙或在西雍，或在咸阳。"① 这就是说，当时不仅秦的政治中心和经济中心转移到了咸阳，国家的礼祀中心，也开始向咸阳转移。

　　《史记》卷二八《封禅书》列述秦人经营的关中祠所："自华以西，名山七，名川四。曰华山，薄山。薄山者，衰山也。岳山，岐山，吴岳，鸿冢，渎山。渎山，蜀之汶山。水曰河，祠临晋；沔，祠汉中；湫渊，祠朝䢼；江水，祠蜀。亦春秋泮涸祷塞，如东方名山川；而牲牛犊牢具珪币各异。而四大冢鸿、岐、吴、岳，皆有尝禾。陈宝节来祠。其河加有尝醪。此皆在雍州之域，近天子之都，故加车一乘，骝驹四。霸、产、长水、沣、涝、泾、渭皆非大川，以近咸阳，尽得比山川祠，而无诸加。汧、洛二渊，鸣泽、蒲山、岳嶊山之属，为小山川，亦皆岁祷塞泮涸祠，礼不必同。而雍有日、月、参、辰、南北斗、荧惑、太白、岁星、填星、辰星、二十八宿、风伯、雨师、四海、九臣、十四臣、诸布、诸严、诸逑之属，百有余庙。西亦有数十祠。于湖有周天子祠。于下邽有天神。沣、滈有昭明、天子辟池。于杜、亳有三社主之祠、寿星祠；而雍菅庙亦有杜主。杜主，故周之右将军，其在秦中，最小鬼之神者。各以岁时奉祠。唯雍四时上帝为尊，其光景动人民唯陈宝。故雍四时，春以为岁祷，因泮冻，秋涸冻，冬塞祠，五月尝驹，及四仲之月月祠，若陈宝节来一祠。春夏用骍，秋冬用骝。畤驹四匹，木禺龙栾车一驷，木禺车马一驷，各如其帝色。黄犊羔各四，珪币各有数，皆生瘗埋，无俎豆之具。三年一郊。秦以冬十月为岁首，故常以十月上宿郊见，通权火，拜于咸阳之旁，而衣上白，其用如经祠云。西畤、畦畤，祠如其故，上不亲往。诸此祠皆太祝常主，以岁时奉祠之。至如他名山川诸鬼及八神之属，上过则祠，去则已。郡县远方神祠者，民各自奉祠，不领于天子之祝官。祝官有秘祝，即有菑祥，辄祝祠移过于下。"② 事实上，秦人西方故地依然是祭祀重心，如"雍有日、月、参、辰、南北斗、荧惑、太白、岁星、填星、辰星、二十

---

① 《史记》，第266页。
② 《史记》，第1372—1377页。

八宿、风伯、雨师、四海、九臣、十四臣、诸布、诸严、诸逑之属,百有余庙。西亦有数十祠"。但是东方"华山"与"河"等名山名川列为祀所,是秦成为文化大国的标志之一。特别是所谓"霸、产、长水、沣、涝、泾、渭皆非大川,以近咸阳,尽得比山川祠,而无诸加",以及"秦以冬十月为岁首,故常以十月上宿郊见,通权火,拜于咸阳之旁",都说明咸阳在秦神学系统中的重要地位。而所谓"西畤、畦畤,祠如其故,上不亲往",则暗示西方传统祭祀形式有所变革,其祀所的地位已经有所下降。

山川风雨神崇拜以及岁时之祠,其实所体现的都不是纯神学的与经济生活无关的信仰,而往往是对自然恩遇的祈祝,体现着一种自然观、生态观。中国古代的农业和牧业部族,在这一点上彼此类同。但是秦人在以咸阳为中心的祭祀格局中河川崇拜的地位特别突出,值得我们重视。这就是所谓"霸、产、长水、沣、涝、泾、渭皆非大川,以近咸阳,尽得比山川祠",以及"沣、滈有昭明、天子辟池"等等。

后来的一些历史事实,如秦人大规模修建水利工程①,以及秦始皇"更名河曰德水,以为水德之始"②等等,都可以与以咸阳为中心的河川崇拜联系起来分析。而"近咸阳"诸水"尽得比山川祠"这一现象,显然与秦人始都咸阳之后因农业经济的发展对相关生态环境的特别重视有关。

咸阳形胜,因生态地理条件和经济地理形势的优越,而促成了秦始皇的帝业。汉并天下,定都长安,依然企图沿袭这一优势。《史记》卷九三《韩信卢绾列传》:"绾封为长安侯。长安,故咸阳也。"③《史记》卷八《高祖本纪》:"高祖常繇咸阳。"司马贞《索隐》:"应劭云:'今长安也。'"④ 所谓"长安,故咸阳也",咸阳"今长安也",都说明了这一史实。当然,汉初这一地区的生态地理条件和经济地理形势,与战国时期又有了新的变化。

---

① 战国晚期秦国修建的大型水利工程,最著名的有李冰主持的都江堰工程和郑国主持的郑国渠工程。参看林剑鸣《秦史稿》,上海人民出版社1981年2月版,第279—282页。
② 《史记》卷六《秦始皇本纪》,第238页。
③ 《史记》,第2637页。
④ 《史记》,第344页。

秦武公与秦"力士"

秦武公形象，在秦史记忆中与"力士"表演多所纠结。

秦武公其实是为推进秦的崛起有所贡献的君主。考察秦武公的功过得失，有益于全面认识秦史。秦武公和秦"力士"的关系，体现出秦文化的特殊风格，也是秦政治史在短暂时段值得重视的表现。

上古"力士"事迹，体现出文明进步历程中一种值得重视的表现。"力士"的出现，反映当时社会在生产和生活中，因抗争自然和群体竞进需要，比较普遍的对于个人体能强健的追求。"力士"受到尊崇，以必要的显示方式为条件，有人看作体育史、竞技史和杂技表演史的早期表现。"力士"故事在秦史中的密集出现以及"力士"曾经在秦国居于高位的情形，可以从一个特殊的侧面反映秦文化的"尚力"传统。后世对于这种文化倾向的评断，以批判为主流。然而如果以儒学正统"小人尚力"、"小人绝力"的态度作为考察秦史的认识基点，也许难免简单化片面化之失，不利于全面公正的历史判断。

一 "武王有力好戏"

秦孝公任用商鞅推行变法，确定了秦国发展的方向。秦惠文王时代大大增强了秦的国力，除向东进取而外，据有巴蜀，取得了战略优势地位。而秦武王的贡献也值得肯定。

公元前311年，秦惠文王去世，秦武王即位。秦武王是秦国第二代称"王"的君主，他在执政的第四年与力士"举鼎"因意外事故致胫骨骨折，于是去世。

《史记》卷五《秦本纪》说，"武王有力好戏"，"力士任鄙、乌获、孟说皆至大官"，可知"力士"们同时从政，负有高层管理责任。这一情形大概并不能说明秦武王是无能的昏主。"好力"其实是秦文化的传统倾向。上古"力士"的出现，反映当时社会在生产和生活中，因抗争自然和群体竞进需要，比较普遍的对于个人体能强健的追求。"力士"受到尊崇，以必要的显示方式为条件，有人看作体育史、竞技史和杂技表演史的早期表现。"力士"故事在秦史中的密集出现以及"力士"曾经在秦国居于高位的情形，可以看作秦文化"尚力"传统的表现。

《商君书·壹言》强调："力多而不攻则有奸虱。故抟力以壹务也，杀力以攻敌也。"①《商君书·错法》："为国而能使其民尽力以竞于功，则兵必强矣。"② 秦国正是因此击破东方六国，实现了统一。而秦武王"有力，以身率"，促成"尚武之风益盛"，对于秦国的强盛，是有积极意义的。

秦武王在短暂的四年内，有与魏王和韩王的成功会盟，表达了"寡人欲容车通三川，窥周室"的雄心，并出军拔取宜阳，逼近周王室所在洛阳。对义渠也予以攻伐。③ 应当承认，对于秦国的持续进取与不断扩张，秦武王有积极有效的推进。

《史记》卷五《秦本纪》和《史记》卷一五《六国年表》都突出记录了秦武王二年（前309）"初置丞相"事，前者记载："樗里疾、甘茂为左右丞相。"后者记载："樗里子、甘茂为丞相。"④ "初置丞相"是对后世有长久影响的重要的政制发明。

秦武王"伐义渠"、"窥周室"，都成为后来秦昭襄王时"宰割天下，分裂河山"的历史先声。

二 早期"力士"故事与"秦之力人"

《左传·宣公二年》记载了晋灵公谋害赵盾的事件："秋九月，晋侯饮赵盾酒，伏甲将攻之。其右提弥明知之，趋登，曰：'臣侍君宴，过三

---

① 蒋礼鸿：《商君书锥指》卷三，中华书局1986年4月版，第61页。
② 蒋礼鸿：《商君书锥指》卷三，第64页。
③ 《史记》卷五《秦本纪》，第209页。
④ 《史记》，第209、734页。

爵，非礼也。'遂扶以下。公嗾夫獒焉，明搏而杀之。盾曰：'弃人用犬，虽猛何为！'斗且出。提弥明死之。初，宣子田于首山，舍于翳桑，见灵辄饿，问其病。曰：'不食三日矣。'食之，舍其半。问之。曰：'宦三年矣，未知母之存否，今近焉，请以遗之。'使尽之，而为之箪食与肉，寘诸橐以与之。既而与为公介，倒戟以御公徒而免之。问何故。对曰：'翳桑之饿人也。'问其名居，不告而退，遂自亡也。"① 在赵盾陷入险境时以生命相护卫的"提弥明"，《公羊传·宣公六年》写作"祁弥明"，称之为"力士"：晋灵公怀恨赵盾，"伏甲于宫中，召赵盾而食之。赵盾之车右祁弥明者，国之力士也，仡然从乎赵盾而入，放乎堂下而立。赵盾已食，灵公谓盾曰：'吾闻子之剑，盖利剑也。子以示我，吾将观焉。'赵盾起将进剑，祁弥明自下呼之，曰：'盾！食饱则出，何故拔剑于君所？'赵盾知之，蹴阶而走。灵公有周狗，谓之獒。呼獒而属之，獒亦蹴阶而从之。祁弥明逆而踆之，绝其颔。赵盾顾曰：'君之獒，不若臣之獒也。'然而宫中甲鼓而起。有起于甲中者，抱赵盾而乘之。赵盾顾曰：'吾何以得此于子？'曰：'子某时所食活我于暴桑下者也。'赵盾曰：'子名为谁？'曰：'吾君孰为介，子之乘矣，何问吾名？'赵盾驱而出，众无留之者。赵穿缘民众不说，起弑灵公，然后迎赵盾而入，与之立于朝，而立成公黑臀。"② "提弥明"、"祁弥明"，又写作"衹弥明"。《史记》卷三九《晋世家》言"示眯明"，进言赵盾罢酒脱身，"为盾搏杀狗"并"反击灵公之伏士"事，均系于此人。司马贞《索隐》已有批评："合二人为一人，非也。"③

提弥明或谓祁弥明的故事，是"力士"称谓较早出现的实例。《左传·宣公十五年》秦晋辅氏之战的记录，也值得注意："秋，七月，秦桓公伐晋，次于辅氏。壬午，晋侯治兵于稷，以略狄土，立黎侯而还。及雒，魏颗败秦师于辅氏，获杜回，秦之力人也。"所谓"秦之力人""杜

---

① 《春秋左传集解》，上海人民出版社1977年8月版，第540页。
② （清）阮元校刻：《十三经注疏》，中华书局据原世界书局缩印本1980年10月影印版，第2279—2280页。
③ 《史记》，第1674页。清邵泰衢《史记疑问》卷中亦指出"二人而合于一"。梁玉绳《史记志疑》卷二一指出："误从《吕览·报更》篇来，《水经注》四亦误从《史》。"（清）梁玉绳撰：《史记志疑》，中华书局1981年4月版，第991页。这种"误"，可以理解为对这位"国之力士"能力和功绩的增衍。

回"在结草报恩的故事中"踬而颠",被敌方擒获。① 《左传》特别记述此"秦之力人"在战役中的命运,反映他可能在秦国担任军界高职,对于"秦师"之"败"负有责任。

《公羊传·哀公六年》又记述了齐国政争中"力士"的出现:"景公死而舍立。陈乞使人迎阳生于诸其家。除景公之丧,诸大夫皆在朝,陈乞曰:'常之母,有鱼菽之祭,愿诸大夫之化我也。'诸大夫皆曰:'诺。'于是皆之陈乞之家坐。陈乞曰:'吾有所为甲,请以示焉。'诸大夫皆曰:'诺。'于是使力士举巨囊,而至于中霤。诸大夫见之,皆色然而骇。开之则闯然,公子阳生也。陈乞曰:'此君也已。'诸大夫不得已皆逡巡北面,再拜稽首而君之尔。自是往弑舍。"② 《史记》卷三二《齐太公世家》:"会饮,田乞盛阳生橐中,置坐中央,发橐出阳生。"记载同一故事,没有说到"力士"。然而言齐襄公致鲁桓公醉死事,使用了"力士"称谓:"齐襄公与鲁君饮,醉之,使力士彭生抱上鲁君车,因拉杀鲁桓公,桓公下车则死矣。鲁人以为让,而齐襄公杀彭生以谢鲁。"③ 又《史记》卷七七《信陵君列传》说到"力士"朱亥:"公子行,侯生曰:'……臣客屠者朱亥可与俱,此人力士。晋鄙听,大善;不听,可使击之。'"④

《韩非子·外储说左下》又说到"赵襄子力士"少室周与其他两位"力士""中牟徐子"和"晋阳""牛子耕"的故事。⑤

---

① 《左传·宣公十五年》:"初,魏武子有嬖妾,无子。武子疾,命颗曰:'必嫁是。'疾病,则曰:'必以为殉!'及卒,颗嫁之,曰:'疾病则乱,吾从其治也。'及辅氏之役,颗见老人结草以亢杜回。杜回踬而颠,故获之。夜梦之曰:'余,而所嫁妇人之父也。尔用先人之治命,余是以报。'"《春秋左传集解》,第620页。

② (清)阮元校刻:《十三经注疏》,第5102页。《太平御览》卷七〇四引《公羊传·哀公》记述简略:"齐景公死,舍立。陈乞迎阳生。使力士举巨囊而开之,则公子阳生也。乞曰:'此君也。'诸大夫皆再拜稽首。自是往杀舍。"中华书局用上海涵芬楼影印宋本1960年2月复制重印版,第3140页。

③ 《史记》,第1507、1483页。

④ 《史记》,第2380页。

⑤ 《吴越春秋》卷五《夫差内传》记载吴王夫差因公孙圣谏言"索然作怒","顾力士石番以铁击杀之"。周生春:《吴越春秋辑校汇考》,上海古籍出版社1997年2月版,第80页。《越绝书》卷一〇《外传记吴王占梦》:"吴王忿圣言不祥,乃使其身自受其殃,王乃使力士石番,以铁杖击圣,中断之为两头。"(东汉)袁康、吴平辑录,乐祖谋点校:《越绝书》,上海古籍出版社1985年10月版,第75页。《列女传》卷七《孽嬖传·卫宣公姜》:"宣姜欲立寿,乃与寿弟朔谋构伋子。公使伋子之齐,宣姜乃阴使力士待之界上而杀之。"张涛:《列女传译注》,山东大学出版社1990年8月版,第264页。这些文献因成书在汉世,可以在言先秦"力士"称谓时不予讨论。

比较各国早期"力士"故事，我们看到，在秦史的记录中，"力士"的事迹最为密集。

三 秦史"三力"及相关现象

《韩非子·外储说左下》说"赵襄子力士"少室周事迹："少室周者，古之贞廉洁悫者也，为赵襄主力士，与中牟徐子角力，不若也，入言之襄主以自代也。襄主曰：'子之处，人之所欲也，何为言徐子以自代？'曰：'臣以力事君者也，今徐子力多臣，臣不以自代，恐他人言之而为罪也。'""一曰：少室周为襄主骖乘，至晋阳，有力士牛子耕与角力而不胜，周言于主曰：'主之所以使臣骑乘者，以臣多力也，今有多力于臣者，愿进之。'"①指出少室周以"力士"身份得到相当高的礼遇。赵襄子所谓"子之处，人之所欲也"，少室周所谓"主之所以使臣骑乘者，以臣多力也"，都说明了"力士""以力事君"，在君主身边服务，受到信用和享受优遇的情形。少室周推荐"力多"或说"多力"于己者"自代"，是特别的表现，可以说明其"贞廉洁悫"。这里虽然说的是赵国故事，然而载于《韩非子》，不能排除对于秦国政治文化有一定影响的可能。《太平御览》卷四〇二引《王孙子》曰："赵简子猎于晋山之阳，抚辔而叹。董安于曰：'敢问何叹？'子曰：'吾有食谷之马数千，多力之士数百，欲以猎兽也。吾恐邻国养贤以猎吾也。'"②所谓"多力之士数百"，说赵国养"力士"人数亦多。但是，史上存留姓名的"力士"，仍以秦国最为密集。

除了秦"力士"数量之集中引人注目而外，与少室周同样，秦国的"力士"也多有因"多力"而身居高位的情形。

《史记》卷五《秦本纪》说："武王有力好戏，力士任鄙、乌获、孟说皆至大官。"③这里三位"力士"并说。应当看到，秦武王本人"有力"，可以参加"力士"间的竞技，其实也具有"力士"的基本资质。

"力士任鄙、乌获、孟说皆至大官"，可知同时从政，负有高层管理

---

① （清）王先慎撰，钟哲点校：《韩非子集解》，中华书局2013年7月版，第318—319页。
② （宋）李昉等撰：《太平御览》，第1858页。
③ 《史记》，第209页。

责任，可能与赵国"力士"少室周只是得到"骑乘"待遇不同。秦武王时代出现的这一情形，在列国史有关"力士"的记录中是唯一的一例。

马非百《秦集史》中《人物传十九》可以读作杜回、孟说、乌获、任鄙列传。① 杜回事已见前说。由于后三位"力士"生存与活动的年代大致同时，《秦集史》所论"孟说、乌获、任鄙"事与《秦本纪》次序有异，并不存在什么问题。

王蘧常《秦史》有《三力传》，与《二老传》《三帅传》《三良传》并列，总结了"力士任鄙、乌获、孟说"事迹。成书在《秦集史》后，史料收录似更为完整准确。关于"孟说"，王蘧常《秦史》作"孟贲"："案孟贲原作孟说，各书都作贲，今从之。"② 王蘧常《三力传》关于"任鄙"这样写道：

> 任鄙多力，据《史记·樗里子传》。闻武王好力，叩关自鬻。据《汉书·梅福传》。案据此则鄙非关中人。……穰侯与之善。昭王十三年，冉为相，举以为汉中守。据《史记·白起传》。十九年卒。据《秦本纪》、《六国表》。与樗里疾齐名，一以智，一以力也。秦人为之谚曰："力则任鄙，智则樗里。"据《史记·樗里子传》。

关于"乌获"，《三力传》有如下内容：

> 乌获，古力人，而乌获慕以为名。用《史记质疑》说。能举千钧之重。据《战国策·燕策》。尝从悼武王至洛阳，举周鼎，两目血出。据孙奭《孟子疏》引《帝王世纪》。行年八十而求扶持。据《燕策》。③

今按：《史记质疑》当为《史记志疑》之误。梁玉绳《史记志疑》卷四就"乌获、孟说"写道："案：乌获已见《文子·自然》篇，此何以称

---

① 马非百：《秦集史》，中华书局1982年8月版，第367—370页。
② 其实，不只是《史记》卷五《秦本纪》作"孟说"，卷四三《赵世家》同。《太平御览》卷七五六引《史记》及《资治通鉴》卷三"周赧王八年"也都作"孟说"。
③ 王蘧常：《秦史》，第180—181页。

焉。岂古力士有两乌获，如善射之名羿欤？……《后书·盖勋传》有护羌校尉夏育，《王商传》有中常侍孟贲，亦类此。"又说："孟说未知即孟贲否？"① 关于乌获能"举千钧之重"，又见于《商君书·错法》和《商君书·弱民》。《战国策·燕策一》可见苏秦言"乌获举千钧之重"。《史记》卷一一七《司马相如列传》有"力称乌获"语。司马贞《索隐》："张揖曰：'秦武王力士，举龙文鼎者也。'"《三国志》卷一六《魏书·杜恕传》载杜恕上疏言及"乌获之举千钧"。《法言·吾子》："千钧之轻，乌获力也。"晋人李轨注："千钧之重，乌获举之而轻。多力耳。"又《申鉴·俗嫌》："力称乌获。"

王蘧常《三力传》就"孟贲"记述的文字又超过前两位"力士"：

> 孟贲一作孟说，一作孟奔。卫人。据《史记·范雎传》《集解》引许慎说。能生拔牛角。《孟子·公孙丑篇》疏引《帝王世纪》。水行不避蛟龙，陆行不避兕虎。《史记·爰盎传》《索隐》引《尸子》。发怒吐气，声荡动天。《太平御览》卷四百三十七引《新序》。尝过河而先其伍，案原作五，今依《后汉书·郑太传》注引。伍、五古今字。船人怒，以楫虓其头。中河，贲瞋目而视船人，发植，目裂，髻指，舟中之人尽扬播入河。据《吕氏春秋·必己篇》。人谓贲曰："生乎？勇乎？"曰："勇。""贵乎？勇乎？"曰："勇。""富乎？勇乎？"曰："勇。"据《汉书·东方朔传》注、《太平御览》卷四百三十七引《尸子》。然闻军令则惧。据《论衡·率性篇》。尝为官尊显矣，悼武王与之举龙文赤鼎，绝膑，死。族诛。据《史记·秦本纪》、《赵世家》。案《太平御览》卷四百三十七引《新序》云，孟贲"至其死矣，头行断绝"。坐诛事可证孟说即孟贲也。贲虽死于法，而始皇帝时犹象而祀之。据《水经·渭水注》。②

《论衡·儒增》："多力之人，莫若孟贲。"③ 也是值得注意的说法。

《史记》卷六八《商君列传》载录赵良对商鞅行政的批评，有这样一

---

① （清）梁玉绳撰：《史记志疑》，第148页。
② 王蘧常：《秦史》，第181页。
③ 黄晖撰：《论衡校释》（附刘盼遂集解），中华书局1990年2月版，第373页。

句话："多力而骈胁者为骖乘。"① 指出秦国当时商鞅这样的主政高官，身边也有"多力"者侍从。

《艺文类聚》卷七引《蜀王本纪》曰："天为蜀王生五丁力士，能徙山。秦王献美女与蜀王。蜀王遣五丁迎女。见一大蛇入山穴中，五丁并引蛇，山崩，秦五女皆上山化为石。"②《艺文类聚》卷九四引《蜀王本纪》文字略有不同："秦惠王欲伐蜀，乃刻五石牛，置金其后。蜀人见之，以为牛能大便金。牛下有养卒，以为此天牛也，能便金。蜀王以为然。即发卒千人，使五丁力士拖牛成道，致三枚于成都。秦得道通，石牛力也。后遣丞相张仪等随石牛道伐蜀。"③ 秦较早兼并蜀。蜀地对秦文化的认同对秦的扩张和统一意义重要。④ 所谓"巴蜀亦关中地也"的说法⑤，体现战国秦汉社会区域文化观念中，秦地包括巴蜀。⑥ 从这一认识基点出发，则传说中的蜀"五丁力士"，在某种意义上也可以看作秦"力士"。

这样说来，秦"力人"、"力士"人数在当时这一人群中的比例，占有绝对的优势。

秦统一后反秦势力中民间"力士"的参与，有张良博浪沙故事为例。《史记》卷五五《留侯世家》："（张良）得力士，为铁椎重百二十斤。秦皇帝东游，良与客狙击秦皇帝博浪沙中，误中副车。秦皇帝大怒，大索天下，求贼甚急，为张良故也。良乃更名姓，亡匿下邳。"⑦ 被称为"客"的张良刺秦战友，就是一位"力士"。不过这位"力士"与前说"力士"身份不同，他不是朝廷体制中的高官，也不是在尊贵者身边服务的侍卫人员，而是民间的"贼"。

秦始皇时代对秦武王所信用著名"力士"能力的尊信，依然有所表现。《水经注》卷一九《渭水》记载："秦始皇造桥，铁镦重不胜。故刻石作力士孟贲等像以祭之，镦乃可移动也。"⑧

---

① 《史记》，第 2235 页。
② （唐）欧阳询撰，汪绍楹校：《艺文类聚》，上海古籍出版社 1965 年 11 月版，第 121 页。
③ （唐）欧阳询撰，汪绍楹校：《艺文类聚》，第 1626 页。
④ 王子今：《秦人的蜀道经营》，《咸阳师范学院学报》2012 年第 1 期；《秦兼并蜀地的意义与蜀人对秦文化的认同》，《四川师范大学学报》1998 年第 2 期。
⑤ 《史记》卷七《项羽本纪》，第 316 页。
⑥ 王子今：《秦汉区域地理学的"大关中"概念》，《人文杂志》2003 年第 1 期。
⑦ 《史记》，第 2034 页。
⑧ （北魏）郦道元著，陈桥驿校证：《水经注校证》，中华书局 2007 年 7 月版，第 452 页。

四 "力士"地位与秦文化"尚力"风格

马非百分析秦"力士"的历史作用时这样写道:"元材案:吕不韦书言:'以众勇,无畏乎孟贲矣。以众力,无畏乎乌获矣。'故项羽谓'剑一人敌不足学,学万人敌'。夫以贲、获之勇力,使其能学万人敌,其所成,岂在白起、王翦下哉!"① 我们可以体会到,"白起、王翦"等名将在军事竞争中显示的强势,是有普通军人"众勇"、"众力"的艰苦奋战为基础的。马非百引"吕不韦书言"见《吕氏春秋·用众》:"天下无粹白之狐,而有粹白之裘,取之众白也。夫取于众,此三皇、五帝之所以大立功名也。凡君之所以立,出乎众也。立已定而舍其众,是得其末而失其本。得其末而失其本,不闻安居。故以众勇,无畏乎孟贲矣。以众力,无畏乎乌获矣,以众视无畏乎离娄矣,以众知无畏乎尧、舜矣。夫以众者,此君人之大宝也。田骈谓齐王曰:'孟贲庶乎患术,而边境弗患;楚、魏之王,辞言不说,而境内已修备矣,兵士已修用矣;得之众也。'"② 可知秦国开明的政治领袖明白"用众"的道理。而提高孟贲、乌获等"力士"的地位以实现其引领社会风习的作用,也是聪明的策略。

关于所著《秦史·三力传》名义,王蘧常写道:"秦起西垂,多戎患,故其民朴侄坚悍,尚气概,先勇力。读《小戎》、《驷驖》、《无衣》诸诗,其风声气俗盖由来久矣。商君资之更法,以强兵力农,卒立秦大一统之基。悼武王有力,以身率,尚武之风益盛。上有好者,下必有甚焉者矣。"③ 所谓"尚气概,先勇力",是秦民俗传统风格。而执政者出于政治军事追求的导向性政策,更促成了这种文化特质的显性历史作用。"强兵力农"的法令制度,使得"卒立秦大一统之基"。在这样的历史进程中,"悼武王有力,以身率"的作用是重要的,"三力"榜样性的"勇力"模范的作用,也是重要的。多种因素导致的"尚武之风益盛"的情形,是秦军力强劲,一往无前,终于实现统一的决定性的条件。

在指导秦国政治方向的法家论著的理论表述中,对"力"的推崇可

---

① 马非百:《秦集史》,第368页。
② 许维遹撰,梁运华整理:《吕氏春秋集释》,中华书局2009年9月版,第102页。
③ 王蘧常:《秦史》,第180页。

以说旗帜鲜明。《商君书·农战》强调"教民"的重要，行政者引导民风，期望"民朴"、"作壹"，"民朴则不淫……作壹则民不偷。民不偷淫则多力，多力则国强"①。又说："民不偷淫，则国力抟。国力抟者强。"而民"力"也就是国"力"："劳民者，其国必无力。无力者，其国必削。""抟民力以待外事，然后患可以去，而王可致也。"②《商君书·去强》说，"国无力而行知巧者，必亡"。而法家的追求重视调整阶级关系，"治国能令贫者富，富者贫，则国多力，多力者王"③。法制建立健全的目的，是"国多力"。也就是说，"刑生力，力生强，强生威，威生惠，惠生于力。举力以成勇战，战以成知谋"④。《商君书·说民》也说："刑生力，力生强，强生威，威生德，德生于刑。"⑤ "作一则力抟，力抟则强；强而用，重强。故能生力，能杀力，曰：'攻敌之国'，必强。塞私道以穷其志，启一门以致其欲，使民必先其所恶，然后致其所欲，故力多。"⑥ 其中有关"生力"、"杀力"的说法，体现了富有战略意义的执政理念，值得我们注意。"杀力"，是要将民"力"国"力"投入兼并战争中。《商君书·壹言》强调："力多而不攻则有虱。故抟力以壹务也，杀力以攻敌也。"⑦《商君书·错法》："为国而能使其民尽力以竞于功，则兵必强矣。"⑧ 秦国正是因此击破东方六国，实现了统一的。

《史记》卷六八《商君列传》记载赵良批评商鞅行政时，引用了《尚书》中的话："《书》曰：'恃德者昌，恃力者亡。'"司马贞《索隐》：

---

① 《荀子·王制》："和则一，一则多力，多力则强，强则胜物。"（清）王先谦撰，沈啸寰、王星贤点校：《荀子集解》，中华书局1988年9月版，第164页。
② 蒋礼鸿：《商君书锥指》，第20、25页。
③ "多力者王"的说法，又见于《商君书·慎法》："国之所以重，主之所以尊者，力也。"高亨注译：《商君书注译》，中华书局1974年11月版，第182页。
④ 蒋礼鸿：《商君书锥指》，第26—34页。
⑤ 《商君书·靳令》："圣君之治人也，必得其心，故能用力。力生强，强生威，威生德，德生于力。圣君独有之，故能述仁义于天下。"高亨：《商君书注译》，第109页。所谓"德生于力"，是说所有的政治成功，都必然依恃实力。"威"与"力"的关系，成书于秦地的《吕氏春秋》的《荡兵》篇是这样表述的："凡兵也者，威也，威也者，力也。"陈奇猷校释：《吕氏春秋校释》，学林出版社1984年4月版，第383页。
⑥ 蒋礼鸿：《商君书锥指》，第35—39页。
⑦ 蒋礼鸿：《商君书锥指》，第61页。
⑧ 蒋礼鸿：《商君书锥指》，第64页。

"此是《周书》之言，孔子所删之余。"① 秦执政集团"恃力"的风格，是与儒学理念完全不同的。分析秦政的成与败和得与失，都分别可以看到"恃力"传统的作用。

五 "扛鼎"、"举鼎"竞技表演

在前引"能生拔牛角"等形式外，"扛鼎"即"举鼎"，是战国秦汉时期日常生活中最常见的显示"气""力"的方式。有学者说，"扛鼎"等，"在后代均成为杂技节目，而在当时却是选拔勇猛之士的重要标准"。② 这一行为成为受到普遍欢迎的竞技表演形式，虽然未必秦人创始③，但是曾经风行一时，却见于秦史中"力士"的表现。

《史记》卷五《秦本纪》写道："（武）王与孟说举鼎，绝膑。八月，武王死。族孟说。"④ 似乎是说秦武王举鼎，当时可能是与孟说共同进行竞技式的表演。孟说因此严厉受到处置。杨宽论秦武王事，说："武王原是大力士，《秦本纪》称'武王有力，好戏'，'戏'是指角力，就是摔交。"原注："《国语·晋语九》记赵简子的戎右少室周要和大力士牛谈'戏'，韦注：'戏，角力也'。"⑤ 其实，"角力"未必解作"摔交"。⑥《后汉书》卷一三《隗嚣传》载刘秀报隗嚣书："今关东寇贼，往往屯聚，志务广远，多所不暇，未能观兵成都，与子阳角力。"李贤注："角力犹争力也。"⑦ "举鼎"，也是"角力"的形式。

《史记》卷四三《赵世家》："秦武王与孟说举龙文赤鼎，绝膑而死。"⑧《太平御览》卷七五六引《史记》："秦武王与孟说举龙文之鼎，

---

① 《史记》，第2235—2236页。
② 傅起凤、傅腾龙：《中国杂技史》，上海人民出版社1989年9月版，第33页。
③ 《吴子·料敌》有"一军之中，必有虎贲之士，力轻扛鼎"语。李硕之、王式金：《吴子浅说》，解放军出版社1986年4月版，第70页。
④ 《史记》，第209页。
⑤ 杨宽：《战国史》（增订本），上海人民出版社1998年3月版，第364页。
⑥ 《史记》卷一一八《淮南衡山列传》："元朔五年，太子学用剑，自以为人莫及，闻郎中雷被巧，乃召与戏。被一再辞让，误中太子。太子怒，被恐。"第3083页。这里所说的"戏"，既言"剑"，既言"中"，应是击剑竞技，当然不是"摔交"。
⑦ 《后汉书》，第523—524页。
⑧ 《史记》，第1805页。

绝膑而死。"① 则强调所举鼎的形制纹饰。《资治通鉴》卷三"周赧王八年"记载："王与孟说举鼎，绝脉而薨。"胡三省注："脉者，系络脏腑，其血理分行于支体之间。人举重而力不能胜，故脉绝而死。按《史记·甘茂传》云：武王至周而卒于周。盖举鼎者，举九鼎也。②《世家》以为龙文赤鼎。《史记》'脉'作'膑'。"③

"举鼎"是一种显示"力"的方式。《韩非子·六反》说："夫欲得力士而听其自言，虽庸人与乌获不可别也。授之以鼎俎，则罢健效矣。故官职者，能士之鼎俎也。任之以事，而愚智分矣。"④ 行政实践，是检测一个人是否"能士"的方式。而是否"力士"不能"听其自言"，"授之以鼎俎，则罢健效矣"。《晋书》卷七《成帝纪》："（咸和）八年春正月辛亥朔诏曰：'……令诸郡举力人能举千五百斤以上者。'"⑤ 考试是否"力人"的方式，是令其举重。明人徐应秋《玉芝堂谈荟》卷九列举诸多"古今有力者"故事，包括"蜀五丁力能移山"、"卫石蕃能负沙一千二百斗"、"孟贲生拔牛角"、"桀之力能伸铁钩索"、"纣能倒曳九牛、抚梁易柱"、"生捕虎豹"、"费仲、恶来足走千里，手制兕虎"、"魏任城王章曳虎尾、顿象鼻"等，标题则作"手举万钧"。⑥ 可知举重长期被看作"有力"的测定方式。顾炎武《日知录》卷一一《权量》就此有所考论："今考之传记，如孟子以'举百钧为有力人'，三十斤为钧，百钧则三千斤。《晋书·成帝纪》'令诸郡举力人能举千五百斤以上者'。"⑦

在秦武王伤残身死之后，"举鼎"，依然作为一种习见的显示"力"

---

① （宋）李昉等撰：《太平御览》，第3356页。
② 杨宽认同胡三省注"盖举鼎者，举九鼎也"之说，又据"《帝王世纪》谓'秦王于洛阳举周鼎'（《孟子·告子下篇》正义所引）"，说："武王这样亲自到洛阳来举起周鼎，用意是明显的，就是要'窥周室'、'挟天子以令天下'。"杨宽：《战国史》（增订本），第364页。今按：秦武王"举周鼎"、"举九鼎"说未可确信。当时周王朝名义尚是天下共主，体制依然健全，象征最高权力的"九鼎"恐不能轻易作为"力士"的游戏道具。
③ （宋）司马光编著，（元）胡三省音注，"标点资治通鉴小组"校点：《资治通鉴》，中华书局1956年6月版，第103页。
④ （清）王先慎撰，钟哲点校：《韩非子集解》，第461页。
⑤ 《晋书》，第177页。
⑥ （明）徐应秋：《玉芝堂谈荟》，文渊阁《四库全书》本，台湾商务印书馆1986年版，第883册第219—221页。
⑦ （清）顾炎武著，（清）黄汝成集释，栾保群、吕宗力校点：《日知录集释》（全校本），上海古籍出版社2006年12月版，第625页。

的竞技表演形式。

　　《史记》卷七《项羽本纪》说："（项）籍长八尺余，力能扛鼎，才气过人。"裴骃《集解》："韦昭曰：'扛，举也。'"司马贞《索隐》："《说文》云：'横关对举也。'"①《史记》卷一一八《淮南衡山列传》也有"厉王有材力，力能扛鼎"②的说法。《汉书》卷六三《武五子传·广陵厉王刘胥》："胥壮大，好倡乐逸游，力扛鼎。"③又将"扛鼎"与"倡乐逸游"联系起来，与秦武王"有力好戏"，"举鼎绝膑"说同。《后汉书》卷三三《虞延传》也说虞延"长八尺六寸，要带十围，力能扛鼎"。④《艺文类聚》卷六一引后汉张衡《西京赋》说汉代长安的公共游乐活动中，也有"乌获扛鼎"⑤节目。《艺文类聚》卷六三引后汉李尤《平乐观赋》也说到"乌获扛鼎，千钧若羽"。⑥

　　《隋书》卷一五《音乐志下》说到隋代继承了北朝"百戏"、"散乐"表演，以为"盖秦角抵之流者也"。还记载："又为夏育扛鼎，取车轮、石臼、大瓮器等各于掌上而跳弄之。"⑦《通典》卷一四六《乐六·散乐》记载大致同样史事，也说到"为夏育扛鼎，取车轮、石臼、大盆器等各于掌上而跳弄之"。⑧然而强调"如汉故事"。或许汉代"扛鼎"表演相当普及。舞弄石臼、大瓮器等，应与"扛鼎"有类似处。可能社会下层一般人家不能轻易得到"鼎"这样的表演道具。《后汉书》卷八三《逸民列传·梁鸿》记载："同县孟氏有女，状肥丑而黑，力举石臼，择对不嫁，至年三十。父母问其故。女曰：'欲得贤如梁伯鸾者。'鸿闻而娉之。"又有"女求作布衣、麻屦，织作筐缉绩之具"，"为椎髻，著布衣，操作而前"，"共入霸陵山中，以耕织为业"等故事。⑨所谓"力举石臼"当然与《隋书》卷一五《音乐志下》所谓取"石臼""于掌上而跳弄之"

---

① 《史记》，第296页。
② 《史记》，第3076页。
③ 《汉书》，第2760页。
④ 《后汉书》，第1150页。
⑤ （唐）欧阳询撰，汪绍楹校：《艺文类聚》，第1100页。
⑥ （唐）欧阳询撰，汪绍楹校：《艺文类聚》，第1134页。
⑦ 《隋书》，第380—381页。
⑧ （唐）杜佑撰，王文锦、王永兴等点校：《通典》，中华书局1988年12月版，第3728页。
⑨ 《后汉书》，第2766页。

有所不同，作为从事"耕织"的体力劳动者显示力量的动作，亦隐约显现出以"石臼"为道具的这种"散乐"形式的原始由来。所谓取"石臼、大瓮器"或"大盆器等""各于掌上而跳弄之"的"散乐"、"百戏"表演形式，在汉代画象中可以看到具体的反映。

《隶释》卷一九《魏大飨碑》写道："惟延康元年八月旬有八日辛未，魏王龙兴践阼，规恢鸿业，构亮皇基，万邦统世。"有登坛高会大飨之礼，组织了百戏表演："六变既毕，乃陈秘戏。巴俞丸剑，奇舞丽倒，冲夹逾锋，上索踰高，觟鼎缘橦，舞轮摛镜，骋狗逐兔，戏马立骑之妙技。"① 其中"觟鼎"节目，有可能与"扛鼎"有关。《说文·角部》："觟，举角也。"段玉裁注："假借为扛字。《魏大飨碑》'上索踰高，觟鼎缘橦'，《西京赋》'乌获鼎舡'是也。舡亦觟字。"② 《文选》卷二张衡《西京赋》"乌获扛鼎"，李善注："《史记》曰：秦武王有力士乌获、孟说，皆大官。王与孟说举鼎。《说文》曰：扛，横开对举也。扛与觟同。"③ 由"觟，举角也"之说，也可证前引杨宽"角力，就是摔交"说不确。《魏大飨碑》说到的"陈秘戏"事，时在汉王朝政治生命终结的当年。据洪适说，"汉献帝建安二十五年正月，魏王曹操死，其子丕嗣位，改元'延康'。《魏志》云：丕以七月甲午军次于谯，大飨六军。是时汉鼎犹未移也。丕为人臣，而自用正朔刻之金石，可谓无君之罪人也"。④

《史记》卷七九《范雎蔡泽列传》说："夏育之勇焉而死。"裴骃《集解》："《汉书音义》曰：或云夏育卫人，力举千钧。"⑤《汉书》卷六五《东方朔传》："夏育为鼎官。"颜师古注："夏育，卫人，力举千钧。鼎官，今殿前举鼎者也。"⑥ 可推知大致在颜师古生活的时代，"殿前举鼎者"似乎已经有确定的专职人员。

---

① （宋）洪适撰：《隶释 隶续》，中华书局据洪氏晦木斋刊本 1985 年 11 月影印版，第 185 页。

② （汉）许慎撰，（清）段玉裁注：《说文解字注》，上海古籍出版社据经韵楼藏版 1981 年 10 月影印版，第 186 页。

③ （梁）萧统编，（唐）李善注：《文选》，中华书局据胡克家刻本 1977 年 11 月缩小影印版，第 48 页。

④ 据洪适说，《魏大飨碑》实物"在亳州谯县"。《隶释 隶续》，第 185—186 页。

⑤ 《史记》，第 2407—2408 页。

⑥ 《汉书》，第 2860、2862 页。

六 秦"尚力"传统在汉代社会的遗存

可能有秦文化影响的因素,汉代仍有"举鼎"竞技表演。如前引《史记》卷七《项羽本纪》说项羽"才气过人",表现在于"力能扛鼎"。《史记》卷一一八《淮南衡山列传》也可见"厉王有材力,力能扛鼎"之说。《西京赋》及《平乐观赋》所见"乌获扛鼎"是在表演技艺,而项羽、刘长以"扛鼎"形式显示的"力",史籍"才""力"、"材力"并说,当时或被看作"才"或"材"的体现。

吕后有残害戚夫人和刘如意的恶行。《史记》卷九《吕太后本纪》写道,"吕后最怨戚夫人及其子赵王,乃令永巷囚戚夫人",又策划谋害赵王。"孝惠帝慈仁……自挟与赵王起居饮食。太后欲杀之,不得间。孝惠元年十二月,帝晨出射。赵王少,不能蚤起。太后闻其独居,使人持酖饮之。犁明,孝惠还,赵王已死。"① 据《太平御览》卷七〇四引《西京杂记》,吕后谋害刘如意的方式,与《吕太后本纪》的记录不同:"惠帝与赵王同寝处,后杀之不得。后帝早猎,后命力士于被中扼杀之,乃死。吕后不信,以绿囊盛之,载以小辎车入见,厚赐之。力士东都门外官奴,帝后知,腰斩之。"② 所说吕后令"力士"杀害刘如意,此"力士"有确定身份及被汉惠帝处置等情节,值得注意。

刘邦在汉初剪除功臣的行动中,陈平为他谋划擒拿韩信的方式。《史记》卷五六《陈丞相世家》记载陈平建议:"古者天子巡狩,会诸侯。南方有云梦,陛下弟出伪游云梦,会诸侯于陈。陈,楚之西界,信闻天子以好出游,其势必无事而郊迎谒。谒,而陛下因禽之,此特一力士之事耳。"于是,"高帝以为然,乃发使告诸侯会陈,'吾将南游云梦'。上因随以行。行未至陈,楚王信果郊迎道中。高帝豫具武士,见信至,即执缚之,载后车。"③ 陈平所谓"力士"和司马迁记述执行此任务的"武士",身份是重叠的。陈平言"力士"者,可能体现了当时社会的语言习惯。

---

① 《史记》,第 397 页。
② (宋)李昉等撰:《太平御览》,第 3141 页。
③ 《史记》,第 2057 页。

《汉书》卷九九下《王莽传下》记载，王莽出行时曾经有"力士"充任仪仗："或言黄帝时建华盖以登仙，莽乃造华盖九重，高八丈一尺，金瑵羽葆，载以秘机四轮车，驾六马，力士三百人黄衣帻，车上人击鼓，挽者皆呼'登仙'。莽出，令在前。"①

《艺文类聚》卷一引后汉李尤《九曲歌》曰："年岁晚暮时已斜，安得力士翻日车。"② 也使用了"力士"称谓。又《水经注》卷一六《谷水》引《竹林七贤论》，说到"魏明帝于宣武场上为栏，苞虎牙，使力士袒裼，迭与之搏，纵百姓观之"③。也出现"力士"身份。不过，这里所说的"力士"，大概只是有力者的通称，并不具有职务和官阶的意义。

前引梁玉绳《史记志疑》所说汉代人姓名有用古"力士"名号者，如"中常侍孟贲"、"护羌校尉夏育"。④ 今按：《汉书》卷一九下《百官公卿表下》有"少府孟贲"，《后汉书》卷三四《梁商传》有"中常侍""孟贲"（亦见《后汉书》卷七八《宦者列传·孙程》、《续汉书·天文志中》、《三国志》卷四二《蜀书·孟光传》裴松之注引《续汉书》），《后汉书》卷八《灵帝纪》有"北地太守夏育"（亦见《后汉书》卷九〇《鲜卑传》）、"护乌桓校尉夏育"（亦见《续汉书·五行志三》，《三国志》卷三〇《魏书·鲜卑传》作"护乌丸校尉夏育"），《后汉书》卷五八《盖勋传》有"护羌校尉夏育"，《后汉书》卷六五《段颎传》有"军吏""夏育"、"假司马夏育"。⑤ 有学者论说"汉魏人仰慕古人，因而取其名字以为自己的名字"的情形，直接的体现"慕古"的例证是"景仰先圣，敬慕先贤"，即"以古圣之名命名的"和"以先贤之名命名的"。⑥ 这一情形，确实体现出当时社会对"力士"的尊重。

---

① 《汉书》，第 4169 页。

② （唐）欧阳询撰，汪绍楹校：《艺文类聚》，第 6 页。

③ （北魏）郦道元著，陈桥驿校证：《水经注校证》，第 395 页。

④ （明）余寅：《同姓名录》卷一有"孟贲二"条："古有力士孟贲，能生拔牛角。汉有中常侍孟贲，为湘南侯黄龙等所诛，顺帝知其罔，减龙等租四分之一。"又有"夏育二"条："古有力士夏育，力举千钧。蔡泽曰：'夏育、太史嗷叱呼骇三军，然而身死于庸夫。'汉灵帝时，乌桓校尉夏育请出塞击鲜卑，蔡邕难论，有五不可。"文渊阁《四库全书》本，第 10—11 页。

⑤ 《汉书》，第 722 页；《后汉书》，第 1176、2518、3245 页；《三国志》，第 1023 页。《后汉书》，第 336、2990 页。《后汉书》，第 339、3319、835 页。《后汉书》，第 1880 页。《后汉书》，第 2146、2150、2152 页。

⑥ 张孟伦：《汉魏人名考》，兰州大学出版社 1988 年 9 月版，第 20—25 页。

七　秦人对"力士"及"尚力"倾向的思考

秦执政者抬举提升"力士"的地位以促成其强兵强国的积极影响，另一方面，我们又看到，对于"力士"文化局限乃至"尚力"文化倾向之是非的认识，也较早见于秦人言论文字或在成书于秦的论著中发表。

《商君书·错法》说："乌获举千斤之重，不能以多力易人。"①《商君书·弱民》有同样的话："乌获举千钧之重，不能以多力易人。"②《战国策·秦策三》载范雎语："乌获之力而死，奔、育之勇焉而死。"③《战国策·燕策二》所见苏秦语则曰："孟贲之勇而死，乌获之力而死。"④ 这些说法，都指出"多力"的历史作用是有限的。

对于秦政治走向影响深刻的《韩非子》书中，也可以看到"力士"的"力"需要多种配合和策应才可以显示作用的意见。《韩非子·观行》："有乌获之劲，而不得人助，不能自举。有贲、育之强，而无法术，不得长生。故势有不可得，事有不可成。故乌获轻千钧而重其身。非其身重于千钧也，势不便也。"⑤ 这种对于"力士"的"力"的外在配合条件，可以理解为"势"。根据秦执政者对韩非学说的高度推崇，推想这样的认识，也可能当时即对秦政的设计和推行有一定作用。

在吕不韦执政的年代，他集合诸多宾客，完成了《吕氏春秋》一书。这部论著是在战国以来知识人游学各地、自由争鸣的时代即将结束时的一个文化标记。《吕氏春秋》面对即将来临的"大一统"时代，对文化形态提出了涵容百家的要求。高诱的序文是这样表述的："此书所尚，以'道德'为标的，以'无为'为纲纪，以'忠义'为品式，以'公方'为检格，与孟轲、孙卿、淮南、扬雄相表里。"也就是说，《吕氏春秋》对战国思想有所继承，有所总结；对于汉代思想有所启示，有所引导。曾经领略过东方多种文化因素各自丰采的吕不韦及其宾客们，明智地发现了历史文化进步的方向，意识到秦能够一时取胜的文化基因，或许不适宜统一的

---

① 蒋礼鸿：《商君书锥指》，第66页。
② 蒋礼鸿：《商君书锥指》，第126页。
③ （西汉）刘向集录：《战国策》，上海古籍出版社1985年3月版，第186页。
④ （西汉）刘向集录：《战国策》，第1088页。
⑤ （清）王先慎撰，钟哲点校：《韩非子集解》，第211—212页。

新帝国的管理。《吕氏春秋》可以看作在大一统的政治体制即将形成的时代，为推进这一历史进步所进行的一种文化准备。在政治文化的总体构想方面，吕氏为秦的最高统治者进行了设计。理解其中基本的文化理念，我们应当注意到《吕氏春秋》否定了对"力"的绝对尊崇。

《吕氏春秋·重己》写道："使乌获疾引牛尾，尾绝力勤，而牛不可行，逆也。① 使五尺竖子引其棬，而牛恣所以之，顺也。"② 这里强调，"勇力"使用的方向是更重要的。这样的认识，确实可以说是我们在考察"力士"的历史意义时必须重视的文化真知。

《吕氏春秋·慎大》说到孔子对于"力"的态度："孔子之劲，举国门之关，而不肯以力闻。"③《说文·力部》："劲，强也。"《说文·弓部》："强，弓有力也。"孔子自身"有力"却"不肯以力闻"，是因为他自有更高等级的文化自尊和文化自信。正所谓"善持胜者，以术强弱"。论者又借孔子评论赵襄子事说，"有道之主能持胜"，强调"道"的政治文化理念。又指出："胜非其难者也，持之其难者也。贤主以此持胜，故其福及后世。"发表"持之其难"的见解，举示"福及后世"的榜样，或许可以看作对统一的秦帝国有某种预警意义的告诫。④《吕氏春秋·不广》

---

① 《太平御览》卷八三引《帝王世纪》曰："帝纣能倒曳九牛。"第393页。《三国志》卷一八《魏书·许褚传》："粮乏，伪与贼和，以牛与贼易食，贼来取牛，牛辄奔还。褚乃出陈前，一手逆曳牛尾，行百余步。贼众惊，遂不敢取牛而走。"第542页。引曳牛尾却行，也是"力士"的表现。

② 许维遹撰，梁运华整理：《吕氏春秋集释》卷一《重己》，第21页。

③ 许维遹撰，梁运华整理：《吕氏春秋集释》卷一五《慎大》，第362页。《孔子集语》卷一四《杂事》引《吕氏春秋》作："孔子之劲，举国门之关，而不肯以力闻。"薛据《集语》引作："孔子之劲，能拓国门之关，勇复孟诸，足蹀狡兔，不以力闻。"孙星衍辑：《孔子集语》，上海古籍出版社1989年3月版，第129页。《淮南子·道应》："孔子劲杓国门之关，而不肯以力闻。"高诱注："杓，引也。古者县门下，从上杓引之者难也。"何宁撰：《淮南子集释》，中华书局1998年10月版，第848—849页。关于孔子的这一说法，最早见于《吕氏春秋》。宋代学者黄震《黄氏日抄》卷五六《读诸子二·吕氏春秋》说："愚按：此言孔子，虽未详，而其说可以训。"元后至元刻本，第1088页。

④ 《吕氏春秋·慎大》："赵襄子攻翟，胜老人、中人，使使者来谒之，襄子方食抟饭，有忧色。左右曰：'一朝而两城下，此人之所以喜也，今君有忧色何？'襄子曰：'江河之大也，不过三日；飘风暴雨，日中不须臾。今赵氏之德行，无所于积，一朝而两城下，亡其及我乎？'孔子闻之曰：'赵氏其昌乎！'夫忧所以为昌也，而喜所以为亡也；胜非其难者也，持之其难者也。贤主以此持胜，故其福及后世。齐、荆、吴、越皆尝胜矣，而卒取亡，不达乎持胜也。唯有道之主能持胜。孔子之劲，举国门之关，而不肯以力闻；墨子为守攻，公输般服，而不肯以兵加。善持胜者，以术强弱。"第360—363页。

所谓"用武则以力胜,用文则以德胜"①,又进行了更明确的提示,强调了更高境界的"文""德"方面的优势应是最可贵的真正的优势。

《吕氏春秋》的作者还进行了秦史的回顾,对秦崛起历程中的光荣记忆也进行了反思。《吕氏春秋·悔过》写道:穆公时代,秦军远征偷袭郑国②,师行过周,王孙满批评说:"过天子之城,宜橐甲束兵,左右皆下,以为天子礼。今袀服回建,左不轼,而右之超乘者五百乘,力则多矣,然而寡礼,安得无疵?"③《吕氏春秋》借王孙满所谓"力则多矣,然而寡礼",在这里提出了"力"和"礼"的对应关系,暗示"礼"远远超越"力"的意义。

又有一则可以读作政治寓言的故事,见于《吕氏春秋·顺说》:"惠盎见宋康王。康王蹀足謦欬,疾言曰:'寡人之所说者,勇有力也,不说为仁义者。客将何以教寡人?'惠盎对曰:'臣有道如此,使人虽勇,刺之不入;虽有力,击之弗中。大王独无意邪?'王曰:'善!此寡人所欲闻也。'惠盎曰:'夫刺之不入,击之不中,此犹辱也。臣有道于此,使人虽有勇弗敢刺,虽有力不敢击。大王独无意邪?'王曰:'善!此寡人之所欲知也。'惠盎曰:'夫不敢刺、不敢击,非无其志也。臣有道于此,使人本无其志也。大王独无意邪?'王曰:'善!此寡人之所愿也。'惠盎曰:'夫无其志也,未有爱利之心也。臣有道如此,使天下丈夫女子莫不驩然皆欲爱利之,此其贤于勇有力也,居四累之上。大王独无意邪?'王曰:'此寡人之所欲得。'惠盎对曰:'孔、墨是也。孔丘、墨翟,无地为君,无官为长,天下丈夫女子莫不延颈举踵而愿安利之。今大王,万乘之主也,诚有其志,则四境之内皆得其利矣,其贤于孔、墨也远矣。'宋王无以应。惠盎趋而出。宋王谓左右曰:'辨矣。客之以说服寡人也。'"《吕氏春秋》的作者接着说,"宋王,俗主也,而心犹可服,因矣。因则

---

① 许维遹撰,梁运华整理:《吕氏春秋集释》卷一五《不广》,第384页。
② 当时蹇叔提出反对意见,称"今行数千里,又绝诸侯之地以袭国,臣不知其可也"。《淮南子·道应》作"今行数千里,又数绝诸侯之地以袭国,臣不知其可也"。何宁撰:《淮南子集释》,第879页。《史记》卷五《秦本纪》作蹇叔、百里傒对语"径数国千里而袭人,希有得利者",第190页。
③ 许维遹撰,梁运华整理:《吕氏春秋集释》卷一五《悔过》,第410页。值得注意的是,正是在"力士"得到尊宠的秦武王时代,秦国又一次以兵车队列来到周天子面前。《史记》卷七一《樗里子甘茂列传》记载:"使樗里子以车百乘入周。周以卒迎之,意甚敬。"有学者以为是"在周王室前耀武扬威"。林剑鸣:《秦史稿》,上海人民出版社1981年2月版,第248页。

贫贱可以胜富贵矣，小弱可以制强大矣。"① 上古笑话多有以宋人为讥刺对象者②，《吕氏春秋》引宋人故事，亦往往具讽喻性质。此言"孔、墨""贤于勇有力也"的意见"说服"了宋康王，又说"宋王，俗主也，而心犹可服"。读者自然可以联想到，如果自以为"英主"者，也应当有相应的态度。

八 关于"小人尚力"、"小人绝力"

依照儒学正统政治理念，作为受到尊仰崇尚的"德"的对立概念，"力"是予以鄙薄轻视的。《孟子·公孙丑上》："孟子曰：'以力假仁者霸，霸必有大国，以德行仁者王，王不待大。汤以七十里，文王以百里。以力服人者，非心服也，力不赡也；以德服人者，中心悦而诚服也，如七十子之服孔子也。《诗》云："自西自东，自南自北，无思不服。"此之谓也。'"③"以德服人"和"以力服人"，形成执政理念的高下对比。汉初政论家陆贾回顾历史，指出"尚威力"以致败亡的例证。《新语》卷下《至德》："宋襄死于泓水之战，三君弑于臣之手，皆轻师尚威，以至于斯。故《春秋》重而书之，嗟叹而伤之。"④《新语》卷上《道基》又说："知伯仗威任力，兼三晋而亡。"对于秦政的失败，亦直接归罪于对"力"的推崇："德盛者威广，力盛者骄众。齐桓公尚德以霸，秦二世尚刑而亡。"⑤ 秦亡，可以看作"愚者以力相乱"的典型。论者提示："大怒之威，非气力所能行也。""统四海之权，主九州之众，岂弱于力哉？然功不能自存，威不能自守，非贫弱也，乃道德不存乎身，仁义不加于天下

---

① 许维遹撰，梁运华整理：《吕氏春秋集释》卷一五《顺说》，第378—380页。

② 参看王利器录《宋愚人事录》。共计20则，其中5则见于《韩非子》，4则见于《吕氏春秋》。王利器、王贞珉：《历代笑话集续编》，春风文艺出版社1985年9月版。

③ （清）焦循撰，沈文倬点校：《孟子正义》卷七《公孙丑上》，中华书局1987年10月版，第239—240页。

④ 王利器撰：《新语校注》，中华书局2012年7月版，第136页。《新语》卷下《怀虑》又说："鲁庄公据中土之地，承圣人之后，不修周公之业，继先人之体，尚权杖威，有万人之力，怀兼人之强，不能存立子纠，国侵地夺，以洙、泗为境。"第150页。指出"权""威"、"万人之力"、"兼人之强"等等，都不能看作绝对的政治优势。

⑤ 王利器撰：《新语校注》，第29、34页。

也。"又就秦亡的教训警告当世执政者:"果于力而寡于义者,兵之所图也。"① 论者强调,实现"善"的境界,在于"绝气力,尚德也"。②

贾谊《过秦论》对于秦始皇"禁文书而酷刑法,先诈力而后仁义,以暴虐为天下始"的批评,注意到了历史条件的要求:"夫并兼者高诈力,安定者贵顺权,此言取与守不同术也。秦离战国而王天下,其道不易,其政不改,是其所以取之守之者无异也。"③ 以为"并兼"时代有历史合理性的"诈力"在新的历史条件下的无限度沿用,是致使秦败亡的主要原因。在贾谊的认识中,"诈力"和"仁义","诈力"和"顺权",显示政治方向的鲜明对照,但是"并兼者高诈力,安定者贵顺权",应当理解历史情势的不同要求。

作为个人取向,看重"德"还是看重"力",体现"君子"、"小人"的对立。《法言·渊骞》写道:"君子绝德,小人绝力。或问绝德,曰:舜以孝,禹以功,皋陶以谟,非绝德邪?力。秦悼武、乌获、任鄙,扛鼎抃牛,非绝力邪?"李轨注:"皆以多力举重,崩中而死,所谓不得其死然。"④ 对于"秦悼武、乌获、任鄙,扛鼎抃牛"等"力士"的表现,表达了与秦文化背景下明显不同的评价。

对于"力人"、"力士"所指称人的才与能的"力",稍晚又有刘劭《人物志》卷中《材能》的说法:"若力能过人,而勇不能行,可以为力人,未可以为先登。力能过人,勇能行之,而智不能断事,可以为先登,未足以为将帅。必聪能谋始,明能见机,胆能决之,然后可以为英。张良是也。气力过人,勇能行之,智足断事,乃可以为雄。韩信是也。体分不同,以多为目,故英雄异名。然皆偏至之材,人臣之任也。故英可以为相,雄可以为将。若一人之身,兼有英雄,则能长世。高祖、项羽是也。"⑤ 刘劭认为,所谓"力能过人"或者"气力过人",只是"材能"中较低层次的表现。他对于"力"、"勇"、"智"、"聪"、"明"、"胆",乃至"兼有英雄"若干层级"材能"的分析,提出了有一定深度的人才

---

① 《新语校注》卷下《本行》,第164—166页。
② 《新语校注》卷上《慎微》,第104页。
③ 《史记》卷六《秦始皇本纪》,第283页。
④ 汪荣宝撰,陈仲夫点校:《法言义疏》卷一一《渊骞》,中华书局1987年3月版,第418页。
⑤ (魏)刘劭撰,任继愈断句:《人物志》,文学古籍刊行社1955年5月版,第11—12页。

思想。其中"若力能过人,而勇不能行,可以为力人,未可以为先登"的说法,出现了"力人"称谓,也是值得我们注意的。而这些议论的发表,距离《左传》中出现"秦之力人"字样,已经相隔八百多年了。

后来对"力"以及"尚力"者的鄙视,又见于宋儒程子《伊川易传》卷三《周易下经》:"小人尚力,故用其壮勇。"① 邵雍《君子吟》写道:"君子尚德,小人尚力。尚德树恩,尚力树敌。"②《朱子语类》卷七说到"自小便教之以德,教之以尚德不尚力之事"③ 的道德培养理念,也反映了儒学的德教宗旨。"尚力"是受到鄙弃的。元代学者王申子《大易缉说》卷六《下经》说:"小人尚力者,用之则为勇猛,怙强好胜。若固守此道,而行危也。"④

后世对于秦文化"尚力"倾向的评断,长期以批判为主流。然而如果以儒学正统"小人尚力"、"小人绝力"的态度作为考察秦史的认识基点,也许难免简单化片面化之失,不利于全面公正的历史判断。

《盐铁论·力耕》载录"文学"的议论:"古者尚力务本而种树繁,躬耕趣时而衣食足,虽累凶年而人不病也。"⑤ 其中"尚力"和"躬耕"对说,是受到全面肯定的。而秦政的"尚力"风格,在奖励"力耕"方面也有突出体现,是不宜忽视的历史事实。

《后汉书》卷三〇下《襄楷传》载襄楷上疏:"周衰,诸侯以力征相尚,于是夏育、申休、宋万、彭生、任鄙之徒生于其时。"⑥ "力士"之徒

---

① (宋)程颐:《伊川易传》,文渊阁《四库全书》本,台湾商务印书馆1986年版,第9册第286页。
② (宋)邵雍:《击壤集》卷一六《君子吟》,文渊阁《四库全书》本,台湾商务印书馆1986年版,第1101册第128页。
③ (宋)黎靖德编,王星贤点校:《朱子语类》,中华书局1985年3月版,第128页。
④ 有的现代史学家在总结秦史时对秦武王和他识拔的"力士"们有所批评。例如,林剑鸣《秦史稿》说:"武王一味嗜武,所以十分喜欢力士,对有些力士如任鄙、乌获、孟说等皆委以高官。武王自己也有一身蛮力气,因为向往象征着周天子权位的周鼎,所以常常以举鼎为戏。公元前三〇七年(秦武王四年),武王在同力士孟说举鼎时,胫骨被折断,至当年八月竟因此死去。这一个雄心勃勃的武王,因好勇逞能,偏要做力不胜任之事,所以当了四年国君就离开了人间。"林剑鸣:《秦史稿》,第248页。所谓"好勇逞能"与所谓"怙强好胜",其实可以作近义语理解。
⑤ 王利器校注:《盐铁论校注》(定本),中华书局1992年7月版,第28页。
⑥ 李贤注:"并多力之人也。夏育,卫人,力举千钧。宋万,宋人,杀湣公,遇大夫仇牧于门,批而杀之,齿著门阖。彭生,齐人,拉鲁桓公干而杀之。范雎曰:'以任鄙之力焉而死。'申休未详何世也。"《后汉书》,第1082页。

地位的上升和影响的扩大，是在"诸侯以力征相尚"的时代背景下发生的历史现象。战国武力竞争时代，按照贾谊《过秦论》的说法："诸侯力政，强侵弱，众暴寡，兵革不休"，所谓"并兼者高诈力"，是共同的文化取向。就秦"力士"的历史表现而言，在当时未必没有一定的积极意义。他们各自的素质，亦不宜简单地一概否定。马非百《秦集史》对著名秦"力人"、"力士"区别言之，以为："至辅氏之战，杜回以误踬结草而颠，致为晋师所获。盖亦孔子所谓'暴虎凭河，死而无悔'者。吾是以知有勇无谋之果不足贵也！"然而对于任鄙，则赞赏有加："任鄙不与举鼎之役，贤于贲、获远矣。故秦人谚曰：'力则任鄙，智则樗里。'而独不称贲、获。何则？不自恃其勇力者，乃真为有勇力者也。司马氏于鄙为汉中守，始、卒，皆特笔书之，非以其善用己长故耶？"① 所讨论的四位秦"力人"、"力士"，被分为三个等级。王蘧常《秦史》在《三力传》结尾则写道："论曰：鄙为守，能久于其任。获至老寿，必有以自贵其勇者。贲于生死贵富，举无以易其勇，盖庶几有勇德焉。虽以非命死而非其罪。则三子者，岂徒力而已哉！"② 以为"三力"于"勇"、"力"之外，亦各有其可"贵"之"德"。看来，扬雄的评论，"秦悼武、乌获、任鄙，扛鼎扦牛，非绝力邪？"包括秦武王，均一并指斥为"小人"，也许不免简单化、绝对化之嫌。

---

① 马非百：《秦集史》，第368页。
② 王蘧常：《秦史》，第181页。

宣太后的历史表演与秦史的宣太后时代

宣太后时代是秦史从崛起到实现统一的进程中十分重要的阶段。《史记》所谓"昭襄业帝",肯定秦昭襄王对于后来秦始皇完成统一创造了重要的前期条件。而宣太后为这一历史进步贡献尤为突出。说明相关历史文化现象,以及若干重要历史人物的作用,复原真实的历史,对于认识当时的历史走向,理解走向统一的社会进程的文化动力,以及某些形成我们民族文化传统的重要基因,都是有积极的意义的。对于作为反常礼俗现象的义渠王与宣太后的"通"与"乱",也可以进行观照秦楚风俗史的分析。

一　中国史的英雄时代

战国阶段是中国史的英雄时代。这是一个战乱频繁,动荡激烈的历史阶段。但是同时,社会积极变革、热情进取、推崇发明和鼓励创造的时代精神有史无前例的表现。战国时期的思想创新和文化进步,在中国历史上形成永远的亮点。《隶释》卷二四《柳孝廉碑》:"自战国以来,圣人不作,诸子百家,异端怪说,纷然而起。"[1] 宋人也有这样的评价:"天下大乱,道德不一","百家之学"盛起,人称"异端之盛,莫甚于此时"。[2] 儒学正统学者所批评的"异端"之"起"、"异端之盛",其实体现了百家争鸣时代的思想自由,学术繁荣和文化进步。宋人张九成《孟子传》卷一写道:"是时秦惠文王正用张仪之谋以败从约,齐宣王正尊稷下先生

---

[1] （宋）洪适撰:《隶释 隶续》,中华书局据洪氏晦木斋刻本1986年11月影印版,第261页。

[2] （宋）真德秀:《西山读书记》卷三五《吾道异端之辨》,文渊阁《四库全书》本,台湾商务印书馆1986年版,第706册第290页。

以谋强国，楚又大国吞五湖三江之利，据方城、汉水之险而有陈轸为之谋画。"① 知识分子的活跃，使得高层次的智慧应用于军事政治实践。战国时期也是我们民族精神体现英雄主义光辉的时代之一。所谓"诸侯争强，战国并起，甲兵不休"②，所谓"战国拘兵，更相吞灭，专以争强攻取为务"③，以"甲兵"、"争强"为表现形式的以英雄进取为主题的时代精神，是我们回顾历史时不能不瞩目的。从战国时期直到秦汉之际"王"、"霸"、"帝"的政治支配权力的争夺，使得社会承受了极大的牺牲，但社会活动节奏的急进，则促动思想文化的活跃。而随后实现的统一，又推进中国历史迈入了新的纪元。司马迁《史记》中的《循吏列传》和《刺客列传》都没有记述秦汉时代故事，其中形象最光辉的主要人物都是战国时人。他提示我们注意的政治建设与社会稳定的关系，侠义精神与生命意识的关系，战国历史进程均给予我们重要的启示。

二　历史为宣太后提供的舞台

秦武王之后，"宣太后专制"④，在数十年的秦史记录中，这位女子以她的智慧和勇力从事政治经营、军事谋略和外交设计，取得了诸多成功。秦史的宣太后时代，进取是显著的。宣太后在历史提供的舞台上进行了精彩的表演。分析宣太后的成就，应当注意一个基本的历史条件，即秦孝公与商鞅合作变法，为秦国实现富国强兵确定了制度条件，也改变了秦史的走向。秦惠文王即位后处决了商鞅，却依然执行商鞅确定的新法。芈八子也就是后来的宣太后亲历这一历史过程。在她主持行政期间，仍维护商鞅之法的权威，商鞅也得到一定程度的肯定。正如《韩非子·定法》所说："及孝公、商君死，惠王即位，秦法未败也。"⑤《韩非子·问田》："秦行

---

① （宋）张九成：《孟子传》，文渊阁《四库全书》本，台湾商务印书馆1986年版，第196册第241页。
② 《盐铁论·未通》，王利器校注：《盐铁论校注》（定本），中华书局1992年7月版，第191页。
③ （魏）徐幹撰，孙启治解诂：《中论解诂》卷下《历数》，中华书局2014年5月版，第248页。
④ 《史记》卷七二《穰侯列传》，第2329页。
⑤ 陈奇猷校注：《韩非子集释》，上海人民出版社1974年7月版，第907页。

商君而富强。"① 法制秩序的稳定，即秦法体现的商鞅所确定制度的落实，为社会的进步及宣太后乃至秦昭襄王兼并事业的成功，提供了重要的保证。正如《盐铁论·非鞅》载大夫言："昔商君相秦也，内立法度，严刑罚，饬政教，奸伪无所容，外设百倍之利，收山泽之税，国富民强，器械完饰，蓄积有余。是以征敌伐国，攘地斥境。"② 商鞅之法的推行，对秦的统一有重要意义。"秦任商君，国以富强，其后卒并六国而成帝业。"商鞅确定的策略原则也有利于秦的扩展。"昔商君明于开塞之术，假当世之权，为秦致利成业。是以战胜攻取，并近灭远，乘燕、赵，陵齐、楚，诸侯敛衽，西面而向风。其后，蒙恬征胡，斥地千里，逾之河北，若坏朽折腐。何者？商君之遗谋，备饬素修也。故举而有利，动而有功。"③

三　宣太后的政治成功

宣太后是古史第一位"太后"。宋人马廷鸾曾经写道："秦氏有宣太后、穰侯之专。"④ 宋人陈师道也曾指出："母后临政自秦宣太后始也。"⑤ 宣太后曾经主持秦的国家行政数十年。她的政治生涯，经历秦惠文王、秦武王、秦昭襄三代，正是秦迅速强国的历史阶段。在她主政的时期，秦军事进取频繁获胜，捷音大振，凯奏高扬，政治建设也屡有成功。

宋代学者邵雍撰《皇极经世书》卷六上《观物篇三十一》记述，乙未年，秦"罢穰侯相国及宣太后权，以客卿范雎为相，封应侯。魏冉就国"。次年，丙申年，"宣太后卒"。⑥ 朱熹对邵雍的记述表示赞许："《皇极经世》纪年甚有法。史家多言秦废太后，逐穰侯，《经世书》只言'秦

---

① 陈奇猷校注：《韩非子集释》，第904页。
② 王利器校注：《盐铁论校注》（定本），第93页。
③ 王利器校注：《盐铁论校注》（定本），第94—95页。我们认为，"蒙恬征胡"，也是秦统一战争的军事主题之一。参看王子今《秦统一局面的再认识》，《辽宁大学学报》（哲学社会科学版）2013年第1期。
④ （宋）马廷鸾：《碧梧玩芳集》卷二一《读史旬编》"吕后"条，文渊阁《四库全书》本，台湾商务印书馆1986年版，第1187册第155页。
⑤ （宋）陈师道：《后山集》卷二二《理究》，文渊阁《四库全书》本，台湾商务印书馆1986年版，第1114册719页。
⑥ （宋）邵雍著，郭彧、于天宝点校：《皇极经世书》，上海古籍出版社2017年1月版，第495页。

夺宣太后权'。……盖实不曾废。"① 认为宣太后与秦昭襄王的权力交递，大概并未曾出现激烈形式。宣太后被"罢""权"或说"夺""权"的次年，即走到人生终点。看来宣太后交出国家最高权力时，很可能执政能力已经因年龄和健康出现了问题。

《资治通鉴》卷五"周赧王四十九年"也是这样记载的："（周赧王）四十九年……（秦昭襄王）废太后，逐穰侯、高陵、华阳、泾阳君于关外，以范雎为丞相，封为应侯。"《资治通鉴》卷五"周赧王五十年"："（周赧王）五十年秦宣太后薨，九月，穰侯出之陶。"司马光以"臣光曰"的形式肯定了"穰侯"对秦国力崛起的功绩："穰侯援立昭王，除其灾害，荐白起为将，南取鄢、郢，东属地于齐，使天下诸侯稽首而事秦。秦益强大者，穰侯之功也。虽其专恣骄贪足以贾祸，亦未至尽如范雎之言。若雎者，亦非能为秦忠谋，直欲得穰侯之处，故扼其吭而夺之耳。遂使秦王绝母子之义，失舅甥之恩。要之，雎真倾危之士哉！"② 对于司马光"秦王绝母子之义"的说法，似乎不应当作简单化的理解。

宋代学者洪迈曾经指责宣太后时代参与秦国最高行政决策的魏冉在政治道德方面的罪过："自汉以来，议者谓秦之亡由商鞅、李斯。鞅更变法令，使民不见德，斯焚烧《诗》《书》，欲人不知古。其事固然。予观秦所以得罪于天下后世，皆自挟诈失信故耳。"以为"挟诈失信"致使天下反秦。而始作俑者，在于魏冉等。"其始也以商於六百里啖楚绝齐，继约楚怀王入武关，辱为藩臣，竟留之至死。及其丧归，楚人皆怜之，如悲亲戚。诸侯由是不直秦，未及百年，'三户亡秦'之语遂验。而为此谋者，张仪、魏冉也。仪之恶不待言，而冉之计颇隐，故不为士君子所诛。"魏冉支持秦昭襄王即位有功，"当秦武王薨，诸弟争立，唯冉能立昭王。冉者，昭王母宣太后之弟也。昭王少，太后自治事，任冉为政，威震秦国"。宣太后和魏冉的姐弟组合，控制了秦政，也在外交、军事行为中有特殊的表现。"才六年，而诈留楚王，又怒其立太子，复取十六城。是时，王不过十余岁，为此者必冉也。后冉为范雎所间而废逐，司马公以为

---

① （宋）黎靖德编，王星贤点校：《朱子语类》卷一〇〇《邵子之书》，中华书局1986年3月版，第2548页。

② （宋）司马光编著，（元）胡三省音注，"标点资治通鉴小组"校点：《资治通鉴》，第161—163页。

冉援立昭王，除其灾害，使诸侯稽首而事秦，秦益强大者，冉之功也。盖公不细考之云。又尝请赵王会渑池，处心积虑，亦与诈楚同。赖蔺相如折之，是以无所成，不然，与楚等耳。冉区区匹夫之见，徒能为秦一时之功，而诒秦不义不信之名万世不灭者，冉之罪诚大矣。"① 这段指责魏冉的文字，其实可以看作对宣太后的直接批判。而所谓"秦益强大者，冉之功也"，指出秦国"太后自治事，任冉为政"的时代，比较灵活，比较实际，不受东方文化"义"、"信"道德准则制约的策略方式，是致使"秦益强大"的重要因素。

宣太后等在军事外交方面无视传统游戏规则，不按常规出牌的策略手段，受到当世人和后世人的批评，即所谓"得罪于天下后世"，"诒秦不义不信之名万世不灭"。洪迈所指秦之"挟诈失信"、"不义不信"，其实可以和死板偏执地恪守道德传统而终致败亡的宋襄公事迹对照理解。对于"信"、"义"的价值取向在军事外交实践中这两种极端表现，因文化立场差异，会有不同的评判，但是就实际效用而言，区别是显而易见的。

四 "昭襄业帝"的历史条件

司马迁"昭襄业帝"的评价②，肯定了宣太后时代的政治成就。就此进行历史因素的分析，除了前面说到的商鞅设计的新法使得秦富国强兵得到了确定的制度保证之外，还应当注意以下几点。

第一，几代秦王维护的政策的连续性显现出历史效力。贾谊《过秦论》曾经如此总结秦统一的事业："秦王奋六世之余烈，振长策而御宇内，吞二周而亡诸侯，履至尊而制六合，执棰拊以鞭笞天下，威振四海。"《史记》卷四八《陈涉世家》的引文是"奋六世之余烈"③，《史记》卷六《秦始皇本纪》的引文是"续六世之余烈"。所谓"六世"，据裴骃《集解》引张晏的说法，即"孝公、惠文王、武王、昭王、孝文王、庄襄王"。④ 这"六世"中，秦昭襄王时代的军事政治进取有决定性的意义。

---

① （宋）洪迈撰，孔凡礼点校：《容斋随笔》卷九"魏冉罪大"条，中华书局 2005 年 11 月版，第 737—738 页。
② 《史记》卷一三〇《太史公自序》，第 3302 页。
③ 《史记》，第 1963 页。
④ 《史记》，第 280—281 页。

第二，秦坚持的兼并列国，力争统一的努力，符合历史进步的方向。在战国时期，向往统一已经成为比较普遍的社会意识。儒学学者较早提出了"大一统"的政治主张。① 其他不同学派的学者，也分别就"大一统"有论说发表。如《墨子·尚同中》所谓"一同天下之义"②，《庄子·天道》所谓"功大名显而天下一"，"一心定而王天下"③ 等。"大一统"理想的提出，是以华夏文明的突出进步和我们民族文化共同体的初步形成作为历史基础。对于"大一统"实现的方式，《孟子·梁惠王上》记录了孟子的观点。回答"天下恶乎定"这一问题，孟子明确表态："定于一。"对方问："孰能一之？"孟子回答："不嗜杀人者能一之。"④ 另外，孟子还强调说，"惟仁者宜在高位"，"三代之得天下也以仁"，"夫国君好仁，天下无敌"。⑤ "仁人无敌于天下。"⑥ 孟子推崇的王道的核心，就是以"德"统一天下。然而因秦人的努力成为历史事实的统一，是通过战争手段实现的。战国百家争鸣时，各学术流派的思想家论著均多见"天下"语汇的使用，体现出倾向统一的共同意识。对秦政影响最为深刻的《韩非子》一书中"天下"出现最为频繁，多达261次。"制天下"、"取天下"、"兼天下"、"王天下"、"治天下"、"一匡天下"、"诏令天下"、"为天下主"等文字，都体现出对统一的强烈追求。⑦

第三，秦在向东发展的历史进程中，逐步重视接受东方文化的积极影响。我们看到，《商君书》中对东方文化高度推崇的道德符号"廉"予以

---

① 《公羊传·隐公元年》："元年春，王正月。……何言乎'王正月'，大一统也。"（清）阮元校刻：《十三经注疏》，中华书局据世界书局缩印本1980年10月影印版，第2196页。

② 《墨子·尚同中》："明乎民之无正长以一同天下之义，而天下乱也。是故选择天下贤良圣知辩慧之人，立以为天子，使从事乎一同天下之义。天子既以立矣，以为唯其耳目之请，不能独一同天下之义，是故选择天下赞阅贤良圣知辩慧之人，置以为三公，与从事乎一同天下之义。"（清）孙诒让著，孙以楷点校：《墨子间诂》，中华书局1986年2月版，第71—72页。

③ 刘文典：《庄子补正》，云南人民出版社1991年11月版，第422—423、425页。

④ （清）焦循撰，沈文倬点校：《孟子正义》卷二《梁惠王上》，中华书局1987年10月版，第71页。

⑤ （清）焦循撰，沈文倬点校：《孟子正义》卷一四《离娄上》，第486、492、497页。《孟子·尽心下》也说："国君好仁，天下无敌焉。"（清）焦循撰，沈文倬点校：《孟子正义》，第962页。

⑥ （清）焦循撰，沈文倬点校：《孟子正义》卷二八《尽心下》，第959页。

⑦ 周锺灵、施孝适、许惟实主编：《韩非子索引》，中华书局1982年5月版，第428—429页。

排斥,《商君书·农战》说,国以"廉"治,"敌至必削,不至必贫"。①
《商君书·去强》也说:国有"廉","上无使战,必削至亡"。②《商君书·赏刑》提出,"廉"者,"不可以富贵,不可以评刑,不可独立私议以陈其上"。③ 按照高亨的解释,这里所谓"廉",就是"廉洁"。④ "廉洁"者,"朝廷不准许凭借这些取得富贵;不准许根据这些批评刑罚;不准许拿独特的私议对君上陈诉"。⑤ "贞廉",被指为导致国家"必贫至削"的"六虱"之一。⑥ 我们看到,秦人当时对东方文化主题中"善"、"修"、"仁"、"廉"、"辩"、"慧"以及"孝"、"弟"这些看来具有普世价值的道德修养和人生能力是予以全面贬斥的。这一情形后来发生了变化,在《韩非子》和《吕氏春秋》中已经体现出秦政治文化体系吸纳了"廉"的原则。秦统一后,秦始皇东巡刻石明确宣传"廉",秦始皇和秦二世言谈中"廉"均显示褒奖涵义,睡虎地秦简《为吏之道》中也倡导以"廉"为原则的政治道德。⑦ 秦史中从商鞅时代到秦始皇时代"廉"的翻覆性变化值得注意。以"廉"为标本的秦政治道德导向考察,应当有益于深化对秦政治文化历史转变的认识。而从《商君书》到《韩非子》的文献学史的间隔,正好大致经历了宣太后时代。具体的例证,又有宣太后执政时,秦昭襄王九年(前298),"孟尝君薛文来相秦"⑧,这是秦国引入东方人才推动行政进步的特例。我们还注意到,秦在逐步东进,推动兼并的战争进程中,曾经发生对新占领地区"出其人"或说"归其人",也就是驱逐原居民而仅仅占领土地的政策。有记载表明,对这样的地区,又有"募徙"、"赐爵","赦罪人迁之"予以充实的情形。这种特殊的移民方式,可能体现新占领区居民与秦人极端敌对的情绪,以及因此导致的秦军政长官对新占领区居民的不信任心态。后来新占领区政策的调整和修正,则明显有利于推动秦统一的进程。因"民不乐为秦"导致的"出其

---

① 高亨:《商君书注译》,中华书局1974年11月版,第35—36页。
② 高亨:《商君书注译》,第45页。
③ 高亨:《商君书注译》,第133页。
④ 高亨:《商君书注译》,第36、46、134页。
⑤ 高亨:《商君书注译》,第134页。
⑥ 高亨:《商君书注译·靳令》,第106—107页。
⑦ 睡虎地秦墓竹简整理小组:《睡虎地秦墓竹简》,文物出版社1990年9月版,释文注释第167页。
⑧ 《史记》卷五《秦本纪》,第210页。

人"、"归其人"史例后来不再出现，或许体现了"徕民"政策的逐步成功。① 长平之战时，秦昭襄王亲自前往河内，"王自之河内，赐民爵各一级，发年十五以上悉诣长平，遮绝赵救及粮食"。② 可以看作谋求"战胜"同时避免"天下不服"的努力。大致在秦昭襄王时代，秦帝业的基础已经奠立。以往，"秦能取其地，而不能夺其民也"③ 的情形已经有所改变。东方人"秦与戎翟同俗，有虎狼之心，贪戾好利无信，不识礼义德行，苟有利焉，不顾亲戚兄弟，若禽兽耳"④ 的成见也逐渐消除。

第四，秦人在技术方面的领先地位，也值得重视。（1）水利经营。自商鞅变法自雍迁都咸阳之后，秦的文化重心由农耕区的边缘转移到农耕区的中心，对农耕的重视达到空前的地步。当时秦人对"水利"的重视，从河川神祭祀制度可以得到体现。《史记》卷二八《封禅书》："霸、产、长水、沣、涝、泾、渭皆非大川，以近咸阳，尽得比山川祠。"⑤ "近咸阳"诸水尽管"皆非大川"，均得列入高等级的正统的"山川祠"系统之中，主要因素应在于咸阳附近的水资源对于秦国主要农耕区的"濯灌"发挥了重要的作用。《战国策·秦策一》记载，苏秦说秦惠王时，说到"大王之国""田肥美，民殷富"，"沃野千里，蓄积饶多，地势形便，此所谓'天府'，天下之雄国也"。⑥ 关中"天府"地位的形成，应当与水利建设的成功有关。秦人在关中发展水利事业的经验，又曾经在巴蜀地区推广。秦人经营巴蜀，除了继承原有的经济文化积累而外，也有显著的创新。四川青川出土秦武王二年《更修为田律》木牍有关于农田水利建设的文字，可以说明秦本土关中地区的水利建设技术已经传布到蜀地。⑦ 都江堰水利工程使成都平原的农业发展大得其利。（2）交通建设。秦人有重视交通的传统。《左传·僖公十三年》记载，"晋荐饥"，"秦于是乎输

---

① 王子今：《秦兼并战争中的"出其人"政策——上古移民史的特例》，《文史哲》2015年第4期。
② 《史记》卷七三《白起王翦列传》，第2334页。
③ 《商君书·徕民》，高亨：《商君书注译》，第118页。
④ 《史记》卷四四《魏世家》，第1857页。
⑤ 《史记》，第1374页。
⑥ （西汉）刘向集录：《战国策》卷三《秦策一》，上海古籍出版社1985年3月版，第78页。
⑦ 四川省博物馆、青川县文化馆：《青川县出土秦更修田律木牍——四川青川县战国墓发掘简报》，《文物》1982年第1期。

粟于晋",这一著名的"汎舟之役"①而外,秦史上另一次大规模粮运的记载,是《史记》卷五《秦本纪》所见秦昭襄王十二年(前295)"予楚粟五万石"事。②按照汉代运粮车辆的载重指标每车25石计③,运送5万石粮食需组织多达2千辆运车的浩荡车队。秦人对蜀道的经营为世人瞩目。天水放马滩1号秦墓出土的年代为战国晚期的木板地图,可以提供重要的交通史料。图中往往明确绘出交通道路,有些还标记道里数字,如"去谷口可五里","宛到口廿五里"等,图中关隘写作"閉",用特殊形象符号表示。④在秦人军事扩张的历程中,秦军善于"远攻"⑤,较早创大军团长距离远征即所谓"径数国千里而袭人"⑥的历史记录。秦统一战争中,调动数以十万计的大军连年出击,无疑需要凭借强大的运输力量保证后勤供给。(3)机械发明。《韩非子·难二》写道:"明于权计,审于地形,舟车机械之利,用力少致功大,则入多。"⑦最早的双辕车的模型见于凤翔战国初期秦墓。⑧秦人所使用的运车数量之多见于历史记录。《左传·昭公元年》记载,秦景公三十六年(前541),秦后子鍼适晋,"其车千乘"。⑨《史记》卷七二《穰侯列传》说,秦昭襄王三十六年(前271),穰侯免相,出关就封邑时,"辎车千乘有余"。⑩《战国策》

---

① 《春秋左传集解》,上海人民出版社1977年8月版,第284页。
② 《史记》,第210页。
③ 从《九章算术·均输》中关于"均输粟"、"均赋粟"的算题所提供的情况看,汉代运粮车的载重标准一般为25斛。裘锡圭《汉简零拾》一文涉及汉简有关以车运粮的资料,引用每车所载粮食为25石的简文多至十数例,并指出,"雇佣的傭人和服役的将车者输送粮食的时候,大概一般比较严格地遵守二十五石一车的常规"。裘锡圭:《汉简零拾》,《文史》第12辑,中华书局1981年9月版。
④ 甘肃省文物考古研究所、天水市北道区文化馆:《甘肃天水放马滩战国秦汉墓群的发掘》,《文物》1989年第2期;何双全:《天水放马滩秦墓出土地图初探》,《文物》1989年第2期;雍际春:《天水放马滩木板地图研究》,甘肃人民出版社2002年6月版,第140—141页。
⑤ 《史记》卷七九《范雎蔡泽列传》,第2409页。《汉书》卷六四下《贾捐之传》:"以至乎秦,兴兵远攻,贪外虚内,务欲广地,不虑其害。然地南不过闽越,北不过太原,而天下溃畔,祸卒在于二世之末。"第2831页。
⑥ 《史记》卷五《秦本纪》,第190—191页。
⑦ 陈奇猷校注:《韩非子集释》,第835页。
⑧ 吴镇烽、尚志儒:《陕西凤翔八旗屯秦国墓葬发掘简报》,《文物资料丛刊》第3辑,文物出版社1980年5月版。
⑨ 《春秋左传集解》,第1191页。
⑩ 《史记》,第2329页。

虽然夸奖韩国兵器的优良，然而涉及秦军用"弩"的文字，出现密度最大。如《秦策二》以"千钧之弩"比喻秦军的攻击力。《赵策一》又说到秦"三军强弩"的威势。①（4）动力革命。秦人久有善于养马的传统，"好马及畜，善养息之"，以及"马大蕃息"等②，是秦崛起初期的实力记录。战国时期，"秦马之良，戎兵之众，探前趹后，蹄间三寻者，不可胜数也"③，显示出与其他强国军事实力对比因动力优越所实现机动性和进击速度方面的明显优势。《战国策·赵策一》记载，赵豹警告赵王应避免与秦国对抗："秦以牛田，水通粮，其死士皆列之于上地，令严政行，不可与战。王自图之！"④ 徐中舒曾经指出，"牛耕的普遍推行是战国时代秦国的事"，"如果没有牛耕，秦国也就不能抽出更多的壮丁和积聚更多的粮食来作长期的战争。如果没有水通粮（即后来的漕运），也就不能把它所积聚的粮食，输送到远方去征服其它的国家"。⑤ 徐复《秦会要订补》附录《秦用牛耕说》指出："此于嬴秦利用畜力，增进生产，在当时有莫大之意义。"⑥ 所谓"秦以牛田，水通粮"，从动力开发的意义观察，也可以理解为秦统一战争中表现出突出军事优势的重要因素之一。⑦

---

① （西汉）刘向集录：《战国策》，第165、608页。"千钧之弩"，校注："姚本：钱、刘'弩'下有'射'字。"第166页。
② 《史记》卷五《秦本纪》，第177页。
③ （西汉）刘向集录：《战国策》，第934页。
④ （西汉）刘向集录：《战国策》卷一八《赵策一》，第618页。
⑤ 徐中舒：《论东亚大陆牛耕之起源》，《成都工商导报》，《学林》副刊，1951年12月。王子今：《秦统一原因的技术层面考察》，《社会科学战线》2009年第9期。
⑥ 徐复说："世之解牛耕者，约有三说，一为《山海经·海内经》后稷之孙曰叔均，始作牛耕……；其次，谓起自春秋前后，《史记·仲尼弟子列传》冉耕字伯牛，司马耕字子牛，又《论语》司马牛，孔注：宋司马犁也……；第三为汉世始用牛耦说，……。凡此皆牛耕说之可考者，犹未及秦用牛耕一事也。今按赵豹对赵王云云在秦昭王时，秦国已渐臻富强，故赵豹有不可与战之说。秦以牛田，只此一见。且涉文字舛误，语法难解，故世人多未征引。惟衡之当日情势，秦用牛耕，增进生产，当承自商鞅之教，与徕民垦草决裂阡陌，同为变法之重要措施，惜史未明言耳。又考周益公云：《礼记·月令》季冬出土牛，示农耕早晚（见《困学纪闻》卷四引）。《月令》秦书，其农耕以土牛示意，是牛耕之说亦且著之典章。《赵策》之文未为孤证矣。"徐复：《秦会要订补》，群联出版社1955年9月版，第447—448页。
⑦ 王子今：《秦统一原因的技术层面考察》，《社会科学战线》2009年第9期。

五　宣太后的"通"与"乱"与
　　秦楚风俗史背景

　　作为反常礼俗现象的义渠王与宣太后的"通"与"乱",引起人们的关注。对于宣太后"杀义渠戎王"又"起兵伐残义渠",马非百曾经有如下评论:"宣太后以母后之尊,为国家歼除顽寇,不惜牺牲色相,与义渠戎王私通生子。谋之达三十余年之久,始将此二百年来为秦人腹心大患之敌国巨魁手刃于宫廷之中,衽席之上。然后乘势出兵,一举灭之,收其地为郡县,使秦人得以一意东向,无复后顾之忧。此其功岂在张仪、司马错收取巴蜀下哉!"所谓"为国家""牺牲色相","谋之达三十余年之久",完全否定男女真爱的可能,也许不尽符合宣太后真实的情感经历。马非百又说:"吾观范雎入秦,待命岁余。昭王谓雎云:'寡人宜以身受命久矣。会义渠之事急,寡人早暮自请太后。今义渠之事已,寡人乃得受命。'日夜请事太后,至于岁余,接见宾客,亦无暇晷。当日秦廷君臣同仇敌忾情绪之高,可以想见。"① 所谓义渠乃"二百年来为秦人腹心大患之敌国",是确实的。秦与义渠之间,实力强弱与攻守关系曾经反复变化。秦惠文王时,秦与义渠的关系因秦国力的上升出现新的形势。秦惠文王七年(前331),"义渠内乱,庶长操将兵定之"。② 秦惠文王十一年(前327),"义渠君为臣"。③ 秦惠文王更元五年(前320),"王北游戎地,至河上"。④ 秦惠文王通过义渠控制的地方北至"河上"。这正是芈八子为"惠王之妃"的时候。⑤ 虽然《史记》卷一一〇《匈奴列传》说"秦昭王时,义渠戎王与宣太后乱,有二子"⑥,《后汉书》卷八七《西羌传》也记载"及昭王立,义渠王朝秦,遂与昭王母宣太后通,生二子"⑦,如果芈八子当时随秦惠文王"北游",或许此即她与"义渠君"初识之时。与宣太后

---

① 马非百:《秦集史》,中华书局 1982 年 8 月版,第 108 页。
② 《史记》卷一五《六国年表》,第 728 页。
③ 《史记》卷五《秦本纪》,第 206 页。
④ 《史记》卷一五《六国年表》,第 731 页。
⑤ 《史记》卷七二《穰侯列传》司马贞《索隐》,第 2323 页。
⑥ 《史记》,第 2885 页。
⑦ 《后汉书》,第 2874 页。

大致先后不久来秦的惠文后即"魏夫人来",《史记》卷一五《六国年表》有明确年代记载,秦惠文王四年(前334)。① 宣太后"诱杀义渠王"时,距此已有62年之久。注意这样一情形,或许可以较好地理解她的决断。历史文献还保留了宣太后其他相关事迹。如《战国策·秦策二》"秦宣太后爱魏丑夫":"太后病将死,出令曰:'为我葬,必以魏子为殉。'"② 宣太后纵意个人私爱,全然不避外人。死后依然专宠"生所爱",令其"为殉"的愿望,竟然以"令"的形式发布。又如《战国策·韩策二》"楚围雍氏五月"条记载,宣太后对韩国求援的使节尚靳说,外交的"利",可以回报军事付出的"疲"与"重":"妾事先王也,先王以其髀加妾之身,妾困不疲也;尽置其身妾之上,而妾弗重也,何也?以其少有利焉。今佐韩,兵不众,粮不多,则不足以救韩。夫救韩之危,日费千金,独不可使妾少有利焉。"③ 对于宣太后以性爱动作为喻见于外交语言,清人王士禛《池北偶谈》卷二一"秦宣太后晏子语"条感叹道:"此等淫亵语,出于妇人之口,入于使者之耳,载于国史之笔,皆大奇。"④ 宣太后所谓"淫亵"言行,可能与社会风尚方面"秦与戎翟同俗"⑤ 有关。而她的出身地楚国,君王也同样曾以"诸侯远我"的"敝邑"自卑。⑥ 秦始皇会稽刻石"防隔内外,禁止淫泆,男女絜诚"⑦ 以及睡虎地秦简《语书》针对故楚地"南郡"地方风习,说到"乡俗淫失(泆)之民","邪避(僻)淫失(泆)之民",要求"矫端民心,去其淫避(僻),除其恶俗"⑧ 等文字作为楚地民俗史料的意义,都值得我们重视。应当认识到,这是统一大方向下"行同伦"⑨ 文化史进程中短暂的局

---

① 《史记》,第727页。
② (西汉)刘向集录:《战国策》卷四《秦策二》,第167页。魏丑夫,《太平御览》卷五五三引《战国策》称"魏余"。
③ (西汉)刘向集录:《战国策》卷二七《韩策二》,第969页。
④ (清)王士禛撰,靳斯仁点校:《池北偶谈》卷二一《谈异》,中华书局1982年1月版,第508—509页。
⑤ 《史记》卷四四《魏世家》,第1857页。
⑥ 《史记》卷四〇《楚世家》,第1705、1702、1723页。
⑦ 《史记》卷六《秦始皇本纪》,第262页。
⑧ 睡虎地秦墓竹简整理小组:《睡虎地秦墓竹简》,释文注释第13页。
⑨ 《礼记·中庸》引"子曰",(清)阮元校刻:《十三经注疏》,中华书局据世界书局缩印本1980年10月影印版,第1634页。

部的现象。据《中华人民共和国国家历史地图集》第一册标示的战国时期民族分布与迁徙的形势，秦国与楚国的绝大部分国土均为少数民族聚居。① 中原人视为"戎翟"的所谓"邪避（僻）淫失（泆）之民"的"恶俗"，其实在秦统一之后也未能简单"去""除"。孔子所谓"行同伦"，是"言天下一统也"② 的基本文化要素，其大体实现，是汉武帝时代的事情了。当时，体现统一的民族精神的汉文化，方才大致形成。

---

① 国家地图集编纂委员会：《中华人民共和国国家历史地图集》（第一册），中国地图出版社、中国社会科学出版社2014年1月版。
② （宋）黄震：《黄氏日抄》卷二五《读礼记》，文渊阁《四库全书》本，台湾商务印书馆1986年版，第707册第746页。

扁鹊"来入咸阳""为小儿医"

名医扁鹊有在秦国活动的行迹，行医曾在咸阳。有学者认为司马迁《史记》卷一〇五《扁鹊仓公列传》的相关记述，依据的是秦人文献。

扁鹊以秦为医学实践空间的事迹，是重要的医学史信息，也丰富了我们对秦史和秦文化的认识。

一 扁鹊"随俗为变"，"即为小儿医"

《史记》卷一〇五《扁鹊仓公列传》记载了东方名医扁鹊曾经适应社会需要，对"小儿医"的进步有所贡献的事迹：

> 扁鹊名闻天下。过邯郸，闻贵妇人，即为带下医；过雒阳，闻周人爱老人，即为耳目痹医；来入咸阳，闻秦人爱小儿，即为小儿医：随俗为变。①

扁鹊据说"闻秦人爱小儿，即为小儿医"，名医的参与，自然会使医学的这一门类取得比较大的进步。

山东微山两城乡出土汉画象石可见人首鸟身的扁鹊诊病的画面，这位神医的对面，有怀抱小儿并似乎将其向扁鹊面前推举的妇人。画面所表现的主题，是扁鹊为小儿诊病。

有学者说，"中国传统医学中的幼科或儿科，初萌唐宋"②，或说

---

① 《史记》卷一〇五《扁鹊仓公列传》，第2794页。
② 熊秉真：《幼幼——传统中国的襁褓之道》，台北：联经出版事业公司1995年3月版，第5页。

"明确提出儿科专门化始于唐代太医署,其'医师'中含有'少小',与体疗、疮肿、耳目口齿等并列。宋代以后称'小方脉'"①,或将"幼科医学行世期间"判定为"大约当宋至清代,或十一至十九世纪之间"。② 这种"儿科专门化"初始年代的判定,看起来是偏于保守了。通过汉代已经出现的小儿医方,也可以证明这一事实。《潜夫论·忠贵》说"婴儿有常病"③,反映了当时民间社会对儿科医学的重视。而大致对应的历史时期,有学者认为古罗马社会明确可知已经出现了比较成熟的儿科学。④

所谓"来入咸阳",《史记会注考证》引多纪元简曰:"《御览》无'来'字。按邯郸与雒阳,并言'过',而此特言'来入咸阳',盖此秦人所记,太史公直采而为传耳。"⑤ 不仅"过邯郸"、"过雒阳",此前又有"扁鹊过虢"、"扁鹊过齐"事,同样"并言'过'"。所谓"来入咸阳",或许确实是秦人的记录,亦未可排除出自《秦记》而"太史公直采而为传"的可能。⑥

关于司马迁记述的扁鹊事迹,崔适以为"多系寓言,此无关于信

---

① 廖育群:《医者意也——认识中国传统医学》,台北:东大图书股份有限公司 2003 年 8 月版,第 189 页。
② 熊秉真:《安恙:近世中国儿童的疾病与健康》,台北:联经出版事业公司 1999 年 4 月版,第 1 页。
③ 《潜夫论·忠贵》:"历观前世贵人之用心也,与婴儿等。婴儿有常病,贵臣有常祸,父母有常失,人君有常过。婴儿常病,伤饱也;贵臣常祸,伤宠也。父母常失,在不能已于媚子;人君常过,在不能已于骄臣。哺乳太多,则必挈纵而生痏;贵富太盛,则必骄佚而生过。"[(汉)王符著,(清)汪继培笺,彭铎校正:《潜夫论校正》卷三《忠贵》,中华书局 1985 年 9 月版,第 114 页]
④ [法]让-皮埃尔·内罗杜《古罗马的儿童》一书专有"儿科学"一节。其中写道:"医生认真的建议保证婴儿的卫生和营养。""医务人员全都知婴幼儿时期疾病的严重性","医生在儿科和普通医学方面具有同样多的知识,他们了解儿童脉搏的特点。儿童特有的体质和性格是医生诊断和开处方的依据"。张鸿、向征译,广西师范大学出版社 2005 年 8 月版,第 55 页。[法]雅克·安德烈《古罗马的医生》一书中说到若干儿科病例,还写道:"有些医生是通过为女人或为她们的孩子治病而发迹的。"杨洁、吴树农译,广西师范大学出版社 2006 年 6 月版,第 66—67、81、190 页。
⑤ (汉)司马迁撰,[日]泷川资言考证,[日]水泽利忠校补:《史记会注考证附校补》,上海古籍出版社 1986 年 4 月版,第 3631 页。
⑥ 王子今:《〈秦记〉考识》,《史学史研究》1997 年第 1 期;《〈秦记〉及其历史文化价值》,《秦文化论丛》第 5 辑,西北大学出版社 1997 年 6 月版。

史",从时代判断,"皆非事实明甚"。①陈邦贤以为,在周秦时代,"扁鹊"是良医的共同代号,良医全都被称为扁鹊。②山田庆儿也说,"儿科无疑是最早分化的专科领域","战国到了末期,在大城市也肯定有某种程度的专科化进展",但是在扁鹊的时代,是否已经诞生了"小儿医"这样的"专科医","颇有怀疑"。他认为,"《扁鹊传》中所见医学知识,不是扁鹊之时代,而是司马迁之时代的医学"。如"小儿医"这样的"专科分化","是在进入西汉时期之后渐渐明确起来的"。③

二 秦简《日书》"生子"健康状况预言

睡虎地出土秦简《日书》中,多有关于预测"生子"健康前景的文字。

如《日书》甲种《除》题下,有:"结日,作事,不成。以祭,闉。生子毋弟,有弟必死。以寄人,寄人必夺主室。"(二正贰)整理小组释文:"生子毋(无)弟。"其实不必以"无"释"毋"。"毋弟"之"毋",取"莫"、"不可"之义较为妥当。又,下文"秀日……生子吉,弟凶"可对照读。又,"以寄人,寄人必夺主室。"(二正贰)对于"寄人",整理小组注释:"寄人,让人寄居。"④此句其实宜与上句"生子毋弟,有弟必死"联读。"寄人",应是指将在生于结日的兄长之后出生的,预期"必死"的"弟"托寄他人,以避免灾祸。所谓"寄人必夺主室",是说若采取这样的方式以求免灾,则收寄"弟"的人家将侵夺危害送托的主家。

《稷辰》题下又有"生子""凶"的预言:"危阳,是胃不成行。……生子,子死。"(三六正至三七正)又有:"敫,是胃又小逆,毋大央。……以生子,子不产。"(三八正至三九正)又:"彻,是胃六甲相

---

① 崔适著,张烈点校:《史记探源》卷八《七十列传》,中华书局1986年9月版,第206页。
② 陈邦贤:《中国医学史》,商务印书馆1937年2月版,第23页。
③ [日]山田庆儿著,廖育群、李建民编译:《中国古代医学的形成》,台北:东大图书公司2003年11月版,第355、399页。
④ 睡虎地秦墓竹简整理小组:《睡虎地秦墓竹简》,文物出版社1990年9月版,释文注释第181页。

逆……以生子，子死。"（四四正）① 睡虎地秦简《日书》甲种"正月二月……午彻"，孔家坡汉简《日书》作"正月二月……午劈"。其"劈日"条写道："劈日：是谓六甲相逆……生子，死。"（58-118）② 内容略同。

睡虎地秦简《日书》甲种《除》题下："夬光日……以生子，男女必美。"（一二正贰）又《稷辰》题下："秀，是胃重光……以生子，既美且长。"（三二正）③

"美"自包含完好之意。长，是当时人审美标准之一。

《诗·卫风·硕人》："硕人其颀"，毛传："颀，长貌。"郑玄笺："言庄姜仪表长丽俊好，颀颀然。"④《国语·晋语九》："美鬓长大。"⑤《庄子·盗跖》："孔子曰：'丘闻之，凡天下有三德，生而长大，美好无双，少长贵贱见而皆说之，此上德也。'"⑥ 湖北江陵张家山 336 号墓出土竹简《盗跖》篇："孔子曰：丘闻之，凡天下有三德，生而长大好美，无贵贱见而皆兑（说）之，此上德也。"⑦《史记》卷九二《淮阴侯列传》："淮阴屠中少年有侮信者，曰：'若虽长大，好带刀剑，中情怯耳。'"⑧ 女子长丽，是指颀秀，男子长大，是指魁伟。《史记》卷二八《封禅书》："（栾）大为人长美。"同书卷九六《张丞相列传》："苍坐法当斩，解衣伏质，身长大，肥白如瓠，时王陵见而怪其美士，乃言沛公，赦勿斩。"⑨ 因"身长大"而被看作"美士"。金陵书局本《史记》卷五六《陈丞相世家》："平为人长美色。"王念孙《读书杂志·史记杂志》中《陈丞相

---

① 睡虎地秦墓竹简整理小组：《睡虎地秦墓竹简》，释文注释第 181 页。
② 湖北省文物考古研究所、随州市文物局：《随州市孔家坡墓地 M8 发掘简报》，《文物》2001 年第 9 期。
③ 睡虎地秦墓竹简整理小组：《睡虎地秦墓竹简》，释文注释第 181、184 页。
④ （清）王先谦撰：《诗三家义集疏》卷三下《卫风·硕人》，中华书局 1987 年 2 月版，第 277 页。
⑤ 徐元诰撰，王树民、沈长云点校：《国语集解》（修订本），中华书局 2002 年 6 月版，第 454 页。
⑥ （清）郭庆藩辑，王孝鱼整理：《庄子集释》卷九下《盗跖》，中华书局 1961 年 7 月版，第 993 页。
⑦ 李学勤：《〈庄子·杂篇〉竹简及有关问题》，《陕西历史博物馆馆刊》第 5 辑，西北大学出版社 1998 年 6 月版。
⑧《史记》，第 2610 页。
⑨《史记》，第 2675 页。

世家》"长美色"条:"念孙案:当从《汉书》作'长大美色'。下文人谓陈平'何食而肥','肥'与'大'同义。若无'大'字,则与下文义不相属。《太平御览·饮食部》引《史记》正作'长大美色'。"① 中华书局标点本作"平为人长(大)美色"。《汉书》卷四〇《陈平传》写作"长大美色"。② 据《三国志》卷一〇《魏书·荀彧传》裴松之注引《典略》,荀彧也有"为人伟美"之称。所谓"既美且长",与"长美"、"伟美"、"长美色"、"长大美色"、"长大好美"、"生而长大,美好无双"等同样,都强调了受到当时社会普遍爱重的"美"与"长"两方面的体貌特征。而"美"的容貌标准,则有较多的条件。③

婴儿早夭,是在卫生条件落后的情况下经常发生的悲剧。

睡虎地秦简《日书》甲种所谓"取妻,多子,生子,旬而死",刘乐贤按:"'旬而死'是十天而死的意思。"④ 蒲慕州说:"'取妻多子'应该是好事,只是若遇到东井这星宿时,生子就会早夭。所以这段话等于是说,东井之日,取妻吉,生子不吉。"⑤ "生子"可能早夭的预言,又可见"生子,三月死"(七七正壹),"生子不盈三岁死"(七五正壹)等。⑥ 而"生子旬而死",是初生子的生命异常。

"生子"遭遇的种种不安全的可能,应与当时医疗卫生条件有关。当时医学产科和儿科相对的不成熟和不完备,使得人们对初生婴儿健康的关心,记录在《日书》这样的文书中。

三 关于"秦人爱小儿"

《史记》卷一〇五《扁鹊仓公列传》记载:"扁鹊名闻天下。过邯郸,闻贵妇人,即为带下医;过雒阳,闻周人爱老人,即为耳目痹医;来入咸

---

① (清)王念孙撰,徐炜君等点校:《读书杂志》,上海古籍出版社2014年7月版,第289页。
② 《太平御览》卷三七八引《汉书》:"平为人长美色。"
③ 彭卫:《汉代的体貌观念及其政治文化意义》,《汉代社会风尚研究》,三秦出版社1998年8月版,第103—107页。
④ 刘乐贤:《睡虎地秦简日书研究》,文津出版社1994年7月版,第113页。
⑤ 蒲慕州:《睡虎地秦简〈日书〉的世界》,《中央研究院历史语言研究所集刊》第62本第4分(1993年4月)。
⑥ 睡虎地秦墓竹简整理小组:《睡虎地秦墓竹简》,释文注释第192页。

阳，闻秦人爱小儿，即为小儿医；随俗为变。"所谓"秦人爱小儿"，或许是秦文化特征之一。"秦项橐"受到社会尊崇的故事，甘罗年十二得到政治信任的故事，都可以看作"小儿"在秦为普遍爱重的例证。

"秦人爱小儿"，与赵地"贵妇人"、"周人爱老人"同样成为地域文化的鲜明特色。受到史家重视的与"周人爱老人"正相对应的"秦人爱小儿"现象，应当与秦文化重于进取的倾向有密切关系。

这一风习，也使我们联想到草原畜牧民族"壮者食肥美，老者食其余；贵壮健，贱老弱"的风俗传统。而匈奴文化这一特征的形成，据说可以于"以战攻为事"之情形寻找原因。[①]

[①]《史记》卷一一〇《匈奴列传》，第2879页。司马迁还写道："汉使或言曰：'匈奴俗贱老。'中行说穷汉使曰：'而汉俗屯戍从军当发者，其老亲岂有不自脱温厚肥美以赍送饮食行戍乎？'汉使曰：'然。'中行说曰：'匈奴明以战攻为事，其老弱不能斗，故以其肥美饮食壮健者，盖以自为守卫，如此父子各得久相保，何以言匈奴轻老也？'"第2899—2900页。

甘罗"年十二""为上卿"

《战国策》可见甘罗"生十二岁"为秦立功的故事。《史记》说甘罗因此封"以为上卿"。太史公曰："甘罗年少,然出一奇计,声称后世。"① 甘罗少年立功的故事在后世有久远的影响,其情节甚至有所夸衍和炫饰。有学者指出,甘罗事迹"未免近于神话",有些情节难以考证,只能"存疑"。然而考察相关历史文化现象,仍可以丰富我们对秦文化的认识。秦行政史的某些特征,可以因甘罗童冠而封上卿的特殊境遇有所体现。中国古代未成年人议政与参政的可能性和实际表现,也可以通过对这种生动的故事进行考察。甘罗故事的历史影响,也可以看作传播史研究的课题。

一 《战国策》《史记》甘罗事迹记述

《战国策·秦策五》说到甘罗自请说服张唐相燕,解决吕不韦面临政治难题的故事："文信侯欲攻赵以广河间,使刚成君蔡泽事燕三年,而燕太子质于秦。文信侯因请张唐相燕,欲与燕共伐赵,以广河间之地。张唐辞曰:'燕者必径于赵,赵人得唐者,受百里之地。'文信侯去而不快。少庶子甘罗曰:'君侯何不快甚也?'文信侯曰:'吾令刚成君蔡泽事燕三年,而燕太子已入质矣。今吾自请张卿相燕,而不肯行。'甘罗曰:'臣行之。'文信君叱去曰:'我自行之而不肯,汝安能行之也?'甘罗曰:'夫项橐生七岁而为孔子师,今臣生十二岁于兹矣!君其试臣,奚以遽言叱也?'甘罗见张唐曰:'卿之功,孰与武安君?'唐曰:'武安君战胜攻

---

① 《史记》卷七一《樗里子甘茂列传》,第2321页。

取,不知其数;攻城堕邑,不知其数。臣之功不如武安君也。'甘罗曰:'卿明知功之不如武安君欤?'曰:'知之。''应侯之用秦也,孰与文信侯专?'曰:'应侯不如文信侯专。'曰:'卿明知为不如文信侯专欤?'曰:'知之。'甘罗曰:'应侯欲伐赵,武安君难之,去咸阳七里,绞而杀之。今文信侯自请卿相燕,而卿不肯行,臣不知卿所死之处矣!'唐曰:'请因孺子而行!'令库具车,厩具马,府具币。"① 据《史记》卷七一《樗里子甘茂列传》记述:

> 甘罗者,甘茂孙也。茂既死后,甘罗年十二,事秦相文信侯吕不韦。②
>
> 秦始皇帝使刚成君蔡泽于燕,三年而燕王喜使太子丹入质于秦。秦使张唐往相燕,欲与燕共伐赵以广河间之地。张唐谓文信侯曰:"臣尝为秦昭王伐赵,赵怨臣,曰:'得唐者与百里之地。'今之燕必经赵,臣不可以行。"文信侯不快,未有以强也。甘罗曰:"君侯何不快之甚也?"文信侯曰:"吾令刚成君蔡泽事燕三年,燕太子丹已入质矣,吾自请张卿相燕而不肯行。"甘罗曰:"臣请行之。"文信侯叱曰:"去!我身自请之而不肯,女焉能行之?"甘罗曰:"大项橐③生七岁为孔子师。今臣生十二岁于兹矣,君其试臣,何遽叱乎?"
>
> 于是甘罗见张卿曰:"卿之功孰与武安君?"卿曰:"武安君南挫强楚,北威燕、赵,战胜攻取,破城堕邑,不知其数,臣之功不如也。"甘罗曰:"应侯之用于秦也,孰与文信侯专?"张卿曰:"应侯不如文信侯专。"甘罗曰:"卿明知其不如文信侯专与?"曰:"知之。"甘罗曰:"应侯欲攻赵,武安君难之,去咸阳七里而立死于杜邮。今文信侯自请卿相燕而不肯行,臣不知卿所死处矣。"张唐曰:

---

① (西汉)刘向集录:《战国策》卷五《秦策五》,上海古籍出版社1985年3月版,第282—283页。

② 司马贞《索隐》:"《战国策》云甘罗事吕不韦为庶子。"

③ 司马贞《索隐》:"尊其道德,故云'大项橐'。"泷川资言《史记会注考证》引张守节《正义》:"尊其道德,故曰'大'。"《史记会注考证》又写道:"枫山、三条本,'夫'作'大',索隐本、正义本亦作'大'。《策》作'夫'。《策》义为长。"上海古籍出版社1986年4月版,第1413页。施之勉说:"按,黄善夫本,凌本、殿本,并作'夫'。"《史记会注考证订补》,台北:华冈出版有限公司1976年5月版,第1221页。

"请因孺子行。"令装治行。①

甘罗身份,据《战国策》说是吕不韦门下少庶子。动员张唐出行的方式,是以武安侯白起死于杜邮的悲剧相威胁。

甘罗又自愿出使赵国。秦王嬴政召见,"使甘罗于赵"。而甘罗果然取得外交成功,使秦国得到了实际利益。《战国策·秦策五》:"行有日矣,甘罗谓文信侯曰:'借臣车五乘,请为张唐先报赵。'见赵王,赵王郊迎。谓赵王曰:'闻燕太子丹之入秦与?'曰:'闻之。''闻张唐之相燕与?'曰:'闻之。''燕太子入秦者,燕不欺秦也。张唐相燕者,秦不欺燕也。秦、燕不相欺,则伐赵,危矣。燕、秦所以不相欺者,无异故,欲攻赵而广河间也。今王赍臣五城以广河间,请归燕太子,与强赵攻弱燕。'赵王立割五城以广河间,归燕太子。赵攻燕,得上谷三十六县,与秦什一。"②《史记》卷七一《樗里子甘茂列传》:

> 行有日,甘罗谓文信侯曰:"借臣车五乘,请为张唐先报赵。"文信侯乃入言之于始皇曰:"昔甘茂之孙甘罗,年少耳,然名家之子孙,诸侯皆闻之。今者张唐欲称疾不肯行,甘罗说而行之。今愿先报赵,请许遣之。"始皇召见,使甘罗于赵。
>
> 赵襄王郊迎甘罗。甘罗说赵王曰:"王闻燕太子丹入质秦欤?"曰:"闻之。"曰:"闻张唐相燕欤?"曰:"闻之。""燕太子丹入秦者,燕不欺秦也。张唐相燕者,秦不欺燕也。燕、秦不相欺者,伐赵,危矣。燕、秦不相欺无异故,欲攻赵而广河间。王不如赍臣五城以广河间,请归燕太子,与强赵攻弱燕。"赵王立自割五城以广河间。秦归燕太子。赵攻燕,得上谷三十城,令秦有十一。③

所谓"令秦有十一",司马贞《索隐》:"谓以十一城与秦也。"甘罗以外交行为中的口舌辩议,实现了秦的领土扩张。他的功绩,得到秦国执政集团的肯定。《史记》卷七一《樗里子甘茂列传》:"甘罗还报秦,乃封甘罗

---

① 《史记》,第2319页。
② (西汉)刘向集录:《战国策》卷五《秦策五》,第284—285页。
③ 《史记》,第2320页。

以为上卿，复以始甘茂田宅赐之。"太史公曰："甘罗年少，然出一奇计，声称后世。虽非笃行之君子，然亦战国之策士也。"《索隐述赞》也有"甘罗妙岁，卒起张唐"的赞语。①

"太史公曰"又有"方秦之强时，天下尤趋谋诈哉"语。甘罗故事即"战国之策士"故事，体现于在外交活动中"谋诈"策略的优胜。

二　甘罗故事疑议

关于甘罗的功绩，《战国策》："归燕太子。赵攻燕，得上谷三十六县，与秦什一。"《史记》："秦归燕太子。赵攻燕，得上谷三十城，令秦有十一。"梁玉绳《史记志疑》卷二九《樗里子甘茂列传第十一》以为并非事实："案：此仍《秦策》然妄也。燕太子丹自秦逃归，非秦归之。秦连岁攻赵，救亡不暇，安能攻燕。始皇十九年赵灭后，代王与燕合军上谷，是时为始皇二十五年，何云得上谷三十城。（《策》作'三十六县'。）皆非事实。"②泷川资言《史记会注考证》："中井积德曰：按《燕世家》、《荆卿传》，并言丹亡归，无秦归之之事。又《燕》《赵世家》，并不见上谷之役，盖辩士之浮言，非事实也。愚按，梁玉绳亦有此说。"③

杨宽《战国史》分析战国史料的复杂性，提出"合纵连横史料的去伪存真"的任务。他说，"纵横家的缺点，偏面强调依靠外交活动造成合纵或连横的有利形势，过分夸大计谋策略的作用"，而《史记》对材料的采用，确实可以看到"司马迁未能去伪存真，反而以伪为真"的情形。④

如果甘罗迫使赵国攻燕，而赵以部分新占领区"与秦"的说法不是事实，则"甘罗还报秦，乃封甘罗以为上卿，复以始甘茂田宅赐之"的说法失却依据。这自然成为讨论甘罗事迹时不可以回避的问题。

马非百《秦集史》中《人物传》有关于甘罗事迹的内容："至甘茂之孙甘罗，说赵与秦共攻燕，得上谷三十城，令秦有十一。梁玉绳以此事系《策》文之妄。谓秦连岁攻赵，赵救亡不暇，安能攻燕？始皇十九年，赵

---

① 《史记》，第2321页。
② （清）梁玉绳：《史记志疑》，中华书局1981年4月版，第1260页。
③ （汉）司马迁撰，[日]泷川资言考证，[日]水泽利忠校补：《史记会注考证附校补》，第3007页。
④ 杨宽：《战国史》（增订本），上海人民出版社1998年3月版，第15页。

灭后，代王与燕合兵，军上谷。是时为始皇二十五年，何得云得上谷三十城？然吾观《赵世家》悼襄王九年，即始皇十一年，有'赵攻燕，取狸阳城'之记载，《正义》云：案燕无狸阳，当作渔阳。渔阳、上谷皆代郡东邻地。是攻燕确为事实。如此时赵果未取得渔阳、上谷之地，则国亡之后，代王嘉岂能驻军上谷以与燕合兵耶？惟甘罗以髫龄之年，竟能使于四方不辱君命，而秦廷君臣亦居然信任之而不疑，未免近于神话。姑存疑于此，俾后之君子有所旁证云。"①

《后汉书》卷四四《胡广传》说到甘罗与子奇、贾谊、终军等"年乖"、"弱冠"时"显用"、"扬声"，李贤注文，有一段话特别值得注意。中华书局标点本作："《史记》曰，秦欲与燕共伐赵，以广河间之地。甘罗年十二，使于赵，说赵王立割五城，以广河间。秦乃封罗为上卿。"② 虽不作明确正式的引文处理，但"史记"标示为书名。李贤所引《史记》未知所出，然而其中所谓"秦欲与燕共伐赵，以广河间之地"以及"使于赵，说赵王立割五城，以广河间"的情节，应当比"赵攻燕，得上谷三十六县，与秦什一"，"赵攻燕，得上谷三十城，令秦有十一"的说法更为可信。也许这一记录，可能片断保存了甘罗事迹的真实历史。

杨宽《战国史》第九章《秦的统一》第一节《秦兼并六国和完成统一》中，有"秦攻取赵的上党和河间"的内容③，可以在讨论甘罗事迹时读作形势背景资料的介绍。其情形，全是军事实力的较量。

三 "甘、奇显用，年乖强仕"

前引文献所谓"甘罗、子奇"、"子奇、甘罗"，与甘罗并说的"子奇"，也是先秦罕见的少年异才的典范。

《后汉书》卷四四《胡广传》："甘、奇显用，年乖强仕；终、贾扬声，亦在弱冠。"李贤注引《史记》说到"甘罗年十二，使于赵，说赵王立割五城，以广河间。秦乃封罗为上卿"，又引"《说苑》曰：'子奇年十

---

① 马非百：《秦集史》，中华书局1982年8月版，第172—173页。
② 《后汉书》，中华书局1965年5月版，第1508页。
③ 杨宽：《战国史》（增订本），上海人民出版社1998年3月版，第428—430页。

八,齐君使主东阿,东阿大化。'《礼记》曰:'四十强而仕。'""《前书》:终军年十八,为博士弟子,自请愿以长缨必羁南越王而致之阙下。上奇其对,擢为谏大夫,往说越。越听命,天子大悦。贾谊年十八,以诵诗属文称于郡中,文帝召为博士。"① 我们注意到,在少年成功者的组合中,甘罗往往名列在先。尽管就时序来说,应当子奇在前而甘罗在后,但是这里却说"甘、奇显用,年乖强仕"。《后汉书》卷六〇下《郎𫖮传》郎𫖮荐李固云:"颜子十八,天下归仁。② 子奇稚齿,化阿有声。"李贤注:"子奇,齐人,年十八为阿邑宰。出仓廪以振贫乏,邑内大化。见《说苑》。"③ "子奇"故事和"甘罗"故事往往并说,一东一西,一齐一秦,体现类似事迹在当时影响的广泛。元人于钦《齐乘》卷六《人物》也说:"子奇,齐人。十八为阿邑宰,出仓廪以赈贫乏,邑内大化。见《说苑》。"④ 子奇故事未见今本《说苑》。《说苑·尊贤》:"介子推行年十五而相荆,仲尼闻之,使人往视,还曰:'廊下有二十五俊士,堂上有二十五老人。'仲尼曰:'合二十五人之智,智于汤武;并二十五人之力,力于彭祖。以治天下,其固免矣乎!'"⑤

《新序·杂事》则有齐地另一"后生可畏"的事迹:"齐有闾丘卬,年十八,道遮宣王曰:'家贫亲老,愿得小仕。'宣王曰:'子年尚稚,未可也。'闾丘卬曰:'不然。昔有颛顼,行年十二,而治天下,秦项橐七岁为圣人师。由此观之,卬不肖耳,年不稚矣。'宣王曰:'未有咫角骖驹,而能服重致远者也。由此观之,夫士亦华发堕颠而后可用耳。'闾丘卬曰:'不然。夫尺有所短,寸有所长,骅骝绿骥,天下之俊马也,使之与狸鼬试于釜灶之间,其疾未必能过狸鼬也;黄鹄白鹤,一举千里,使之与燕服翼试之堂庑之下,庐室之间,其便未必能过燕服翼也。辟闾巨阙,

---

① 《后汉书》,第1506—1508页。
② 李贤注:"《论语》曰:颜渊问仁。孔子曰:克己复礼为仁,一日克己复礼,天下归仁焉。"
③ 《后汉书》,第1070—1071页。蔡邕《荐边文礼书》:"夫若以年齿为嫌,则颜渊不得冠德行之首,子奇不得纪治阿之功,苟能其事,古今一也。"《蔡邕集编年校注》卷一《编年作品》,河北教育出版社2002年1月版,第338页。
④ (元)于钦撰,刘敦愿、宋百川、刘伯勤校释:《齐乘校释》,中华书局2012年4月版,第556页。
⑤ (汉)刘向撰,赵善诒疏证:《说苑疏证》,华东师范大学出版社1985年2月版,第227页。

天下之利剑也，击石不缺，刺石不锉，使之与管槀决目出眯，其便未必能过管槀也。由此观之，华发堕颠，与卬何以异哉？'宣王曰：'善。子有善言，何见寡人之晚也？'卬对曰：'夫鸡豚谨噭，即夺钟鼓之音；云霞充咽，则夺日月之明。谗人在侧，是以见晚也。《诗》曰：听言则对，谮言则退。庸得进乎？'宣王拊轼曰：'寡人有过，寡人有过。'遂载与之俱归，而用焉。故孔子曰：'后生可畏，安知来者之不如今？'此之谓也。"①

"甘罗"故事可以与先秦其他类似"年尚稚"而实现成功实践的少年事迹对照理解。不过，就传播至今的文本看，甘罗成功时的年龄，较其他东方少年还是要小一些。

四 "甘罗之悟吕不韦，张辟疆之觉平、勃，皆以十二龄"

《金史》卷一一一《内族思烈传》赞曰："思烈夙惠，请诛权奸以立主威，有甘罗、辟疆之风。所谓'茂、良不必父祖'者也。"② 百衲本《金史》作"思烈夙惠"③，殿本作"思烈夙慧"④，文渊阁《四库全书》本作"色埒夙慧"。"夙慧"之"慧"应是正字。在《金史》作者笔下和甘罗成为一个"夙慧"少年组合的，是历史表现于甘罗之后的张辟疆。

这位张姓少年，以留侯之子的身份，在吕氏当政时代的政治迷雾中，表现出非常的透视能力。《史记》卷九《吕太后本纪》："七年秋八月戊寅，孝惠帝崩。发丧，太后哭，泣不下。留侯子张辟疆为侍中，年十五，谓丞相曰：'太后独有孝惠，今崩，哭不悲，君知其解乎？'丞相曰：'何解？'辟疆曰：'帝毋壮子，太后畏君等。君今请拜吕台、吕产、吕禄为将，将兵居南北军，及诸吕皆入宫，居中用事，如此则太后心安，君等幸

---

① （汉）刘向编著，石光瑛校释，陈新整理：《新序校释》，中华书局2001年1月版，第774—781页。今按：孔子"后生可畏"语，已见《论语·子罕》。
② 中华书局标点本作"茂良不必父祖"。1975年7月版，第2455页。今按："甘罗、辟疆"分断，则"茂良"亦应分断作"茂、良"。
③ 《二十五史（百衲本）》，浙江古籍出版社1998年5月版，第7册第381页。
④ 《二十五史》，上海古籍出版社、上海书店1986年12月版，第9册第263页，总第7183页。

得脱祸矣。'丞相乃如辟彊计。太后说，其哭乃哀。吕氏权由此起。乃大赦天下。九月辛丑，葬。太子即位为帝，谒高庙。元年，号令一出太后。"①

扬雄《法言·重黎》已经将张辟彊与甘罗并说："或问甘罗之悟吕不韦，张辟彊之觉平、勃，皆以十二龄。戊、良乎？曰：才也戊、良，不必父祖。"② 宋人王观国《学林》卷二《法言》写道："扬雄《法言》曰：'或问甘罗之悟吕不韦，张辟彊之觉平、勃，皆以十二龄。'《前汉·外戚传》曰：'惠帝崩，太后发丧，哭而泣不下。留侯子张辟彊年十五，为侍中，谓丞相陈平曰：帝无壮子，太后畏君等。今请拜诸吕居中用事，则太后心安。'《法言》云十二龄，而《汉书》云十五者，观辟彊启陈平之语，殆非十二龄所能言。当从《汉书》年十五也。"③ 已经就张辟彊的年龄予以澄清。言"十二龄"者，似是要与甘罗取齐。《学林》所论，据"《前汉·外戚传》"而不据《史记》，似有不妥。

有学者写道："'皆以十二龄'者，《史》、《汉》皆云辟彊为侍中，年十五，此云十二，或别有所据，或所据《史记》如此也。"④ 其实，扬雄对年龄的记述，与其他记载比较，有时也许并不十分确定。甚至对自家亲子年龄的说法，也与他说不同，而令人以为不知哪一种说法可以采信。例如，《太平御览》卷三八五引《刘向别传》："杨信字子乌，雄第二子，幼而明慧。"⑤《华阳国志》卷一〇上《先贤士女总赞论》关于扬雄的赞颂之辞中，有这样的文句："雄子神童乌，七岁预雄《玄》文。年九岁而卒。"《华阳国志》卷一一《后贤志》附《益梁宁三州先汉以来士女目录》列有"【文学】神童杨乌"，注："雄子也。七岁预父《玄》文，九岁卒。"⑥ 然而《法言·问神》："育而不苗者，吾家之童乌乎。九龄而与

---

① 《史记》，第399页。
② 汪荣宝撰，陈仲夫点校：《法言义疏》，中华书局1987年3月版，第375页。
③ （宋）王观国撰，田瑞娟点校：《学林》，中华书局1988年1月版，第68页。
④ 汪荣宝撰，陈仲夫点校：《法言义疏》，第377页。
⑤ （宋）李昉等撰：《太平御览》，中华书局用上海涵芬楼影印宋本1960年2月复制重印版，第1780页。
⑥ （晋）常璩撰，任乃强校注：《华阳国志校补图注》，上海古籍出版社1987年10月版，第533、667页。

我《玄》文。"① 年龄出现了两年的差误。②

五 甘罗"声称后世"

司马迁所谓甘罗"声称后世",是确定的事实。

《后汉书》卷五二《崔骃传》:"甘罗童牙而报赵",李贤注:"'童牙',谓幼小也。"③《艺文类聚》卷三一引《文士传》曰:"桓骥伯父焉,官至太尉。骥年十二在座,焉告客曰:'吾此弟子,知有异才,殊能作诗赋。'客乃为诗曰:'甘罗十二,杨乌九龄。昔有二子,今则桓生。'骥即应声答曰:'邈矣甘罗,超等绝伦。伊彼杨乌,命世称贤。嗟予蠢弱,殊才伟年。仰惭二子,俯愧过言。'"④《太平御览》卷三八五引作:"桓骥,字元凤,沛国龙亢人。伯父焉,知名,官至太尉。骥精敏,年十三四在焉坐,有宿客为诗曰:'甘罗十二,杨乌九龄。昔有二子,今则桓生。参差等踪,异世齐名。'骥即应声答曰:'邈矣甘罗,超等绝伦。卓彼杨乌,命世称贤。嗟予蠢弱,殊才侔年。仰惭二子,俯愧过言。'"⑤桓骥,汉桓帝时任议郎。"邈矣甘罗,超等绝伦"的说法,表现了甘罗故事的历史影响。

《三国志》卷三八《蜀书·秦宓传》:"秦宓字子敕,广汉绵竹人也。少有才学,州郡辟命,辄称疾不往。奏记州牧刘焉,荐儒士任定祖曰:'昔百里、蹇叔以耆艾而定策,甘罗、子奇以童冠而立功,故《书》美黄

---

① 汪荣宝撰,陈仲夫点校:《法言义疏》,第377页。
② 有学者考订,"子云为郎,在成帝元延二年,时年四十三。《新论》云'比岁亡其两男',则童乌之卒,盖元延三、四年间事。九龄与《玄》,可谓智百常童"。此取"九龄"参与《太玄》成书之说。汪荣宝撰,陈仲夫点校:《法言义疏》,第167页。
③ 《后汉书》,第1715—1716、1718页。
④ (唐)欧阳询撰,汪绍楹校:《艺文类聚》,第544—545页。
⑤ (宋)李昉等撰:《太平御览》,第1780页。《太平御览》卷五一二引张骘《文士传》:"桓骥字元凤,伯父焉知名,官至太尉。精察好学,年十三四,在焉坐。有宿客,焉告之曰:'吾此弟子,颇有异才,今已涉猎书传,殊能作诗赋。君试为口赋,试与之。'客乃为诗曰:'甘罗十二,杨乌九龄。昔有二子,今则桓生。参差等踪,异世齐名。'骥即答曰:'邈矣甘罗,超等绝伦。卓彼杨乌,命世称贤。嗟予蠢弱,殊才侔年。仰惭二子,俯愧过言。'"第2333—2334页。

发,而《易》称颜渊,固知选士用能,不拘长幼,明矣。'"①《晋书》卷三五《裴秀传》:"渡辽将军毌丘俭尝荐秀于大将军曹爽,曰:'生而岐嶷,长蹈自然;玄静守真,性入道奥;博学强记,无文不该;孝友著于乡党,高声闻于远近。诚宜弼佐谟明,助和鼎味,毗赞大府,光昭盛化。非徒子奇、甘罗之俦,兼包颜、冉、游、夏之美。'爽乃辟为掾,袭父爵清阳亭侯,迁黄门侍郎。"②可见甘罗故事流传之广泛,影响之久远。甘罗,被看作"以童冠而立功"的优异人才。

《魏书》卷一一一《刑罚志》说到法律史中涉及未成年人治罪原则的一个特殊案例:

> 熙平中,有冀州妖贼延陵王买,负罪逃亡,赦书断限之后,不自归首。廷尉卿裴延儁上言:"法例律:'诸逃亡,赦书断限之后,不自归首者,复罪如初。'依《贼律》,谋反大逆,处置枭首。其延陵法权等所谓月光童子刘景晖者,妖言惑众,事在赦后,亦合死坐。"正崔纂以为:"景晖云能变为蛇雉,此乃傍人之言。虽杀晖为无理,恐赦晖复惑众,是以依违,不敢专执,当今不讳之朝,不应行无罪之戮。景晖九岁小儿,口尚乳臭,举动云为,并不关己。'月光'之称,不出其口。皆奸吏无端,横生粉墨,所谓为之者巧,杀之者能。若以妖言惑众,据律应死,然更不破口惑众,赦令之后,方显其事;律令之外,更求其罪。赦律何以取信于天下,天下焉得不疑于赦律乎!《书》曰:与杀无辜,宁失有罪。又案法例律:'八十已上,八岁已下,杀伤论坐者上请。'议者谓悼耄之罪,不用此律。愚以老智如尚父,少惠如甘罗,此非常之士,可如其议,景晖愚小,自依凡律。"灵太后令曰:"景晖既经恩宥,何得议加横罪,可谪略阳民。余如奏。"③

其中说到身为"九岁小儿,口尚乳臭"的"月光童子刘景晖""妖言惑

---

① 《三国志》,第971—972页。《通志》卷一一八上《列传第三十一上·蜀·秦宓》"《易》称颜渊"作"《易》称颜回"。(宋)郑樵撰:《通志》,中华书局1987年1月版,第1785页。
② 《晋书》,第1038页。
③ 《魏书》,第2884—2885页。

众"事，具体情节似是"云能变为蛇雉"。讨论者关于"法例律"中有关"八十已上，八岁已下，杀伤论坐者上请"的规定，有"以老智如尚父，少惠如甘罗，此非常之士，可如其议"语，可知长期以来，民间意识中，甘罗已是"少惠"的典型。

《北齐书》卷一〇《高祖十一王列传·彭城景思王浟》："彭城景思王浟，字子深，神武第五子也。元象二年，拜通直散骑常侍，封长乐郡公。博士韩毅教浟书，见浟笔迹未工，戏浟曰：'五郎书画如此，忽为常侍开国，今日后宜更用心。'浟正色答曰：'昔甘罗，幼为秦相，未闻能书。凡人唯论才具何如，岂必动夸笔迹。博士当今能者，何为不作三公？'时年盖八岁矣。毅甚惭。"① 其中"昔甘罗幼为秦相"句，《北史》卷五一《齐宗室诸王传上·神武诸子传·彭城王浟》写作"昔甘罗为秦相"。② 又《金史》卷一一一《内族思烈传》赞语所谓"思烈夙惠"，"有甘罗、辟疆之风"语，上文已经引录。

六 关于"甘罗相秦"

甘罗"夙慧"故事，在儒学教育得以普及，"幼智"、"神童"期望在社会各个层次家庭中普遍萌生的背景下，得到更好的传播条件。韩驹《仙泉虞童子郎使者闻诸朝三年不加考故作二绝以赠之归》诗就"汉时童子郎"有所咏叹，其中涉及对"甘罗"的赞誉："七岁澜翻数万言，饥鹰引子望腾骞。时人不识甘罗辈，寂寞题诗归故园。""不作西京童子郎，时人何自识黄香。还乡再诵五千卷，十八重来谒太常。"③ 诗句所谓"时人不识甘罗辈"，作为对卓特少年的肯定，言辞生动有力。

《史记》说甘罗因功得封，"以为上卿"。《七国考》卷一《秦职官·上卿》："秦封甘罗为上卿。"据考证，秦所封"上卿"，除甘罗外，先后有姚贾、甘茂、蒙骜、蒙毅、茅焦等。④ 对于甘罗地位的上升，或说"甘

---

① 《北齐书》，第133—134页。
② 《通志》卷八五上《宗室传第八·北齐·神武诸子·彭城景思王浟》亦作"昔甘罗幼为秦相"。（宋）郑樵撰：《通志》，第1090页。
③ （明）曹学佺：《蜀中广记》卷一〇三《诗话记第三》，文渊阁《四库全书》本，台湾商务印书馆1986年版，第592册第659页。
④ （明）董说著，缪文远订补：《七国考订补》，上海古籍出版社1987年4月版，第6页。

罗幼岁成名"①，或以为"甘罗十二为秦上卿"是"少年早达"、"英龄早达"之一例。② 其实，"上卿"只是官僚等级，而非具体职位。《史记》卷六《秦始皇本纪》裴骃《集解》及张守节《正义》皆引《说苑》："立茅焦为傅，又爵之上卿。"今本《说苑·正谏》："立焦为仲父，爵之为上卿。"③《汉书》卷一九上《百官公卿表上》："御史大夫，秦官，位上卿。""前后左右将军，皆周末官，秦因之，位上卿。"④ 可能正因为如此，《七国考》有关"职官"的内容有"上卿"，而《战国会要·职官》不列"上卿"条。⑤

前引《北齐书》与《北史》谓"昔甘罗幼为秦相"或者"昔甘罗为秦相"的说法，都说明甘罗故事情节又有增衍。称甘罗曾经成为秦相的传说，曾经得以广泛的流传。

唐代学人罗隐写道："甘罗之童子耳，秦国之良相。"⑥ 宋人笔记《中吴纪闻》引张敏叔作古风《送朱天锡童子》云："黄金满籯富有余，一经教子金不如。君家有儿不肯娱，口诵《七经》随卷舒。渥洼从来产龙驹，鷟鷟乃是真凤雏。一朝过我父子俱，自称穷苦世为儒。雪窗夜映孙康书，春陇昼荷兒宽锄。翻然西入天子都，出门慷慨曳长裾。神童之科今有无，谈经射策皆壮夫。古来取士凡数涂，但愿一一令吹竽。甘罗相秦理不诬，世人看取掌中珠。折腰未便赋归欤，待君释褐还乡闾。"宋神宗曾"大称赏之"，"每登对，上必问：'闻卿作《朱童子》诗，试为举似。'由此诗名益著。"⑦ 是"甘罗相秦"的说法得到传布。此后，又有所谓"甘罗十

---

① （明）万民英著，郭安、钟琳注译：《星学大成》卷五《十二宫定数赋（文义俱佳）》，北京师范大学出版社1993年5月版，第214页。

② （明）徐应秋：《玉芝堂谈荟》卷二"少年早达"，文渊阁《四库全书》本，第883册第39页。

③ （汉）刘向撰，赵善诒疏证：《说苑疏证》卷九《正谏》，第246页。

④ 《汉书》，第725、726页。

⑤ 杨宽、吴浩坤主编：《战国会要》，上海古籍出版社2005年12月版。

⑥ （唐）罗隐：《两同书》卷上《强弱》，文渊阁《四库全书》本，台湾商务印书馆1986年版，第849册第216页。

⑦ （宋）龚明之：《中吴纪闻》卷三"张敏叔"条，上海古籍出版社1986年10月版，第66页。

二相秦"①，"甘罗十二为宰相"②，"甘罗十二为太宰"③传说，流播相当广泛。又宋人赵与时《宾退录》说到"路德延处朱友谦幕府作《孩儿诗》五十韵"，其中有"项橐称师日，甘罗作相年"句，也在宣传扩散"甘罗作相"的说法。④

唐人李匡乂《资暇集》有"甘罗"条，已经就此予以澄清："世咸云甘罗十二为秦相，大误也。案《史记》云：罗事相吕不韦，因说赵有功，始封为上卿，不曾为丞相也。相秦者是罗祖名茂。"⑤宋人黄朝英《靖康缃素杂记》"甘罗"条也写道："《史记》：甘罗者，甘茂孙也。茂既死，甘罗年十二事秦相文信侯吕不韦。后因说赵有功，始皇封为上卿。未尝为秦相也。世之人见其事秦相吕不韦，因相传以为甘罗十二为秦相，大误也。唐《资暇集》又谓相秦者是罗祖名茂。以《史记》考之，又不然。茂得罪于秦王，亡秦入齐，又使于楚。楚王欲置相于秦，范蜎以为不可，故秦卒相向寿，而茂竟不得复入秦，卒于魏。以此观之，则茂亦未尝相秦也。杜牧之《偶题》云：'甘罗昔作秦丞相。'其亦不考其实，而误为之说也。"⑥又王楙《野客丛书》"北固甘罗"条说："……牧之又有诗曰：'甘罗昔作秦丞相。'或者又谓《史记》：甘罗年十二，事秦相文信侯吕不韦，后因说赵有功，始皇封为上卿，未尝为秦相也。仆考《北史·彭城王浟传》曰：昔甘罗为秦相，未闻能书。《仪礼疏》曰：甘罗十二相秦，未必要至五十。则知此谬已久，牧之盖循袭用之耳。"⑦梁玉绳《史记志疑》卷二九在"秦乃封甘罗以为上卿"句下写道：

> 附案：甘罗十二为丞相，此世俗妄谈，乃《仪礼》丧服《传》、《疏》已有甘罗十二相秦之语，岂非误读《国策》、《史记》乎？李匡乂《资暇集》、宋黄朝英《靖康缃素杂记》并辨相秦之谬，而不言

---

① （宋）魏了翁：《仪礼要义》卷三二《丧服经传五》，文渊阁《四库全书》本，台湾商务印书馆1986年版，第104册第659页。
② 《演禽通纂》卷上《古人得时得地消息赋》，文渊阁《四库全书》本，台湾商务印书馆1986年版，第809册第251页。
③ 《演禽通纂》卷上《古人得失赋》，文渊阁《四库全书》本，第809册第253页。
④ （宋）赵与时撰：《宾退录》卷六，上海古籍出版社1983年8月版，第72页。
⑤ （唐）李匡乂撰：《资暇集》卷中，明《顾氏文房小说》本，第7页。
⑥ （宋）黄朝英：《靖康缃素杂记》卷一〇，清《守山阁丛书》本，第33页。
⑦ （宋）王楙撰，王文锦点校：《野客丛书》卷二〇，中华书局1987年7月版，第225页。

> 及贾疏，独《野客丛书》曾及之。《困学纪闻》六引李邕为李思训碑云："羿子赞禹，甘生相秦。"唐杜牧《樊川集·偶题》云"甘罗曾作秦丞相"。皆不考之故也。然其误实不始于贾氏，《北齐书·彭城王浟传》"甘罗幼为秦相，未闻能书"，则知误已久矣。①

这应当看作传播史研究的一个有意义的案例。《北齐书》所记载，不是诗人辞句，也不是学者论说，可以读作秦史于后世社会形成印象的一种反映。

明人胡应麟《少室山房笔丛》卷一四《史书占毕二·外篇》写道："世知项橐八岁而师孔，而不知蒲衣八岁而师舜也。甘罗十二上卿，少矣，而伯益五岁掌火，尤少也。唐文十八创业，少矣，而放勋十六配天，尤少也。"② 对于这种将传说不加分析考证而完全取信的态度，《四库全书总目》有所批评："《史书占毕》大抵掉弄笔端，无所考证，至云'世知项橐八岁而师孔，不知蒲衣八岁而师舜；甘罗十二上卿，少矣，而伯益五岁掌火，尤少'，以小说委谈入之史论，殊为可怪。"③

"甘罗年少""妙岁"而以"奇计"强秦的故事，已经形成广泛深远的影响。与甘罗相关史事的正与误、实与虚，有些已经可以澄清，有些尚难以辨正。甘罗故事确实多有疑点。其中存在"近于神话"的情节。但即使是"神话"，其所以能够发生与流传的原因，依然值得我们思考。

关于甘罗请命时充满自信的话语，《战国策》写作："夫项橐生七岁而为孔子师，今臣生十二岁于兹矣！"《史记》则作："大项橐生七岁为孔子师。今臣生十二岁于兹矣……"前引《新序·杂事》引发孔子"后生可畏"名言的文字，则称之为"秦项橐"："秦项橐七岁为圣人师……""秦项橐"即以为"项橐"是秦人的说法，特别值得注意。

---

① （清）梁玉绳撰：《史记志疑》，第1260—1261页。
② （明）胡应麟：《少室山房笔丛》，中华书局1958年10月版，第181页。
③ （清）永瑢等撰：《四库全书总目》卷一二三《子部三十三》，中华书局1965年6月版，第1064页。

"秦项橐"七岁为圣人师

《战国策》和《史记》可见"项橐"故事，这位颇有识见的神童据说曾经"为孔子师"。或说《论语·子罕》中的"达巷党人"就是"项橐"。"项橐"故事在汉代得以广泛流传。《新序》所见"秦项橐"的说法，应与《秦策》记录"甘罗"事迹有关，很可能也与"秦人爱小儿"的文化风格有关。

一 孔子曰"后生可畏"

《新序》卷五《杂事》有一段引录孔子"后生可畏"名言的文字，说到所谓"秦项橐"故事：

> 齐有闾丘卬，年十八，道遮宣王，曰："家贫亲老，愿得小仕。"宣王曰："子年尚稚，未可也。"闾丘卬曰："不然，昔有颛顼行年十二而治天下，秦项橐七岁为圣人师，由此观之，卬不肖耳，年不稚矣。"宣王曰："未有咫角骏驹而能服重致远者也。由此观之，夫士亦华发堕颠而后可用耳。"闾丘卬曰："不然。夫尺有所短，寸有所长，骅骝绿骥，天下之俊马也，使之与狸鼬试于釜灶之间，其疾未必能过狸鼬也；黄鹄白鹤，一举千里，使之与燕服翼试之堂庑之下，庐室之间，其便未必能过燕服翼也。辟闾巨阙，天下之利剑也，击石不缺，刺石不锉，使之与管槀决目出眯，其便未必能过管槀也。由此观之，华发堕颠，与卬何以异哉？"宣王曰："善。子有善言，何见寡人之晚也？"卬对曰："夫鸡豚谨嗷，即夺钟鼓之音；云霞充咽，则夺日月之明；谗人在侧，是以见晚也。《诗》曰：'听言则对，谮言

则退。'庸得进乎?"宣王抶轼曰:"寡人有过,寡人有过。"遂载与之俱归,而用焉。故孔子曰:"后生可畏,安知来者之不如今?"此之谓也。①

这段文字讲述了少年有志则可以超越成年人的道理,孔子的话可以看作总结性的评论:"后生可畏,安知来者之不如今?"孔子语录包含着历史辩证法因素,体现出一种积极的历史乐观主义精神。

"项橐"故事传递了多种文化信息。我们认为更值得重视的,是"秦项橐"即以为"项橐"是秦人的说法。

二 《战国策》《史记》"项橐"故事

"项橐"故事较早见于《战国策》和《史记》。

《战国策·秦策五》"文信侯欲攻赵以广河间"题下写道:

> 文信侯欲攻赵以广河间,使刚成君蔡泽事燕三年,而燕太子质于秦。文信侯因请张唐相燕,欲与燕共伐赵,以广河间之地。张唐辞曰:"燕者必径于赵,赵人得唐者,受百里之地。"文信侯去而不快。少庶子甘罗曰:"君侯何不快甚也?"文信侯曰:"吾令刚成君蔡泽事燕三年,而燕太子已入质矣。今吾自请张卿相燕,而不肯行。"甘罗曰:"臣行之。"文信君叱去曰:"我自行之而不肯,汝安能行之也?"甘罗曰:"夫项橐生七岁而为孔子师,今臣生十二岁于兹矣!君其试臣,奚以遽言叱也?"
>
> 甘罗见张唐曰:"卿之功,孰与武安君?"唐曰:"武安君战胜攻取,不知其数;攻城堕邑,不知其数。臣之功不如武安君也。"甘罗曰:"卿明知功之不如武安君欤?"曰:"知之。""应侯之用秦也,孰与文信侯专?"曰:"应侯不如文信侯专。"曰:"卿明知为不如文信侯专欤?"曰:"知之。"甘罗曰:"应侯欲伐赵,武安君难之,去咸阳七里,绞而杀之。今文信侯自请卿相燕,而卿不肯行,臣不知卿所

---

① (汉)刘向编著,石光瑛校释,陈新整理:《新序校释》,中华书局2001年1月版,第774—781页。

死之处矣！"唐曰："请因孺子而行！"令库具车，厩具马，府具币，行有日矣。甘罗谓文信侯曰："借臣车五乘，请为张唐先报赵。"

见赵王，赵王郊迎。谓赵王曰："闻燕太子丹之入秦与？"曰："闻之。""闻张唐之相燕与？"曰："闻之。""燕太子入秦者，燕不欺秦也。张唐相燕者，秦不欺燕也。秦、燕不相欺，则伐赵，危矣。燕、秦所以不相欺者，无异故，欲攻赵而广河间也。今王赍臣五城以广河间，请归燕太子，与强赵攻弱燕。"赵王立割五城以广河间，归燕太子。赵攻燕，得上谷三十六县，与秦什一。①

我们看到，鼓舞和激励"生十二岁"的"孺子"甘罗取得成功的，是所谓"项橐生七岁而为孔子师"。

《史记》卷七一《樗里子甘茂列传》也有关于甘罗事迹的记载，甘罗说服吕不韦时，同样举"项橐生七岁为孔子师"事，相关细节似更为具体：

秦始皇帝使刚成君蔡泽于燕，三年而燕王喜使太子丹入质于秦。秦使张唐往相燕，欲与燕共伐赵以广河间之地。张唐谓文信侯曰："臣尝为秦昭王伐赵，赵怨臣，曰：'得唐者与百里之地。'今之燕必经赵，臣不可以行。"文信侯不快，未有以强也。甘罗曰："君侯何不快之甚也？"文信侯曰："吾令刚成君蔡泽事燕三年，燕太子丹已入质矣，吾自请张卿相燕而不肯行。"甘罗曰："臣请行之。"文信侯叱曰："去！我身自请之而不肯，女焉能行之？"甘罗曰："大项橐生七岁为孔子师。今臣生十二岁于兹矣，君其试臣，何遽叱乎？"

于是甘罗见张卿曰："卿之功孰与武安君？"卿曰："武安君南挫强楚，北威燕、赵，战胜攻取，破城堕邑，不知其数，臣之功不如也。"甘罗曰："应侯之用于秦也，孰与文信侯专？"张卿曰："应侯不如文信侯专。"甘罗曰："卿明知其不如文信侯专与？"曰："知之。"甘罗曰："应侯欲攻赵，武安君难之，去咸阳七里而立死于杜邮。今文信侯自请卿相燕而不肯行，臣不知卿所死处矣。"张唐曰：

---

① （西汉）刘向集录：《战国策》卷五《秦策五》，上海古籍出版社1985年3月版，第282—285页。

"请因孺子行。"令装治行。行有日，甘罗谓文信侯曰："借臣车五乘，请为张唐先报赵。"文信侯乃入言之于始皇曰："昔甘茂之孙甘罗，年少耳，然名家之子孙，诸侯皆闻之。今者张唐欲称疾不肯行，甘罗说而行之。今愿先报赵，请许遣之。"始皇召见，使甘罗于赵。

赵襄王郊迎甘罗。甘罗说赵王曰："王闻燕太子丹入质秦欤？"曰："闻之。"曰："闻张唐相燕欤？"曰："闻之。""燕太子丹入秦者，燕不欺秦也。张唐相燕者，秦不欺燕也。燕、秦不相欺者，伐赵，危矣。燕、秦不相欺无异故，欲攻赵而广河间。王不如赍臣五城以广河间，请归燕太子，与强赵攻弱燕。"赵王立自割五城以广河间。秦归燕太子。赵攻燕，得上谷三十城，令秦有十一。①

《战国策》"项橐"，《史记》作"大项橐"，司马贞《索隐》："音託。尊其道德，故云'大项橐'。"所谓"大项橐"的"大"，是否表示"尊其道德"，可能还有讨论的必要。《四库全书考证》卷二四《史部·史记下》："'夫项橐生七岁为孔子师。'案毛本《索隐》'夫'作'大'，注云：'尊其道德，故云大项橐。'各本'大'俱作'夫'，或《正义》本与《索隐》异，姑仍之。又《索隐》'故云大项橐'，刊本脱'大'字，据毛本改。"笔者曾经以为"大项橐"可能是"夫项橐"的误写。② 然而山东平阴出土汉画象石所见"孔子见老子"画面，"右边一人躬身向左，脑后榜题'老子'；其前一小儿与之对立，小儿手上扬，头上方榜题'太□诧（？）'小儿身后为孔子及其弟子，共12人，除左边第二人外，皆向右立。最前面的孔子躬身侧立，脑后榜题'孔子'；其后为'左丘明'、'颜渊'，皆躬身侧立；颜渊之后的'闵子'回头与'伯牛'对话；其后为'冉仲弓'、'□□'、'子赣'、'冉□□'，其后三人榜题不清，最后

---

① 《史记》，第2319—2320页。
② 《战国策·秦策五》："甘罗曰：'夫项橐生七岁而为孔子师，今臣生十二岁于兹矣！君其试臣，奚以遽言叱也？'"（西汉）刘向集录：《战国策》，第282页。《太平御览》卷四〇四引《春秋后语》："甘罗请张唐相燕，吕不韦叱曰：'我自请不行，汝安能行之！'甘罗曰：'夫项橐十岁为孔子师，今臣十二岁矣。君其试臣，何遽叱乎？'"（宋）李昉等撰：《太平御览》，中华书局用上海涵芬楼影印宋本1960年2月复制重印版，第1868页。王子今：《"秦项橐"故事考议》，《秦文化论丛》第14辑，三秦出版社2007年10月版。

二人相对而语。"① 其中"太□诧（？）"，应当就是"太项託"。"太项託"即"大项橐"的文化地位，超过了"受业身通""皆异能之士"②，又"崇仁厉义"③ 的"仲尼弟子"们。看来，汉代曾经通行"大项橐"称谓。而有些"夫项橐"写法，反而有可能是"大项橐"的讹误。

《论语·子罕》："达巷党人曰：'大哉孔子！博学而无所成名。'子闻之，谓门弟子曰：'吾何执？执御乎？执射乎？吾执御矣。'"④《汉书》卷五六《董仲舒传》载董仲舒对策，其中说道："此亡异于达巷党人，不学而自知。"颜师古注引孟康曰："人，项橐也。"⑤《史记》卷四七《孔子世家》称之为"达巷党人童子"。⑥ 孟康所说或许本此。方观旭《论语偶记》"达巷党人"条写道："《汉书》董仲舒对策：'此无异于达巷党人，不学而自知。'孟康注：'人，项橐也。'王伯厚谓孟康之说未知所出。案《史记·孔子世家》称'达巷党人童子'。童子而知圣学之博，正不学自知者。汉时似相传如此，故史迁得识其人为童子，董策述其人为不学而自知者也。又《甘茂列传》：甘罗曰：'项橐生七岁为孔子师。'七岁者，又童子之证。"⑦

对于"项橐"故事，论者以为"汉人相传如此，当必有据"。其实后来有人是持怀疑态度的。唐人皮日休《文薮》卷七专有"无项託"条，否定"项託"事迹的真实性。⑧ 对于"项橐"故事的起源，学人亦颇有疑议。如宋代学者王应麟《困学纪闻》卷七："甘罗曰：'项橐七岁为孔

---

① 平阴县博物馆：《山东平阴县实验中学出土汉画像石》，《华夏考古》2008年第3期。
② 《史记》卷六七《仲尼弟子列传》，第2185页。
③ 《史记》卷一三〇《太史公自序》，第3313页。
④ 程树德撰，程俊英、蒋见元点校：《论语集释》，中华书局1990年8月版，第568—570页。
⑤ 《汉书》，第2510页。
⑥ 《史记》，第1941页。
⑦ （清）方观旭撰：《论语偶记》，清《皇清经解》本，第7页。
⑧ 皮日休《文薮》卷七"无项託"条："符朗著《符子》，言项託诋訾夫子之意者，以吾道将不胜于黄老，呜呼！孔子门唯称少，故仲尼曰：颜氏之子其殆庶几乎！又曰：贤哉回也！叹其道与己促，固不足夫蔽之也。如託之年，与回少远矣。託之智，与回又远矣。岂仲尼不称之于其时耶？夫四科之外有七十子，七十子外有三千之徒。其人也，有一善仲尼未尝不称之。岂于项氏独掩其贤哉？必不然也。呜呼，项氏之有无，亦如乎庄周称盗跖、渔父也，墨子之称墨尿、娟婵也。岂足然哉。岂足然哉。"《文薮》，《说郛》卷二六下引作皮日休《文薮杂著》。（唐）皮日休著，萧涤非、郑庆笃整理：《皮子文薮》，上海古籍出版社1981年11月版，第70页。

子师.'董仲舒对策：'此亡异于达巷党人，不学而自知.'孟康注：'人，项橐也.'《隶释》载《逢盛碑》以为'后橐'。孟康之说未知所出，《论语注疏》无之。"① 考论其是否"有据"自然重要，不过，也许分析"汉人相传如此"这一文化现象，也是有意义的。

三 "項託使嬰兒矜"

《淮南子·说林》："吕望使老者奋，項託使婴儿矜，以类相慕。"高诱注："項託年七岁，穷难孔子而为之作师，故使小儿之畴自矜大也。"②《淮南子·修务》也写道："夫項託七岁为孔子师，孔子有以听其言也。"③

《论衡·实知》讨论"圣人"是否"不学自知，不问自晓"时，也涉及"項橐"故事。王充写道：

> 难曰："夫項託年七岁教孔子。案七岁未入小学，而教孔子，性自知也。孔子曰：'生而知之，上也；学而知之，其次也。'④ 夫言生而知之，不言学问，谓若項託之类也。王莽之时，勃海尹方年二十一，无所师友，性智开敏，明达六艺。魏都牧淳于仓奏：'方不学，得文能读诵，论义引五经文，文说议事，厌合人之心。'帝征方，使射蜚虫，策射无非知者⑤，天下谓之圣人。夫无所师友，明达六艺，本不学书，得文能读，此圣人也。不学自能，无师自达，非神如何？"
>
> 曰：虽无师友，亦已有所问受矣；不学书，已弄笔墨矣。儿始生产，耳目始开，虽有圣性，安能有知？項託七岁，其三四岁时，而受

---

① （宋）王应麟著，（清）翁元圻等注，栾保群、田松青、吕宗力校点：《困学纪闻》（全校本）卷七《论语》，上海古籍出版社 2008 年 12 月版，第 930 页。明人胡爌撰《拾遗录》沿袭此说，民国《豫章丛书》本，第 2 页。
② 何宁撰：《淮南子集释》，中华书局 1998 年 10 月版，第 1195 页。
③ 何宁撰：《淮南子集释》，第 1356 页。
④ 《论语·季氏》："生而知之者，上也；学而知之者，次也；……"杨树达：《论语疏证》，上海古籍出版社 1986 年 2 月版，第 433 页。
⑤ 黄晖《论衡校释》："'非'当为'弗'。"

纳人言矣。① 尹方年二十一，其十四五时，多闻见矣。性敏才茂，独思无所据②，不睹兆象，不见类验，却念百世之后，有马生牛，牛生驴，桃生李，李生梅，圣人能知之乎？臣弑君，子弑父，仁如颜渊，孝如曾参，勇如贲、育，辩如赐、予，圣人能见之乎？孔子曰："其或继周者，虽百世可知也。"③ 又曰："后生可畏，焉知来者之不如今也？"④ 论损益，言"可知"；称后生，言"焉知"。后生难处，损益易明也。此尚为远，非所听察也。使一人立于墙东，令之出声，使圣人听之墙西，能知其黑白、短长、乡里、姓字、所自从出乎？沟有流堑，泽有枯骨，发首陋亡，肌肉腐绝，使圣人询之，能知其农商、老少、若所犯而坐死乎？⑤ 非圣人无知，其知无以知也。知无以知，非问不能知也。不能知，则贤圣所共病也。⑥

王充的分析自有认识论方面的深意，我们更为注意的，是"项橐"故事在汉代广泛流行的文化史的事实。

《隶释》卷一〇《童子逢盛碑》赞扬"年十二而夭"的逢盛"聪睿敏达"，有"才亚后橐，当为师楷"的文字。洪适说："其文云'才亚后橐，当为师楷'，甘罗曰'项橐七岁为孔子师'《董仲舒传》孟康以'达巷党人'为项橐，《赵广汉传》'鉔筈'之'鉔'音'项'。碑以童子当为师楷，故比之项橐。'后''鉔'偏旁相类，'鉔'有'项'音，故借'后'为'鉔'，又借'鉔'为'项'也。"⑦

汉代画象资料中可以看到多种表现"项橐"形象的画面。仅由《中国画像石全集》所收录汉画象石图版，我们就可以看到山东平邑功曹阙北面画象，山东嘉祥武氏西阙正阁身北面画象，山东泰安大汶口墓门楣东段画象，山东嘉祥宋山汉画象，山东嘉祥洪福院汉画象，山东滕州官桥镇

---

① 黄晖《论衡校释》："'而'读'能'。"
② 《太平御览》卷九七〇引作"使圣人空坐独思"，（宋）李昉等撰：《太平御览》，第4299页。
③ 《论语·为政》，杨树达：《论语疏证》，第56页。
④ 《论语·子罕》，杨树达：《论语疏证》，第224页。
⑤ 黄晖《论衡校释》："'若'犹'与'也。"
⑥ 黄晖撰：《论衡校释》（附刘盼遂集解），中华书局1990年2月版，第1076—1078页。
⑦ （宋）洪适撰：《隶释 隶续》，中华书局据洪氏晦木斋刻本1985年11月影印版，第114页。

车站村出土汉画象，陕西绥德刘家沟出土汉画象等。①

汉代文化遗存中的这一现象，应当是社会意识的反映。看来，"项橐"事迹在当时是相当普及的历史知识。

四 "项橐、颜回""万流仰镜"

《文选》卷二〇颜延年《皇太子释奠会作》："庶士倾风，万流仰镜。"李善注引嵇康《高士传》："孔子问项橐曰：'居何在？'曰：'万流屋是也。'注曰：'言与万物同流匹也。'"② 论者或以为"语实鄙弱"③，然而由此可知在汉晋之际，"项橐"故事的传播又有新的情节。《正诬论》说："颜、项夭夭，夷、叔馁死，比干尽忠而有剖心之祸，申生笃孝而致雉经之痛。"④ "颜、项"连称，以"项橐"与"颜回"并列。《三国志》卷二五《魏书·杨阜传》裴松之注引皇甫谧《列女传》赵昂妻语，有所谓"夫项託、颜渊，岂复百年，贵义存耳"。⑤《颜氏家训·归心》也说到"项橐、颜回之短折，原宪、伯夷之冻馁，盗跖、庄蹻之福寿，齐景、桓魋之富强"。⑥ "项橐"又名列"颜回"之前，尤为引人注目。似乎人们确实是将"项橐"作为"圣人师"、"孔子师"看待的。

后来，"项橐"又成为著名神童而受到尊重。

元人陈世隆《北轩笔记》写道："《庄子》逸篇：'蒲衣八岁而舜师之。'《战国策》：'甘罗言：项橐七岁为孔子师。'古之圣贤必有师，其名见书传间多矣。蒲衣、项橐，诚何如人？《列女传》：'翚子生五岁而赞禹言。'幼悟者，三子其最乎！桓谭《新论》云：'殷之伊尹，周之太公，秦之百里奚，咸有天才，皆年七十余乃升为王霸师。'是皆学行之成于晚

---

① 《中国画像石全集》，山东美术出版社、河南美术出版社2000年6月版。
② （梁）萧统编，（唐）李善注：《文选》，中华书局据胡克家刻本1977年11月缩小影印版，第290页。
③ （清）俞正燮：《癸巳类稿》卷一一《项橐考》，《俞正燮全集》，黄山书社2005年9月版，上册第525—527页。
④ （明）梅鼎祚编：《释文纪》卷四五《正诬论》，文渊阁《四库全书》本，台湾商务印书馆1986年版，第1401册第682页。
⑤ 《三国志》，第703—704页。
⑥ （北齐）颜之推撰，王利器集解：《颜氏家训集解》，上海古籍出版社1980年7月版，第355页。

者，乃知生而颖异者，世不常有，或遭坎壈而失诸盛年者，犹当晚学不可遽自弃也。"① 明人陈士元《名疑》卷二也说："达巷党人，颜师古《汉书注》云：'项橐也。'此必有据。古今幼悟绝伦者有三人：蒲衣八岁而友舜，䍃子五岁而赞禹言，项橐七岁而为孔子师。"② 明徐应秋《玉芝堂谈荟》卷四"七岁有圣德"条写道："古人夙慧可记者，神农之子炎帝柱，七岁而有圣德。见《路史》。颛顼年十二而治天下。见《新序》。蒲衣八岁为舜师。见皇甫谧《高士传》。荀仲豫称禹十二岁为司空。见《傅子》。䍃子生五岁而佐禹。见《列女传》。项橐生七岁为孔子师。见《新序》。甘罗十二封上卿。见《战国策》。王子晋生八岁而服师旷。见《尸子》。"③ 又明胡应麟《少室山房笔丛》卷一四《史书占毕二·外篇》也说："世知项橐八岁而师孔，而不知蒲衣八岁而师舜也。甘罗十二上卿，少矣，而伯益五岁掌火，尤少也。唐文十八创业，少矣，而放勋十六配天，尤少也。"④ 所谓"幼悟绝伦"，所谓"夙慧可记"，"项橐"是公认的典型之一。

有人甚至以"鲁连之屈田巴，项託之抗孔叟"并称⑤，是在肯定"项橐""幼悟"、"夙慧"的同时，赞扬了其不畏威权的性格。

"秦项橐七岁为圣人师"，也有说"八岁"的，或说应为"十岁"⑥，然而普遍的认识，是"项橐七岁"。⑦

---

① （元）陈世隆：《北轩笔记》，文渊阁《四库全书》本，台湾商务印书馆1986年版，第866册第612页。
② （明）陈士元：《名疑》，文渊阁《四库全书》本，台湾商务印书馆1986年版，第952册第623页。
③ （明）徐应秋：《玉芝堂谈荟》，文渊阁《四库全书》本，第883册第89页。
④ （明）胡应麟：《少室山房笔丛》，中华书局1958年10月版，第181页。
⑤ （南朝宋）释慧琳：《龙光寺竺道生法师诔并序》，《广弘明集》卷二三，《四部丛刊》景明本，第306页。
⑥ 《论衡·实知》："云项託七岁，是必十岁。"黄晖撰：《论衡校释》（附刘盼遂集解），第1080—1081页。《孔子集语》卷一四《杂事》："《御览》四百四引《春秋后语》：甘罗曰：'夫项橐十岁为孔子师。'"（清）孙星衍辑：《孔子集语》，上海古籍出版社1989年3月版，第129页。
⑦ （清）俞正燮撰：《癸巳类稿》卷一一《项橐考》说："谓项託十岁，则《论衡》私议矣。"商务印书馆1957年5月版，第412页。刘盼遂说："《天中记》引《图经》云：'项橐，鲁人。十岁而亡，时人尸而祝之，号小儿神。'是仲任定项橐十岁，竟有据也。俞理初必以论衡为私议，失之拘墟矣。"黄晖《论衡校释》："《御览》四〇四引《春秋后语》作'十岁'，误。"第1080—1081、1076页。然而说"项橐""十岁而亡"，并非说见孔子时已是十岁。

汉代画象资料中所见"项橐"，往往立于被命名为"孔子见老子"的画面中间，手持一竿，下有车轮。有的画面所持物上有鸟形装饰。这应当就是鸠车。① 鸠车在画面中的作用，正是为了标示人物的年龄。宋张世南《游宦纪闻》卷五："鸠车，儿戏之具。"② 元陶宗仪《南村辍耕录》卷一七："鸠车，儿戏之具。"③ 这种玩具又成为儿童年龄的标志物。《锦绣万花谷》前集卷一六引《博物志》："鸠车竹马。小儿五岁曰鸠车之戏，七岁曰竹马之戏。"④《绀珠集》卷一三："竹马鸠车。王元长曰：'小儿五岁曰鸠车之戏，七岁曰竹马之戏。'"⑤《类说》卷二三及卷六〇都写道："鸠车竹马。王元长曰：'小儿五岁曰鸠车之戏，七岁曰竹马之游。'"⑥ 这样看来，在汉代画象创作者的意识中，"项橐"的年龄绝不会是"十岁"，而有可能比"七岁"还要年幼。

五　"项橐""秦人"疑议

俞正燮《项橐考》说："《新序·杂事五》云：'秦项橐七岁为圣人师。'则项橐是秦人。"⑦《新序》所谓"秦项橐"，清人潘维城《论语古注集笺》："《新序·杂事》篇……以项橐为秦人，此当由甘罗尝言之，故以为秦人。"⑧ 这是对于"秦项橐"由来的一种解释。其实，"项橐"故事较早见于《秦策》，应当也是进行相关分析值得注意的线索之一。

不过，由于"项橐"事迹与孔子有密切的关系，而考虑到唐代学者

---

① 王子今：《汉代民间的玩具车》，《文物天地》1992年第2期。
② （宋）张世南撰，张茂鹏点校：《游宦纪闻》卷五，中华书局1981年1月版，第41页。
③ （元）陶宗仪：《南村辍耕录》，中华书局1959年2月版，第204页。（明）方以智：《通雅》卷三三《器用·古器》同。
④ 《锦绣万花谷》，文渊阁《四库全书》本，台湾商务印书馆1986年版，第924册第216页。
⑤ （宋）朱胜非：《绀珠集》，文渊阁《四库全书》本，台湾商务印书馆1986年版，第872册第537页。
⑥ 《类说》卷二三"鸠车竹马"条，文渊阁《四库全书》本，台湾商务印书馆1986年版，第873册第405页。《海录碎事》卷八上，《谈苑》卷四同。
⑦ 《俞正燮全集》，黄山书社2005年9月版，上册第525—526页。
⑧ （清）潘维城撰：《论语古注集笺》卷五，清光绪七年江苏书局刻本，第149页。

韩愈"孔子西行不到秦"的名言①，则"秦项橐"之说不免可疑。也有对韩愈的说法持异议者。如宋代学者王应麟《困学纪闻》卷一八："致堂曰：韩退之赋石鼓曰：孔子西行不到秦，故不见录。孔子编《诗》岂必身历而后及哉？信斯言也，《车邻》、《驷驖》胡为而收之也？"②这一意见否定韩说，而依然认定孔子不曾"身历"秦地。程大昌《澹台祠友教堂记》也写道："夫子尝欲适赵，及河而返，曰：'洋洋乎丘之不济，此命也。'韩愈亦曰：'孔子西行不到秦。'是秦、赵之地，皆未始经行也。"③

《列子·汤问》："孔子东游，见两小儿辩斗。问其故。一儿曰：'我以日始出时去人近，而日中时远也。一儿以日初出远，而日中时近也。'一儿曰：'日初出大如车盖；及日中，则如盘盂：此不为远者小而近者大乎？'一儿曰：'日初出沧沧凉凉；及其日中如探汤：此不为近者热而远者凉乎？'孔子不能决也。两小儿笑曰：'孰为汝多知乎？'"④ 有人以此"两小儿"事与"项橐"相联系，则"孔子东游"提示的方向也应当不涉及秦地。

程树德《论语集释》在"达巷党人"句下对"项橐"事有所讨论。其中引录《一统志》："达巷在滋阳县西北五里，相传即达巷党人所居。"并引《礼记·曾子问》："子曰：'昔者吾从老聃助葬于巷党。'"又写道："其地当在王畿，滋阳今属兖州府。此出方志附会，未敢信也。"⑤

《元丰九域志》卷一《京东路·东平府》所列"古迹"有"项橐墓"。⑥ 其地与"兖州府"相近。此说与《天中记》引《图经》所谓"项橐，鲁人"⑦ 相合。又有"项橐"遗迹在山西的说法。明《广舆记》卷

---

① （清）方世举著，郝润华、丁俊丽整理：《韩昌黎诗集编年笺注》卷七《石鼓歌》，中华书局2012年5月版，第409页。
② （宋）王应麟著，（清）翁元圻等注，栾保群、田松青、吕宗力校点：《困学纪闻》（全校本）卷一八《评诗》，第2017—2018页。
③ （清）陈弘绪撰，段晓华点校：《江城名迹》卷一，江西人民出版社2015年12月版，第14页。
④ 杨伯峻撰：《列子集释》，中华书局2013年8月版，第176—177页。
⑤ 《论语·子罕》，程树德撰，程俊英、蒋见元点校《论语集释》，第569页。
⑥ （宋）王存撰：《元丰九域志》，文渊阁《四库全书》本，第4页。
⑦ 《论衡·实知》："云项託七岁，是必十岁。"刘盼遂案："《天中记》引《图经》云：'项橐，鲁人。十岁而亡，时人尸而祝之，号小儿神。'是仲任定项託十岁，竟有据也。俞理初必以《论衡》为私议，失之拘墟矣。"黄晖撰：《论衡校释》（附刘盼遂集解），第1080—1081页。

四《山西·汾州府·祠庙》:"项橐祠,府城西北。"① 成化《山西通志》卷五《祠庙》:"项橐祠在汾州西北三十五里。"②《大清一统志》卷一四四《汾州府·祠庙》:"项橐祠,在汾阳县西三十里。"③ 此皆"出方志附会,未敢信也",然而也可以说明"项橐"传说影响之广。

---

① (明)陆应阳撰:《广舆记》,清康熙刻本,第 201 页。
② (明)胡谧撰:成化《山西通志》,民国二十二年景钞明成化十一年刻本,第 197 页。
③ 《嘉庆重修一统志》,中华书局 1986 年 5 月版,第 6608 页。

白起与长平之战

白起是秦国名将。他指挥长平之战，是发生于战国晚期秦国与赵国之间的规模空前的历史性决战。秦军于长平（今山西高平西北）歼灭赵军主力，确定了在兼并战争中的胜局。历史记载所见长平之战中秦国决策集团与秦军将士的表现以及这一战役长久的历史文化影响，对于我们认识秦文化的若干特质以及秦文化在当时黄河流域时代文化主流中的地位和影响，有重要的意义。

一 白起的时代："海内争于战功"，"务在强兵并敌"

秦昭襄王时代，被看作中国历史上的英雄时代。这里所谓英雄时代，是指社会竞争比较激烈，生活节奏比较急迅，杰出人才比较集中，文化风格比较豪放，从而历史进步比较显著，文明创获也比较丰富的历史时期。在历史上的英雄时代，民族精神的特质一般都表现出积极奋进的风格。

对于秦昭襄王时代的历史特征以及当时秦人的历史表现，历史学家曾经用这样有力的笔调予以记述："海内争于战功"，"务在强兵并敌"①，"追亡逐北"，"宰割天下"②。司马迁所谓"昭襄业帝"的评价③，也说明了这一时期秦人的历史成就对于实现"大一统"的意义。

当时的时代精神的风格，明显地表现出推崇勇力，比竞智思，奋发有为，积极进取的特征，历史在当时为焕发人们的才智，为催化社会的演

---

① 《史记》卷一五《六国年表》，第685页。
② 《史记》卷四八《陈涉世家》，第1963页。
③ 《史记》卷一三〇《太史公自序》，第3302页。

进，为激活文化的生机，提供了优越的条件。

据司马迁《史记》卷一五《六国年表》的记载，从公元前475年，至公元前221年秦并天下，这255年间，前后计有92位君主在政治舞台上进行表演，其中享国40年以上者有8人，享国50年以上的，有赵简子60年，楚惠王章57年，齐宣公积51年，周赧王延59年，秦昭襄王56年。

战国晚期在位的2位老年君主，就是周赧王姬延和秦昭襄王嬴稷。

前者所统治的是当时最弱小的政权，后者所统治的，则是当时最强大的政权。

前者的政权，恰恰又是败亡在后者的政权手中。

在公元前256年，周赧王去世，第二年，秦昭襄王就正式出兵灭掉了西周。7年之后，秦又灭东周，周王朝于是灭亡。

秦昭襄王又是秦国历史上在位年代最长的君主。

在他所处的时代，秦国成为实力压倒列强的，任何人都不能忽视的大国。

也正是在秦昭襄王时代，秦国表现出了能够实现统一的国力。当时，只有秦国有充备的实力能够实现统一，已经成为比较明显的历史趋向。

秦昭襄王时代，是秦人东向扩张的全胜时代。不过，按照秦昭襄王既定的东征战略，可能秦军本来是并不急于和在军事上相当强大的赵人直接交锋的，而是应当先征服魏国和韩国，控制中原地区的大部。

根据民间广泛流传的远古时代的传说，秦人和赵人其实原本同出一源。而赵国在赵武灵王实行历史上称作"胡服骑射"的大规模的社会文化改革之后，成为雄镇北方的军事强国，赵国又多山地，出产贫薄，因而秦国东征军之兵锋所向，起初并没有以赵国为主要目标。①

秦国和赵国的这次大规模的直接的军事交锋，是由于韩国上党郡的归属而偶然引发的。

---

① 《战国策·中山策》记述，长平之战后，秦昭襄王举兵攻邯郸，令白起为统帅，白起拒绝，并且说道："惟愿大王览臣愚计释赵养民，以诸侯之变。抚其恐惧，伐其骄慢，诛灭无道，以令诸侯，天下可定，何必以赵为先乎？此所谓为一臣屈而胜天下也。大王若不察臣愚计，必欲快心于赵，以致臣罪，此亦所谓胜一臣而为天下屈者也。"（西汉）刘向集录：《战国策》卷三三《中山策》，上海古籍出版社1985年3月版，第1191页。所谓"何必以赵为先乎"，可能体现了秦高层决策集团原先的军事方略。

秦昭襄王四十五年（前262），秦军猛攻韩国的野王（今河南沁阳）。野王被迫投降，于是韩国上党郡与国都郑（今河南新郑）之间的联系被切断，成为事实上的飞地。

上党郡太守冯亭于是与百姓商议："郑道已绝，韩必不可得为民。秦兵日进，韩不能应，不如以上党归赵。赵若受我，秦怒，必攻赵。赵被兵，必亲韩。韩赵为一，则可以当秦。"因使人报赵。赵孝成王与平阳君、平原君计之。平阳君曰："不如勿受。受之，祸大于所得。"平原君曰："无故得一郡，受之便。"赵受之，因封冯亭为华阳君。①

秦昭襄王四十六年（前261），秦军连续攻克韩国的缑氏（今河南登封西北）、蔺（今山西离石西）两县。第二年，秦国派左庶长王龁进一步加紧对韩国的攻势，秦军夺取了上党（今山西屯留南）。上党的民众纷纷流亡，逃奔到赵国。赵国在长平（今山西高平西北）屯据重兵，以护卫上党流民。

秦昭襄王四十七年（前260）四月，王龁所部秦军进攻长平。秦赵长平之战爆发了。

二 上将军白起

在最初的交战中，秦军斩杀赵一都尉。赵孝成王与平阳君赵豹商议与秦人媾和，派贵族郑朱作为使者入秦。秦昭襄王接待了郑朱，却"终不肯媾"。②

秦军初获小胜，据《史记》卷七三《白起王翦列传》，"秦斥兵斩赵裨将茄；六月，陷赵军，取二鄣四尉；七月，赵军筑垒壁而守之，秦又攻其垒，取二尉，败其阵，夺西垒壁"。③ 秦虽"数败赵军"，但是不久就因赵军名将廉颇"固壁不战"，避其锐气的战术而受到阻滞。"秦数挑战，廉颇不肯。"④ 廉颇准备以这样的方式首先挫杀秦军的锐势，然后等待有利时机出击。而两军长期相持，对于远征千里的秦军来说，实际上意味着

---

① 《史记》卷七三《白起王翦列传》，第2332—2333页。
② 《史记》卷七六《平原君虞卿列传》，第2371页。
③ 《史记》，第2333页。
④ 《史记》卷八一《廉颇蔺相如列传》，第2446页。

走向失败。秦军历来善于突进急击，只有速胜才能成就大功，而攻势一旦受挫，往往就会导致士气的凋败和进攻实力的摧折。秦军主将王龁长期求战不得，秦军所面临的高山夜寒，粮草不继，士卒病伤等不利条件，都使他为久困长平而深深忧虑。

为了战胜赵国名将廉颇，秦昭襄王决意派战功累累的将军白起出任长平秦军的统帅。

白起，眉县人，行伍出身，勇于拼战，善于用兵。秦昭襄王十三年（前294），他已经以军功累进，升到秦国20级军功爵制的第10级"左庶长"，统率大军进攻韩国的新城（今河南伊川西南）。第二年，白起军功爵升至第12级"左更"，在伊阙（今河南洛阳南）与韩魏联军会战，斩首24万，俘虏其主将公孙喜，攻克5城。于是白起升任秦国国君之下的最高军事长官"国尉"。白起又率军渡过黄河，攻占了韩国安邑（今山西夏县西北）以东的大片土地，一举将秦国的疆域扩展到河汾平原。秦昭襄王十五年（前292），白起军功爵已经升到第16级"大良造"，与当年商鞅地位最高时相当。同年，白起又率军进攻魏国，占领了大小61城。第二年，白起的部队又攻占了王屋山下的战略要地垣城（今山西垣曲东南）。

白起作为主将第一次和赵军直接作战，是秦昭襄王二十七年（前280），他率军攻赵，占领了太行山区的光狼城（今山西高平西）。

白起将军最为显赫的战功，是秦昭襄王二十八年至二十九年（前279—前278）进攻楚国时所取得的。当时，秦军兵锋凌厉，起初即一举攻克楚国鄢（今湖北宜城）、邓（今湖北襄樊北）等5城，第二年又出其不意，以神奇的跃进速度，插入楚国腹地，竟然攻陷了楚国国都郢城（今湖北江陵），火烧夷陵（今湖北宜昌）。秦军的前锋甚至一直推进到临近汉江和长江交汇处的竟陵（今湖北潜江西）。楚顷襄王被迫出逃，后来不得不把国都迁移到陈地。秦国在郢城设立了南郡。于是，秦的疆土第一次扩张到江汉平原的富庶地区。将军白起因此再次得以升迁，被封为"武安君"。武安君白起又继续挥师渡江南下，控制了巫郡和黔中郡的广大地区。

秦昭襄王三十四年（前273），武安君白起又率军进攻魏国，攻克华阳城（今河南郑州南），威胁韩国国都郑（今河南新郑），歼灭三晋联军13万，又击败赵将贾偃部，沉杀其部卒2万人于黄河中。

秦昭襄王四十三年（前264），白起以进攻韩国陉城（今山西曲沃西北）为起点，连续拔5城，斩首5万。第二年，他率领的秦军又完成了切断南阳太行交通道路的战略任务。光狼城争夺战和这两次军事行动，都是在太行山地进行的。

白起被任命为"上将军"。"上将军"，是秦国自此首次设置的最显赫的军职。

三　决战长平

秦军和赵军都集聚了全力，准备在这里作拼死的一搏。两军的将领内心都非常清楚，此战对于秦、赵两国，不仅关系到军势之盛衰，关系到国运之兴亡，还关系到民气之生死。白起和廉颇作为一代名将，想来都切望在战场上能够直接交手，一试高低。不过，他们虽然在长平曾经亲率两军对垒，历史却终究没有给他们面对面直接进行较量的机会。

长平战区廉颇积粮之处，后来称作"米山"。明末人李雪山曾经作《咏米山》诗，由米山胜迹追念名将廉颇，其中写道："积雪如山夜唱筹，廉颇为赵破秦谋。将军老去三军散，一夜青山尽白头。"① 可惜将军之胜谋，却最终没有条件能够得以实践，名将廉颇无故被赵王解职，使战局急转。

赵孝成王命令由赵括取代廉颇，任长平赵军的最高统帅。赵括是曾经于阏与（今山西和顺）之战战胜秦军的马服君赵奢的儿子，自幼熟读兵书，勤习弓马，成年后，更是仪表雍容，言谈不凡，被看作"将门出将"的典范。赵括的母亲，马服君夫人上书反对任命赵括为长平军主将，仍然没有改变赵孝成王的决定。

赵括开始在长平前线行使指挥权之后，两军相持的形势果然发生了明显的变化。

秦昭襄王四十七年，即赵孝成王六年（前260）九月，在长平山地，秦军与赵军的决战开始了。经过激战，上将军白起指挥的秦军完成了对赵括属下40余万赵军的分割包围。被围困的长平赵军，军粮补给已经完全断绝。

---

① （清）范绳祖修：顺治《高平县志》卷一〇《艺文志》，清顺治十五年刻本，第516页。

出于对长平之战特殊的战略意义的重视,秦昭襄王风尘仆仆,亲自前往河内。这是秦国的国君巡幸秦国的国土,所至于最东端的空前的历史纪录。《史记》卷七三《白起王翦列传》:"秦王闻赵食道绝,王自之河内,赐民爵各一级,发年十五以上悉诣长平,遮绝赵救及粮食。"① 秦昭襄王的河内之行,对于动员兵员,督察粮运,全力加强长平前线的作战能力,无疑有积极的意义。对长平赵军之兵员与军粮的远方来援的堵截,也因此具备了成功的条件。

长平被秦军牢牢围定的赵军士卒,绝粮长达 46 天。数十万人经历了空前严峻的生存能力的考验。

在赵军主力被秦军分割,并且陷入秦军包围之后,赵括将军只能把摆脱困境,反败为胜的全部希望,寄托在围外来援上。但是他没有想到秦昭襄王竟然会亲临河内,亲自督察长平战事,阻断各国援赵的通路;也没有想到秦军主将白起竟然会有全歼数十万赵军的魄力。

按照兵法的常规,白起如果确实试图全歼长平赵军主力,那么,在比较双方军势时,应当看到,秦军并不占据优胜于赵军的地位。第一,赵军先至长平,而秦军则后至。《孙子·虚实》说:"孙子曰:凡先处战地而待敌者佚,后处战地而趋敌者劳。故善战者,致人而不致于人。"② 第二,秦军数量并不远远超过赵军。《孙子·谋攻》说:"用兵之法,十则围之,五则攻之,倍则分之,敌则能战之。"③ 秦军绝对没有十倍于赵军的兵力,却竟然要实行包围赵军的战略。

在选择基本战术时,白起似乎也违背了兵法的基本原则:比如,秦军严密包围赵军而不留出路。而《孙子·军争》说:"围师必阙。"④ 另外,秦军围定赵军后,尽管掌握着战争的主动权,然而却迟迟不发动进攻。而《孙子·九地》说:"兵之情主速。"⑤ 主张用兵利于速胜,不利于持久。《孙子·作战》还说:"凡用兵之法,驰车千驷,革车千乘,带甲十万,

---

① 《史记》,第 2334 页。
② (春秋)孙武撰,(三国)曹操等注,杨丙安校理:《十一家注孙子校理》,中华书局 2012 年 7 月版,第 132—134 页。
③ (春秋)孙武撰,(三国)曹操等注,杨丙安校理:《十一家注孙子校理》,第 66—68 页。
④ (春秋)孙武撰,(三国)曹操等注,杨丙安校理:《十一家注孙子校理》,第 199 页。
⑤ (春秋)孙武撰,(三国)曹操等注,杨丙安校理:《十一家注孙子校理》,第 307 页。

千里馈粮。则内外之费，宾客之用，胶漆之材，车甲之奉，日费千金，然后十万之师举矣。其用战也，胜，久则钝兵挫锐，攻城则力屈，久暴师则国用不足。夫钝兵挫锐，屈力殚货，则诸侯乘其弊而起，虽有智者不能善其后矣。故兵闻拙速，未睹巧之久也。夫兵久而国利者，未之有也。"①白起显然也违背了兵法的这一原则。

白起看起来处处违背兵法的原则，然而在战役中，秦军实际上却并没有因此遭受到什么挫败，而且从战局的总趋势看，恰恰相反，秦军越来越占有优势，而赵军的劣势也越来越明显。

在已经找寻不到出路的情况下，心傲而志高的赵括发起了拼死的最后一搏。据《史记》卷七三《白起王翦列传》："至九月，赵卒不得食四十六日，皆内阴相杀食。来攻秦垒，欲出。为四队，四五复之，不能出。其将军赵括出锐卒自搏战，秦军射杀赵括。括军败，卒四十万人降武安君。"②

四 "长平之坑"

如何妥善地处置这些赵军降卒，成为上将军白起面临的难题。他再三考虑，确定了一种彻底解决的方式。长平，于是在历史上留下了永远不能磨灭的悲苦记忆。《史记》卷七三《白起王翦列传》记载："武安君计曰：'前秦已拔上党，上党民不乐为秦而归赵。赵卒反覆。非尽杀之，恐为乱。'乃挟诈而尽坑杀之，遗其小者二百四十人归赵。前后斩首虏四十五万人。赵人大震。"③

白起曾经有杀降的记录，而屠戮的对象也是赵国军人。秦昭襄王三十四年（前273），"白起攻魏，拔华阳，走芒卯，而虏三晋将，斩首十三万。与赵将贾偃战，沈其卒二万人于河中"。④

应当承认，武安君白起虽然以残厉闻名于世，但是秦军在他所主持的战事中，又确实都能够以极高的效率克敌制胜。他在历次战争中所表现出

---

① （春秋）孙武撰，（三国）曹操等注，杨丙安校理：《十一家注孙子校理》，第36—40页。
② 《史记》，第2335页。
③ 《史记》，第2335页。
④ 《史记》，第2331页。

的高超的军事艺术和杰出的指挥才能,也是为世人所公认的。白起作战的风格,其实代表着秦国军事体制的典型的特征。

《荀子·议兵》:"秦人其生民也陿阸,其使民也酷烈。"卢文弨曰:"'陿阸',俗本作'狭隘',今从宋本。"郝懿行曰:"陿阸,犹狭隘也。"① "酷烈"体现政治文化的风格,可以与《史记》卷六八《商君列传》所谓"商君,其天资刻薄人也"② 对照读。《商君书·垦令》又说到"褊急之民"、"很刚之民"。③ 秦以国势之强盛、军威之勇进以及民气之急烈,于东方得"虎狼之国"的恶名。④ 对长平大规模杀降事件如果作客观的分析,应当说,历史悲剧之发生,除了秦文化的传统风格与东方列国有明显差异之外,另一主要的因素可能还在于体制的弊端。在秦国的新占领区,军事长官实际上集军政大权于一身。他们在承担军事指挥任务的同时,也要负责地方的行政管理事务。就长平地区的局势而言,在受降之后,上将军白起要负责组织调运近 30 万降卒的冬衣和口粮,要负责安排他们的集中整训和安置,此外,还要负责筹划下一步的军事部署和战役准备。以白起将军的资质,要全面地承当这一切,又要做到完满而稳妥,实在是非常艰难的。

回顾历史,秦国在扩张领土的过程中所施行的对新区的统治政策,有得有失。⑤ 而秦对于巴蜀的政策,应当说是比较成功的。

秦惠文王更元九年(前 316),张仪、司马错和都尉墨等率军攻伐蜀国,很快就在蜀地建立了成功的统治。秦昭襄王时期和巴人订立了盟约,宣布对当地原有的经济形式和风俗习惯都不以强力进行干涉和变革,致使"夷人安之"。后来,巴人和蜀人都参加了秦军征服楚地的战役,并且有效地承担了伐楚的主要的军需供应。张仪是文职官员,当时任秦国丞相,他显然在占领巴蜀之地的努力中发挥了突出的作用。

---

① (清)王先谦撰,沈啸寰、王星贤点校:《荀子集解》,中华书局 1988 年 9 月版,第 273 页。
② 《史记》,第 2237 页。
③ 高亨:《商君书注译》,中华书局 1974 年 11 月版,第 24 页。
④ 《史记》卷六九《苏秦列传》苏秦语,第 2261 页;楚威王语,第 2261 页;《史记》卷七一《樗里子甘茂列传》游腾语,第 2308 页;《史记》卷七五《孟尝君列传》苏代语,第 2354 页;《史记》卷八四《屈原贾生列传》屈平语,第 2484 页。
⑤ 王子今:《秦王朝关东政策的失败与秦的覆亡》,《史林》1986 年第 2 期。

可以推想，如果蜀地行政只是由名将司马错来主持，秦蜀关系的历史可能将会是另外一种局面。

五　长平之战的历史记录

长平之战，成为战争史上最著名的战役之一，而所以能够深深地留印在人们的记忆中，不仅是因为这次战役的规模空前，秦国和赵国双方投入的兵力和民力都创当时的历史最高纪录，还在于这一战役的结局，使人们极其突出地、极其深刻地感受到战争的严酷。

这是中国古代军事史册上具有最鲜明的色彩的一页。

秦军以空前野蛮的屠杀行为，结束了规模空前的长平之战。于是，秦国和东方列国军事力量的对比，占有了前所未有的新的优势。

赵军以空前悲怆的流血牺牲，结束了规模空前的长平之战。于是，东方诸国对于战争性质和战争形势的认识，得到了进一步的升华。

这又是中国古代军事史册上具有最灰黯的色彩的一页。

秦军以最残酷的暴行，通过战争，把人性凶悍狠毒的一面展露了出来。

赵军以最猥劣的失败，通过战争，把人性轻浮愚懦的一面展露了出来。

关于长平之战发生的时间，有学者发表过不同的意见。一说长平之战爆发于公元前262年，赵取上党与秦攻长平在同时，上党之战和长平之战是紧密相连的，秦赵为争夺上党而聚兵长平，于是发生了长平之战。[1] 一说长平之战爆发和结束均在公元前260年，战事自四月开始，九月结束，历时6个月。秦赵两军在长平正式交战，是长平之战爆发的标志，应当把上党之战和长平之战区别开来。[2]

其实，这两种意见的区别，只是在于是否将长平决战的先声，即上党争夺理解为长平战役的第一阶段。而我们如果以长平决战作为讨论对象，

---

[1] 杨宽：《关于长平之战的时间》，《历史教学》1983年第3期；《再谈长平之战的时间》，《历史教学》1983年第11期。

[2] 张景贤：《长平之战时间考辨》，《历史教学》1982年第9期；《长平之战时间再辨》，《历史教学》1983年第11期。

其实可以避开这一争论。

关于长平之战白起坑杀赵军降卒的人数,有的学者对于"四十万"这样的惊人数额表示怀疑。多有学者著文指出,赵国男子充其量40多万,全国兵力最多不过20万人左右,长平之战是一场普通战争,赵军已经接近全军覆灭,被坑的赵卒不会很多。①

可是我们阅读有关长平之战的历史文献,却可以反复看到秦破赵40万众的记载。例如,司马迁在《史记》中记述:

> (秦昭襄王)四十七年,秦攻韩上党,上党降赵,秦因攻赵,赵发兵击秦,相距。秦使武安君白起击,大破赵于长平,四十余万尽杀之。(《史记》卷五《秦本纪》)②
>
> 白起破赵长平,杀卒四十五万。
>
> 白起破(赵)括四十五万。(《史记》卷一五《六国年表》)③
>
> 秦败赵于长平四十余万。
>
> 赵王壮者皆死长平……(《史记》卷三四《燕召公世家》)④
>
> 秦人围赵括,赵括以军降,卒四十余万皆坑之。王悔不听赵豹之计,故有长平之祸焉。
>
> 赵氏壮者皆死长平。(《史记》卷四三《赵世家》)⑤
>
> 秦拔赵上党,杀马服子卒四十余万于长平。(《史记》卷四五《韩世家》)⑥
>
> 秦破赵于长平四十余万。(《史记》卷四六《田敬仲完世家》)⑦
>
> (白起)乃挟诈而尽坑杀之,遗其小者二百四十人归赵,前后斩首虏四十五万人。

---

① 宋裕:《白起坑赵卒有"四十万"吗》,《晋阳学刊》1983年第3期;《长平之战的真象》,《河北学刊》1990年第6期。邵服民:《秦赵长平之战赵国兵力质疑》,《赵国历史文化论丛》,河北人民出版社1989年4月版,第154—157页。舒永梧:《"长平之战活埋赵卒四十万"质疑》,《文史杂志》1990年第3期。

② 《史记》,第213页。

③ 《史记》,第747页。

④ 《史记》,第1559页。

⑤ 《史记》,第1826、1828页。

⑥ 《史记》,第1877页。

⑦ 《史记》,第1902页。

白起与长平之战

　　（秦）破长平军……

　　长平之战，赵卒降者数十万人我诈而尽坑之。（《史记》卷七三《白起王翦列传》）①

　　秦赵战于长平，赵不胜……

　　长平大败，遂围邯郸，为天下笑。

　　赵陷长平兵四十余万众，邯郸几亡。（《史记》卷七六《平原君虞卿列传》）②

　　秦昭王已破赵长平军，又进兵围邯郸。（《史记》卷七七《魏公子列传》）③

　　秦破赵之长平军四十余万。（《史记》卷七八《春申君列传》）④

　　秦大破赵于长平，遂围邯郸。

　　（白起）又越韩、魏而攻强赵，北坑马服，诛屠四十余万之众，尽之于长平之下，流血成川，沸声若雷，遂入围邯郸，使秦有帝业。（《史记》卷七九《范雎蔡泽列传》）⑤

　　（赵）括军败，数十万之众遂降秦，秦悉坑之。赵前后所亡凡四十五万。

　　赵壮者尽于长平……（《史记》卷八一《廉颇蔺相如列传》）⑥

　　秦王使白起破赵长平之军前后四十余万，秦兵遂东围邯郸。（《史记》卷八三《鲁仲连邹阳列传》）⑦

分析这些历史记载，大致可以得到这样的认识，长平之战，秦国破赵国之军，"前后"共四十余万，赵军投降后被坑杀的计有"数十万"之多。司马迁著《史记》时多直接引用秦国史书《秦记》⑧，其中基本的史实，应当是大体可信的。我们从《白起王翦列传》所谓秦昭襄王"发年十五以

---

① 《史记》，第2335、2336、2337页。
② 《史记》，第3371、3376页。
③ 《史记》，第2379页。
④ 《史记》，第2395页。
⑤ 《史记》，第2417、2423页。
⑥ 《史记》，第2447页。
⑦ 《史记》，第2459页。
⑧ 王子今：《〈秦记〉考识》，《史学史研究》1997年第1期；《〈秦记〉及其历史文化价值》，《秦文化论丛》第5辑，西北大学出版社1997年6月版，第42—53页。

上悉诣长平"，可知秦国是倾全国之力面对决战的，以此推想，对赵国所投入的军力，也不应当作过于保守的估计。正如有的学者所指出的，"尽管学界有种种怀疑意见，毕竟尚不足资推翻原始文献记载的理据"。论者以为"《史记·白起王翦列传》所云'（赵）卒四十万降武安君'和'（白起）前后斩首虏四十五万人'之说，后者是无可置疑的，而前者是不确的"。① 有的论著写道，"长平之战，是中国历史上规模最大的第一次恶战，一次便杀了四十五万人。从此，秦国统一天下已成定局，而赵国由强国而一落千丈，一蹶不振"。② 也取同样的判断。而有的学者认为，"赵军大败，全军四十多万人全部被俘。白起仅仅释放二百四十个年幼战俘，竟把四十多万人全部活埋了"。③ 应是采信《史记》卷四三《赵世家》"卒四十余万皆坑之"之说，也不是没有根据。

当然，司马迁有关秦军军功的记载，可能有若干夸大之处。

军功统计的失实，不是不可能的，而这一情形反映于《秦记》一类史书中，也不是不可能的。

不过，还应当看到，秦国长期以斩首计功而被称为"上首功之国"④，其以统计杀敌人数为基点的军功制度应当是较为严密的。长平之战秦军歼灭赵军人数如所谓"白起破赵长平之军前后四十余万"等，如果与实际出入太大，也是难以想象的。

《战国策》中有对长平之战的记述，例如：

> 《秦策一》：（赵）悉其士民，军于长平之下，以争韩之上党，大王以诈破之，拔武安。
>
> 《齐策二》：秦攻赵长平。
>
> 《赵策一》：韩告秦曰："赵起兵取上党。"秦王怒，令公孙起、王□以兵遇赵于长平。
>
> 《赵策三》：夫以秦将武安君公孙起乘七胜之威，而与马服之子战于长平之下，大败赵师，因以其余兵，围邯郸之城。赵以亡败之余

---

① 靳生禾、谢鸿喜：《长平之战——中国古代最大战役之研究》，山西人民出版社1998年3月版，第84页。
② 何光岳：《秦赵源流考》，江西教育出版社1994年12月版，第62页。
③ 杨宽：《战国史》（增订本），上海人民出版社1998年3月版，第413、415页。
④ 《史记》卷八三《鲁仲连邹阳列传》，第2461页。

众，收破军之敝守，而秦罢于邯郸之下。

《赵策三》：秦攻赵于长平，大破之，引兵而归。

《赵策三》：秦赵战于长平，赵不胜……（赵王）与平阳君为媾，发郑朱入秦，秦内之。……赵卒不得媾，军果大败。

《魏策四》：秦、赵久相持于长平之下而无决。

《燕策三》：赵民其壮者皆死于长平。

《中山策》：长平之事，秦军大克，赵军大破；秦人欢喜，赵人畏惧。……赵自长平已来，君臣忧惧，早朝晏退，卑辞重币，四面出嫁，结亲燕、魏，连好齐、楚，积虑并心，备秦为务。

《中山策》：今赵卒之死于长平者已十七、八，其国虚弱。

《中山策》：秦破赵军于长平。[①]

现在看来，以上片断记述仍嫌简略，因而我们还是应当以司马迁的记述作为认识和评价长平之战的主要历史依据。

还应该看到，司马迁出于对白起悲剧结局的同情，也可能在偏护其人时，于其事也不免偏惠。

六　杜邮悲剧

长平之战后，白起的人生道路走向转折。长平取胜后，武安君白起的部将王龁率军攻克汾水与少水之间的皮牢，司马梗则率军占领太原。上将军白起本人亲率主力直下太行，进逼赵都邯郸。苏代以白起地位的上升警告范雎，并且说明了秦军此时灭赵并不能得到实利。范雎面见秦昭襄王，建议批准韩国和赵国割地议和的条件。考虑到各种复杂的因素，秦昭襄王终于颁布了致上将军白起的命令，指示邯郸前线的秦军立即撤围。白起上书告病请求回关中休养。在秦军主力得到了9个月的休整之后，秦昭襄王以为时机已经成熟，决意再次发起围攻邯郸的战役。他没有料到，白起竟然托病拒绝了邯郸战役秦军统帅的任命。王陵受命集结部队，完成了对邯郸的包围。王陵军进攻邯郸，遭到了有力的抵抗。秦昭襄王命令调集军队

---

① （西汉）刘向集录：《战国策》，第 105、361、619、690、693、701、900、1183、1186、1187、1189 页。

增援邯郸失利的秦军,并且让上将军白起主持邯郸前线军务。白起直言陈述了"邯郸实未易攻也"的意见。秦昭襄王又派范雎见白起,强请他出任邯郸秦军统帅,白起称病,予以拒绝。秦昭襄王为白起拒绝往邯郸就任而恼怒。他命令将军王龁前往邯郸取代王陵,又增调大军,加强了邯郸前线的兵力。秦军急攻邯郸,在赵国危急的情况下,信陵君率领的魏国援军和春申君率领的楚国援军抵达邯郸前线,迫使秦军退却。在赵军、魏军和楚军的联合进攻下,秦军郑安平将军所部2万人陷于重围,不得不向赵军投降。王龁将军率领的秦军主力,于是被迫解除了邯郸之围。

因白起不能遵从王命,前往邯郸扭转败局,秦昭襄王发布了免武安君为士伍的命令,又决定,判处白起迁徙之刑,发配到西北极其边远穷僻的阴密地方(今甘肃灵台西)。白起因病得以留居咸阳达3个月之久。邯郸败局的影响越来越明显,白起又接到了必须马上离开咸阳,前往阴密的命令。听说白起心有怨意,秦昭襄王命令使者赐以宝剑,令其自裁。白起行至杜邮自杀。司马迁在《史记》卷七三《白起王翦列传》中写道:"秦王使王龁代陵将,八九月围邯郸,不能拔。楚使春申君及魏公子将兵数十万攻秦军,秦军多失亡。武安君言曰:'秦不听臣计,今如何矣!'秦王闻之,怒,强起武安君,武安君遂称病笃。应侯请之,不起。于是免武安君为士伍,迁之阴密。武安君病,未能行。居三月,诸侯攻秦军急,秦军数却,使者日至。秦王乃使人遣白起,不得留咸阳中。武安君既行,出咸阳西门十里,至杜邮。秦昭王与应侯群臣议曰:'白起之迁,其意尚怏怏不服,有余言。'秦王乃使使者赐之剑,自裁。武安君引剑将自刭,曰:'我何罪于天而至此哉?'良久,曰:'我固当死。长平之战,赵卒降者数十万人,我诈而尽坑之,是足以死。'遂自杀。武安君之死也,以秦昭王五十年十一月。死而非其罪,秦人怜之,乡邑皆祭祀焉。"①

司马迁对白起表露同情之心,很可能又与其先祖司马靳曾经在白起麾下效命,曾直接参与长平战事,又追随白起共同赴死有一定关系。据《史记》卷一三〇《太史公自序》记载:"(司马)错孙(司马)靳,事武安君白起。""(司马)靳与武安君坑赵长平军,还而与之俱赐死杜邮,葬于华池。"②

---

① 《史记》,第2337页。
② 《史记》,第3286页。

《史记》中有一种值得注意的现象，即司马迁的史时记录多处出现所谓"四十六日"，例如：

《史记》卷七三《白起王翦列传》：秦王闻赵食道绝，王自之河内，赐民爵各一级，发年十五以上悉诣长平，遮绝赵救及粮食。至九月，赵卒不得食四十六日，皆内阴相杀食。①

《史记》卷六《秦始皇本纪》：子婴为秦王四十六日，楚将沛公破秦军入武关，遂至霸上，使人约降子婴。子婴即系颈以组，白马素车，奉天子玺符，降轵道旁。沛公遂入咸阳。②

《史记》卷七《项羽本纪》：王召宋义与计事而大说之，因置以为上将军，项羽为鲁公，为次将，范增为末将，救赵。诸别将皆属宋义，号为卿子冠军。行至安阳，留四十六日不进。③

这三处"四十六日"，均是关于秦史的关键性记载。这究竟是偶然发生的历史巧合，还是别有深意的文字记录，是值得研究者深思的。此三处"四十六日"，只有长平之战"赵卒不得食四十六日"应当基于《秦记》记录，是比较可靠的。④

七 长平的痛苦记忆与白起的历史形象

长平之战，在中国古代历次战争中最为著名的战争之一。

汉代民间曾经普遍流行出行做事都要选择"吉日"的礼俗迷信，以为如果不这样做，就会"犯触忌讳"，"触鬼逢神"，导致灾祸。东汉思想家王充在批判这种迷信禁忌时，曾经举出长平之战的例子。《论衡·辨祟》："赵军为秦所坑于长平之下，四十万众，同时俱死，其出家时未必不择时也。"⑤《论衡》中说到"长平"凡12次：

---

① 《史记》，第2334—2335页。
② 《史记》，第275页。
③ 《史记》，第304—305页。
④ 王子今：《〈史记〉时间寓言试解读：神秘的"四十六日"》，《人文杂志》2008年第2期。
⑤ 黄晖撰：《论衡校释》（附刘盼遂集解），中华书局1990年2月版，第1013页。

> 秦将白起坑赵降卒于长平之下，四十万众，同时皆死。
> 一长平之坑，同命俱死，未可怪也。
> 命当压死，故相积于长平。
> 长平之中，老少并陷。
> 长平之坑，其中必有命善禄盛之人，一宿同填而死。（《命义》）
> 卫先生为秦画长平之事，太白蚀昴。（《感虚》）
> 秦昭襄王赐白起剑，白起伏剑将自刎，曰："我有何罪于天乎？"良久曰："我固当死。长平之战，赵卒降者数十万，我诈而尽坑之，是足以死。"遂自杀。白起知己前罪，服更后罚也。夫白起知己所以罪，不知赵卒所以坑。如天审罚有过之人，赵降卒何辜于天？如用兵妄伤杀，则四十万众必有不亡。不亡之人，何故以其善行无罪而竟坑之？卒不得以善蒙天之佑，白起何故独以其罪伏天之诛？由此言之，白起之言过矣。（《祸虚》）
> 秦坑赵卒于长平之下，四十万众，同时俱陷。当时啼号，非徒叹也。诚虽不及邹衍，四十万之冤，度当一贤臣之痛；入坑坎之啼，度过拘囚之呼。当时长平之下，不见陨霜。
> 卫先生为秦画长平之计，太白食昴。
> 谓卫先生长平之议，令太白食昴，疑矣。
> 何知……太白食昴，使长平计起也？（《变动》）
> 赵军为秦所坑于长平之下，四十万众，同时俱死。（《辨祟》）①

长平之战史事频繁被作为论辩之例证，反映了东汉人对于历史上这一重要战役的特殊关注。

汉明帝就安定羌人颁布诏书，其中写道："夫长平之暴，非帝者之功。"李贤注："言帝王好生恶杀，故不以为功也。《史记》曰，白起，昭王时为上将军，击赵，赵不利，将军赵括与六十万人请降，起乃尽坑之，遗其小者二百四十人。"② 所说长平战事的情节如"将军赵括与六十万人请降"等，已经与今本《史记》记录的史实有所出入。

---

① 黄晖撰：《论衡校释》（附刘盼遂集解），第44—45、57、233、274—275、658、660、661—662、1013页。
② 《后汉书》卷八七《西羌传》，第2880页。

《后汉书》卷二八下《冯衍传下》载冯衍《显志》写道:"疾兵革之寖滋兮,苦攻伐之萌生;沈孙武于五湖兮,斩白起于长平。"① 白起在长平的奇功,是被反战政论家作为反面的典型的。

而在《汉书》卷二〇《古今人表》中,在所"列九等之序"中,与长平之战有关的历史名人位次如下:

上 中	鲁仲连
上 下	廉颇 虞卿
中 上	白起 侯嬴
中 中	孟尝君 魏公子 朱亥
中 下	秦昭襄王 穰侯
下 上	赵孝成王
下 中	赵括

白起位列"中上",在名将田单、赵奢之前。赵括的地位则低于白起4个等次,也是发人深思的。

现在看来,两汉三国人说到白起,大多并不说到长平坑卒事件的历史责任,而往往只是说其善战与冤死。

《汉书》卷六九《赵充国辛庆忌传》说秦汉以来,"山西出将","秦将军白起"是第一例。②《汉书》卷二三《刑法志》说秦"任用白起、王翦豺狼之徒,奋其爪牙,禽猎六国,以并天下"③,也肯定其勇悍。谷永为陈汤辩护,说道:"昔白起为秦将,南拔郢都,北坑赵括,以纤介之过,赐死杜邮,秦民怜之,莫不陨涕。"④"北坑赵括",是作为战功夸赞的。湖三老公乘兴等上书为王尊讼冤,也说:"昔白起为秦将,东破韩、魏,南拔郢都,应侯谮之,赐死杜邮。"是为"秦听浸润以诛良将"的教训。⑤

又如《三国志》卷一二《魏书·毛玠传》:"白起赐剑于杜邮。"⑥《三国志》卷二八《魏书·邓艾传》:"昔秦民怜白起之无罪","皆为立

---

① 《后汉书》,第994页。
② 《汉书》,第2998页。
③ 《汉书》,第1089页。
④ 《汉书》七〇《陈汤传》,第3021页。
⑤ 《汉书》卷七六《王尊传》,第3235页。
⑥ 《三国志》,第376页。

祠"。①《三国志》卷六〇《吴书·锺离牧传》注引《会稽典录》可见锺离牧语："武安君谓秦王云：'非成业难，得贤难；非得贤难，用之难；非用之难，任之难。'武安君欲为秦王并兼六国，恐授事而不见任，故先陈此言。秦王既许而不能，卒陨将成之业，赐剑杜邮。今国家知吾，不如秦王之知武安，而害吾者有过范雎。"② 说者虽各有目的，但都以白起个人悲剧为喻，可知当时世人对白起的普遍同情。《三国志》卷二九《魏书·方技传·管辂》注引《辂别传》说管辂高谈阔论："听者眩惑，不达其义，言者收声，莫不心服，吊白起之坑赵卒，项羽之塞濉水，无以尚之。"③ 长平杀降事件，似乎又被看作显示武功的正面史例。

八 长平追忆与白起纪念

有不少后世人是以称羡其武功的态度回忆长平之战的。

李白有《赠常侍御》一诗，写到在安史之乱时，对拥兵将帅"一起振横流，功成复潇洒"的期望，其中"传闻武安将，气振长平瓦；燕赵期洗清，周秦保宗社"句④，就以白起长平战功来鼓励当时支持唐王朝平叛的军事领袖。他的《送白利从金吾董将军西征》诗，有"剑决浮云气，弓弯明月辉；马行边草绿，旌卷曙霜飞"的壮词，其中也写到"白起佐军威"。⑤

---

① 《三国志》，第 782 页。
② 《三国志》，第 1394 页。
③ 《三国志》，第 817 页。
④ （唐）李白著，（清）王琦注：《李太白全集》卷一一《古近体诗》，中华书局 1977 年 9 月版，第 566 页。《史记》卷八一《廉颇蔺相如列传》记赵奢率军于阏与破秦军事，写道："秦军军武安西，秦军鼓噪勒兵，武安屋瓦尽振。"第 2445 页。其实长平之战没有"振瓦"情节，然而庾信《哀江南赋》可见"崩于钜鹿之沙，碎于长平之瓦"句。（北周）庾信撰，（清）倪璠注，许逸民校点：《庾子山集注》卷二《赋》，中华书局 1980 年 10 月版，第 130 页。又唐胡曾《咏史诗》卷一《长平》："长平瓦震武安初，赵卒俄成戏鼎鱼。"《胡曾咏史诗》，《四部丛刊》三编景宋钞本，第 11 页。庾信《周柱国楚国公岐州刺史慕容公神道碑》："勇过溺骏，气逾瓦震。"注引《史记》"武安屋瓦尽振"。说阏与之战故事。（北周）庾信撰，（清）倪璠注，许逸民校点：《庾子山集注》卷一四《碑》，第 905、906 页。陆游《春寒》诗有"震瓦战昆阳"句。（宋）陆游著，钱仲联校注：《剑南诗稿校注》，上海古籍出版社 1985 年 9 月版，第 4344 页。则以"震瓦"形容其他战事。
⑤ （唐）李白著，（清）王琦注：《李太白全集》卷一七《古近体诗》，第 816 页。

长平，后来屡次成为军功显赫的名将的封号，也暗示"长平"在军人的心中，曾经被看作象征大胜与大功的符号。例如：

汉武帝时，卫青率军击败匈奴白羊王、楼烦王，取河南地为朔方郡，元朔二年（前127）"以三千八百户封（卫）青为长平侯"。①

汉哀帝时，"任汉将之重"，"典兵马，处大位"的左将军彭宣，元寿元年（前2）被封为长平侯。②

汉光武帝时，扶乐乡侯刘隆"以中郎将副伏波将军马援击交趾蛮夷徵侧等"，大破之，获其首领徵贰，"斩首千余级，降者二万余人，还，更封大国，为长平侯"。后为骠骑将军，行大司马事。③

魏文帝时，曹操族子，屡有战功的征东大将军曹休，以大破孙权军拜扬州牧，"明帝即位，进封长平侯"。④

晋成帝时，历任振威将军、奋威将军、左卫将军，典征讨军事的褚翜，"以功封长平县伯"。⑤

北魏太祖时，征虏将军、假宁东将军晁晖"赐爵长平侯"。⑥

北魏孝明帝时，冠军将军转平西将军、假安西将军、加抚军将军张熠以征西军功"封长平县开国男"。⑦

对白起的纪念，当然主要寄托对"死而非其罪"的同情，但是也反映了人们对长平军功的某种肯定。

关中地区的城邑和村镇，后来多由民间自发地设立了祭祀白起将军的社坛。有的称作"白起祠"，有的称作"武安君庙"。

北魏地理学家郦道元在《水经注》卷一九《渭水》写道：

> 渭水北有杜邮亭，去咸阳十七里，今名"孝里亭"，中有白起祠。嗟乎！有制胜之功，惭尹商之仁，是地即其伏剑处也。⑧

---

① 《史记》卷五五《卫将军骠骑列传》，第2473页。
② 《汉书》卷七一《彭宣传》，第3052页。
③ 《后汉书》卷二二《刘隆传》，第781页。
④ 《三国志》卷九《魏书·曹休传》，第279页。
⑤ 《晋书》卷四七《褚翜传》，第2033页。
⑥ 《魏书》卷九一《术艺列传·晁崇》，第1944页。
⑦ 《魏书》卷七九《张熠传》，第1766页。
⑧ （北魏）郦道元著，陈桥驿校证：《水经注校证》，中华书局2007年7月版，第450页。

在白起死去的地方，直到唐代，"白起祠"始终香火不断。临近的村镇，仍然被称作"白起堡"。

据乾隆《咸阳县志》，传说白起死后，"自兹遗址血渍，烧草复苏，睹青葱以兴思，望庙貌而怅悒，后人列之景曰：'杜邮春草'"。①

唐代诗人曹邺有《过白起墓》诗，其中写道："夷陵火焰灭，长平生气低。将军临老病，赐剑咸阳西。"② 又胡曾《杜邮》诗所谓"自古功成祸亦侵，武安冤向杜邮深"③，也是对白起个人结局的惋叹。

九　头颅山·白起台

明代诗人李梦阳《马邑城白起牧马处》诗回顾了长平之战的经过与影响："白起小竖子，谋猷惮诸国。驻军太行西，裂地大河北。牧马兹山阳，筑城凿沟洫。抱河背太山，峻绝失人色。并吞势已雄，独抗事相逼。廉颇真将军，收精抵坚壁。秦人心已寒，孰谓赵非敌。间言瞀孝成，斗印书生得。胶柱鼓其弦，相如真有识。矢石既交接，甲械寻弃置。可怜无罪民，遭此长平厄。暴秦不足言，衰赵亦可惜。只怜一颇身，系此兴衰迹。天王简贤俊，嬴氏奚蚕食？"④

很显然，在所谓"秦赵兴天兵，茫茫九州乱"⑤，"秦赵虎争血中原"⑥的年代，发生在长平的这场大战，是战争史上一起典型的历史事件。其最显著的特征，是死亡数量最为集中，死亡形式最为特殊。所谓"长平之坑"，"四十万众同时俱陷"，"四十万众同时皆死"，在历史上留下了血迹鲜明的记录。

---

① 乾隆《咸阳县志》卷五《遗胜》，清道光十六年刻本。
② 中华书局编辑部点校：《全唐诗》（增订本）卷五九三《曹邺》，中华书局1999年1月版，第9册第6934页。
③ 中华书局编辑部点校：《全唐诗》（增订本）卷六四七《胡曾》，第10册第7480页。
④ 康熙《沁水县志》卷一〇《艺文志》，清康熙三十六年刻本。
⑤ （唐）李白著，（清）王琦注：《李太白全集》卷二四《古近体诗·南奔书怀》，第1141页。
⑥ （唐）李白著，（清）王琦注：《李太白全集》卷一五《古近体诗·留别于十一兄逖裴十三游塞垣》，第711页。

唐代诗人李白也有"邯郸四十万,同日陷长平"的诗句。①

长平之战,实际上成为使人们认识战争之残酷的最典型的例证之一。

唐代诗人李商隐笔下可见"纵未移周鼎,何辞免赵坑"句②,又曾经有"感念崤尸露,咨嗟赵卒坑"的叹息③,把秦人的崤塞大败和长平大胜联系在一起,颇有发人深思的意味。这两次著名的大战,对秦人来说,虽然一胜一败,但是似乎都分别体现出秦人精神世界的共同的特色。秦人的文化传统,秦人的民族精神,其优与劣,坚忍与残厉,勇毅与骄狂,似乎都在这一胜一败中同时表现了出来。

数十万人的秦军与数十万人的赵军会战于长平。当时的战地,占据着长平水冲积的宽度有限的谷道。数十里间,都是两军的营地。据《水经注》卷九《沁水》引《上党记》:

> 长平城在(上党)郡之南,秦垒在城西,二军共食流水,涧相去五里。……城之左右沿山亘隰,南北五十许里,东西二十余里,悉秦、赵故垒,遗壁旧存焉。④

《太平寰宇记》卷四四《河东道四·泽州》"高平"条:"秦、赵二垒,对起,相去数里,赵括、白起相攻之所。又《冀州图》云:'都向二城,在今(高平)县西三十五里,秦据西城,赵守东城,秦坑赵卒在此。'""丹水,一名长平水,水出长平故也。"⑤ 因为这条"二军共食流水"后来流入丹水,民间于是流传"丹水"得名是因赵卒血染的传说。《水经注》卷九《沁水》:"《上党记》曰:长平城在(上党)郡南山中,丹水出长平北山,南流,秦坑赵众,流血丹川,由是俗名为丹水,斯为不经矣。"⑥

---

① (唐)李白著,(清)王琦注:《李太白全集》卷一一《古近体诗·系寻阳上崔相涣三首》其一,第603页。

② 中华书局编辑部点校:《全唐诗》(增订本)卷五四一《李商隐·送千牛李将军赴阙五十韵》,第8册第6290页。

③ 中华书局编辑部点校:《全唐诗》(增订本)卷五四一《李商隐·五言述德抒情诗一首四十韵献上杜七兄仆射相公》,第8册第6297页。

④ (北魏)郦道元著,陈桥驿校证:《水经注校证》,第231—232页。

⑤ (宋)乐史撰,王文楚等点校:《太平寰宇记》,中华书局2007年11月版,第919页。

⑥ (北魏)郦道元著,陈桥驿校证:《水经注校证》,第232页。

《上党记》的作者否定了这样的俗说。但是我们现在看来，这种民间传说的形成，也反映了长平之战千百年来在人心中的深刻影响。《水经注》卷九《沁水》引《上党记》曰：

> 秦坑赵众，收头颅筑台于垒中，因山为台，崔嵬桀起，今仍号之曰白起台。①

《太平寰宇记》卷四四《河东道四·泽州》"高平"条："头颅山，一名白起台，在（高平）县西七里。《上党记》云：'秦坑赵众，收头颅，筑台于垒中，因山为台。'"② 这样的传说，当然反映了长平之战在人心中的纪念。其实，白起当时坑杀赵卒，是没有必要再"收头颅筑台"的。营垒中即使有收聚的"头颅"，也应当是两军相拒时，在作战之后评记军功的遗迹。考古学者发掘的尸骨坑，头骨也未见缺失。③"白起台"，民间又称之为"头颅山"。唐代地理书《元和郡县图志·河东道四》写道："头颅山，一名'白起台'，在（高平）县西五里。秦坑赵众，收头颅筑此台。"④

千百年来，长平古战场，曾经令历代文人骚士往往行临此地，即挥涕拊膺，感愤伤怀。

长平大战遗址，据说后世多有当年遗物出土，尤以戈头箭镞最为著名。据说农夫耕犁，多于土中得之，其质皆铜，相传为赵军所弃者。唐代诗人李贺有著名的《长平箭头歌》，其中写道："漆灰骨末丹水砂，凄凄

---

① （北魏）郦道元著，陈桥驿校证：《水经注校证》，第231页。《七国考》卷四《秦宫室》"白起台"条："秦坑赵众，收头颅筑台于垒中，因山为台，崔嵬桀起，（今仍）号之曰白起台。见《上党记》。"缪文远案："《上党记》见《水经沁水注》引。"（明）董说原著，缪文远订补：《七国考订补》，上海古籍出版社1987年4月版，第327页。

② （宋）乐史撰，王文楚等点校：《太平寰宇记》，第919页。"高平"条下又写道："骷髅山，在县西五里。永嘉中，晋道陵迟，刘聪举兵，积尸为骷髅山。"第918页。然而明人李濂《骷髅山》诗写道："骷髅山下合秦军，稚子坑降独不闻。落日沙原重回首，长平云接杜邮云。"（清）傅德宜修：乾隆《高平县志》卷一八《艺文》，清乾隆三十九年刻本，第841页。以为"骷髅山"为长平之战遗迹。

③ 山西省考古研究所、晋城市文化局、高平市博物馆：《长平之战遗址永录1号尸骨坑发掘简报》，《文物》1996年第6期。

④ （唐）李吉甫撰，贺次君点校：《元和郡县图志》卷一五《河东道四》，中华书局1983年6月版，第424页。

古血生铜花。白翎金簳雨中尽,直余三脊残狼牙。我寻平原乘两马,驿东石田蒿坞下。风长日短星萧萧,黑旗云湿悬空夜。左魂右魄啼肌瘦,酪瓶倒尽将羊炙。虫栖雁病芦笋红,回风送客吹阴火。访古汍澜收断镞,折锋赤璺曾刲肉。南陌东城马上儿,劝我将金换篸竹。"① 明人常伦《宿长平驿》诗写道:"青史哀降卒,山川见故丘。重来今日意,不尽异时忧。野驿春花发,长途宿雨收。遥闻田父语,犹得旧戈矛。"② 明代著名政治家、军事家刘基也曾经作《长平戈头歌》:

长平战骨烟尘飘,岁久遗戈金不销。野人耕地初拾得,土花渍出珊瑚色。邯郸小儿强解事,枉使泥沙埋利器。四十万人非少弱,勇怯贤愚一朝弃。阴坑血冷秋复春,朽壤蚀尽苍苔痕。湮沦长悗杜邮剑,废坠空忆春㮾人。故垒中宵鬼神入,云愁月暗戈应泣。呜呼! 当时岂无牧与颇,戈乎不遇可奈何?③

明人乔宇在《白起荒台》一诗中也写道:

赤旗昼拔光狼城,赵人十万坑长平。丹水河边有冤谷,古魂夜啸风雨声。千载空城树无叶,曾为将军驻旌节。沉枪出土丰未销,古血青青蚀寒铁。④

我们还看到署名"大愚公"的《长平吊古》诗,诗中写道:

长平埋碧血,千古思悠悠。哀壑青磷出,雄风浊水流。断山吹旧雨,残苇泣新秋。何处橚枪没,悲凄苦解愁。⑤

---

① (唐)李贺著,(清)王琦等注:《李贺诗歌集注》卷四,上海人民出版社1977年10月版,第299页。
② 姚奠中:《咏晋诗选》,山西人民出版社1980年7月版,第372页。
③ (明)刘基著,林家骊点校:《刘基集》卷一八《歌行》,浙江古籍出版社1999年12月版,第296页。
④ (清)龙汝霖纂辑,高平市志办公室点校:《高平县志(清·同治版)点校本》卷八《艺文》,山西人民出版社2010年9月版,第348页。
⑤ 高平市志办公室点校:《高平县志(清·顺治版)点校本》卷一《艺文志》,山西人民出版社2015年3月版,第322页。

他又曾经作《长平箭头歌同穆门》诗，自述"过客吟诗吊残镞"的情形，说到长平古战场出土的"凶锋蚤脱鲨鱼箙"的遗镞："土花晕碧古血死，剩此寸镝鸣秋冤。"①

历代又有关于长平"故垒"、"故堞"的诗句，当时人们在实地踏访，大约还可以看到地面上战争工事的遗迹。唐代诗人陈子昂《登泽州城北楼宴》诗即写道："坐见秦兵垒，遥闻赵将雄。武安君何在，长平事已空。"②李梦阳又有《武安城》诗，原题下有注："白起封武安君即此地，今屯垒尚在，有庙。"诗中写道："孤城窔如块，据山瞰流水。谁能经营之？无乃秦白起。东北连长平，遥遥数十里。想是击赵时，卜兹御旌垒。鸣鼓收降旗，一坑万人死。耀武滋暴君，食功泣冤鬼。白骨蔽丘原，霜风惨阴晦。进爵食武安，声名播青史。迄今千百年，此城名尚尔。先王重民命，师行非得已。何以纳来降，屠戮比蝼蚁！坐驱文武民，尽入虎狼齿。《春秋》诛乱臣，功罪不相拟。'善战服上刑'，闻诸孟夫子。"③诗人借取"孟夫子"的话，批评武安君白起这样的"善战者"是应当承担历史罪责的。而长平一战，就是白起军功的顶峰。其实，白起"功"亦长平，"罪"亦长平。西汉著名学者扬雄曾经在《法言》一书中，指责"秦将白起不仁"，他这样写道："长平之战，四十万人死，蚩尤之乱，不过于此矣。原野厌人之肉，川谷流人之血。"④也指出长平之战的残酷，是旷古所未闻的。

东汉著名学者王充在《论衡》一书中，也多次提到"秦坑赵卒于长平之下，四十万众，同时俱陷"的历史惨剧，感叹"四十万之冤"。他说，"入坑坎之啼，度过拘囚之呼"，冤情致使天变，于是"当时长平之下，不见陨霜"。⑤

---

① （清）龙汝霖纂辑，高平市志办公室点校：《高平县志（清·同治版）点校本》卷八《艺文》，第370页。

② 中华书局编辑部点校：《全唐诗》（增订本）卷八三《陈子昂》，第2册第898页。

③ （明）傅淑训等纂修：万历《泽州志》卷一八《艺文志》，明万历刻本，第902—903页。《孟子·离娄上》："争地以战，杀人盈野；争城以战，杀人盈城，此所谓率土地而食人肉，罪不容于死。故善战者，服上刑。"（清）焦循撰，沈文倬点校：《孟子正义》，中华书局1987年10月版，第516页。

④ 《法言·渊骞》，汪荣宝撰，陈仲夫点校：《法言义疏》，中华书局1987年3月版，第435页。

⑤ 《论衡·变动》，黄晖撰：《论衡校释》（附刘盼遂集解），第658页。

白起与长平之战

长平之战近一千年之后，唐玄宗在开元二十年（732）的十月至十一月，恰恰也正是当年长平之战发生的季节，曾经由东都洛阳北上巡幸潞州，前往上党地区。唐玄宗当时亲临传说白起坑杀赵军降卒的"杀谷"遗址，诏令将"杀谷"改名，从此称之为"省冤谷"，以表示对千年以前数十万冤魂的探候与致问。

长平遗骨所谓"哀壑青磷出"的情景，千百年来，往往使后人怵目惊心。

宋人蔡絛在《铁围山丛谈》卷四曾经写道，有人对他说，"尝亲见陕晋间古长平为秦白起坑赵卒处，白骨尚存"。① 俞鸿渐《印雪轩随笔》一书也有这样的记述："阳城延君小池，壬辰岁自太原乡试还，将至长平，漏已二下，突见鬼磷无数，若远若近，忽高忽低，其焰皆作紫碧色。询之导者，云：'阴雨之夕，往往有之，不足异也。'"清人俞樾《茶香室丛钞》卷一六"秦坑残骨"条引录其"先君子"言，又比照《铁围山丛谈》说写道："然则当宋时残骨犹有存者，固可信矣。"②

金代任高平县令的王庭直，于金熙宗皇统元年（1141），曾经写了一篇《省冤谷掩骼记》，以沉痛的笔调记述了追悼长平被坑杀赵军冤魂的心情。他写道，据当地父老说，城西北15里有所谓"杀谷"，就是秦将白起当年坑杀赵40万降卒之处，当时"头颅似山，骸骨成丘"。"杀谷"，即唐代以后所谓"省冤谷"。王庭直率领当地士众，在清明日携带酒肴，举奉香火，来到谷口祭吊。据说这一天"阴气袭人，寒烟蔽空"，王庭直以为"必有冤魂来享其祭"。他又将马城所启"藏掩"遗骸以"祭之"的坟茔予以修整，以求"永久知所悼惜"。后来，又有长平乡一位老农，也曾经将雨水冲崩崖岸所暴露出的数车骨骸予以妥善安葬。王庭直在《省冤谷掩骼记》中又写道：

> 细视其迹，于长胫骨间，存铜漆矢一，入骨寸余，因出矢而掩之。人骨之坚如此，而骨中铜矢尚存。慨然发叹：四十万人于当时解

---

① （宋）蔡絛撰，冯惠民、沈锡麟点校：《铁围山丛谈》卷四，中华书局1983年9月版，第71页。

② （清）俞樾撰，贞凡、顾馨、徐敏霞点校：《茶香室丛钞》，中华书局1995年2月版，第359页。

甲归戈，赤身受乱兵杀戮苦死，其冤亦深矣！不然，其骨其矢安得尚存而不朽耶？是其冤抑之气凝结而不散以至于此也。嗟乎！白起凶狠，恃秦军之强，歼无心之降卒，其势亦易矣。起直为此凶狠也，当年后世，又安得而不痛恨哉？①

"四十万人""苦死"，"其冤亦深"，所以"其冤抑之气凝结而不散"，直使后人世代哀怜不已。

长平之战遗址不仅有屡屡"暴露"赵军战士遗骨的文字记录，近年考古发掘的收获，也有同样的发现。②

千百年来，人们对长平之战横死的赵军降卒的深切同情，体现出我们民族传统人文精神重视"仁"的特质。

十 《白起论》反思

可是，对于许多历史过程，并不是仅仅洒几滴悲悯的清泪，就可以代替以理性为基点的深刻的反思的。

三国时期"以才秀知名"③的学者何晏，曾经发表著名的关于白起长平坑卒事件的政论《白起论》。

他写道："白起之降赵卒，诈而坑其四十万，岂徒酷暴之谓乎？"何晏提请人们注意，白起于坑杀赵军降卒之后，"后亦难以重得志矣"。

何晏说："天下见降秦之将，头颅似山，归秦之卒，骸积成丘，则后日之战，死当死耳，何众肯服，何城肯下乎？是为虽能裁四十万之命，而适足以强天下之战；欲以要一朝之功，而乃更坚诸侯之守。故兵进而自伐其势，军胜而还丧其计。何者？设使赵众复合，马服更生，则后日之战，必非前日之对也。况今皆使天下为后日乎！其所以终不敢复加兵于邯郸者，非但忧平原君之补袒，患诸侯之捄至也，徒讳之而不言耳。若不悟而不讳，则毋所以远智也，可谓善战而拙胜。"

---

① 阎凤梧主编：《全辽金文》，山西古籍出版社2002年8月版，第1281页。
② 山西省考古研究所、晋城市文化局、高平市博物馆：《长平之战遗址永录1号尸骨坑发掘简报》，《文物》1996年第5期。
③ 《三国志》卷九《魏书·何晏传》，第292页。

何晏又分析说，秦军全力攻长平，"秦民之十五以上者，皆荷戟而向赵矣"。秦军虽然强盛，但是死伤仍然过半。这实际上也是"破赵之功小，伤秦之败大"。他认为，秦人的长平之胜，其实也并不是什么了不起的奇胜。

另外，何晏还指出，一般野战血搏的所谓"战杀"和长平诈坑赵卒这种所谓"降杀"，当然前者难而后者易，不过，"战杀虽难，降杀虽易，然降杀之为害，祸大于剧战也"。"降杀"虽然易于"战杀"，但是，它的危害，却要远远大于最残酷的"剧战"。①

何晏的评论，在某种意义上体现出对于长平之战的性质和意义的较为深沉的历史思考。当然，这样的认识仍然是有明显局限性的，要对长平之战进行冷静的历史分析，还应当站在更高的文化基点上。不过，我们看历代对于长平之战的评价，其实还多有更不及何晏的见解。

白起自杀之前，曾经有确实应当一死以偿长平坑杀降卒之深心疚悔的感叹。据《史记》卷七三《白起王翦列传》的记载，白起的原话是：

> 我固当死。长平之战，赵卒降者数十万人，我诈而尽坑之，是足以死！②

王充在《论衡》中，也提到汉代人普遍以为白起杜邮自杀，"秦昭王赐白起剑，白起伏剑""自刎"，是"白起知己前罪，服更后罚"，"知己所以罪"，"以其罪伏天之诛"的认识。③

后世纪念白起的人，又常常以另一种形式把白起的死与长平坑杀降卒的惨案联系起来。

例如，清人刘企向的《杜邮怀古》诗写道："黄土一抔渭水滨，道傍碑峙伴渔纶。生前已被秦王恶，死后还遭宋祖嗔。野草风吹舒旧恨，闲花雨洒泣前因。将军武略孙吴并，智信勇严惟欠仁。"④ 对白起的评价，有"惟欠仁"三字。他的死，有"旧恨"、"前因"的作用，究其深意，当

---

① 《史记》卷七三《白起王翦列传》裴骃《集解》引何晏曰，第2338页。
② 《史记》，第2337页。
③ 《论衡·祸虚》，黄晖撰：《论衡校释》（附刘盼遂集解），第274—275页。
④ （清）臧应桐纂修：乾隆《咸阳县志》卷一九《艺文四·诗》，清乾隆十六年刻本，第713页。

是指长平遗冤。

金人元好问的《留题长平驿》诗,更鲜明地表达了大体相近的观念,诗中这样写道:

> 秦赵均为失霸图,起何残忍括何愚。杀降未见无祸者,累将其能有种乎。日暮悲风喧丹水,夜深寒月照头颅。快心千载杜邮剑,人所诛耶鬼所诛。①

明确地把"杜邮剑"看作"鬼所诛",把白起死于非命,看作长平之战"残忍"坑杀降卒的报应。这种认识,虽然不无偏激之嫌,但却是和中国民间典型的因果报应观念相和谐。

长平之战时出生的嬴政,后来完成了建立大一统帝国的事业。他自定名号为"始皇帝"。秦始皇死于沙丘之后不久,秦王朝就走向灭亡。项羽在原先属于赵地的钜鹿歼灭了秦军主力,又在新安将秦军降卒20余万全数坑杀。后来有人认为,新安"坑秦",其实可以看作对于长平"坑赵"的一种复仇形式。

后人多把这一事件与白起坑杀赵降卒对比,以为是一种历史的报应。

例如,明代诗人王世贞在《过长平作长平行》一诗中,就曾经这样写道:

> 世间怪事那有此,四十万人同日死。白骨高于太行雪,血飞迸作汾流紫。锐头竖子何足云,汝曹自死平原君。乌鸦饱宿鬼车哭,至今此地多愁云。耕农往往夸遗迹,战镞千年土花碧。即令方朔浇岂散,纵有巫咸招不得。君不见,新安一夜秦人愁,二十万鬼声啾啾。郭开卖赵赵高出,秦玺也送东诸侯。②

所谓"新安一夜"、"二十万鬼",就是以历史轮回的角度,谈到长平秦坑

---

① (金)元好问:《中州集》卷九《留题长平驿》,中华书局1959年4月版,第460页。(清)傅德宜修乾隆《高平县志》卷一八《艺文》载录此诗题"梁铛"作。清乾隆三十九年刻本,第809页。

② (明)沈德潜、周准编:《明诗别裁集》卷八,上海古籍出版社2013年8月版,第207页。

赵卒和新安楚坑秦卒两次事件的关系。

清人朱樟《长平箭头歌同穆门》写道："太白星流狂食昴，邯郸军饿廉颇老。谷口悲风送冷云，不许东方发红炤。"诗人又针对"毒雨崩城战垒隳，犹见沙墙未埋骼"的情形，责问道："挟诈杀降谁画策？"诗人接着又笔锋一转，将长平坑卒事件和新安坑卒事件联系起来：

> 丹林一水涓涓流，上党鬼哭韩陉愁。四十万人同穴葬，蒿坞剪草迷青丘。莫嗅箭头腥，莫洒长平涕，坑赵坑秦同一例。偿尔新安一半魂，复仇喜得虞姬婿。①

白起在长平坑赵卒40万人，而项羽在新安坑秦卒20余万人，所以说对于长平死难者，"偿尔新安一半魂"。所谓"坑赵坑秦同一例"，发现了历史现象的惊人的相似。而把项羽新安"坑秦"看作白起长平"坑赵"的一种"复仇"形式的见解，体现出一种独特的历史观与独特的战争观，也是后来读史的人们以为可以回味无穷的。

刘基诗句所谓"邯郸小儿强解事，枉使泥沙埋利器"，是直接对赵括的批评。"呜呼！当时岂无牧与颇，戈乎不遇可奈何？"是说赵国其实有廉颇和李牧这样的良将，只是没有得到任用罢了，也曲折地指责赵括应当对长平之败承担主要的罪责。

后来许多历史评论家往往把关系长平数十万赵军将士丧生的责任，集中放在赵括一个人的肩上。唐代诗人胡曾在《长平》诗中写道："长平瓦震武安初，赵卒俄成戏鼎鱼。四十万人俱下世，元戎何用读兵书。"② 金朝人周昂也有《过省冤谷》诗，记述了经过白起坑杀赵降卒遗址时的感受："婴儿偃蹇正堪孩，换得山西老将回。往事不追来不戒，莫将家世论人才。"③ 宋代名臣文彦博曾经赋《长平吊古》诗，也通过对赵括的指责，发出另一种历史感慨："此子徒能读父书，兵降始信蔺相如。却令后代承

---

① （清）傅德宜修：乾隆《高平县志》卷一八《艺文》，清乾隆三十九年刻本，第873—874页。
② 中华书局编辑部点校：《全唐诗》（增订本）六四七《胡曾》，第10册第7474页。
③ 姚奠中：《咏晋诗选》，第369页。

家者，每到长平戒覆车。"①

  这些议论，无疑都是大体符合历史事实的。但是，客观地说，长平之战千百年来震撼人心的历史悲剧的发生，其实并不只是赵括个人的责任。这场大悲剧的演出，前前后后，曲曲折折，其实都决定于复杂的历史合力的作用。

  所谓"元戎何用读兵书"的话，其实，也是有一定的片面性的。似乎白起只是以丰富的实战经验和勇猛的作战风格取胜，并没有"读兵书"的理论积累。

  这可能是并不符合历史事实的。

  在当时兵战频仍的历史背景下，军事理论其实相当普及。如同白起这样的高级军事长官，没有一定的军事学基本素养，而能够沙场常胜，是难以想象的。

  清代学者俞樾的《茶香室三钞》卷一四有"白起兵书"条。他写道，在《崇文总目》的"兵家类"里，所列书目有"《白起神妙行兵法》三卷"。俞樾分析说，"白起亦有兵书传世邪？疑或后人所依托也"。② 白起是不是确实能够有兵书传世，自然是历史疑问，但是，如果后人能"依托"白起的名义传播自己的军事学说，至少可以说明，历史上的许多军事学者，是并不赞同白起不读兵书，在军事理论方面近于无知这样的偏见的。

---

  ① （宋）文彦博著，侯小宝校注：《文潞公诗校注》卷一《长平怀古》，三晋出版社2014年4月版，第85页。
  ② （清）俞樾：《春在堂全书》第六册《茶香室三钞》，凤凰出版社2010年1月版，第573页。

郑国与"郑国渠"

"水工郑国"是在历史上留下姓名的第一位水利工程师。郑国主持的郑国渠工程对于秦国农业的进步、经济的兴起、国力的增强,有重要的作用,在中国水利史上也有显著的地位。秦实现统一有技术条件方面的因素。① 郑国渠等成功的水利工程所反映的设计思想、经营理念和工程水准,也是重要条件之一。以设计、规划、组织者的姓名命名工程,"郑国渠"有始创的意义。理解"郑国渠"亦可以视作地名,则会注意到"郑国渠"在地名学史上也是较早的以人名作纪念性地名的一例。从"郑国渠"命名,可以看到秦人对经济的重视,对水利的重视,对实用技术的重视。秦人的科学精神和开放意识,也可以由此得到体现。

一 "郑国开渠利秦"

司马迁《史记》比较具体地记述了郑国渠施工及完成后命名的情形。《史记》卷二九《河渠书》写道:

> 韩闻秦之好兴事,欲罢之,毋令东伐,乃使水工郑国间说秦,令凿泾水自中山西邸瓠口为渠②,并北山东注洛③三百余里,欲以溉田。

---

① 王子今:《秦统一原因的技术层面考察》,《社会科学战线》2009年第9期。
② 司马贞《索隐》:"小颜云:'中音仲,即今九嵕山之东仲山是也。邸,至也。'瓠口即谷口,乃《郊祀志》所谓'寒门谷口'是也。与池阳相近,故曰'田于何所,池阳谷口'也。"张守节《正义》:"《括地志》云:'中山一名仲山,在雍州云阳县西十五里。又云焦获薮,亦名瓠,在泾阳北城外也。'邸,至也。至渠首起云阳县西南二十五里,今枯也。"
③ 裴骃《集解》:"徐广曰:'出冯翊怀德县。'"

中作而觉，秦欲杀郑国。郑国曰："始臣为间，然渠成亦秦之利也。"①秦以为然，卒使就渠。渠就，用注填阏之水，溉泽卤之地四万余顷②，收皆亩一钟。于是关中为沃野，无凶年，秦以富强，卒并诸侯，因命曰"郑国渠"。③

所谓"欲罢之，毋令东伐"，裴骃《集解》引如淳曰："欲罢劳之，息秦伐韩之计。"郑国的"水工"身份，裴骃《集解》引录韦昭的解释："郑国能治水，故曰'水工'。"

《史记》卷八七《李斯列传》也说到郑国渠故事："会韩人郑国来间秦，以作注溉渠，已而觉。秦宗室大臣皆言秦王曰：'诸侯人来事秦者，大抵为其主游间于秦耳，请一切逐客。'李斯议亦在逐中。斯乃上书曰：……"关于"韩人郑国来间秦，以作注溉渠"事，张守节《正义》写道："郑国渠首起雍州云阳县西南二十五里，自中山西邸瓠口为渠，傍北山，东注洛，三百余里以溉田。又曰韩苦秦兵，而使水工郑国间秦作注溉渠，令费人工，不东伐也。"④

《汉书》卷二九《沟洫志》沿袭《河渠书》的记载，而文句略有不同："其后韩闻秦之好兴事，欲罢之，无令东伐。乃使水工郑国间说秦，令凿泾水，自中山西邸瓠口为渠，并北山，东注洛，三百余里，欲以溉田。中作而觉，秦欲杀郑国。郑国曰：'始臣为间，然渠成亦秦之利也。臣为韩延数岁之命，而为秦建万世之功。'秦以为然，卒使就渠。渠成而用注填阏之水，溉舄卤之地四万余顷，收皆亩一钟。于是关中为沃野，无凶年，秦以富强，卒并诸侯，因名曰'郑国渠'。"对于所谓"欲罢之，无令东伐"，颜师古注："如淳曰：'息秦灭韩之计也。'师古曰：'罢读曰疲，令其疲劳不能出兵。'"对于所谓"中作而觉"，颜师古注："中作，谓用功中道，事未竟也。"对于"渠成而用注填阏之水，溉舄卤之地四万余顷，收皆亩一钟"，颜师古注："注，引也。阏读与淤同，音于据反。填阏谓壅泥也。言引淤浊之水灌咸卤之田，更令肥美，故一亩之收至六斛

---

① 司马贞《索隐》："《沟洫志》郑国云'臣为韩延数岁之命，为秦建万代之功'是也。"
② 司马贞《索隐》："溉音古代反。泽，一作'舄'，音昔，又并音尺。本或作'斥'，则如字读之。"
③ 《史记》，第1408页。
④ 《史记》，第2541页。

四斗。"①

《史记》卷一五《六国年表》记载,秦王政元年(前246),"作郑国渠"。② 宋人吕祖谦《大事记》卷六据此以为"作郑国渠"在"秦始皇帝政元年,魏安釐王三十一年"。③《大事记解题》卷六在"因名曰郑国渠"句后写道:"始皇虽少,而其谋国者乃如此。"④ 清人马骕《绎史》卷一四八《秦并天下》"(秦王政)十年"条下写道:"《通鉴》载于元年,然以《秦纪》考之,似宜在是年。"⑤ 然而分析当时形势,似以《六国年表》的记录比较合理,《资治通鉴》的"载于元年"处理是正确的。

宋人刘一止诗《再用韵呈允迪秘监江子我郎中》二首其一写道:"曾见雄风追楚赋,尚堪雌霓读《郊居》。愿公先卜嵌岩隐,秦利宁忘郑国渠。"⑥ 末句突出强调了"郑国渠"于"秦利"的意义。又韩元吉《周彦广待制挽词》:"淮海欢腾《五袴歌》,政声京兆益中和。邺侯井在功堪纪,郑国渠成利更多。"⑦ 所谓"郑国渠成利更多",以为其功效超过其他水利工程的判断,是正确的。明人沈炼《赠葛仪封堤成二首》其二:"郑国渠成千里完,葛公堤就万人欢。鱼惊浅浪穿花度,鸟羡微波隔叶看。"⑧ 王鏊《舟次张秋冒雨上读徐武功治水碑》诗又写道:"长堤十里隐如虹,来往行人说武功。洚水突来无充济,铁牛屹立尚西东。淇园竹下人初骇,郑国渠成运自通。读罢穹碑人不见,北来冻雨洗寒空。"⑨ 所谓"郑国渠成千里完","郑国渠成运自通",可以理解为"郑国渠成"利润"千

---

① 《汉书》,第1678页。

② 《史记》,第751页。

③ (宋)吕祖谦:《大事记》卷六,文渊阁《四库全书》本,台湾商务印书馆1986年版,第324册第45页。

④ (宋)吕祖谦:《大事记解题》卷六,文渊阁《四库全书》本,台湾商务印书馆1986年版,第324册253页。

⑤ (清)马骕撰,王利器整理:《绎史》,中华书局2002年1月版,第3692页。

⑥ (宋)刘一止:《苕溪集》卷五《律诗七言》,文渊阁《四库全书》本,台湾商务印书馆1986年版,第1132册第21页。

⑦ (宋)韩元吉:《南涧甲乙稿》卷五《七言律诗》,文渊阁《四库全书》本,台湾商务印书馆1986年版,第1165册第62页。

⑧ (明)沈炼:《青霞集》卷七《旧稿》,文渊阁《四库全书》本,台湾商务印书馆1986年版,第1278册第101页。

⑨ (明)王鏊:《震泽集》卷一《诗》,文渊阁《四库全书》本,台湾商务印书馆1986年版,第1256册第127页。

里"，秦国的国"运"亦因"郑国渠成"而自然通达畅泰。张念祖《中国历代水利述要》于是以"郑国开渠利秦"作为工程的总结概括。① 郑国渠工程的成就及其对于政治和经济的意义，正如有的学者所指出的，"对增强秦国的经济实力和完成统一大业有着直接的关系"。②

翦伯赞《秦汉史》写道："秦代的政府，对于水利，也很注意。据史载秦国曾任用韩国的工程师郑国凿泾水，掘成长三百里的运河，以灌溉田地，把以前认为干旱不毛之地，变为膏腴沃土。这条运河，灌溉四百万亩的土地，每亩收粟一钟，于是国以富强。"③ 肯定了郑国渠致秦"富强"的意义。④ 林剑鸣《秦史稿》在秦"农业生产的发展"一节分析了秦"大型水利工程的修建"的作用："水利灌溉在战国末年的秦国发展很快，这个期间兴建了中国古代最有名的两个大型的水利工程：都江堰和郑国渠。"在评价都江堰的作用之后，论者又写道："郑国渠也是战国末期秦国修建的水利灌溉系统。""原来关中地区渭河流域的雨量很少……不宜于农作物生长。"郑国渠完工之后，"水渠经过之地，可用渠水灌溉土地。因渠水含有大量泥沙，用这样的水浇地，对改造关中盐卤地起了显著作用。渠修成后，据《史记·河渠书》记载：'用注填淤之水，溉泽卤之地四万余顷。'每亩的粮食产量可达一钟（相当于现在二百多斤⑤），从此'关中为沃野'，盐卤地皆变为肥沃良田，无论雨水多少都可以保证一定收成，'无凶年'（《史记·河渠书》）。人们为纪念领导修渠的郑国，就把这条渠称为'郑国渠'"。⑥

---

① 《民国丛书》第四编89《科学技术史类》，上海书店1992年12月版。
② 武汉水利电力学院、水利水电科学研究院《中国水利史稿》编写组：《中国水利史稿》上册，水利电力出版社1979年8月版，第120页。
③ 翦伯赞：《秦汉史》，北京大学出版社1983年5月版，第30页。
④ 今按：然而称郑国渠为"运河"的说法似有不妥。史籍未见郑国渠开通航运的记载。至少工程设计的目标是灌溉而非通航。所谓"以前认为干旱不毛之地"，亦恐未合史实。灌溉的主要作用是增产。此前这些土地"干旱"低产，然而未必"不毛之地"。
⑤ 林剑鸣自注："据吴成洛《中国度量衡史》推算：秦汉时一亩合二百四十方步，一步为六尺，一尺当现在〇·八二九五市尺，则秦汉时一亩当合现在〇·九〇八亩。四万顷即四百万亩，约合现在的三百九十多万亩。又《汉书·沟洫志》注：师古曰'故一亩之收至六斛四斗'。秦汉时一斗当现在〇·三四二五市斗；则六斛四斗当为现在二·一九市石。"
⑥ 林剑鸣：《秦史稿》，上海人民出版社1981年2月版，第279、282、305页。

二 郑国渠:"郑国"的纪念

"人们为了纪念领导修渠的郑国,就把这条渠称为'郑国渠'"的说法,其中所谓"人们",概念似乎稍显模糊。《史记》卷二九《河渠书》说,"渠就","于是关中为沃野,无凶年,秦以富强,卒并诸侯,因命曰'郑国渠'"。①"郑国渠"名号,未必如前引诗句所见其他"功名",是民间"政声""欢腾"的反映。这样的舆情,大概是需要一定时间方能形成的。而由"因命曰'郑国渠'"数字,似可推知确定"郑国渠"命名的,应当是秦国执政当局。当然这一命名,不排除有民间呼声以为基础。前引有人于"因名曰郑国渠"句后感叹"始皇虽少,而其谋国者乃如此",联系后来又有表彰巴寡妇清"筑女怀清台"的举动②,可知"郑国渠"命名确实体现了秦始皇的行政风格。

"郑国渠"也是地名。③"人名""演变为地名"的情形,在历史上并不罕见。④ 有研究者关于"地名起源",指出"纪念历史人物"的情形:"我国这类地名分布很广,如黄陵(陕西,有黄帝陵墓)、黄山(安徽,传说中黄帝炼丹成仙处)、禹县(河南,夏禹治河)、茂名(广东,相传晋人潘茂名在此得道) 等。有关孔丘、关羽、孔明的地名在县以下很常见。""现代出现了一批纪念革命先烈的地名。"⑤ 与"黄陵"、"黄山"类似,《山海经·西山经》说到"轩辕之丘",《淮南子·地形》谓"轩辕丘",也可以看作地名,又"禹县"(今河南禹州)亦同,然而纪念对象

---

① 《史记》,第 1408 页。
② 《史记》卷一二九《货殖列传》:"巴蜀寡妇清,其先得丹穴而擅其利数世,家亦不訾。清,寡妇也,能守其业,用财自卫,不见侵犯。秦皇帝以为贞妇而客之,为筑女怀清台。"司马迁又说:"清,穷乡寡妇,礼抗万乘,名显天下。"司马贞《索隐》:"《汉书》'巴寡妇清'。"第 3260 页。
③ 有地名学家讨论"地名的基本概念",说到"由于人类政治、经济文化活动形成的一些地名",如"渠道"等"具有地名性质的名称","凡其所代表的地理实体具有独立方位及范围者,均具有地名性质,广义地说也属于地名范畴"。王际桐:《地名的基本概念》,《王际桐地名论稿》,社会科学文献出版社 1999 年 11 月版,第 22 页。
④ 褚亚平、尹韵科、孙冬虎:《地名学基础教程》,中国地图出版社 1994 年 10 月版,第 17 页。
⑤ 熊树梅:《谈谈中国地名的起源和演变》,《地名学研究》第 1 集,辽宁人民出版社 1984 年 9 月版,第 15—16 页。

是传说中的先古圣王，并非真实的历史人物。《史记》卷三九《晋世家》记载，介子推隐居，"遂求所在，闻其入绵上山中，于是文公环绵上山中而封之，以为介推田，号曰'介山'，'以记吾过，且旌善人'"。① 据此则"介山"是因纪念介子推定名。顾炎武《左传杜解补正》卷上则对《史记》的记载提出疑义："之推既隐，求之不得，未几而死，乃以田禄其子尔。《楚辞·九章》云：'思久故之亲身兮，因缟素而哭之。'明文公在时之推已死。《史记》则云'闻其入绵上山中，于是环绵上山中而封之，以为介推田，号曰介山。'然则受此田者何人乎？于义有所不通矣。"② 而张尚瑗《左传折诸》卷六《僖公》"以绵上为之田"条就此有所澄清："亭林又谓之，推既隐而死，乃以田禄其子，《史记》云闻其入绵上山中，于是环绵上之山封之，以为推田，号曰'介山'，'则受此田者何人乎？'愚按《越语》环会稽三百里以为范蠡地。蠡泛五湖不反，勾践以此封之。晋文之封'介山'，亦是此义。古人盖有名地以旌遗德者。"③ 不过，即使晋文公"环绵上山中而封之，以为介推田，号曰'介山'"其事确凿无疑，作为"名地以旌遗德者"、"旌善人"的史例，仅取一"介"字，也与以完整的姓名"名地"的"郑国渠"还是有所不同。

如果"郑国渠"称"郑渠"，则与"介山"类同。《水经注》卷一六《沮水》即将人们通常所说的"郑国渠"写作"郑渠"："渠成，而用注填阏之水，溉泽卤之地四万余顷，皆亩一钟。关中沃野，无复凶年，秦以富强，卒并诸侯。命曰'郑渠'。"④《初学记》卷六引《史记》也作"郑渠"："韩闻秦之好兴利，欲罢之，无令东伐。乃使水工郑国间说秦，令凿泾，自中山西抵瓠口，为渠溉田。因名'郑渠'。"⑤ 不过，理解这一水利工程的明确定名，还是应当信从《史记》卷二九《河渠书》的记载，以"郑国渠"为是。

以人名命名以取"旌"即表彰或者纪念意义的情形，宋人孙奕《示儿编》卷一五《杂记》"因物得名"条有所涉及。他写道："世有所出、所

---

① 《史记》，第1662页。
② （清）顾炎武撰，华东师范大学古籍研究所整理：《顾炎武全集》1《左传杜解补正》卷上，上海古籍出版社2011年12月版，第32页。
③ （清）张尚瑗：《左传折诸》，文渊阁《四库全书》本，台湾商务印书馆1986年版，第177册第169页。
④ （北魏）郦道元著，陈桥驿校证：《水经注校证》，中华书局2007年7月版，第406页。
⑤ （唐）徐坚等著：《初学记》，中华书局1962年1月版，第137页。

嗜、所作，因以冠名者多矣。莫邪作宝剑，而名其剑曰'莫邪'（《贾谊传》《吊屈原赋》：'莫邪为钝兮。'应劭曰：'莫邪，吴大夫也，作宝剑，因以冠名'）。刘白堕善酿酒，而名其佳酒曰'白堕'（《洛阳伽蓝记》）。蕃中毕氏、罗氏好食，因谓所食者为'毕罗'（《资暇录》）。……潘州郭使君疗小儿多用此物，医家因名曰'使君子'（《本草》）。……阮咸作铜器似琵琶，又易以木，因名琵琶作'阮咸'，又改为月琴（《唐元僧传》）。……巢元修所嗜之菜，谓之'元修菜'……（《江东记》）。牡丹曰'姚黄''魏紫'（欧公《牡丹谱》）。荔枝曰'十八娘红'、'状元红'（蔡君谟《荔枝谱》）。以至'郑国渠'（《河渠书》）、'刘氏冠'（《汉·高祖纪》）、'谢公墩'（《晋·谢安传》）、'莱公竹'（《言行录》）皆类此。"① 其中，"郑国渠"是唯一的以人名"名地"的一例。这可能是因为同类情形中，"郑国渠"比较著名。也可能是因为同类情形中，"郑国渠"的年代比较早。

华林甫《中国地名学源流》指出，《越绝书》"保存了不少地名资料"，有"43处地名渊源解释"。其中"人物"一类，"所释地名"列有"胥主疁"、"复城"、"干城"、"摇城"、"楚门"、"罘罳"、"木客"、"秦伊山"、"种山"、"巫里"、"独妇山"、"吴塘"、"女阳亭"、"梅里"。"渊源解释举例"："吴北野胥主疁者，吴王女胥主田也。"（《吴地传》）"种山者，句践所葬大夫种也。"（《地传》）"种山"类似于"介山"。所举诸例均为地方因人事得名，然而以人名"名地"的其实不多。"秦伊山"可以看作一例。《越绝书》卷八《外传记地传》："民西大冢者，句践客秦伊善照龟者冢也，因名冢为'秦伊山'。"还有一例，似为华林甫书所遗漏，同样见《越绝书》卷八《外传记地传》："射卒陈音死，葬民西，故曰'陈音山'。"其情形与"秦伊山"同，都是以人名"名地"。然而均为以墓主姓名自称，与"郑国渠"完全不同。②

---

① （宋）孙奕撰，唐子恒点校：《新刊履斋示儿编》，凤凰出版社2017年10月版，第202—204页。

② 华林甫《中国地名学源流》是一部比较好的地名史、地名学史的学术专著。然其中亦不免千虑一失。如"表8：《越绝书》的地名渊源解释"中"类别"栏内"人物"、"动物"、"事件"、"军事"、"物产"之次为"农田水利"，其中"所释地名"有"世子塘"、"富中大塘"，均非地名渊源自"农田水利"，而是命名"农田水利"之例，与前"人物"、"动物"等及后之"谐音"皆不同。其中"世子塘"，"渊源解释举例"谓："地门外塘波洋中'世子塘'者，故曰王世子造以为田（《吴地传》）。"湖南人民出版社2002年6月版，第74—75页。情形与"郑国渠"有类同处，只是"世子"不是确切的人名。"世子塘"，其实可以归入"人物""类别"之中。

《越绝书》记录东周史事，然而一般以为成书于东汉。所述内容的史料价值，自然也不能与载有"郑国渠"命名事的《史记》相比。华林甫对于《越绝书》的成书年代又有新的考证。他指出，"《越绝书》涉及的政区地名最晚的应是三国鼎立以后，东晋末年以前的行政建置。若余嘉锡先生认为'此书非一时一人所作'① 之说不谬；那么，我们可以宽泛地说，《越绝书》的最后成书应在魏、晋年间，因而它的地名学贡献也应归入魏晋时期。有的学者认为，'《越绝书》的成书年代早于《汉书·地理志》，……此书在地名学研究中的意义，并不下于《汉书·地理志》。'② 这个说法由于忽视了该书最后成书年代，从而与地名学史发展规律相左，所以是站不住脚的。"③ 这样的意见应当说是正确的。

钱穆《史记地名考》列有"郑国渠"。④ 郭声波《史记地名族名词典》有"郑国渠"词条。⑤ 史为乐主编《中国历史地名大辞典》也收有"郑国渠"条。⑥ 可知"郑国渠"作为地名，被地名学研究者共同看作关注对象。就现有资料看，"郑国渠"是比较早的，比较典型的以人名"名地"的实例。

三 "郑国间秦"行为与"郑国渠"的工程史意义

毕沅《关中胜迹图志》卷三《大川附水利》说，"古来言水利者，首称关辅。而龙洞一渠，尤为秦民衣食之源，关内膏腴之最。其在秦时号'郑国渠'，汉名'六辅'"。⑦ 而宋人郭茂倩辑《乐府诗集》卷八三《杂歌谣辞》中《郑白渠歌》题解引《史记》则说"今曰'郑国渠'"，是知

---

① 华林甫原注："说见《四库提要辨正》卷七；参见仓修良：《〈越绝书〉是一部地方史》，载《历史研究》1990年第4期。"
② 华林甫原注："陈桥驿：《点校本〈越绝书〉序》，载入乐祖谋点校《越绝书》，上海古籍出版社，1985年。"
③ 华林甫：《中国地名学源流》，第72—73、76—77页。
④ 钱穆：《史记地名考》，商务印书馆2001年7月版，第978页。
⑤ 郭声波编著：《史记地名族名词典》，商务印书馆2020年5月版，第338页。
⑥ 史为乐主编：《中国历史地名大辞典》，中国社会科学出版社2005年3月版，第1643页。
⑦ （清）毕沅撰，张沛校点：《关中胜迹图志》，三秦出版社2002年12月版，第91页。

"郑国渠"名号的影响其实相当长久。郑国自谓"为秦建万世之功"①者，确实不是虚言。

《史记》卷二九《河渠书》记录"郑国"故事，谓韩国"使水工郑国间说秦"，目的是"闻秦之好兴事，欲罢之，毋令东伐"，这位"水工"其实可以说是肩负着重大军事使命的。后来事情败露，"中作而觉，秦欲杀郑国"，郑国本人也承认"始臣为间"。宋人林之奇《拙斋文集》卷一三《史论》有一节题为"郑国间秦"的史论："君子创业垂统，必为万世之计。而战国之君，其所以为国者，苟可以延数年之命者，无所不为。是所谓偷生苟活者也。夫韩王使郑国为间于秦，使之凿渠以延数年之命，信可谓拙矣。然向使于此数年之间，有以处之，亦未为拙也。汉高祖与项羽转战以争天下，尝谓随何曰：'为我说九江王布使叛楚，若得羽留齐数月，则吾取天下之计定矣。'古之人固有缓敌人之兵以成其谋者。项羽留齐数月，而高祖取天下之计遂成。况缓其兵于数年之久乎？秦人既从郑国之策，数年不伐韩，而韩于此数年之间，亦不见其有所为者，徒玩岁阅月，以苟一旦之命。数年之后，秦之渠既成，而韩亦亡矣。自秦人为远交近攻之策，二十年而不加兵于楚，四十年而不加兵于齐。幸而齐、楚之君皆庸黯懦愚，故遂蹈其计中而不悟。使齐、楚之君有如一越王勾践，则夫二十年、四十年之间，秦安得而遁之哉？"② 这是一段颇有见识的史评。缓兵成谋，如果本自无谋，"缓"又何益？其说也指出了"郑国间秦"是"偷生苟活者"的"拙"计，其实并不能救韩，而秦统一的历史大趋势也是任何力量也不能阻止的。

"郑国为间于秦"，"中作而觉，秦欲杀郑国"，可是因郑国"然渠成亦秦之利也"之说，"秦以为然，卒使就渠"。郑国应当是因为其工程理念的先进、技术经验的丰富和此前工作成绩的优秀，增强了"渠成亦秦之利"的说服力的。

据水利史专家总结，"郑国渠引泾水东注洛水，干渠东西长三百余里，其间横穿几道天然河流，因此，无论是三百里长的干渠的测量施工，渠系的布置运用，还是灌水的组织管理，都要具有相应的技术水平

---

① （宋）郭茂倩编：《乐府诗集》，中华书局1979年11月版，第1172页。
② （宋）林之奇：《拙斋文集》，文渊阁《四库全书》本，台湾商务印书馆1986年版，第1140册第470页。

才行"。干渠的规划体现出科学性。"根据现代的实地调查,郑国渠干渠渠线布置在渭北平原二级阶地的最高线上。""位于干渠南部的整个灌区都在它的控制之下,这就保证了支渠以及其它下级渠道的自然引水,从而获得了尽可能大的灌溉面积。根据调查结果推算,当年郑国渠干渠平均坡降约为千分之零点六四。干渠渠线的选择合理地利用了当地的地形条件,显示了较高的测量和施工技术水平。"① 另一技术难题,是郑国渠"绝"即交度几条天然河流的方式。当时可能是采用了类似"飞渠"的"一种原始形态的简易渡槽"实现和冶水、清水、沮水、漆水等河流的"立交"。利用泾水泥沙改良盐碱化农田,也是郑国等人的创造性发明。可以肯定,郑国渠从多方面体现了大型水利工程的高水平的设计和施工。

对于郑国渠的"灌溉面积"是否确实"高达四万顷之多",有研究者就"泾水是否能提供灌溉四万顷地的水量"提出疑问。"近代水文记录表明,泾河多年月平均流量,除多雨的七、八、九、十等四个月外,其余月份均不超过每秒四十立方米。"按照目前关中地区灌溉的一般标准计算,"如果单纯引用泾水,郑国渠也只能灌溉五十万亩左右,也达不到所说四万顷的五分之一。古代水文条件当不会与现在有很大的不同,可见,关于郑国渠灌溉效益的记载是存在疑问的"。② 对于郑国渠的实际灌溉效益自然有必要讨论,但是如果否定的意见是以"古代水文条件当不会与现在有很大的不同"这样的认识为基础,那显然是难以得到赞同的。战国秦汉时期,气候比现今温暖湿润③,水资源条件也优越于现今④,"水文条件"必然"与现在有很大的不同"。以关中的情形为例,根据汉长安城未央宫遗址和建章宫之间滈河古桥的发掘资料,当时滈河的河床宽度约60

---

① 《中国水利史稿》上册原注:"参阅李健超:《秦始皇的农战政策与郑国渠的修凿》一文,载《西北大学学报》,一九七五年,第一期。"
② 武汉水利电力学院、水利水电科学研究院《中国水利史稿》编写组:《中国水利史稿》上册第122—125页。
③ 竺可桢:《中国近五千年来气候变迁的初步研究》,《竺可桢文集》,科学出版社1979年4月版,第475—498页;王子今:《秦汉时期气候变迁的历史学考察》,《历史研究》1995年第2期。
④ 参看王子今《秦汉时期生态环境研究》,北京大学出版社2007年9月版,第74—148页。

米。① 而现今浐河河床宽度不超过 10 米，甚至"枯水季节常断流"。② 杜笃《论都赋》"北歼泾流"语，"澄邑漕仓"瓦当的发现，凤翔长青西汉仓储遗址的发掘收获③，告知我们当时泾水、洛水、汧水都可以通航。④ 而就今天的"水文条件"而言，显然已经是不可能的事情。

我们在为郑国渠的惊人成就而赞叹的同时，还会思考这样的问题：为什么秦人可以任用一个敌国人来设计、规划、指挥一项规模宏大的，足以使国力"疲劳不能出兵"的水利工程？为什么在其"间秦"、"欲罢之"，本当死罪的阴谋已经败露，却依然可以让他负责领导这一工程？为什么在工程完成之后，竟然"命曰'郑国渠'"来纪念这样一个原本要危害秦国的外国阴谋分子？相关现象所透露出来的秦人对经济的重视，对水利的重视，对实用技术的重视，以及秦人的科学精神、开放意识和宽怀胸襟⑤，都是我们在考察秦史和秦文化时应当关注的。

---

① 王自力：《西安发掘汉代浐河木桥遗址》，《中国文物报》2006 年 12 月 29 日。
② 穆根胥：《西安地区水资源分布图》，《西安地区环境地质图集》，西安地图出版社 1999 年 4 月版，第 9 页。
③ 陕西省考古研究所、宝鸡市考古工作队、凤翔县博物馆：《陕西凤翔县长青西汉汧河码头仓储建筑遗址》，《考古》2005 年第 7 期。
④ 辛德勇：《西汉时期陕西航运之地理研究》，《历史地理》第 21 辑，上海人民出版社 2006 年 5 月版，第 234—248 页；彭曦：《陕西洛河汉代漕运的发现与考察》，《文博》1994 年第 1 期。
⑤ 现代国家意识生成之后，对于"地名几乎处于空白"的地方"用帝国主义帝王将相、'知名人士'的名字命名"的情形，也会有"有损我民族尊严"的反应。参看王际桐《西藏地名核调概述》，《王际桐地名论稿》，第 141—142 页。虽然战国时期国家与现代国家多有不同，但是相关观念的流变也值得思考。

嫪毐与"毐国"太原郡

嫪毐在秦史有特殊表现。嫪毐封地晋阳即所谓"毐国"的区域史地位也非常重要。考察公元前3世纪至公元前2世纪的晋阳城市史料，对于秦史、城市史和区域文化史研究都有重要意义。

战国秦汉时期，是中国古代城市史进程中的极其重要的时期。当时，最宏大的中心都市已经形成，并且出现了初步完备的都市防卫的军事设施、都市交通的道路结构以及都市管理的行政制度。随着区域格局的演换和确定，若干中等城市分别具有了区域领导地位，同时实现着区域联络功能。自战国晚期至西汉前期的晋阳城市史，显现出符合这一方向的文化轨迹。晋阳作为晋国的重要都市，曾经"为晋卿赵氏极为重要的采地"①，在春秋战国之际历史转折时代以三家分晋之标志的名城身份，更集聚了关心先秦历史文化人们的目光。② "三家分晋后，晋阳成为赵国的都城。"③自赵献侯"徙居中牟（今河南汤阴西）"，"赵敬侯迁都邯郸"④ 后，晋阳依然是赵国行政管理的重心之一。

自战国晚期至西汉前期，晋阳依然有重要地位。考察公元前3世纪至公元前2世纪的晋阳城市史，有这样几个历史环节特别值得关注：（1）"赵山北"之地的重心；（2）秦王政即位初"晋阳反"；（3）太原郡

---

① 沈长云等：《赵国史稿》，中华书局2000年11月版，第250页。
② 钱穆《史记地名考》卷一五《赵地名》"晋阳"条下，列5条史料："①赵鞅走保晋阳。定公围晋阳。（《晋世家》、《赵世家》）②赵襄子奔保晋阳。（《赵世家》）③知伯信韩、魏，从而伐赵，攻晋阳城。（《春申君传》）④知伯决晋水以灌晋阳之城。（《魏世家》）⑤魏桓子、韩康子、赵襄子败知伯于晋阳。（《六国表》）"商务印书馆2001年7月版，上册第797页。今按：《史记》卷一五《六国年表》司马贞《索隐》："三卿败智伯之晋阳，分其地，始有三晋也。"
③ 沈长云等：《赵国史稿》，第250页。
④ 沈长云等：《赵国史稿》，第91、139页。

"为毒国";(4)"高皇帝居晋阳";(5)代王"都晋阳";(6)汉文帝"复晋阳"。战国晚期至西汉前期的晋阳，依然保持着赵国兴起时代的区域领导地位。秦始皇时代若干历史事件表明，晋阳有显著的政治能动性，亦受到权力集团的特殊重视。由于汉高祖、汉文帝等政治活跃人物的关注，其政治文化地理方面的优势，超过西汉时期一般的郡国行政中心。

一 嫪毐，士之无行者

在秦王政尚未亲政，吕不韦专权的时代，嫪毐曾经以特殊身份介入秦上层政治生活。

《汉书》卷二七中之下《五行志中之下》写道："秦始皇帝即位尚幼，委政太后，太后淫于吕不韦及嫪毐。"颜师古注："嫪，姓也。毐，名也。许慎说以为'嫪毐，士之无行者'。"[1]《汉书》卷二〇《古今人表》颜师古注引张晏曰："嫪毐上烝，昏乱礼度，恶不忍闻，乃在第七。"[2]

嫪毐服务于太后，导致情事影响政事的情形，见于《史记》卷八五《吕不韦列传》的记述："始皇帝益壮，太后淫不止。吕不韦恐觉祸及己，乃私求大阴人嫪毐以为舍人，时纵倡乐，使毐以其阴关桐轮而行，令太后闻之，以啖太后。太后闻，果欲私得之。吕不韦乃进嫪毐，诈令人以腐罪告之。不韦又阴谓太后曰：'可事诈腐，则得给事中。'太后乃阴厚赐主腐者吏，诈论之，拔其须眉为宦者，遂得侍太后。太后私与通，绝爱之。有身，太后恐人知之，诈卜当避时，徙宫居雍。嫪毐常从，赏赐甚厚，事皆决于嫪毐。嫪毐家僮数千人，诸客求宦为嫪毐舍人千余人。"[3] 我们在讨论"舞轮"的渊源时，注意到所谓"使毐以其阴关桐轮而行"[4]，张守节《正义》："以桐木为小车轮。"所谓"关桐轮而行"，似是说并非只是拨动车轮空转，而是实际的"行"。这是一种极其特殊的"倡乐"。[5]

其事终于败露。"始皇九年，有告嫪毐实非宦者，常与太后私乱，生子二人，皆匿之。与太后谋曰'王即薨，以子为后'。于是秦王下吏治，

---

[1] 《汉书》，第1422页。
[2] 《汉书》，第862—863页。
[3] 《史记》，第2511页。
[4] （唐）范摅：《云溪友议》卷上《哀贫诫》："吕不韦有桐轮之媚。"
[5] 王子今：《汉代"舞轮"画象》，《中国国家博物馆馆刊》2014年第8期。

具得情实，事连相国吕不韦。九月，夷嫪毐三族，杀太后所生两子，而遂迁太后于雍。诸嫪毐舍人皆没其家而迁之蜀。王欲诛相国，为其奉先王功大，及宾客辩士为游说者众，王不忍致法。"裴骃《集解》引《说苑》曰："毐与侍中左右贵臣博弈饮酒，醉，争言而斗，瞋目大叱曰：'吾乃皇帝假父也，窭人子何敢乃与我亢！'所与斗者走，行白始皇。"①

据《史记》卷六《秦始皇本纪》记载："嫪毐封为长信侯。予之山阳地，令毐居之。宫室车马衣服苑囿驰猎恣毐。事无小大皆决于毐。又以河西太原郡更为毐国。"然而，发生嫪毐"作乱"事："九年，彗星见，或竟天。攻魏垣、蒲阳。四月，上宿雍。己酉，王冠，带剑。长信侯毐作乱而觉，矫王御玺及太后玺以发县卒及卫卒、官骑、戎翟君公、舍人，将欲攻蕲年宫为乱。"其事被察觉，秦王政果断处置，坚定镇压。"王知之，令相国昌平君、昌文君发卒攻毐。战咸阳，斩首数百，皆拜爵，及宦者皆在战中，亦拜爵一级。毐等败走。"蕲年宫之变后，嫪毐势力被清洗。"即令国中：有生得毐，赐钱百万；杀之，五十万。尽得毐等。卫尉竭、内史肆、佐弋竭、中大夫令齐等二十人皆枭首。车裂以徇，灭其宗。及其舍人，轻者为鬼薪。及夺爵迁蜀四千余家，家房陵。"

甚至吕不韦也受到牵连。"十年，相国吕不韦坐嫪毐免。"②《史记》卷七八《春申君列传》的记载是："秦始皇帝立九年矣。嫪毐亦为乱于秦，觉，夷其三族，而吕不韦废。"③

二 "以河西太原郡更为毐国"

《史记》卷六《秦始皇本纪》记载了嫪毐得太后专宠，甚至得到太原郡地封国之赐的情形：

> 嫪毐封为长信侯。予之山阳地，令毐居之。宫室车马衣服苑囿驰猎恣毐。事无小大皆决于毐。又以河西太原郡更为毐国。

---

① 《史记》，第2512页。
② 《史记》，第227页。
③ 《史记》，第2398页。

所谓"河西",裴骃《集解》引徐广曰:"'河',一作'汾'。"① 这应当是嫪毐权势最为显赫的时候。

嫪毐虽然只有短暂的政治影响②,然而专权一时。③ 所谓"河西太原郡更为毐国"或者"汾西太原郡更为毐国",以秦国"事无小大皆决于毐"的情势考虑,其遗存有探索的必要。

《秦始皇本纪》司马贞《索隐》:"嫪,姓;毐,字。按:《汉书》嫪氏出邯郸。"葛承雍讨论嫪毐事迹,也重视"嫪氏出邯郸"的说法。④ 如果嫪毐确实出身赵国,在"宫室车马衣服苑囿驰猎恣毐"的权力背景下,选择"太原郡"以为封地,自然考虑到晋阳地理条件的优越。《汉书》卷二七中之下《五行志中之下》正是这样记述的:

> 秦始皇帝即位尚幼,委政太后。太后淫于吕不韦及嫪毐。封毐为长信侯,以太原郡为毐国。宫室苑囿自恣,政事断焉。

所谓"宫室苑囿自恣"在"以太原郡为毐国"句后,值得注意。《文献通考》卷三〇五《物异考十一·恒寒》采用了这一记载。《山西通志》卷一六一《祥异一》:"始皇元年,封嫪毐为长信侯,以太原郡为毐国。宫室苑囿自恣,政事断焉。"如果《五行志》文意可以理解为"毐国""太原郡"中有嫪毐的"宫室苑囿",显然也是值得考古学者注意的。我们或许可以因晋阳可能保留有体现较高消费生活等级的文物遗存,而有所期待。

三 "赵山北"之地的政治文化中心

《史记》卷八《高祖本纪》记载:"分赵山北,立子恒以为代王,都

---

① 《史记》,第227—228页。
② 秦王政九年(前238),嫪毐因为秽乱宫闱的行为终于败露,在嬴政往雍(今陕西凤翔)行郊礼时发动兵变,以窃取的秦王玺和太后玺调动卫戍部队及附近地方军进攻蕲年宫。嬴政抢先发军平定变乱,追斩嫪毐,又在咸阳一举清洗了嫪毐集团成员数百人。蕲年宫之变,是秦国历史上规模较大又直接震动王族上层的一次罕见的内部动乱。嬴政因嫪毐政变事涉及吕不韦,不久就宣布免去其丞相之职。秦王政十二年(前235),又迫使吕不韦自杀。嬴政全面把握了国家权力。
③ 《汉书》卷二五上《郊祀志上》颜师古注:"始皇初立,政在太后、嫪毐。"第1200页。
④ 葛承雍:《秦国嫪毐为匈奴人的推测》,《历史学家茶座》2006年第3期。

晋阳。"所谓"赵山北"者，应当是使用了战国时期赵国区域划分的用语。宋代学者吕祖谦《大事记解题》卷九：

> 吕氏曰：《史记》书"分赵山北，立子恒以为代王"。子长少游四方，识舆地之大势，故其书法简明，得主名山川之余意。如此类非一，《汉书》多改之。盖班氏所未达也。

指出代国"分赵山北"的形势。又说：

> 秦汉之间，称山北、山南、山东、山西者，皆指太行。太行在汉属河内郡雩王、山阳之间。在今属怀州，在天下之中，故指此山以表地势焉。①

"山北"，应当是指太行山北。

《史记》卷四《周本纪》："平王之时，周室衰微，诸侯强并弱。齐、楚、秦、晋始大，政由方伯。"② 卷三二《齐太公世家》："是时周室微，唯齐、楚、秦、晋为强。"③ "齐、楚、秦、晋"这些原本所谓"僻远"④、"僻陋之国"⑤，都迅速强大，国力超过了中原历史文化积累深厚的国家，甚至逐渐具有了压倒的优势。这些自边远地方崛起的国家，在战国时期多有迁都的表现。秦国由雍迁都到咸阳。⑥ 越国由会稽迁都到琅邪。楚国多次迁都，李学勤称之为"楚国政治中心的东移"⑦，其实其大的趋向可以

---

① （宋）吕祖谦：《大事记解题》，文渊阁《四库全书》本，第 324 册第 324—325 页。（宋）王应麟《通鉴地理通释》卷二《历代州域总叙中》"汉九国"条："吕氏曰：《史记》书'分赵山北，立子恒以为代王'。子长少游四方，识舆地之大势，故其书法简明，得主名山川之余意。如此类非一，《汉书》多改之。盖班氏所未达也。"指出代国"分赵山北"的形势。又说："秦汉之间，称山北、山南、山东、山西者，皆指太行。太行在汉属河内郡雩王、山阳之间。在今属怀州，在天下之中，故指此山以表地势焉。"（宋）王应麟著，傅林祥点校：《通鉴地理通释》，中华书局 2013 年 10 月版，第 25 页。
② 《史记》，第 149 页。
③ 《史记》，第 1491 页。
④ 《史记》卷六九《苏秦列传》，第 2259 页。
⑤ 《史记》卷七〇《张仪列传》，第 2287 页。
⑥ 王子今：《秦定都咸阳的生态地理学与经济地理学分析》，《人文杂志》2003 年第 5 期。
⑦ 李学勤：《东周与秦代文明》，文物出版社 1984 年 6 月版，第 12 页。

是向东北方向移动。① 赵国都城有赵献侯时自晋阳至中牟（今河南汤阴西），赵敬侯元年（前386）又由中牟至邯郸（今河北邯郸）的迁徙过程。② 这些国家都城的迁徙，都有向中原方向移动的趋势。

秦国都城自雍迁至咸阳之后，雍依然是宗庙和祭祀重心所在，具有文化中心的地位。《史记》卷六《秦始皇本纪》："先王庙或在西雍，或在咸阳。"秦王政九年（前238），"四月，上宿雍。己酉，王冠，带剑"。③ 嬴政成人礼的仪式，也要在雍举行。有学者据此强调"雍城的不落地位"。④ 推想赵国都城自晋阳迁至邯郸之后，晋阳旧有的神学地位和宗法地位亦不会明显削弱。晋阳原本据有的"赵山北"地方的区域领导地位，也不会动摇。

四　秦王政即位初"晋阳反"

历史进入秦始皇时代，晋阳发生的一次事变恰好和这一转折点相叠合。《史记》卷六《秦始皇本纪》记载：

> 晋阳反，元年，将军蒙骜击定之。⑤

事在公元前246年。"晋阳反"，发生在秦庄襄王去世，秦王政即位之初。秦庄襄王即曾经以质子身份客居邯郸的子楚。因吕不韦的经营，后来成为秦孝文王的继承人，《史记》卷五《秦本纪》司马贞《索隐》："三十二而立，立三年卒，葬阳陵。"据《秦本纪》记载，秦庄襄王在位期间，秦统一的步骤有重要的推进："庄襄王元年，大赦罪人，修先王功臣，施德厚骨肉而布惠于民。东周君与诸侯谋秦，秦使相国吕不韦诛之，尽入其国。秦不绝其祀，以阳人地赐周君，奉其祭祀。使蒙骜伐韩，韩献成皋、

---

① 王子今：《战国秦汉时期楚文化重心的移动——兼论垓下的"楚歌"》，《北大史学》第12辑，北京大学出版社2007年1月版，第13—24页。
② 《史记》卷四三《赵世家》："献侯少即位，治中牟。""敬侯元年……赵始都邯郸。"第1796、1798页。
③ 《史记》，第266、227页。
④ 徐卫民：《秦都城研究》，陕西人民教育出版社2000年1月版，第88页。
⑤ 《史记》，第225页。

巩。秦界至大梁，初置三川郡。二年，使蒙骜攻赵，定太原。三年，蒙骜攻魏高都、汲，拔之。攻赵榆次、新城、狼孟，取三十七城。四月日食。王龁攻上党。初置太原郡。魏将无忌率五国兵击秦，秦却于河外。蒙骜败，解而去。五月丙午，庄襄王卒，子政立，是为秦始皇帝。"① 秦庄襄王在位时灭东周，初置三川郡、太原郡，为统一确定了更雄厚的基础。

秦庄襄王的功业，有可能与吕不韦推进统一进程的政治设计和军事谋略有重要关系。《史记》卷八五《吕不韦列传》："庄襄王元年，以吕不韦为丞相，封为文信侯，食河南雒阳十万户。"② 据《史记》卷五《秦本纪》，正在这一年，"东周君与诸侯谋秦，秦使相国吕不韦诛之，尽入其国"。③ 于是，秦置三川郡。唐人李商隐《井泥四十韵》诗所谓"嬴氏并六合，所来因不韦"④，就突出强调了吕不韦的历史作用。⑤

根据"五月丙午，庄襄王卒"，"晋阳反，元年，将军蒙骜击定之"的记述，可知"晋阳反"当在五月丙午之后，十月之前。

然而，《史记》卷一五《六国年表》在"晋阳反"之公元前246年一栏，却有不同的记录：

（秦）始皇帝元年，击取晋阳。
（赵孝成王）二十年，秦拔我晋阳。⑥

《史记》卷五《秦本纪》："（秦庄襄王）二年，使蒙骜攻赵，定太原。三年，蒙骜攻魏高都、汲，拔之。攻赵榆次、新城、狼孟，取三十七城。四月日食。王龁攻上党。初置太原郡。魏将无忌率五国兵击秦，秦却于河外。蒙骜败，解而去。""晋阳反"，很可能是在蒙骜军失利，不能控制局势之后。《资治通鉴》卷六《秦庄襄王三年》关于"晋阳反"的记录是："五月丙午，王薨。太子政立，生十三年矣。国事皆决于文信侯，号称仲

---

① 《史记》，第219—220页。
② 《史记》，第2509页。
③ 《史记》，第219页。
④ 中华书局编辑部点校：《全唐诗》（增订本）卷五四一《李商隐》，中华书局1999年1月版，第8册第6301页。
⑤ 参看王子今《论吕不韦及其封君河南事》，《洛阳工学院学报》2002年第1期。
⑥ 《史记》，第751页。

父。晋阳反。"胡三省注："是年，秦攻得晋阳，置太原郡；未久而秦有庄襄王之丧，故反。"① 宋人吕祖谦《大事记》卷六的处理方式是：

秦庄襄王三年
五月丙午王薨子政立是为秦始皇帝国事皆委于吕不韦号称仲父以《本纪》《列传》修
晋阳反《本纪》
秦始皇帝政元年魏安釐王三十一年
蒙骜击定晋阳以《本纪》修②

又清人陈厚耀《春秋战国异辞》卷二五下《秦始皇帝》：

晋阳反
元年，将军蒙骜击定之《史·秦始皇本纪》③

清人马骕《绎史》卷一四八《秦并天下》也写道："晋阳反。元年，将军蒙骜击定之。"④

林剑鸣《秦史稿》没有讨论"晋阳反"事件。⑤《史记》卷四三《赵世家》"（孝成王）二十年，秦王政初立。秦拔我晋阳"的记载为马非百《秦集史》的《郡县志下》所关注，然而误引作《史记·晋世家》。⑥ 沈长云等《赵国史稿》写道："赵孝成王二十年，秦国夺取了被称为赵国柱国之地的晋阳。"附录《赵国大事年表》："公元前246年，秦拔赵晋阳。"

---

① （宋）司马光编著，（元）胡三省音注，"标点资治通鉴小组"校点：《资治通鉴》，中华书局1956年6月版，第203页。
② （宋）吕祖谦：《大事记》卷六，文渊阁《四库全书》本，第324册第45页。
③ （清）陈厚耀：《春秋战国异辞》，文渊阁《四库全书》本，第403册第522页。
④ （清）马骕撰，王利器整理：《绎史》，第3685页。
⑤ 林剑鸣：《秦史稿》，上海人民出版社1981年2月版。附录《秦史大事年表》："公元前247年，平定晋阳，重建太原郡。"第464页。应是沿承杨宽《战国史》成说。杨宽《战国史》上海人民出版社1980年7月版附录《战国大事年表》："公元前246年"，"秦派蒙骜平定晋阳，重建太原郡"。第581页。
⑥ 马非百：《秦集史》，中华书局1982年8月版，下册第664页。

也不言"晋阳反"事。① 杨宽《战国史》写道：公元前247年，秦"平定了赵的晋阳，重新建立太原郡（《史记·秦本纪》、《赵世家》、《魏世家》）"。书后附录《战国大事年表》的表述是："公元前246年"，"秦派蒙骜平定晋阳，重建太原郡"。② 所谓"平定"，所谓"重建"、"重新建立"，都体现了对"晋阳反"史事的重视。

杨宽《战国史》附录《战国郡表·秦国设置的郡》"太原郡"栏内就"设置经过"写道："原为赵地。公元前二五九年为秦攻取，次年被赵收复。公元前二四七年秦又攻取这个地区三十七城，后二年设置太原郡（《史记·秦本纪》、《燕世家》）。郡治晋阳（《水经·汾水注》。晋阳在今山西太原西南）。"③ 推想秦王政即位初"晋阳反"事，可能也是晋阳"为秦攻取"，"未久而秦有庄襄王之丧"，又"被赵收复"。所以随后的再次征服，秦国史书的正式记载是"元年，将军蒙骜击定之"，赵国史书则称秦王政元年的再次陷落为"（赵孝成王）二十年，秦拔我晋阳"。④

与"晋阳反"类似史例，在秦始皇时代的秦统一战争中仅发生4例：（1）秦王政"初即位"，"晋阳反"。（2）"（秦王政）八年，王弟长安君成蟜将军击赵，反，死屯留，军吏皆斩死，迁其民于临洮。⑤ 将军壁死，卒屯留、蒲鹢反，戮其尸。"（3）秦王政二十一年，"新郑反。昌平君徙于郢"。⑥（4）秦王政二十三年，"荆将项燕立昌平君为荆王，反秦于淮南"。4例"反"事，2例发生于赵。第1例"晋阳反"尤为引人注目。

五 "高皇帝居晋阳"

晋阳的地位，后来还有突出的显现。《史记》卷九三《韩信卢绾列传》

---

① 沈长云等：《赵国史稿》，第215、603页。
② 杨宽：《战国史》（增订本），上海人民出版社1998年3月版，第425、720页。
③ 杨宽：《战国史》（增订本），第681页。关于"太原郡""所在地"，杨宽写道："因地区在太原而得名。辖境相当于今山西句注山以南，霍山以北，五台、阳泉以西，黄河以东地区。"
④ 《六国年表》："（秦）始皇帝元年，击取晋阳。"与"（赵孝成王）二十年，秦拔我晋阳"对应。
⑤ 司马贞《索隐》："言屯留之民被成蟜略众共反，故迁之于临洮郡也。"《史记》卷六《秦始皇本纪》，第226页。
⑥ 睡虎地秦墓竹简《编年记》："廿一年，韩王死。昌平君居其处。"睡虎地秦墓竹简整理小组：《睡虎地秦墓竹简》，文物出版社1990年9月版，释文注释第7页。

记载了汉高帝七年（前200）汉军与匈奴军的一次大规模的军事对抗：

> 匈奴复聚兵楼烦西北，汉令车骑击破匈奴。匈奴常败走，汉乘胜追北，闻冒顿居代谷，高皇帝居晋阳，使人视冒顿，还报曰"可击"。上遂至平城。上出白登，匈奴骑围上，上乃使人厚遗阏氏。阏氏乃说冒顿曰："今得汉地，犹不能居；且两主不相戹。"居七日，胡骑稍引去。时天大雾，汉使人往来，胡不觉。护军中尉陈平言上曰："胡者全兵，请令强弩傅两矢外向，徐行出围。"入平城，汉救兵亦到，胡骑遂解去。汉亦罢兵归。①

关于"居晋阳"决计击冒顿的情节，《汉书》卷三三《韩王信传》记载："匈奴复聚兵楼烦西北，汉令车骑击匈奴，常败走。汉乘胜追北。闻冒顿居代谷，上居晋阳，使人视冒顿。还报曰：'可击。'上遂至平城，上白登。"②

刘邦"居晋阳"时策划了对匈奴的大规模的主动进攻。不过，这次军事行动没有实现预期的战果，反而以七日之围，成为王朝的耻辱。③ 晋阳以决战匈奴的前敌指挥部所在的地位，并没有因胜算与胜战获得历史光荣。④《韩信卢绾列传》所谓"匈奴常败走，汉乘胜追北"，是冒进导致

---

① 《史记》，第2633—2634页。

② 《汉书》，第1854页。

③ 白登之围，在汉王朝最高统治者的心中留下了沉痛的记忆。《史记》卷一〇〇《季布栾布列传》："单于尝为书嫚吕后，不逊，吕后大怒，召诸将议之。上将军樊哙曰：'臣愿得十万众，横行匈奴中。'诸将皆阿吕后意，曰'然'。季布：'樊哙可斩也！夫高帝将兵四十余万众，困于平城，今哙奈何以十万众横行匈奴中，面欺！'"第2730页。《史记》卷一一〇《匈奴列传》："高祖崩，孝惠、吕太后时，汉初定，故匈奴以骄。冒顿乃为书遗高后，妄言。高后欲击之，诸将曰：'以高帝贤武，然尚困于平城。'于是高后乃止，复与匈奴和亲。""（汉武帝）下诏曰：'高皇帝遗朕平城之忧……'"第2895、2917页。

④ 《史记》卷九九《刘敬叔孙通列传》记载了刘邦在"晋阳"确定进攻匈奴决策的另一细节："汉七年，韩王信反，高帝自往击之。至晋阳，闻信与匈奴欲共击汉，上大怒，使人使匈奴。匈奴匿其壮士肥牛马，但见老弱及羸畜。使者十辈来，皆言匈奴可击。上使刘敬复往使匈奴，还报曰：'两国相击，此宜夸矜见所长。今臣往，徒见羸瘠老弱，此必欲见短，伏奇兵以争利。愚以为匈奴不可击也。'是时汉兵已逾句注，二十余万兵已业行。上怒，骂刘敬曰：'齐虏！以口舌得官，今乃妄言沮吾军。'械系敬广武。遂往，至平城，匈奴果出奇兵围高帝白登，七日然后得解。高帝至广武，赦敬，曰：'吾不用公言，以困平城。吾皆已斩前使十辈言可击者矣。'乃封敬二千户，为关内侯，号为建信侯。"第2718页。

挫败的起因。同一情形,《汉书》卷一下《高帝纪下》写道,"上从晋阳连战,乘胜逐北"。① 强调轻敌倾向的发生,自"晋阳"开始。

值得我们注意的史实,还有"高皇帝居晋阳"之前,晋阳可能曾经被匈奴占领。《史记》卷九三《韩信卢绾列传》记载:"上以韩信材武,所王北近巩、洛,南迫宛、叶,东有淮阳,皆天下劲兵处,乃诏徙韩王信王太原以北,备御胡,都晋阳。信上书曰:'国被边,匈奴数入,晋阳去塞远,请治马邑。'上许之,信乃徙治马邑。秋,匈奴冒顿大围信,信数使使胡求和解。汉发兵救之,疑信数间使,有二心,使人责让信。信恐诛,因与匈奴约共攻汉,反,以马邑降胡,击太原。"刘邦"诏徙韩王信王太原以北"的动机,是看重他"材武",又有所王"皆天下劲兵处"的经历,指望他能够"备御胡"。然而不料在匈奴军事强权的重压下,韩王信竟然"降胡",甚至与匈奴合军攻汉。刘邦亲自率领汉军主力在代地与匈奴直接对抗。"七年冬,上自往击,破信军铜鞮,斩其将王喜。信亡走匈奴。其将白土人曼丘臣、王黄等立赵苗裔赵利为王,复收信败散兵,而与信及冒顿谋攻汉。匈奴使左右贤王将万余骑与王黄等屯广武以南,至晋阳,与汉兵战,汉大破之,追至于离石,复破之。"② 《史记》卷五七《绛侯周勃世家》有周勃随刘邦击韩王信和匈奴联军的军功记录,涉及在晋阳城下作战以及攻克晋阳的战役:"以将军从高帝击反韩王信于代,降下霍人。以前至武泉,击胡骑,破之武泉北。转攻韩信军铜鞮,破之。还,降太原六城。击韩信胡骑晋阳下,破之,下晋阳。后击韩信军于硰石,破之,追北八十里。还攻楼烦三城,因击胡骑平城下,所将卒当驰道为多。勃迁为太尉。"③《史记》卷九五《樊郦滕灌列传》记载夏侯婴功绩,也写道:"从击韩信军胡骑晋阳旁,大破之。"灌婴战功,亦有:"从击韩信胡骑晋阳下,所将卒斩胡白题将一人。"④

---

① 《汉书》,第63页。
② 《史记》,第2633页。
③ 《史记》,第2069页。"下晋阳"的记载,《汉书》卷四〇《周勃传》同。
④ 《史记》,第2666、2671页。《绛侯周勃世家》所谓"下晋阳",言晋阳已经被匈奴控制。而《史记》卷一〇〇《匈奴列传》:"是时汉初定中国,徙韩王信于代,都马邑。匈奴大攻围马邑,韩王信降匈奴。匈奴得信,因引兵南逾句注,攻太原,至晋阳下。高帝自将兵往击之。会冬大寒雨雪,卒之堕指者十二三,于是冒顿详败走,诱汉兵。"只说匈奴军"至晋阳下"。第2894页。

六 代王"都晋阳"

《史记》卷八《高祖本纪》:"(十一年)分赵山北,立子恒以为代王,都晋阳。"①《汉书》卷一下《高帝纪下》写道:

> (十一年冬)太尉周勃道太原入定代地,至马邑,马邑不下,攻残之。……

(春正月)诏曰:"代地居常山之北,与夷狄边,赵乃从山南有之,远,数有胡寇,难以为国。颇取山南太原之地益属代,代之云中以西为云中郡,则代受边寇益少矣。王、相国、通侯、吏二千石择可立为代王者。"燕王绾、相国何等三十三人皆曰:"子恒贤知温良,请立以为代王,都晋阳。"②

刘恒立为代王,是以代地频仍的战事为背景的,特别是"与夷狄边","数有胡寇"的形势,形成了"难以为国"的政治困境。代地,在高帝时代是汉王朝与匈奴作战的主战场,又长期承担着抗御匈奴主力的边防重任。刘恒封代王时,最高执政集团对这一严重形势是有所考虑的。刘邦"颇取山南太原之地益属代,代之云中以西为云中郡"的行政区划调整,以图"代受边寇益少",减轻代地所承受的北边少数民族的军事压力。

全祖望《鲒琦亭集外编》卷二八《读史记汉兴诸侯王表》指出:"文帝王代,始都晋阳,前此皆都代。"③刘恒"都晋阳",执政中心位置的确定,很可能与四年前"高皇帝居晋阳"的经历有关。而代王刘恒在吕氏之乱后终于登基得到最高执政权力,则"晋阳"因此居于特殊的地位。

刘恒是以治理代国的执政经验为基础,主持汉王朝的全国政务的。以晋阳为基点的代国经营的成功,是成就"文景之治"的重要因素之一。

---

① 《史记》,第389页。
② 《汉书》,第70页。
③ 杨燕起、陈可青、赖长扬编:《历代名家评史记》,北京师范大学出版社1986年3月版,第396页。

《史记》卷八《高祖本纪》裴骃《集解》："如淳曰：'《文纪》言都中都。又文帝过太原，复晋阳、中都二岁，似迁都于中都也。'"① 据《汉书》卷二八上《地理志上》和《续汉书·郡国志五》，两汉时期，晋阳和中都都是太原郡属县。据谭其骧主编《中国历史地图集》标示，两汉晋阳在今山西太原西南，中都在今山西平遥西。②

刘恒的次子刘武曾经封为代王，都中都。三子参曾经被封为太原王亦号曰代王，都晋阳。《史记》卷五八《梁孝王世家》记载："孝文帝凡四男：长子曰太子，是为孝景帝；次子武；次子参；次子胜。孝文帝即位二年，以武为代王，以参为太原王，以胜为梁王。二岁，徙代王为淮阳王。以代尽与太原王，号曰代王。"所谓"以武为代王"，裴骃《集解》："徐广曰：'都中都。'"张守节《正义》："《括地志》云：'中都故城在汾州平遥县西十二里。'"所谓"以参为太原王"，裴骃《集解》："徐广曰：'都晋阳。'"张守节《正义》："《括地志》云：'并州太原地名大明城，即古晋阳城。智伯与韩魏攻赵襄子于晋阳，即此城是也。'"③《汉书》卷四七《文三王传·代孝王刘参》："代孝王参初立为太原王。四年，代王武徙为淮阳王，而参徙为代王，复并得太原，都晋阳如故。"④ 在刘参经营晋阳的时代，其地位依然是重要的。

七　汉文帝"幸太原"，"复晋阳、中都民三岁"

《史记》卷一〇《孝文本纪》记载了汉文帝三年（前177）"幸太原"，又"复晋阳、中都民三岁"事：

> 五月，匈奴入北地，居河南为寇。帝初幸甘泉。六月，帝曰："汉与匈奴约为昆弟，毋使害边境，所以输遗匈奴甚厚。今右贤王离其国，将众居河南降地，非常故，往来近塞，捕杀吏卒，驱保塞蛮夷，令不得居其故，陵轹边吏，入盗，甚敖无道，非约也。其发边吏

---

① 《史记》，第389页。
② 谭其骧主编：《中国历史地图集》，中国地图出版社1982年10月版，第2册第17—18、59—60页。
③ 《史记》，第2081页。
④ 《汉书》，第2211页。

骑八万五千诣高奴，遣丞相颍阴侯灌婴击匈奴。"匈奴去，发中尉材官属卫将军军长安。

辛卯，帝自甘泉之高奴，因幸太原，见故群臣，皆赐之。举功行赏，诸民里赐牛酒。复晋阳、中都民三岁。留游太原十余日。

济北王兴居闻帝之代，欲往击胡，乃反，发兵欲袭荥阳。于是诏罢丞相兵，遣棘蒲侯陈武为大将军，将十万往击之。祁侯贺为将军，军荥阳。七月辛亥，帝自太原至长安。乃诏有司曰："济北王背德反上，诖误吏民，为大逆。济北吏民兵未至先自定，及以军地邑降者，皆赦之，复官爵。与王兴居去来，亦赦之。"八月，破济北军，虏其王。赦济北诸吏民与王反者。①

汉文帝即位不过两年又八个月，就亲赴太原。这似乎表现出这位从封地代国前往长安即皇帝位的西汉王朝新的最高执政者对太原地方的特别关注。

《汉书》卷四《文帝纪》对同一史事有这样的记述："五月，匈奴入居北地、河南为寇。上幸甘泉，遣丞相灌婴击匈奴，匈奴去。发中尉材官属卫将军，军长安。上自甘泉之高奴，因幸太原，见故群臣，皆赐之。举功行赏，诸民里赐牛酒。复晋阳、中都民三岁租。留游太原十余日。济北王兴居闻帝之代，欲自击匈奴，乃反，发兵欲袭荥阳。于是诏罢丞相兵，以棘蒲侯柴武为大将军，将四将军十万众击之。祁侯缯贺为将军，军荥阳。秋七月，上自太原至长安。诏曰：'济北王背德反上，诖误吏民，为大逆。济北吏民兵未至先自定及以军城邑降者，皆赦之，复官爵。与王兴居去来者，亦赦之。'八月，虏济北王兴居，自杀。赦诸与兴居反者。"② 除平叛事记录稍详外，汉文帝"幸太原"情节较《史记》简略。

荀悦《汉纪·孝文皇帝纪上》也有如下记载："五月，匈奴寇北地、河南。丞相灌婴击之。卫将军军长安。上自至高奴，因幸太原。见群臣故人，皆赐之，举功行赏。复晋阳、中都民三岁租。留太原，游十余日。济北王兴居闻上自击胡，乃发兵反。秋，大旱。七月，上自太原还。八月，

---

① 《史记》，第425—426页。
② 《汉书》，第119—120页。

将军柴武击济北王兴居。兴居自杀。赦诸与兴居反者。"①

看来,史家都对汉文帝"幸太原","复晋阳、中都民三岁"事予以重视,而司马迁的记述更为详尽。② 而刘恒"欲往击胡"、"欲自击匈奴"、"自击胡"的表现,有仿效汉高祖刘邦当年自击匈奴,"从晋阳连战,乘胜逐北"的迹象。而晋阳也将在战事爆发的情势下,因军事基地和战争指挥中心的地位,再一次成为牵动全国军政的重心所在。

---

① (东汉)荀悦撰,张烈点校:《汉纪》卷七《孝文皇帝纪》,中华书局2017年8月版,第99—100页。
② 王子今:《论汉文帝三年太原之行》,《晋阳学刊》2005年第4期。

吕不韦及其封君河南

吕不韦以富商身份参与政治，其思想与实践对于战国晚期乃至秦代历史产生了显著的影响。他主持编纂的《吕氏春秋》，在中国文化史上也有重要的地位。吕不韦出身于以洛阳为中心的工商业发达地区，他为秦灭东周的举措一时震动天下。吕不韦显赫时曾经食河南洛阳十万户，失势后亦于洛阳结束了人生悲剧。考察吕不韦在洛阳的政治文化实践，对于全面真实地认识这位历史人物有积极的意义。

一　吕不韦出身及其以财富影响政治进程的成功

秦国在公元前3世纪后期结束战国纷争局面，实现了统一。这是中国古代历史进程中划时代的大事。吕不韦作为秦国上层执政核心中的重要人物，在这一历史演进过程中发挥了不可忽视的作用。唐人李商隐《井泥四十韵》诗所谓"嬴氏并六合，所来因不韦"①，就强调了这一事实。吕不韦的生涯富于戏剧性波澜，曾经极尽显贵，最终又归于悲剧结局。历代史家每多特意渲染其奇诡经历，或以政治道德油彩重加涂抹，使其文化形象大失其真。回顾这位风云人物的表演，我们不妨借用鲁迅《作文秘诀》一文所谓"有真意，去粉饰，少做作，勿卖弄"的"白描"笔意②，勾勒其人其事的历史真迹。而吕不韦与河南洛阳的特殊关系，也有必要说明。

据《史记》卷八五《吕不韦列传》记载，吕不韦出身富商，"往来贩

---

① 中华书局编辑部点校：《全唐诗》（增订本）卷五四一《李商隐》，中华书局1999年1月版，第8册第6301页。
② 《鲁迅全集》，人民文学出版社1981年版，第4卷第614页。

贱卖贵，家累千金"。然而，他与一般的商人不同，能够凭借非同寻常的政治敏感，发现质于赵国的秦贵族子楚"奇货可居"，于是决心进行政治投机，出谋出资支持这位"秦诸庶孽孙"取得王位继承权。吕不韦不惜"破家"以"钓奇"的政治策划终于取得成功。公元前249年，子楚即位，是为秦庄襄王，吕不韦任丞相，封为文信侯，食洛阳十万户。其政治投资获得回报。三年后，秦庄襄王去世，太子嬴政立为王。这就是后来的秦始皇。吕不韦为相国，号称"仲父"。①

从秦庄襄王元年（前249）起，到秦王政十年（前237）免职，吕不韦在秦国专权十二年。而这一历史阶段，正是秦国军威大振，统一战争取得决定性胜利的时期。秦庄襄王元年，吕不韦亲自率领秦军灭东周，扫荡了周王室的残余，真正结束了以周天子为天下宗主的时代。如《吕氏春秋·谨听》所说，"今周室既灭，而天子已绝，乱莫大于无天子。……今之世当之矣"②，提出了新的"天子"当政的时代要求。同年，秦军伐韩，取得成皋和荥阳，置三川郡。次年，秦军强攻魏、赵，得赵地37城。秦庄襄王三年（前247），秦军又攻韩、赵，置太原郡，并瓦解了进逼函谷关的五国联军。秦王政幼弱，而吕不韦实际执政的数年间，秦军顺利进取韩、赵、魏，又击破五国联军，逼迫楚国迁都。如果以太行山、白河、汉江下游一线贯通南北，这条线以西的辽阔地域，都已经成为秦国的疆土。应当看到，当时这一界线虽然大体两分天下，而西部地区却实际已经占据了能够控制并进取东部地区的优势。后来刘邦战胜项羽，汉景帝平定吴楚七国之乱，都同样是据这一界线以西地方，举军东进，取得成功的。在吕不韦时代，秦国的经济实力已经远远优越于东方六国，秦国的军事实力也已经强锐无敌。当时，"以天下为事"，期望"得志于天下"，已经成为秦人直接的政治目标。应当说，秦实现统一，在吕不韦专权时大势已定。后来大一统的中央集权的秦王朝的建立，吕不韦是当之无愧的奠基者之一。秦国用客可以专信，如商鞅、楼缓、张仪、魏冉、蔡泽、吕不韦、李斯等，如明人张燧《千百年眼》卷四所说，"皆委国而听之不疑"③，而论其功业，吕不韦可以与商鞅并居前列。

---

① 《史记》，第2505—2509页。
② 陈奇猷校释：《吕氏春秋校释》，学林出版社1984年4月版，第705页。
③ （明）张燧撰，贺新天校点：《千百年眼》，河北人民出版社1987年8月版，第53页。

吕不韦是中国历史上以个人财富影响政治进程的第一人。从这一角度认识当时的社会与经济，或可有所新知。吕不韦以富商身份参政，并取得非凡成功，就仕进程序来说，也独辟新径。秦政治文化实用主义的特征，与东方文化"迂大而闳辩"① 风格大异。而商人务实精神，正与此相合。司马迁笔下洛阳巨商白圭自称"权变""决断"类同"商鞅行法"②，是发人深思的。吕不韦的出身，自然也是他身后招致毁谤的原因之一。而这种由商从政的道路，虽然履行者罕迹，对于政治文化风貌的影响，也许是有特殊意义的。

二 桃色污点与历史形象

司马迁在《史记》卷八五《吕不韦列传》最后说道，嫪毐发动蕲年宫政变，导致败亡，"而吕不韦由此绌矣。孔子之所谓'闻'者，其吕子乎？"③ 注家多以为"孔子之所谓'闻'者"，即《论语·颜渊》中所谓"夫闻也者：色取仁而行违，居之不疑"。④ 政治史上所见"闻人"，前有《荀子·宥坐》称少正卯⑤，后有《汉书》卷九九下《王莽传下》称王莽⑥。看来司马迁以"闻"谓"吕子"，可能是暗含批评之义的。吕不韦的情感经历污染宫闱，又有嫪毐秽事，都见于司马迁的记载，所根据的，应当是秦国史《秦记》，大约是可靠的。不过我们通过《战国策·韩策二》秦宣太后言及性事毫不避忌⑦，可知这是秦人风俗特征，也反映了秦人纪史的传统。秦重女权。秦国政治史上屡次发生太后把握朝政的情形。这种政治异常往往又与道德异常相伴随，即太后专权时每有后宫秽行的传闻。这种现象的发生，或许不应当由吕不韦等个人承担主要责任。

实际上掌握着秦国军政大权的吕不韦据说与太后关系暧昧，在传统史

---

① 《史记》卷七四《孟子荀卿列传》，第 2348 页。
② 《史记》卷一二九《货殖列传》，第 3259 页。
③ 《史记》，第 2514 页。
④ 杨树达著：《论语疏证》，上海古籍出版社 1986 年 2 月版，第 297 页。
⑤ 《荀子·宥坐》："夫少正卯者，鲁之闻人也……"（清）王先谦撰，沈啸寰、王星贤点校：《荀子集解》，中华书局 1988 年 9 月版，第 520—521 页。
⑥ 《汉书》卷九九下《王莽传下》："……岂所谓'在家必闻，在国必闻'，'色取仁而行违'者邪？"第 4194 页。
⑦ （西汉）刘向集录：《战国策》，上海古籍出版社 1985 年 3 月版，第 969 页。

家笔下其政治形象于是蒙上了深重的阴影。然而我们今天回顾这一现象，则应当持较为冷静的历史主义的态度，更看重他的政治实践和文化倾向的历史效应。

吕不韦事迹中最为世俗之人所瞩目的，是关于秦始皇血统的传说。秦始皇身世之谜中赵姬有孕，后归子楚的说法始见于司马迁《史记》卷八五《吕不韦列传》，然而明代已有学者指出此说乃"战国好事者为之"。梁玉绳《史记志疑》据司马迁说赵姬"至大期时，生子政"，以为本已"别嫌明微"，人们不应"误读《史记》"。所谓"大期"，有十月和十二月两种解说，但无疑不能理解为不足月。自然也不能排除这种可能，即如王世贞《读书后》所推想，吕不韦客借此丑化秦皇："而六国之亡人侈张其事，欲使天下之人谓秦先六国亡也。"① 而后世文人炒作这一传闻，以艳世俗，则是出于另外的目的。而秦始皇私生之说即使属实，这种男女私秘，知情者也只有吕不韦、赵姬和子楚，而他们都是绝无可能宣露于外的。以严肃的眼光看历史，秦始皇就是秦始皇，嬴政也罢，赵政也罢，吕政也罢，都不应当影响我们对于其历史作用的评价。

三 阳翟·濮阳·河南雒阳：商人吕不韦的人生轨迹

司马迁在《史记》卷八五《吕不韦列传》中说，"吕不韦者，阳翟大贾人也"②，以为出身阳翟（今河南禹州）。而《战国策·秦策五》则写道，"濮阳人吕不韦贾于邯郸"③，又以为出身濮阳（今河南濮阳西南）。《史记》卷八五《吕不韦列传》司马贞《索隐》说："《战国策》以不韦为濮阳人，又记其事迹亦多，与此传不同。班固虽云太史公采《战国策》，然为此传当别有所闻见，故不全依彼说。或者刘向定《战国策》时，以己异闻改彼书，遂令不与《史记》合也。"④

事实上，无论阳翟或者濮阳，都是战国时期工商发达、经济富足之地。有的学者分析，"作为商人，迁居是常有的事。《史记》所说的可能

---

① （清）梁玉绳撰：《史记志疑》，中华书局1981年4月版，第1308页。
② 《史记》，第2505页。
③ （西汉）刘向集录：《战国策》，第275页。
④ 《史记》，第2505页。

是原籍,《战国策》所说的可能是新居。濮阳离陶(今山东定陶)较近,而陶是当时的交通枢纽,也是各国间的贸易中心。'朱公以为陶天下之中,诸侯四通,货物所交易也。'后来更名为陶朱公的范蠡就是在那里'三致千金'的。① 吕氏为了进一步发展自己的事业,把家移到陶的附近,是极有可能的"。② 原籍阳翟,新居濮阳之说固然猜测意味过浓,但是并取二说,并且联系与陶的关系,依然有可取之处。对于战国时期陶的经济地位,史念海早有论著发表。他指出,洛阳作为周的都城,有居于"天下之中"的地位,但是从春秋末年以迄于战国,另外有一个新的"天下之中"的都会兴起,这是济水流域的陶。对于陶以外的经济都会,史念海依然举出洛阳。他写道:"黄河以南,荥阳以西的经济都会要数到洛阳。洛阳本为东周的都城,由于周室衰微,强国称霸,洛阳已失去其政治都会的意义。但洛阳并未因此萧条下去。"洛阳的人口众多,不能以洛阳为东周的都城来解释。因为战国时代东周只能算是一个小国,小国的都城是难与大国相比拟的。"洛阳的人口众多当有其经济的原因。洛阳很早以来就是居于东夏和关西的要冲,这样的地理条件并不因为东周的弱小而告消灭。洛阳人在战国时代以善于经营商业著称,当时名闻各国的白圭就是洛阳的商人。耕地不足固然是促成这种经商风气的一种原因。交通便利自然也是商人能够辗转贸迁的一个条件。根据《史记·货殖列传》的记载,洛阳'东贾齐鲁,南贾梁楚'。这是说洛阳的商人能够充分利用荥阳以下鸿沟系统中各水道,和东方富庶的区域作贸易的往来。"特别值得注意的,是史念海在这篇论文中多次说到吕不韦。在论述太行山以东的商业交通时,他指出,"吕不韦就是在赵国经营商业的人物。邯郸及与其相距不十分过远的中山及郑国,皆以倡伎众多闻于时,倡伎众多是当时都市繁荣的一种现象"。史念海还写道,"洛阳附近的阳翟",其经济地位也有"相当的重要性"。阳翟"其俗多商贾",《史记》卷八五《吕不韦列传》所谓"吕不韦者,阳翟大贾也"被作为例证。对于吕不韦出身一为濮阳一为阳翟的异说,史念海指出,"濮阳、阳翟皆当时的大都会"。③

---

① 《史记》卷一二九《货殖列传》,第 3257 页。
② 洪家义:《吕不韦评传》,南京大学出版社 1995 年 9 月版,第 68 页。
③ 史念海:《释〈史记·货殖列传〉所说的"陶为天下之中"兼论战国时代的经济都会》,《河山集》,生活·读书·新知三联书店 1963 年 9 月版,第 124—125 页。

吕不韦"封为文信侯，食河南雒阳十万户"。① 洛阳形势"为天下之大凑"②，当"天下咽喉"③，"天下冲厄"④，"街居在齐秦楚赵之中"⑤，经济地理优势十分突出。阳翟在洛阳附近，而当时洛阳商人往往"转毂以百数，贾郡国，无所不至"⑥，濮阳也可以算是"相距不十分过远"。在这一经济地理知识的基点上考虑阳翟、濮阳的地位，或许是有益的。如果兼及陶的经济作用，我们又注意到，洛阳·阳翟—濮阳·陶的地理关系，恰恰形成了一个形式如 ⟵ 的平行四边形。而其上侧的长边，又恰与当时黄河的走向一致。

四 吕不韦"食河南雒阳十万户"

吕不韦直接参政后首次震动天下的动作，也是他政治实践的突出功绩，是于秦庄襄王元年（前249）率军灭东周。东周有继承周王朝正统的政治影响，又有集聚天下富商的经济优势。灭东周事，史书所谓"东周君与诸侯谋秦，秦使相国吕不韦诛之，尽入其国"，而"秦不绝其祀，以阳人地赐周君，奉其祭祀"⑦，被有的史家誉为"出手不凡"之举。⑧ 吕不韦的这一成功，是以他的政治识见和政治魄力为条件的。而他的从商经历以及对洛阳商情市情民情的熟悉，自然也有利于东周的顺利征服。

可能正是与此有关，吕不韦得以"食河南雒阳十万户"，或说"封君河南，食十万户"。⑨

由于《战国策·秦策五》有"子楚立，以不韦为相，号曰文信侯，食蓝田十二县"的说法⑩，多有学者怀疑吕不韦封君河南洛阳之说。《史

---

① 《史记》卷八五《吕不韦列传》，第2509页。
② 黄怀信、张懋镕、田旭东撰，李学勤审定：《逸周书汇校集注》，上海古籍出版社1995年12月版，第564页。
③ 《史记》卷一二六《滑稽列传》，第3209页。
④ 《史记》卷六〇《三王世家》，第2115页。
⑤ 《史记》卷一二九《货殖列传》，第3279页。
⑥ 《史记》卷一二九《货殖列传》，第3279页。
⑦ 《史记》卷五《秦本纪》，第219页。
⑧ 林剑鸣：《吕不韦传》，人民出版社1995年5月版，第93页。
⑨ 《史记》卷八五《吕不韦列传》，第2509、2513页。
⑩ （西汉）刘向集录：《战国策》，第281页。

记》卷八五《吕不韦列传》司马贞《索隐》："《战国策》曰'食蓝田十二县'。而《秦本纪》庄襄王元年初置三川郡，《地理志》高祖更名河南。此秦代而曰'河南'者，《史记》后作，据汉郡而言之耳。"① 王蘧常据此说："案河南秦名三川郡，汉高时始改河南。史略误。《秦策》作食蓝田十二县。"② 梁玉绳《史记志疑》引金耀辰曰："河南即周王城，洛阳即成周，并东、西周之地，其名旧矣，《索隐》谓河南之称，《史》据汉郡言之，谬也。而《国策》曰'食蓝田十二县'，与此不同。考蓝田属秦内史，岂河南洛阳为封国，而蓝田其采邑欤？"③ 林剑鸣则推定，"公元前二四九年，庄襄王即位，吕不韦为相国，被封为'文信侯'，以蓝田（陕西省蓝田县西）十二个县为其食邑（见《战国策·秦策》），后来又改封至三川郡的河南雒阳（洛阳附近）食邑十万户"。④ 总之，简单否定吕不韦封河南洛阳，似乎缺乏说服力。陈直曾经指出，"中国科学院考古研究所，在洛阳王城发掘，有文信钱石范，盖为吕不韦自铸之钱"⑤，也可以作为吕不韦封君河南的助证之一。

五 "吕母冢"遗恨

秦王嬴政成年之后，与吕不韦的矛盾日渐尖锐。后来终于决心调整上层权力结构，下令吕不韦免相就国。《史记》卷八五《吕不韦列传》记载：

> 秦王十年十月，免相国吕不韦。及齐人茅焦说秦王，秦王乃迎太后于雍，归复咸阳，而出文信侯就国河南。
>
> 岁余，诸侯宾客使者相望于道，请文信侯。秦王恐其为变，乃赐文信侯书曰："君何功于秦？秦封君河南，食十万户。君何亲于秦？号称'仲父'。其与家属徙处蜀！"吕不韦自度稍侵，恐诛，乃饮酖

---

① 《史记》，第2509页。
② 王蘧常：《秦史》，上海古籍出版社2000年12月版，第215页。
③ （清）梁玉绳撰：《史记志疑》第1309页。
④ 林剑鸣：《秦史稿》，上海人民出版社1982年2月版，第315页。
⑤ 陈直：《史记新证》，天津人民出版社1979年4月版，第143页。

而死。①

《史记》卷六《秦始皇本纪》写道："十二年，文信侯吕不韦死。"② 《史记》卷八五《吕不韦列传》裴骃《集解》引徐广曰，也以为事在"十二年"。③ 则吕不韦失势后在洛阳居住达一年多，是比较确定的。

所谓"岁余，诸侯宾客使者相望于道，请文信侯"，说明吕不韦的政治影响和文化影响是相当广泛的。"秦王恐其为变"，反映嬴政已经感受到吕不韦的严重威胁，以致不得不迫使他离开他所熟悉并可能演生政治变故的洛阳。

有的学者以为吕不韦之死，是在迁蜀道中。④ 然而从关于吕不韦墓所在的传说看，其自杀应当是在被逼"与家属徙处蜀"当行未行之时。《史记》卷六《秦始皇本纪》说，吕不韦死，"窃葬"。司马贞《索隐》："按：不韦饮鸩死，其宾客数千人窃共葬于洛阳北芒山。"⑤《史记》卷八五《吕不韦列传》裴骃《集解》引《皇览》曰："吕不韦冢在河南洛阳北邙道西大冢是也。民传言'吕母冢'。不韦妻先葬，故其冢名'吕母'也。"⑥ 可见，吕不韦人生的终点，很可能是在洛阳。⑦

---

① 《史记》，第 2152—2153 页。
② 《史记》，第 231 页。
③ 《史记》，第 2513 页。
④ 林剑鸣：《吕不韦传》，第 263 页。
⑤ 《史记》，第 231 页。
⑥ 《史记》，第 2513 页。
⑦ 王子今：《白描吕不韦》，《光明日报》2001 年 5 月 8 日；《论吕不韦及其封君河南事》，《洛阳工学院学报》2002 年第 1 期。

吕不韦与《吕氏春秋》

吕不韦起先成功经商，以财富影响政治走向。作为从实业家转身成为政治家的时代闻人，又组织学者著书，成就了《吕氏春秋》这样一部在文化史上有重要影响的名著。

一　《吕氏春秋》的学术品级和不韦的文化贡献

司马迁在《史记》卷一三〇《太史公自序》中用这样一句话概括吕不韦事迹："结子楚亲，使诸侯之士斐然争入事秦。"① 可以说，吕不韦时代，是秦国吸引东方士人西行参与秦政，从而使秦的文化实力空前扩充的时代；也是秦文化汲取东方文化的成熟内涵，取得历史性跃进的时代。这一文化进步的突出的标志，是《吕氏春秋》的问世。《史记》卷八五《吕不韦列传》写道，当时魏有信陵君，楚有春申君，赵有平原君，齐有孟尝君，都能够礼待士人，致使宾客倾心相从，吕不韦以秦虽军力强盛，却未能形成同样的文化气氛而深以为羞，于是，同样招致士人，给予优遇，食客一时多至三千人。当时列国学者游学成风，多有倡论学说，著书流传天下者。吕不韦于是组织其宾客各自著述所见所思，"集论"以为《吕氏春秋》，以为天地万物古今之事，都充备其中。据说书成之后，曾经公布于咸阳市门，请列国诸侯游士宾客修正，号称有能增减一字者，给予千金奖励。② 可见这部书当时在秦国已经占据了某种文化权威的地位。

《汉书》卷六二《司马迁传》载司马迁《报任安书》有"不韦迁蜀，世传《吕览》"的名言，又与《周易》《春秋》《离骚》《国语》《孙子兵

---

① 《史记》，第3315页。
② 《史记》，第2510页。

法》《韩非子》以及《诗经》等名著相并列，称其"贤圣发愤之所为作"①，虽然"迁蜀""世传"时序有误，却是高度肯定了《吕氏春秋》的文化价值的。《汉书》卷三〇《艺文志》将《吕氏春秋》归入"杂家"之中，又说"杂家"的特点，是兼采合化儒家、墨家、名家、法家诸说，而所谓"国体""王治"，即合理的政体和成功的政策，正应当兼合诸学，博采众说，取百家思想之所长。②

《吕氏春秋》的这一特点，应当与吕不韦往来各地，千里行商的个人经历有关。这样的人生阅历，或许可以使得见闻较为广博，眼光较为阔远，胸怀比较宽容，策略比较灵活。不过，《吕氏春秋》能够成为杂家集大成之作的更主要的原因，可能还在于即将来临的"大一统"时代，对文化形态提出了涵容百家的要求。而曾经领略过东方多种文化因素不同丰采的吕不韦及其宾客们，敏锐地发现了这一文化进步的方向，明智地顺应了这一文化发展的趋势。

二 "天下非一人之天下也，天下之天下也"

据《吕氏春秋·序意》，有人问这部书中《十二纪》的思想要点，吕不韦回答：调整天、地、人的关系使之和谐，要点在于"无为而行"。③他的这番话，很可能是说明《吕氏春秋》中《十二纪》写作宗旨的序言，全书的著述意图，自然也可以因此得到体现。所谓"无为而行"，对于未来政治的设计，是有其历史合理性的。汉初的文景之治，证明了这一点。由于吕不韦政治生涯的终结，也由于秦王朝统治年祚的短暂，以致《吕氏春秋》中提出的有关思想，并没有来得及走向真正的成熟。

《吕氏春秋》的重要的文化价值，突出表现在撰著者有意在大一统的政治体制即将形成的时代，为推进这一历史进步进行着一种文化准备。在政治文化的总体构想方面，吕氏为秦的最高统治者进行了精心的设计。《序意》申明"智"识应当"由公"的理念④，《顺民》强调执政要"顺

---

① 《汉书》，第2735页。
② 《汉书》，第1742页。
③ 陈奇猷校释：《吕氏春秋校释》，学林出版社1984年4月版，第648页。
④ 陈奇猷校释：《吕氏春秋校释》，第648页。

民心"的原则，指出："先王先顺民心，故功名成。夫以德得民心以立大功名者，上世多有之矣。失民心而立功名者，未之曾有也。""凡举事，必先审民心然后可举。"①《贵公》发表了政治公平的主张："昔先圣王之治天下也，必先公。公则天下平矣。平得于公。""凡主之立也，生于公。"至于"天下非一人之天下也，天下之天下也"的思想②，尤其体现了相当开明的政治意识。

《吕氏春秋》是战国百家争鸣时代最后的文化成就，同时作为文化史即将进入新的阶段的重要的文化标志，可以看作一座文化进程的里程碑。尽管吕不韦在秦王朝建立时已经退出历史舞台，然而《吕氏春秋》的文化倾向，对秦政依然有一定的影响。

宋代仍然有学者称美《吕氏春秋》，"云其中甚有好处"③，"道里面煞有道理"④，"道他措置得事好"⑤，推想所谓"措置得事好"，很可能是在肯定《吕氏春秋》的政治设计。

或许可以说，《吕氏春秋》一书的文化内涵，体现了吕不韦较其政治实践更为突出的文化贡献。

三 《吕氏春秋》的社会福利意识

值得我们特别注意的，还有《吕氏春秋》中透露的社会福利意识。

《吕氏春秋·禁塞》批判历史上的昏暴之君夏桀、殷纣、吴夫差、智伯瑶、晋厉、陈灵、宋康之"大为无道不义"，指出他们"所残杀无罪之民者，不可为万数；壮佼、老幼、胎膊之死者，大实平原"。《说文·歺部》："殰，胎败也。"《礼记·乐记》"胎生者不殰"，郑玄注："内败曰殰。"有学者解释说："胎膊之死者，谓母死而胎膊亦死也。"⑥即指孕妇惨遭杀害。对于暴政和战乱导致的大批"老幼、胎膊"惨死的哀怜，表

---

① 陈奇猷校释：《吕氏春秋校释》，第478、480页。
② 陈奇猷校释：《吕氏春秋校释》，第44页。
③ （宋）黎靖德编，王星贤点校：《朱子语类》卷一三八《杂类》，中华书局1986年3月版，第3277页。
④ （宋）黎靖德编，王星贤点校：《朱子语类》卷一一九《训门人七》，第2867页。
⑤ （宋）黎靖德编，王星贤点校：《朱子语类》卷九九《张子书二》，第2537页。
⑥ 陈奇猷校释：《吕氏春秋校释》，第402、409页。

现出对于这些社会特殊人群的特殊关爱。

《吕氏春秋》鼓吹"义兵"的历史合理性，宣传以"义理之道"战胜"暴虐奸诈侵夺之术"的正义性质，从而为统一战争提供了强劲的舆论支持。对于新占领地区的政策，《吕氏春秋·怀宠》说，应当"克其国不及其民，独诛所诛而已矣"，同时，"举其秀士而封侯之，选其贤良而尊显之，求其孤寡而振恤之，见其长老而敬礼之"。① 如此则可以"长老说其礼，民怀其德"。其中所谓"求其孤寡而振恤之，见其长老而敬礼之"，是有政治远见的政策，也顺应了当时社会福利要求愈益明确的历史进步的潮流。

二月为仲春。《吕氏春秋·仲春纪》说："是月也，安萌牙，养幼少，存诸孤。"汉代学者高诱解释说："顺春阳，长养幼少，存恤孤寡。萌牙诸当生者不扰动，故曰'安'。"②

季春即三月。《吕氏春秋·季春纪》说，是月也，主管部门打开仓窖，"赐贫穷，振乏绝"。高诱注："无财曰贫，鳏寡孤独曰穷，行而无资曰乏，居而无食曰绝。"③

八月为仲秋。《吕氏春秋·仲秋纪》写道："是月也，养衰老，授几杖，行糜粥饮食。"高诱解释说："阴气发，老年衰，故共养之。授其几杖，赋行饮食糜粥之礼。今之八月，比户赐高年鸠杖粉粢是也。《周礼》：大罗氏掌献鸠杖以养老，又伊耆氏掌共老人之杖。"④ 认为《吕氏春秋》设计的政策，与《周礼》的有关内容是一致的，而汉代实行的相关制度，也是这一思想的实践。

孟冬为十月。《吕氏春秋·孟冬纪》有"赏死事，恤孤寡"的内容。高诱注："先人有死王事以安社稷者，赏其子孙，有孤寡者，矜恤之。"⑤ 所规定的，是定期抚恤战死者亲属的政策。其中的"孤寡"，自然较一般的"孤寡"得有更多的优遇。

《吕氏春秋·顺民》中还写道，越王勾践卧薪尝胆，与吴争强，他争取民心的措施中，包括："时出行路，从车载食，以视孤寡老弱之溃病困

---

① 陈奇猷校释：《吕氏春秋校释》，第412—413页。
② 陈奇猷校释：《吕氏春秋校释》，第63、66页。
③ 陈奇猷校释：《吕氏春秋校释》，第122、126页。
④ 陈奇猷校释：《吕氏春秋校释》，第421、424页。
⑤ 陈奇猷校释：《吕氏春秋校释》，第515、519页。

穷颜色愁悴不赡者，必身自食之。"高诱注："渍，亦病也。《公羊传》曰：'大渍者，大病也。'"所谓"愁悴"，就是《说文》所说之"醮顇"，也就是通常所谓"憔悴"。①

对于古时人"长幼养老"，以及仁人"养疾侍老"的道德风尚，《吕氏春秋·异用》也以世风之败坏进行对比，有所感叹。而《吕氏春秋·听言》对于"世主"不行善政，以致"老弱冻馁，夭胨壮狡，汔尽穷屈，加以死虏"，以为"今天下弥衰，圣王之道废绝"的指责②，也有社会福利意识的透露。

《吕氏春秋·孝行》引述曾子的说法："先王之所以治天下者五：贵德，贵贵，贵老，敬长，慈幼。"③ 其中"贵老"和"慈幼"，是儒学早已提倡的道德原则。

秦政"暴虐"的特质历来受到批判。《吕氏春秋》所绘制的"无为"之"清世"的政治蓝图看来并没有付诸实施，因而其中所体现的社会福利思想和所规划的社会福利政策也不可能兑现。

不过，虽然有关秦政的正史记录中几乎看不到涉及社会福利的内容，可是考古所得文物资料，却可以提供若干重要的历史文化信息。

湖北云梦睡虎地秦简中在秦律之外所附《魏户律》的条文，被认为是当时执法的参考。其中有涉及"孤寡"的内容：

> ●廿五年闰再十二月丙午朔辛亥，○告相邦：民或弃邑居埜（野），入人孤寡，徼人妇女，非邦之故也。……

睡虎地秦墓竹简整理小组的释文写作："二十五年闰十二月初六日，（王）命令相邦：有的百姓离开居邑，到野外居住，钻进孤寡的家庭，谋求人家的妇女，这不是国中旧有的现象。"④ 对于"孤寡""妇女"予以保护的原则是十分明确的。对于侵犯其利益、危害其安全的行为予以制止和惩罚，在正式的官方文书中予以强调，反映了执政者对有关社会现象的

---

① 陈奇猷校释：《吕氏春秋校释》，第486—487页。
② 陈奇猷校释：《吕氏春秋校释》，第697页。
③ 陈奇猷校释：《吕氏春秋校释》，第732页。
④ 睡虎地秦墓竹简整理小组注释："徼，求。"睡虎地秦墓竹简整理小组：《睡虎地秦墓竹简》，文物出版社1990年9月版，释文注释第174—175页。

重视。

睡虎地秦简《为吏之道》中有"除害兴利,兹(慈)爱百姓"一节,"每句四字,内容多为官吏常用的词语,有的地方文意不很联贯,推测是供学习做吏的人使用的识字课本"。其中可以看到涉及社会无助人群的文句,如:

　　……孤寡穷困,老弱独转……
　　……老弱癃病,衣食饥寒……①

对于这些特殊人群,行政人员有特殊的眼光,行政制度有特殊的政策,是显而易见的。

有的学者指出这些内容体现了"德治之思想"②,应当承认是敏锐的发现。有的学者认为《为吏之道》是以儒家思想为主干的杂抄文集③,有的学者认为,其内容"虽然未必都是儒家的思想,但全篇充满了儒家思想却是事实"④。先秦诸子都提出了有关社会福利的思想,然而论述最为明确,影响最为深远的,是儒学的思想。因而认为睡虎地秦简《为吏之道》中涉及社会福利的内容可能与儒家思想有关的认识,是有一定道理的。⑤

联系到《吕氏春秋》成书有"集儒书"、"集儒士"、"集诸儒"、"集诸儒士"不同说法的情形⑥,可以看到秦学和秦政的一致性。对于其特质,似乎也有必要克服成见,进行更深入的文化考察。

---

① 睡虎地秦墓竹简整理小组:《睡虎地秦墓竹简》,释文注释第170页。
② 余宗发:《〈云梦秦简〉中思想与制度钩摭》,文津出版社1992年6月版,第44页。
③ 黄盛璋:《云梦秦简辨正》,《考古学报》1979年第1期。
④ 徐富昌:《睡虎地秦简研究》,文史哲出版社1993年5月版,第59页。
⑤ 王子今:《〈吕览〉的社会福利意识和秦政的社会福利内涵》,《秦陵秦俑研究动态》2002年第2期。
⑥ 高诱《吕氏春秋序》:"不韦乃集儒书,使著其所闻。"梁玉绳曰:"《意林》注作'儒士'是也,'书'字讹。"陈奇猷校释:《吕氏春秋校释》,第3页。《太平御览》卷六○二引作"集诸儒"。(宋)李昉等撰:《太平御览》,中华书局用上海涵芬楼影印宋本1960年2月复制重印版,第2709页。《礼记·月令》孔颖达疏谓"集诸儒士"。(清)阮元校刻:《十三经注疏》,中华书局据原世界书局缩印本1980年10月影印版,第1352页。

四 以"忠义"为品式

"忠",是先秦时期逐渐演生并逐渐定型的政治道德准则。"忠"的观念在各派政治学说中都有表述,而以在秦地形成重要影响的《韩非子》中最为集中。① 此后的《吕氏春秋》一书,对"忠"的道德规范又有新的解说。秦代"忠"的规范的严酷,有血的史实可以说明。而民间"忠"观念的普及,也是空前的。这些现象,现在看来,有政治理论家道德建设以为文化基础。

秦国政治风格受到韩非学说的重要影响。《韩非子》书中有关"忠"的理论,在秦人取得政治成功的历程中,曾经发挥了相当显著的历史作用。说到秦人政治文化在理论方面的重要贡献,当然也不能忽视《吕氏春秋》。

吕不韦原本是阳翟巨商,往来贸易,家累千金。秦昭襄王晚年,吕不韦结交了以质子身份居于邯郸的秦国贵族子楚。他发现子楚是可"居"而以待增值的"奇货",于是进行政治投机,以重金买奇物玩好献给华阳夫人,说服她同意确立子楚为继承人。秦昭王在位56年去世,安国君即位,子楚成为太子。安国君即秦孝文王只在位1年就死去了,子楚成为秦王,即秦庄襄王。秦庄襄王元年,吕不韦被任命为丞相,多年的政治投资得到回报。秦庄襄王在位3年即去世,出生在赵国的嬴政立为王。少年秦王尊吕不韦为相国,号称"仲父"。吕不韦执掌朝政时,仿效魏国信陵君、楚国春申君、赵国平原君、齐国孟尝君,也招致天下之士,给予特殊的优遇。一时宾客据说多达3千人。当时游学成风,多有学者倡论学说,著书传布天下。吕不韦于是让他的宾客人人著述自己的所见和所思,又整理为《八览》《六论》《十二纪》,共20余万言,以为天地万物古今之事,都充备其中,号为《吕氏春秋》。②

---

① 韩非是先秦于"忠"论述最多的政论家。《韩非子》书中,"忠"字计96见,其中"忠臣"17例。《韩非子》专有《忠孝》篇,因而又是我们现在所能够看到的先秦政治理论著作中,较早以"忠"作为篇名的。参看王子今《"忠"观念研究:一种政治道德的文化源流与历史演变》,吉林教育出版社1999年1月版,第91页。
② 《史记》卷八五《吕不韦列传》:"吕不韦以秦之强,羞不如,亦招致士,厚遇之,至食客三千人。是时诸侯多辩士,如荀卿之徒,著书布天下。吕不韦乃使其客人人著所闻,集论以为八览、六论、十二纪,二十余万言。以为备天地万物古今之事,号曰《吕氏春秋》。布咸阳市门,悬千金其上,延诸侯游士宾客有能增损一字者予千金。"第2510页。

《汉书》卷三〇《艺文志》将《吕氏春秋》一书列入"兼儒、墨，合名、法"的"杂家"之中。①《吕氏春秋》的确是"兼""合"以前各派学说编集而成的一部名著。司马迁记述《吕氏春秋》成书时使用"集论"一语，是符合事实的。

汉代学者高诱为《吕氏春秋》作注，他在序文中曾经评价说，这部书的基本宗旨，是以"道德"作为目标，以"无为"作为纲纪的，儒学的说教只是被借用为形式。后来有学者根据这样的说法分析说，吕书作者虽然有儒者在内，但是此书则以道家学说为内容，以儒家学说为形式，在吕不韦的主观上，比较是有意畸重于道家的。高诱的序文中是这样表述的：

> 此书所尚，以"道德"为标的，以"无为"为纲纪，以"忠义"为品式，以"公方"为检格，与孟轲、孙卿、淮南、扬雄相表里。②

所谓"以'忠义'为品式"，表现出这部著作政治文化风格的一个重要侧面。

《吕氏春秋》全书160篇，从形式上看，《十二纪》《八览》《六论》中的论文，都有定数，比较整齐。可以说，《吕氏春秋》对诸子学说的整合，是比较严密的。形式齐整，内容系统，是被称为"杂家"的《吕氏春秋》的一个重要特点。《吕氏春秋》能够成为杂家集大成之作的更主要的原因，可能在于即将来临的"大一统"时代，对文化形态提出了涵容百家的要求。而曾经领略过东方多种文化因素各自丰采的吕不韦及其宾客们，明智地发现了这一文化进步的方向。《吕氏春秋》这部书的重要的文化价值，还突出表现在其实质，是在大一统的政治体制即将形成的时代，为推进这一历史进步所进行的一种文化准备。

在政治文化的总体构想方面，吕氏是怎样为秦的最高统治者进行设计的呢？

---

① 《汉书》，第1742页。
② 许维遹撰，梁运华整理：《吕氏春秋集释》，中华书局2009年9月版，《吕氏春秋》序第3页。

"智"识应当"由公",这是《吕氏春秋》提出的一个基本原则。出于私,则会使公智、公识、公意受到阻塞,导致灾祸。"私视"则导致"目盲","私听"则导致"耳聋","私虑"则导致"心狂"。三者都是出于私意而"智无由公"。智识不能以"公"为基点,则福庆日益衰减,灾祸日益隆大。①《吕氏春秋·贵公》还提出了政治公平的主张:"昔先圣王之治天下也,必先公。公则天下平矣。平得于公。""天下非一人之天下也,天下之天下也。"② 这样的思想,曾经给后人以重要的影响。

《吕氏春秋》又说:凡有政治举措,一定要事先了解民心民意,《吕氏春秋·顺民》明确写道:"凡举事,必先审民心然后可举。"③ 这样的观点,在当时应当说是比较开明的政治思想的体现。

《吕氏春秋》还在《十二纪》中强调,施政要依照十二月令行事。而十二月令,实际上是长期农耕生活的经验总结。《吕氏春秋·上农》强调治国应当以农业为重,指出,古代的圣王所以能够领导民众,首先在于对农耕的特殊重视。民众务农不仅在于收获地利,还在于端正民心民志。④ 提出了后世长期遵循的重农的原则,特别强调其意义不仅限于经济方面,又可以"贵其志",即发生精神文化方面的作用。同篇又从这样三个方面说到推行重农政策的目的:(1)"民农则朴,朴则易用,易用则边境安,主位尊。"(2)"民农则重,重则少私义,少私义则公法立,力专一。"(3)"民农则其产复,其产复则重徙,重徙则死其处而无二虑。"就是说,民众致力于农耕,则朴实而易于驱使,谨慎而遵从国法,积累私产而不愿意流徙。很显然,特别是其中前两条,"民农则朴,朴则易用"以及"民农则重,重则少私义"的内涵,其实都可以从政治文化的角度来理解。而所谓"边境安,主位尊","公法立,力专一","死其处而无二虑",都是符合大一统集权政治的需要的。

《吕氏春秋》讲究"公",讲究"朴",讲究"重"的文化倾向,都是和古来"忠"的原则十分贴近的。也可能正是因为如此,高诱有"此书所尚","以'忠义'为品式"的总结。

---

① 《吕氏春秋·序意》,陈奇猷:《吕氏春秋校释》,第648页。
② 陈奇猷:《吕氏春秋校释》,第44页。
③ 陈奇猷:《吕氏春秋校释》,第480页。
④ 《吕氏春秋·上农》:"古先圣王之所以导其民者,先务于农,民农非徒为地利也,贵其志也。"陈奇猷:《吕氏春秋校释》,第1710页。

《吕氏春秋》全书160篇，有两篇篇名出现"忠"字，即《仲冬纪》下的《至忠》篇和《忠廉》篇。这在先秦政治理论著作中是绝无仅有的。从"忠"字的运用频率看，全书共出现68次，也是先秦著作中比较多的。

有的学者细心统计了《吕氏春秋》中"忠"字的使用，指出其意义"明显地朝着下对上的关系发展或转化，上对下的情况已极少见"。论者指出：

> 《吕氏春秋》中只有一次是指上对下，《诚廉》："其于人也，忠信尽治而无术焉。"一次指互相之间，《遇合》："以谓为己谋者以为忠。"3次泛指一种品质。其余63次均指下对上尽忠心，尤其以指臣子对君主尽忠心为最多，达52次。

论者发现了这一现象的历史文化影响："后世'忠'专指忠于君主正是这种发展趋势的必然结果。"①

五 "小忠"、"大忠"和"至忠"

湖北荆门郭店楚墓出土的竹简，经过整理，发现有一篇以"忠信"为主题的文书，整理者根据文义，将篇题拟定为《忠信之道》。这篇文书共有9枚竹简，因为文字传播不广，这里全文引录。为了减少排字的困难，个别字依释义取今字替代：

> 不讹不容，忠之至也。不欺弗智（知）②，信之至也。忠积则可亲也，信积则可信也。忠（一）
> 信积而民弗亲信者，未之又（有）也。至忠女（如）土，蝎（为）勿（物）而不发③；至信女（如）昔（时），杙至而不结④。

---

① 张双棣：《吕氏春秋词汇研究》，山东教育出版社1989年10月版，第44—45页。
② "欺"字释义，从裘锡圭说。
③ 根据整理者的解释，"此句盖谓土地化生万物而不自伐其功，故为忠之至"。
④ 根据整理者的解释，"此句意为四时按规律运行，而无盟约，故为信之至"。

忠人亡（二）

讹，信人不怀（背）。君子女（如）此，古（故）不皇（诳）生①，不怀（背）死也。大旧而不俞（渝），忠之至也。匋而者尚，信（三）

之至也。至忠亡讹，至信不怀（背），夫此之胃（谓）此。大忠不兑（说）②，大信不期。不兑（说）而足养者，墬（地）也；不期（四）

而可要③者，天也节天墬（地）也者，忠信之胃（谓）此。口叀（惠）④而实弗从，君子弗言尔。心□□□（五）

亲⑤，君子弗申尔。古（故）行而鯖兑民⑥，君子弗由也。三者，忠人弗乍（作），信人弗为也。忠之为（六）

行（道）也，百工不古⑦，而人养皆足。信之为行（道）也，群勿（物）皆成，而百善皆立。君子其它（施）也（七）

忠，古（故）连亲尃（傅）也⑧；其言尔信，古（故）亶而可受也。忠，仁之实也。信，义之期也，氐（是）古（故）古之所（八）

以行虖（乎）閔喽者，女（如）此也。（九）

这是我们迄今所看到的年代最早的论述最为集中的关于"忠信"的文书。据整理者的说明，"本篇列举了忠信的各种表现，最后归结为'忠，仁之

---

① 裘锡圭说：原字"疑是'皇'之别体，读为'诳'"。"'诳生'与下文'背死'为对文。"
② "兑"读为"说"，据裘锡圭释义。
③ 此字原形，据裘锡圭说，"其上部疑是'要'字之变体。此字似即当读为'要'。要，约也"。
④ 从裘锡圭说，"此字当释'叀'，读为'惠'"。
⑤ 裘锡圭认为，"此句'心'下似为'疋'字，尚存大半。疑此处简文本作'心疋（疏）（而）□亲'。'亲'上一字可能是'口'或'貌'字"。
⑥ 裘锡圭说，"'兑'疑当读为'悦'"。
⑦ 裘锡圭认为："'古'当读为'楛'。《荀子·王霸》'如是则百工莫不忠信而不楛矣'，杨倞注：'楛，谓器恶不牢固也。'"今按：又《荀子·议兵》："械用、兵革窳楛不便利者弱。"杨倞注："窳，器病也；楛，滥恶，谓不坚固也。"又《荀子·天论》："楛耕伤稼。"杨倞注："楛耕，谓粗恶不精也。"
⑧ 据裘锡圭说，"'尃'也有可能读为'溥'或'博'"。

实也。信，义之期也'"。① 其中所谓"大忠"，值得我们关注。

《荀子·臣道》中说到"有大忠者，有次忠者，有下忠者"，也曾经将"忠"划分为不同的等级。又说，"以德覆君而化之，大忠也；以德调君而辅之，次忠也；以是谏非而怒之，下忠也；不恤君之荣辱，不恤国之臧否，偷合苟容以之持禄养交而已耳，国贼也"。又说："若周公之于成王也，可谓大忠矣；若管仲之于桓公，可谓次忠矣；若子胥之于夫差，可谓下忠矣；若曹触龙之于纣者，可谓国贼矣。"②《韩非子》书中两处说到的所谓"小忠"与"大忠"的区别，如《十过》说："行'小忠'，则'大忠'之贼也。""小忠"被列为所谓"十过"即政治行为中十种过失或十种弊端的第一项。韩非警告说，所谓"小忠"会危害"大忠"，又通过一则历史故事进行了说明："奚谓'小忠'？昔者楚共王与晋厉公战于鄢陵，楚师败，而共王伤其目。酣战之时，司马子反渴而求饮，竖穀阳操觞酒而进之。子反曰：'嘻！退，酒也。'穀阳曰：'非酒也。'子反受而饮之。子反之为人也，嗜酒而甘之，弗能绝于口，而醉。战既罢，共王欲复战，令人召司马子反，司马子反辞以心疾。共王驾而自往，入其幄中，闻酒臭而还，曰：'今日之战，不穀亲伤，所恃者，司马也，而司马又醉如此，是亡楚国之社稷而不恤吾众也。不穀无复战矣。'于是还师而去，斩司马子反以为大戮。故竖穀阳之进酒，不以仇子反也，其心忠爱之而适足以杀之。故曰：行'小忠'，则'大忠'之贼也。"③ 又《韩非子·饰邪》在论述"'小知'不可使谋事，'小忠'不可使主法"时，又一次复述了这一可以看作政治寓言的故事，指出："竖穀阳之进酒也，非以端恶子反也，实心以忠爱之，而适足以杀之而已矣。此行'小忠'而贼'大忠'者也。故曰：'小忠'，'大忠'之贼也。若使'小忠'主法，则必将赦罪，赦罪以相爱，是与下安矣，然而妨害于治民者也。"④ 可见，韩

---

① 荆门市博物馆：《郭店楚墓竹简》，文物出版社1998年5月版，第163页。
② （清）王先谦撰，沈啸寰、王星贤点校：《荀子集解》，中华书局2013年4月版，第300页。"大忠"和"次忠"的基点是"德"，"下忠"则只是"是"。"忠"以对于君的影响，可区分为以德覆而化之，以德调而辅之，以是谏非而怒之等几种情形，而所谓"以德覆君而化之"，即对君王个人政治思想形成全面而深刻的影响，被称作"大忠"而首先得到最高程度的肯定和赞美。
③ （清）王先慎撰，钟哲点校：《韩非子集解》，中华书局2013年7月版，第63—64页。
④ （清）王先慎撰，钟哲点校：《韩非子集解》，第133—134页。

非所提倡的"忠",并不是简单的无条件地服从。《史记》卷六三《老子韩非列传》引述韩非的著作,又有"大忠无所拂悟"语。①

《吕氏春秋·权勋》中,也可以看到关于"大忠"与"小忠"的论述:

> "利"不可两,"忠"不可兼。不去"小利"则"大利"不得,不去"小忠"则"大忠"不至。故"小利","大利"之残也;"小忠","大忠"之贼也。圣人去"小"取"大"。②

《吕氏春秋》所谓"不去'小忠'则'大忠'不至",和《韩非子》的"小忠"、"大忠"之说显然有共同的内涵。关于《吕氏春秋》所谓"大忠"的内涵,或可通过《韩非子》的相关论说得以说明。

关于"小忠"为"大忠"之"贼"的说法,在汉代仍然被接受。例如,《史记》卷六三《老子韩非列传》引韩非《说难》:"大忠无所拂悟,辞言无所击排,乃后申其辩知焉。此所以亲近不疑,知尽之难也。"③ 今本《韩非子》中的这段话已无"大忠"字样。④ 又《史记》卷一一三《南越列传》太史公曰:"吕嘉小忠,令佗无后。"⑤《春秋繁露·五行对》也有"大忠"之说。⑥ 又《说苑·谈丛》:"'小忠','大忠'之贼也。"⑦ 其说后世仍有继承。如《晋书》卷九一《儒林传·徐邈》:"欲为左右耳目者,无非小人,皆先因'小忠'而成其'大不忠'。"⑧

值得引起我们特殊注意的,还有《吕氏春秋》以"小利"与"小忠"并列,"大利"与"大忠"并列,以为"小"可以"残""贼""大",称"'利'不可两,'忠'不可兼","圣人去'小'取'大'"。

---

① 《史记》,第 2152 页。同样的话在今本《韩非子·说难》中,"大忠"则已经写作"大意"了。
② 陈奇猷校释:《吕氏春秋校释》卷一五《权勋》,第 865 页。
③ 《史记》,第 2152 页。
④ 今本《韩非子·说难》作:"大意无所拂悟,辞言无所系縻,然后极骋智辩焉。此道所得,亲近不疑而得尽辞也。"
⑤ 《史记》,第 2977 页。
⑥ 苏舆撰,锺哲点校:《春秋繁露义证》,中华书局 1992 年 12 月版,第 316 页。
⑦ (汉)刘向撰,向宗鲁校证:《说苑校证》,中华书局 1987 年 7 月版,第 397 页。
⑧ 《晋书》,第 2357 页。

这里对"利"的重视,似乎又体现了秦人价值观中讲究实用的特点。

郭店楚简《忠信之道》中可见所谓"至忠":"不讹不容,忠之至也。""至忠女(如)土,蝎(为)勿(物)而不发。""大旧而不俞(渝),忠之至也。""至忠亡讹。"《吕氏春秋》专有《至忠》一篇,应当是袭用了"至忠"这一政治道德习用语式。或以为"至忠"为"忠言"之讹,似未可信。许维遹《吕氏春秋集释》引杨德崇说:"至忠"当作"忠言"。"言""至"二字形近而讹,校者复以小题为"至忠",遂乙转"忠至"为"至忠"。下注云"贤主说忠言",是正文原作"忠言"明矣。下文"夫恶闻忠言,乃自伐之精者也",即承此而言。《史记》卷五五《留侯世家》有"忠言逆耳利于行"语。① 陈奇猷说:"杨氏得其义,但疑非《吕氏》之旧。此疑当作'至忠之言',脱'之言'二字耳。本篇名'至忠',盖即取于篇首'至忠'二字,则首二字必系'至忠'无疑也。范耕研与杨说同,亦非。"②

《吕氏春秋·至忠》讲述了这样两个故事:

故事一:楚庄哀王猎于云梦,射随兕,中之,然而随从之臣申公子培"劫王而夺之"。楚庄哀王曰:"何其暴而不敬也?"命吏诛之。而左右大臣皆进谏,说:"子培,贤者也,又为王百倍之臣,此必有故,愿察之也。"后来不出三月,子培病死。不久楚王得到解释,知道原来是申公子培曾经读古书,有"杀随兕者,不出三月必死"的文字,于是"惊惧而争之,故伏其罪而死"。"(申公子培)犯暴不敬之名,触死亡之罪于王之侧,其愚心将以忠于君王之身,而持千岁之寿也。"③ 楚王遂厚赏之。《吕氏春秋·至忠》的作者评论道:"申公子培,其忠也可谓穆行矣。穆行之意,人知之不为劝,人不知不为沮,行无高乎此矣。"

故事二:齐王疾痏,使人至宋迎文挚。文挚视其病情,对太子说:"王之疾必可已也。虽然,王之疾已,则必杀挚也。"太子询问其原因,文挚回答说:"非怒王,则疾不可治,怒王则挚必死。"太子恳求文挚说,如果能够治愈王的疾病,臣与臣之母一定以死争之于王,希望先生不要有

---

① 许维遹撰,梁运华整理:《吕氏春秋集释》,第242—243页。
② 陈奇猷:《吕氏春秋校释》,第579页。
③ 高诱注:"忠犹爱也。持犹得也。忠爱君上,犯夺随兕,是代君王受死亡之殃,使君王得千岁之寿也。"

顾虑。文挚曰："诺。请以死为王。"于是有意激怒齐王。"王叱而起，疾乃遂已。"但是大怒不悦，决意生烹文挚，太子和王后急救不成，文挚乃死。《吕氏春秋·至忠》的作者又评论说："夫忠于治世易，忠于浊世难①。文挚非不知活王之疾而身获死也，为太子行难以成其义也。"

《吕氏春秋·至忠》还有一段关于"至忠"的评论：

> 至忠逆于耳，倒于心，非贤主孰能听之？故贤主之所说，不肖主之所诛也。② 人主无不恶暴劫者，而日致之，恶之何益？今有树于此，而欲其美也，人时灌之，则恶之而日伐其根，则必无活树矣。夫恶闻忠言乃自伐之精者也。③

所谓"至忠逆于耳，倒于心"，指出了一种人们司空见惯的文化现象。"忠言"，常常是一种给自身带来危险的契因。而通过"贤主之所说，不肖主之所诛"的说法，可以看到《吕氏春秋》在提出针对臣下的政治道德要求的同时，又表现了对"贤主"的期望。

六 先王之教，莫显于"忠"

《吕氏春秋·劝学》中，可以看到关于"忠"的道德教育的重要论述。此篇开头就写道：

> 先王之教，莫荣于"孝"，莫显于"忠"。"忠""孝"，人君人亲之所甚欲也。"显""荣"，人臣人子之所甚愿也。然而人君人亲不得其所欲，人臣人子不得其所愿，此生于不知理义。不知理义，生于不学。
>
> 学者师达而有材，吾未知其不为圣人。圣人之所在，则天下理焉。在右则右重，在左则左重，是故古之圣王未有不尊师者也。尊师

---

① 高诱注："贤君赏忠臣，故曰易也。乱主杀之，故曰难也。"
② 高诱注："贤主说忠言也，不肖主反之。"
③ 陈奇猷校释：《吕氏春秋校释》，第577—578页。

则不论其贵贱贫富矣。若此则名号显矣，德行彰矣。①

"此生于不知理义"句后，高诱注："不知理义，在君父则不仁不慈，在臣子则不忠不孝。不忠不孝，故君父不得其所欲也。不仁不慈，故臣子不得其所愿也。"② 尚学尊师之论，从"忠"的道德要求展开，也说明"忠"的观念已经深入人心。所谓"先王之教""莫显于'忠'"，自然可以反映"忠"在传统政治道德体系中无上的地位。

有的学者还注意到，"《劝学》篇似乎将'先王'所谓用来维持人心的'忠''孝'，认为不是人所固有的，是'学而致之'的，这是通于《荀子》性恶的理论，所谓'崇礼义师法，学而致之'的主张。又，'学者师达而有材，吾未知其不为圣人'，这话与《荀子》所谓'圣人乃积学而致'的主张也正相合"。③ 这样的认识，也是值得重视的。

《吕氏春秋》是战国百家争鸣时代最后的，从某种角度可以说是具有总结意义的文化成就，同时又是文化史即将进入新的时代的具有里程碑意义的重要的文化标志。

《吕氏春秋》的文化倾向，对秦帝国的文化政策有重要的影响。其中有关"忠"的内容作用于秦政治生活的情形，尤其不宜忽视。④

讨论《吕氏春秋》"忠"观念的历史文化意义，不能不注意到相关意识在秦政治史中的作用。

在早期秦文字的遗存中，目前还没有发现"忠"字。秦史中涉及"忠"的最早的记载，可能是《史记》卷五《秦本纪》中关于秦缪公见由余的一段文字。由余作为戎王的使节来到秦国，秦缪公与他有关于"中国"和"戎夷"政治文化比较的讨论。由余在对谈中赞美了"戎夷"的政治形式："夫戎夷不然。上含淳德以遇其下，下怀忠信以事其上，一国之政犹一身之治，不知所以治，此真圣人之治也。"从事后秦缪公"孤闻邻国有圣人，敌国之忧也。今由余贤，寡人之害，将柰之何？"的考

---

① 陈奇猷校释：《吕氏春秋校释》，第195页。
② 陈奇猷校释：《吕氏春秋校释》，第197页。
③ 王范之：《吕氏春秋研究》，内蒙古大学出版社1993年10月版，第11页。
④ 王子今：《〈吕氏春秋〉"大忠""至忠"宣传及其政治文化影响》，《宝鸡文理学院学报》（社会科学版）2008年第1期。

虑①，可以知道由余的话确实打动了这位努力"广地益国"，有志于成为"诸侯盟主"的秦国君主的心。

秦人历史上与西北部族有较为密切的交往，因而中原诸国曾经有所谓"秦杂戎翟之俗"②，"秦与戎翟同俗"③，"秦戎翟之教"④ 的说法。中原人的秦文化观，以至于"比于戎翟"⑤，"夷翟遇之"⑥。秦文化积极吸收外来文化的营养以促使自身进步的特质，已经受到大多数秦史学者的重视。秦政治文化体系中有关"忠"的内容，有可能就受到"戎夷"社会"一国之政犹一身之治，不知所以治"的所谓"真圣人之治"的影响。

春秋战国时期，当东方各国的学人吏人对于"忠"的解说尚纷纭无定时，秦国政治生活中"忠"的意义，已经逐步具有了比较确定的内涵。

今本《商君书》中，已经多见有关"忠"的论述，通过"忠臣"与"臣忠"的说法，可知"忠"是专门针对臣民们确定的政治规范。例如：

（1）下卖权，非忠臣也，而为之者，以末货也。（《农战》）

（2）明君之使其民也，使必尽力以规其功，功立而富贵随之，无私德也，故教流成。如此，则臣忠君明，治著而兵强矣。（《错法》）

（3）授官予爵，不以其劳，则忠臣不进。（《修权》）

（4）所谓壹刑者，刑无等级……忠臣孝子有过，必以其数断。（《赏刑》）

（5）治主无忠臣，慈父无孝子。（《画策》）

（6）所谓"义"者，为人臣忠，为人子孝……（《画策》）

（7）有明君忠臣产于今世，而能领其国者，不可以须臾忘于法。（《慎法》）

（8）使民之所苦者无耕，危者无战，二者，孝子难以为其亲，忠臣难以为其君。今欲殴其众民，与之孝子忠臣之所难，臣以为非劫

---

① 《史记》，第 193 页。
② 《史记》卷一五《六国年表》，第 685 页。
③ 《史记》卷四四《魏世家》，第 1857 页。
④ 《史记》卷六八《商君列传》，第 2234。
⑤ 《史记》卷一五《六国年表》，第 685 页。
⑥ 《史记》卷五《秦本纪》，第 202 页。

以刑而殴以赏莫可。(《慎法》)①

据高亨《商君书作者考》所说,"这部书的内容都符合商鞅的思想实质,没有重大的自相矛盾之处;但各篇并非作于一人,也非写于一时,可以说它是商君遗著与其他法家遗著的合编"。上引诸例,只有(2)所出《错法》明确是作于商鞅死后,但仍然可以看作秦国政治文化的反映。②《韩非子·奸劫弑臣》说,"臣得陈其忠而不弊,下得守其职而不怨",此"商君之所以强秦也"。③ 可见"忠"的政治规范的强化,可能确实是商鞅变法的主要成效之一。

《战国策》一书中"忠"字共97见,《秦策》中最多,计31见,占全书的31.96%。各篇中"忠"字出现的次数如下表。

篇名	东周策	西周策	秦策	齐策	楚策	赵策	魏策	韩策	燕策	中山策
次数	2	1	31	9	5	21	9	7	11	1

这当然不是绝对精确的统计,因为多有游士往来各国的情形,记载在各国政治史中的他们的言论可能同时体现当地的文化风格,也可能只体现论者出身地区的文化风格。这种谈到"忠"的政治论说,内容往往并不限于本国政治,有时也涉及其他国家,也使情形显得复杂。不过,这样的分析可能还是有一定意义的,所显示的数据尽管不能作为区域政治文化特色分析的绝对标准,但是对于认识其大略形势,无疑是有益的。

回顾秦史中的有关记述,可以看到,秦国比较活跃的贵族、官僚以及政客几乎都有关于"忠"的言论,"忠",曾经是成为政论热点的最引人注目的命题之一。《史记》卷七〇《张仪列传》说,"游说之士"陈轸"与张仪俱事秦惠王",秦惠王听到陈轸将叛逃到楚国的谣言,曾当面质问:"吾闻子欲去秦之楚,有之乎?"陈轸回答时说道:"昔子胥忠于其君而天下争以为臣,曾参孝于其亲而天下愿以为子。故卖仆妾不出闾巷而售

---

① 高亨:《商君书注译》,中华书局1974年11月版,第32、89、112、130、142、144、181、182页。
② 高亨:《商君书注译》,第6—11页。
③ (清)王先慎撰,钟哲点校:《韩非子集解》,第107页。

者,良仆妾也;出妇嫁于乡曲者,良妇也。今轸不忠其君,楚亦何以轸为忠乎?忠且见弃,轸不之楚何归乎?"① 70 余字的言论,"忠"字竟然出现了 4 次。同一事又见于《战国策·秦策一》"张仪又恶陈轸于秦王"题下:"王谓陈轸曰:'吾闻子欲去秦而之楚,信乎?'陈轸曰:'然。'王曰:'仪之言果信也。'曰:'非独仪知之也,行道之人皆知之。曰:孝己爱其亲,天下欲以为子;子胥忠乎其君,天下欲以为臣。卖仆妾售乎闾巷者,良仆妾也;出妇嫁乡曲者,良妇也。吾不忠于君,楚亦何以轸为忠乎?忠且见弃,吾不之楚,何适乎?'"②

据《史记》卷七九《范雎蔡泽列传》记载,范雎初见秦昭王,就表示"愿效愚忠而未知王之心也"。面对太后、穰侯专权的形势,他考虑到上言的风险,说道:"臣之所恐者,独恐臣死之后,天下见臣之尽忠而身死,因以是杜口裹足,莫肯向秦耳。"在进行战略分析之后,他直接指责"今闭关十五年,不敢窥兵于山东者,是穰侯为秦谋不忠"。蔡泽在一次和范雎的讨论中,也反复说到"忠"。他说,"大夫种之事越王也,主虽困辱,悉忠而不解",再加上公孙鞅之事秦孝公,吴起之事楚悼王,"若此三子者,固义之至也,忠之节也"。蔡泽又说,"忠臣"要发挥积极的作用,还必须有"主圣""君明"的条件:"比干忠而不能存殷,子胥智而不能完吴,申生孝而晋国乱。是皆有忠臣孝子,而国家灭乱者,何也?无明君贤父以听之,故天下以其君父为戮辱而怜其臣子。……夫待死而后可以立忠成名,是微子不足仁,孔子不足圣,管仲不足大也。"蔡泽接着又指出:"夫商君、吴起、大夫种,其为人臣尽忠致功则可愿矣,闳夭事文王,周公辅成王也,岂不亦忠圣乎?以君臣论之,商君、吴起、大夫种其可愿孰与闳夭、周公哉?"范雎说:"商君、吴起、大夫种弗若也。"蔡泽问道,"然则君之主慈仁任忠",能不能如同秦孝公、楚悼王、越王勾践一样,范雎以为"未知何如也"。于是又有"今之主亲忠臣不忘旧故不若孝公、悼王、句践,而君之功绩爱信亲幸又不若商君、吴起、大夫种,然而君之禄位贵盛,私家之富过于三子,而身不退者,恐患之甚于三子,

---

① 《史记》,第 2300 页。
② (西汉)刘向集录:《战国策》,上海古籍出版社 1985 年 3 月版,第 127—128 页。陈轸的这段话,在《战国策·秦策一》"陈轸去楚之秦"题下又有大致重复的记述。第 131 页。

窃为君危之"的警告。① 我们在《战国策·秦策三》中读到的同一故事，"忠"字使用的频率似乎更高。讨论的双方都乐于使用"忠"字，而占上风的蔡泽的言论中，"忠"字出现的密度更大。蔡泽又明确说："主圣臣贤，天下之福也；君明臣忠，国之福也；父慈子孝，夫信妇贞，家之福也。"② 这段文字中，"忠"字共 11 见。其中提出的所谓"君明臣忠，国之福也"的认识，颇为引人注目。

在秦王朝中央政府最高决策集团以"诏书"名义颁发的正式公文中涉及"忠"的内容，我们现在所看到的大致只有一例。这就是《史记》卷八七《李斯列传》记载的赵高、李斯合谋政变，"诈为受始皇诏丞相，立子胡亥为太子"，并且伪造诏书言蒙恬"为人臣不忠，其赐死，以兵属裨将王离"。③ "为人臣不忠"，是对于臣子最为严厉的指责。

秦始皇二十八年（前 219）东巡，在"颂秦德，明得意"，主要用作政治宣传的琅邪刻石中，也可以看到提示"忠"的政治准则的文句："奸邪不容，皆务贞良。细大尽力，莫敢怠荒。远迩辟隐，专务肃庄。端直敦忠，事业有常。"④ 刻石文字首先是帝德的自我标榜，又是对新成立的政体的政治风格的炫耀，所谓"端直敦忠"等，当然也是对服务于这一政治体制中的官员的道德要求。

其他如泰山刻石所谓"贵贱分明"，"慎遵职事"，之罘刻石所谓"职臣遵分，各知所行"，碣石刻石所谓"事各有序"，"莫不安所"，会稽刻石所谓"皆遵度轨，和安敦勉，莫不顺令"等⑤，也都可以读作对臣民们必须严格遵顺的"忠"的政治原则的某种解说。

秦始皇时代，曾经发生一次著名的御前辩论。《史记》卷六《秦始皇本纪》记载，秦皇三十三年（前 214），"始皇置酒咸阳宫，博士七十人前为寿"。仆射周青臣进颂说，陛下神灵明圣，平定海内，以诸侯为郡县，"自上古不及陛下威德"。于是"始皇悦"。随后博士齐人淳于越进言：殷周之王千余岁，封子弟功臣，自为枝辅，今陛下有海内，却废除分封制而推行郡县制，"事不师古而能长久者，非所闻也"，他接着谴责道：

---

① 《史记》，第 2406—2422 页。
② （西汉）刘向集录：《战国策》，第 212—213 页。
③ 《史记》，第 2551 页。
④ 《史记》卷六《秦始皇本纪》，第 245 页。
⑤ 《史记》卷六《秦始皇本纪》，第 243—262 页。

"今青臣又面谀以重陛下之过,非忠臣。"秦始皇随即命令就此进行讨论,最后以李斯肯定郡县制的意见占上风,于是有"焚书"的决策。① 淳于越进言中所谓"非忠臣",很可能是当时政治生活中最严厉的指责之一。

七 "不忠,罪及其宗"

"忠"和"不忠",在秦时专制制度下,常常是以帝王个人的态度为标尺的。据《史记》卷八八《蒙恬列传》记载,秦始皇时代,蒙恬、蒙毅受到特殊信用,"名为忠信,故虽诸将相莫敢与之争焉"。而秦二世时代,赵高欲以灭蒙氏,则以所谓"不忠而惑主"使胡亥囚禁蒙毅,胡亥遣御史令蒙毅曰:"今丞相以卿为不忠,罪及其宗。朕不忍,乃赐卿死。"②

沙丘政变之后,"赵高因为胡亥忠计",谋害宗室故臣③,他的权位的迅速上升,秦二世称之为"以忠得进"④。在这里,"忠"已经是指对最高执政者个人的绝对顺从。秦二世二年(前208),右丞相冯去疾、左丞相李斯、将军冯劫建议"且止阿房宫作者,减省四边戍转",遭到二世驳斥:"今朕即位二年之间,群盗并起,君不能禁,又欲罢先帝之所为,是上毋以报先帝,次不为朕尽忠力,何以在位?"于是"下去疾、斯、劫吏",后来冯去疾、冯劫自杀,李斯"卒囚,就五刑"。⑤ "不为朕尽忠力",不仅不能"在位",而且竟至被置于死地。

《史记》卷八七《李斯列传》说,秦二世以非法手段取得帝位之后,因"沙丘之谋,诸公子及大臣皆疑焉,而诸公子尽帝兄,大臣又先帝之所置也","此其属意怏怏皆不服,恐为变",于是密谋杀害诸公子及先帝故臣,"公子十二人僇死咸阳市,十公主矺死于杜"。⑥ 僇,即戮,又有侮辱尸体之义。《晏子春秋·谏下二一》:"朽而不敛,谓之僇尸。"⑦ 矺,

---

① 《史记》,第254—255页。
② 《史记》,第2566、2568页。
③ 《史记》卷八八《蒙恬列传》,第2567页。
④ 《史记》卷八七《李斯列传》,第2559页。
⑤ 《史记》卷六《秦始皇本纪》,第271—272页。
⑥ 《史记》,第2552页。
⑦ 吴则虞撰:《晏子春秋集释》,中华书局1962年1月版,第155页。

司马贞《索隐》："与'磔'同"，"磔谓裂其支体而杀之"。据《史记》卷六《秦始皇本纪》，诸公子遇害情形则为"六公子戮死于杜"，"公子将闾昆弟三人囚于内宫"，"皆流涕拔剑自杀"。① 秦始皇陵东侧上焦村西清理的 8 座秦墓，M18 没有发现人骨，其余 7 座墓墓主五男二女，年龄在 20 岁至 30 岁左右，大多骨骼分离散置，M15 墓主肢骨相互分离，置于椁室头箱盖上，头骨则发现于洞室门外填土中，右颞骨上仍插有一支铜镞。据考古工作者分析，墓主身份可能是秦始皇的宗室。② 《史记》卷八七《李斯列传》记载，公子高曾经准备逃走，又担心家族受到残害，遂上书请求以"从死"的形式保全其亲属。其正式的名义是证实其"忠"：

> 臣当从死而不能，为人子不孝，为人臣不忠。不忠者无名以立于世，臣请从死，愿葬郦山之足。③

于是，"胡亥可其书，赐钱十万以葬"。大概当时"不忠者无名以立于世"，已经成为可以体现社会政治空气阴刻冷峻之基调的流行观念。"不忠"，不仅成为帝王通常令臣下致死的罪名，往往也形成政治生活中人们心理上自戒自拘的沉重的枷锁，有时甚至被用作精神上自刑自杀的残厉的刀具。

值得注意的是，甚至当赵高在秦始皇"崩"后谓公子胡亥曰"愿子图之"时，胡亥说明其顾虑："废兄而立弟，是不义也；不奉父诏而畏死，是不孝也；能薄而材谫，强因人之功，是不能也：三者逆德，天下不服，身殆倾危，社稷不血食。"所谓"三者逆德"，即"不义"、"不孝"、"不能"，并没有说到"不忠"。但赵高纾解其忧心，却首先言及是否"不忠"："臣闻汤、武杀其主，天下称义焉，不为不忠。卫君杀其父，而卫国载其德，孔子著之，不为不孝。夫大行不小谨，盛德不辞让，乡曲各有宜而百官不同功。故顾小而忘大，后必有害；狐疑犹豫，后必有悔。断而敢行，鬼神避之，后有成功。愿子遂之！"④ 对"不义"、"不孝"舆论批

---

① 《史记》，第 268 页。
② 秦俑考古队：《临潼上焦村秦墓清理简报》，《考古与文物》1980 年第 2 期。
③ 《史记》，第 2553 页。
④ 《史记》卷八七《李斯列传》，第 2549 页。

评的可能，赵高有所否定，但是首先强调的是"不为不忠"。

西汉时人回顾秦代政治史，曾经有"李斯竭忠，胡亥极刑"的说法①，司马迁也说，"人皆以斯极忠而被五刑死"。② 李斯的遭遇，可以比较典型地说明秦专制制度的某些特色。

李斯在著名的《谏逐客书》中曾经写道："夫物不产于秦，可宝者多；士不产于秦，而愿忠者众。"作为来自东方的客卿，他以"愿忠者"自诩，认为秦当政者应当宝爱珍视。果然秦政权的最高统治者听从了他的意见，"除逐客之令"。秦王朝建立之后，李斯的权位达到顶点，他自己曾经感叹道："当今人臣之位无居臣上者，可谓富贵极矣！"当赵高和他约谋立胡亥为帝时，李斯起初是表示拒绝的。其说以"忠"为辞。他说："夫忠臣不避死而庶几③，孝子不勤劳而见危。人臣各守其职而已矣，君其勿复言，将令斯得罪。"④ 然而最终则顺从赵高的计议，参与策动了支持胡亥夺权的政变。李斯后来被收系入狱时，曾经有涵义深沉的感叹，其中多有涉及"忠"的言辞。司马迁在《史记》卷八七《李斯列传》中记载：

> 赵高案治李斯。李斯拘执束缚，居囹圄中，仰天而叹曰："嗟乎，悲夫！不道之君，何可为计哉！昔者桀杀关龙逢，纣杀王子比干，吴王夫差杀伍子胥。此三臣者，岂不忠哉，然而不免于死，身死而所忠者非也。今吾智不及三子，而二世之无道过于桀、纣、夫差，吾以忠死，宜矣。且二世之治岂不乱哉！日者夷其兄弟而自立也，杀忠臣而贵贱人，作为阿房之宫，赋敛天下。吾非不谏也，而不吾听也。"⑤

李斯对比"古圣王"的政治标范，又指责秦二世的恶行，发表了秦王朝即将灭亡的预言："今行逆于昆弟，不顾其咎；侵杀忠臣，不思其

---

① 《史记》卷八三《鲁仲连邹阳列传》，第2471页。
② 《史记》卷八七《李斯列传》，第2563页。
③ 《史记会注考证》："余有丁曰：'庶几，谓贪生幸利也。'愚按：谓徼幸于万一也。"第3315页。
④ 《史记》卷八七《李斯列传》，第2545、2550页。
⑤ 《史记》，第2560页。

殃；大为宫室，厚赋天下，不爱其费：三者已行，天下不听。今反者已有天下之半矣，而心尚未寤也，而以赵高为佐，吾必见寇至咸阳，麋鹿游于朝也。"① 李斯就个人和国家的命运抒发感慨，一口气说了5个"忠"，读来可以深刻地体会到"以忠死"的历史悲剧反复演出所形成的悲抑的文化氛围，秦时政治观念中"忠"的重要地位，也可以由此得到反映。

"忠"，是维护现行政治体制的思想行为规范，但是到了政治运行脱出常轨的时代，"忠"又代表着政治规范的正统，在人们的意识中具有居高临下的威势。对"忠"的伤害，包括"杀忠臣"，"侵杀忠臣"，"诛杀忠臣"② 等，都进一步推促着走向政治末路的蜕变。

李斯自以为"吾以忠死"的悲剧，其实是从他自身对"忠"的原则的背弃开场的。所以司马迁说："斯知六艺之归，不务明政以补主上之缺，持爵禄之重，阿顺苟合，严威酷刑，听高邪说，废适立庶。诸侯已畔，斯乃欲谏争，不亦末乎！人皆以斯极忠而被五刑死，察其本，乃与俗议之异。不然，斯之功且与周、召列矣。"③

不过，从另一个角度看，李斯作为"辅始皇，卒成帝业"的经历成功政治实践的官僚，作为"知六艺之归"的熟习各家政治理论的学者，他的某些认识，仍然可以给我们以启示。例如，对关龙逢、王子比干、伍子胥事迹的分析，所谓"此三臣者，岂不忠哉，然而不免于死，身死而所忠者非也"，不仅说明了一种常见的政治现象，也告诉我们，"忠"的政治意识，"忠"的政治规范，"忠"的政治准则，在李斯所生活的时代，已经初步具有了超越朝代更迭、王权兴替之上的相对独立的政治内涵。

湖北云梦睡虎地秦墓出土竹简中有《为吏之道》一种，从内容看来，是当时下级官吏的普及性读本。其中可以看到对于行政人员有关"忠"的要求。例如：

> 宽俗（容）忠信，和平毋怨（一二壹至一三壹）……
> ……以忠为榦，慎前虑后（四二壹至四三壹）。

---

① 《史记》卷八七《李斯列传》，第2560—2561页。
② 《史记》卷八八《蒙恬列传》，第2568页。
③ 《史记》卷八七《李斯列传》，第2563页。

其中又有关于所谓"吏有五善"的内容，如：

> 吏有五善（六贰）：一曰中（忠）信敬上（七贰），二曰精（清）廉毋谤（八贰），三曰举事审当（九贰），四曰喜为善行（一〇贰），五曰龚（恭）敬多让（一一贰）。五者毕至，必有大赏（一二贰）。

"忠"，被列为"吏有五善"中的首善。这一文书在"吏有五善"之后接着又说到所谓"吏有五失"，"五失"各有三种，大约是指三个方面，或者三个层次：

> ●吏有五失（一三贰）：
> 一曰夸以迣（一四贰），二曰贵以大（泰）（一五贰），三曰擅裚割（一六贰），四曰犯上弗智（知）害（一七贰），五曰贱士而贵货贝（一八贰）；
> 一曰见民倨敖（傲）（一九贰），二曰不安其朝（二〇贰），三曰居官善取（二一贰），四曰受令不僂（二二贰），五曰安家室忘官府（二三贰）；
> 一曰不察所亲，不察所亲（二四贰），则怨数至（二五贰），二曰不智（知）所使，不智（知）所使（二六贰）则以权衡求利（二七贰），三曰兴事不当，兴事不当（二八贰）则民伤指（二九贰），四曰善言惰行，则（三〇贰）士毋所比（三一贰），五曰非上，身及于死（三二贰）。

所指出的这15种过失中，大多数都是和"忠"相对立的。其中尤以所谓"犯上弗智（知）害"、"不安其朝"、"居官善取"、"受令不僂"、"安家室忘官府"、"不察所亲"、"以权衡求利"、"善言惰行"以及"非上，身及于死"等直接违背"忠"的原则而最为严重。

《为吏之道》中还有这样的内容，明确说到"为人臣则忠"是维护政治安定的"政之本"，"治之纪"：

> ●戒之戒之，材（财）不可归（三三贰）。谨之谨之，谋不可遗

（三四贰）。慎之慎之，言不可追（三五贰）。綦之綦（之），食不可赏（偿）（三六贰）。术（怵）愬（惕）之心，不可（不）长（三七贰）。以此为人君则鬼（三八贰），为人臣则忠（三九贰），为人父则兹（慈）（四〇贰），为人子则孝（四一贰）。能审行此，无官不（四二贰）治，无志不彻（四三贰）。为人上则明（四四贰），为人下则圣（四五贰），君鬼臣忠，父兹（慈）（四六贰）子孝，政之本殹（也）（四七贰）。志彻官治，上明下（四八贰）圣，治之纪殹（也）（四九贰）。

这里，"鬼"，应读作"怀"，指宽柔；"圣"，应读作"听"，指服从。①

睡虎地秦简中又有南郡守腾颁发给本郡各县、道行政官员的一篇文告。其中有这样的文句：

> 今法律令已布，闻吏民犯法为间私者不止，私好、乡俗之心不变，自从令、丞以（五）下智（知）而弗举论，是即明避主之明法殹（也），而养匿邪避（僻）之民。如此，则为人臣亦不忠矣。若弗智（知），是即不胜任、不（六）智殹（也）；智（知）而弗敢论，是即不廉殹（也）。此皆大罪殹（也），而令、丞弗明智（知），甚不便（七）。

睡虎地秦墓竹简整理小组所作的译文是这样的："现在法令已经公布，听说官吏、百姓犯法有奸私行为的尚未敛迹，私自的爱好和旧有的习俗仍不改变，从县令、丞以下的官员明明知道而不加检举处罪，这是公然违背君上的大法，包庇邪恶的人。这样，作为人臣就是不忠。如果不知道，是不称职、不明智；如果知道而不敢处罪，就是不正直。这些都是大罪，而县令、丞还不清楚了解，是很不应该的。"②

这样的文告是要传达到基层，让"吏民"普遍知晓的。其中说到的所谓"如此，则为人臣亦不忠矣"，也是对所有"吏民犯法为间私者不止"等行为的指责。也就是说，这里所说的"忠"，实际上是对全民的政

---

① 睡虎地秦墓竹简整理小组：《睡虎地秦墓竹简》，释文注释第167—170页。
② 睡虎地秦墓竹简整理小组：《睡虎地秦墓竹简》，释文注释第13、15页。

治要求。

所谓"为人臣亦不忠矣"以及前引"为人臣则忠",对照《史记》卷八七《李斯列传》中所见伪造的秦始皇赐扶苏诏书所谓"为人臣不忠",可以知道"为人臣忠"或"为人臣不忠",当时是社会上下普遍使用的共同的政治标尺。①

秦末起义爆发,陈涉派魏人周市安定魏地。《史记》卷九〇《魏豹彭越列传》记载:"魏地已下,欲相与立周市为魏王。周市曰:'天下昏乱,忠臣乃见。今天下共畔秦,其义必立魏王后乃可。'齐、赵使车各五十乘,立周市为魏王。市辞不受,迎魏咎于陈。五反,陈王乃遣立咎为魏王。"②

所谓"天下昏乱,忠臣乃见",据说与《老子》"国家昏乱有忠臣"有关。周市作为陈涉部将,又力主"必立魏王后乃可",说明其平民身份。他坚辞不自立,以"忠臣"标范自我约束,这一实例,也突出反映了当时民间"忠"的观念的普及。

张楚政权中,"陈王以朱房为中正,胡武为司过,主司群臣"。其作风严峻残酷,"以苛察为忠,其所不善者,弗下吏,辄自治之。陈王信用之"。③《史记》卷四八《陈涉世家》说:"诸将以其故不亲附,此其所以败也。"所谓"瓮牖绳枢之子,甿隶之人,而迁徙之徒","蹑足行伍之间,俯仰阡陌之中"者④所建立的政权竟然也继承了秦王朝"以苛察为忠"的行政风格,足见随着高度集权的专制制度的形成,"忠"的政治规范在民间的影响,也逐渐扩衍到相当广阔的社会层面。

八 《吕氏春秋》中技术之学的知识精华

目前我们所知"水利"这一语汇的最早使用,见于成书于秦国,由吕不韦组织编纂的《吕氏春秋》一书中。

---

① 王子今:《秦代专制政体的奠基和"忠"的政治规范的定型》,《政治学研究》1995年第1期。
② 《史记》,第2589页。
③ 《史记》卷四八《陈涉世家》,第1960—1961页。
④ 《史记》,第1964页。

《吕氏春秋·慎人》："堀地财，取水利。"高诱解释说："水利，濯灌。"① 《吕氏春秋·任地》引后稷语："子能藏其恶而揖之以阴乎？"高诱注："'阴'犹润泽也。"夏纬瑛说，"'阴'既指湿润之土而言，则'恶'当是指干燥之土而言了"。② 可知秦地农人对土壤墒情的重视，已经作为成熟的经验总结著入农书之中。同篇又讲到"泽"，俞樾以为"'泽'者雨泽也"。《吕氏春秋·辨土》也说到田土的"泽"。③ 保证土地的"泽"，应当是当时关中农人已经掌握的生产技术。其主要方式，已经不只是单纯依赖"雨泽"④，而凭借"濯灌"。《吕氏春秋·慎人》最早出现"水利"一语，高诱注使用"濯灌"语汇，也是文献史中首例。⑤

　　正如石声汉曾经指出的，"周民族开始经营农业生产的关中渭北平原，春旱秋涝的现象，几乎经常出现。渭、泾、洛三条河道，可以引入，也可以受纳，地理条件是合适的。大概由于这两种因素，逐渐累积了一些小规模的渠道建设技术知识。更重要的是，西周末年，冶铁技术出现之后，创制了效率很高的工具，促进了沟洫建设"。⑥ 后来也成为秦人的"周余民"和来自西北的秦人的共同创造，提高了关中地方的农耕生产水准。⑦ 而自商鞅变法自雍迁都咸阳之后，秦的文化重心由农耕区的边缘转移到农耕区的中心⑧，对农耕的重视达到空前的地步。当时秦人对"水利"的重视，从河川神祭祀制度可以得到体现。《史记》卷二八《封禅书》："霸、产、长水、沣、涝、泾、渭皆非大川，以近咸阳，尽得比山

---

① 陈奇猷校释：《吕氏春秋校释》，第802、805页。
② 陈奇猷校释：《吕氏春秋校释》，第1731、1734页。
③ 陈奇猷校释：《吕氏春秋校释》，第1755页。
④ 《吕氏春秋·季春纪》："行之是令，而甘雨至三旬。""行夏令，则民多疾疫，时雨不降，山陵不收。"高诱注："行夏炎阳之令，火干木，故民疾疫；雨泽不降，故山陵所殖不收入。"陈奇猷校释：《吕氏春秋校释》，第122、135页。
⑤ 《吕氏春秋·慎人》："舜之耕渔，其贤不肖与为天子同。其未遇时也，以其徒属，堀地财，取水利，编蒲苇，结罘网，手足胼胝不居，然后免于冻馁之患。""取水利"，高诱注："水利，濯灌。"陈奇猷校释：《吕氏春秋校释》，第802、805页。
⑥ 石声汉：《中国农业遗产要略》，《中国古代农业科技》，农业出版社1980年12月版，第78页。
⑦ 《史记》卷五《秦本纪》："（秦文公）十六年，文公以兵伐戎，戎败走。于是文公遂收周余民有之，地至岐，岐以东献之周。"第179页。
⑧ 王子今：《秦定都咸阳的生态地理学与经济地理学分析》，《人文杂志》2003年第5期。

川祠。"① "近咸阳"诸水尽管"皆非大川",均得列入高等级的、正统的"山川祠"系统之中,主要因素应在于咸阳附近的水资源对于秦国主要农耕区的灌溉发挥了重要的作用。

秦的学术文化具有重视实用之学的特点。其表现,在于技术之学有突出的地位。秦始皇、李斯焚书,"所不去者,医药卜筮种树之书"②,就显示了这一文化倾向。

以农业经营为内容的"种树之书"不在禁焚之列。可知农学理论受到特殊的重视。《汉书》卷三〇《艺文志》中著录的"六国时"农学作品可以说已经一无所存,我们所看到的专论农业的先秦文献,只有《吕氏春秋》中的《上农》《任地》《辩土》《审时》4篇。

其中《任地》《辩土》《审时》3篇,都是专门总结具体的农业技术的。《汉书》卷三〇《艺文志》称"农家者流"计有九家,班固以为其中"《神农》二十篇"和"《野老》十七篇"成书在"六国时"。然而这两种农书至今已经无存。因而《吕氏春秋》中有关农业的这些重要篇章,成为战国末期至秦代极其可贵的农史文献资料。

《吕氏春秋》有关农业的内容,不仅体现了一种重视农耕的政策原则,还体现了一种讲究实用的文化传统。

有的学者曾经指出:"《吕氏春秋》的《荡兵》、《振乱》、《禁塞》、《怀宠》、《论威》、《简选》、《决胜》、《贵卒》等篇,是先秦若干兵家的军事思想,其理论与孙吴、孙膑兵法相应合,又较多地反映了秦国在统一战争中的军事经验。"③ 又有学者这样写道,"看样子,吕不韦对兵家是作了一些理论上的集合工作。这些都可作为论兵的理论素材"。④《吕氏春秋》对于兵家之学的重视,也与注重实用之学的文化倾向有关。⑤

虽然焚书时以所谓"所不去者"为界定,明确予以保护的文献似乎并不包括兵书,但是反映秦代民间依然存留兵书的史例相当多,可知这种

---

① 《史记》,第1374页。
② 《史记》卷六《秦始皇本纪》,第255页;《史记》卷八七《李斯列传》,第2546页。
③ 牟钟鉴:《〈吕氏春秋〉与〈淮南子〉思想研究》,齐鲁书社1987年9月版,第30页。
④ 王范之:《吕氏春秋研究》,内蒙古大学出版社1993年10月版,第6页。
⑤ 王子今:《秦文化的实用之风》,《光明日报》2013年7月15日,第15版。

有益于实用的技术之学并未受到禁绝。① 《史记》卷七《项羽本纪》说：秦时项梁与"（项）籍避仇于吴中"，"阴以兵法部勒宾客及子弟"，又"教（项）籍兵法"。② 而项羽在战争实践中的表现，也体现出兵法的运用和发展。《史记》卷五五《留侯世家》记载秦汉之际张良事迹中黄石公授《太公兵法》，"良因异之，常习诵读之"的传说，也反映兵学的薪传方式。据说楚汉战争中，"良数以《太公兵法》说沛公，沛公善之，常用其策"。③ 韩信破赵之战后人们对"背水之阵"的争议④，其实也是一次兵学研讨。秦时民间兵学在焚书之后的遗存，可以说明秦人对这种实用之学的爱重。在秦统一战争中，对兵学的重视，无疑对军事的成功有积极意义。

---

① 田旭东：《秦火未殃及兵书谈》，《西部考古》第 1 辑，三秦出版社 2006 年 10 月版，第 257—262 页；王子今：《秦世民间兵书的流传》，《中国文化》2013 年秋季号（第 38 期）。
② 《史记》，第 296 页。
③ 《史记》，第 2035—2036 页。
④ 《史记》卷九二《淮阴侯列传》，第 2617 页。

秦始皇的统一事业

公元前221年，一位名叫嬴政的政治人物成就了一项重大的历史功业——结束列国纷争的局面，实现了统一。就在这一年，嬴政采用"皇帝"称号，自称"始皇帝"。嬴政创立的帝制长期影响中国政治文化的走向，使得反专制主义政论家痛心疾首。而此后统一的时段与分裂的时段究竟孰长孰短，也存在争议。然而，对公元前221年秦统一的历史意义，却是不可以轻易否定的。

一 "定于一"：战国时期社会的共同理想

《公羊传·隐公元年》写道："何言乎'王正月'？大一统也。"① "大一统"的原始语义，是推崇统一，称扬统一，肯定统一。孟子见梁襄王，对方问：天下要怎样才得安定？孟子回答："定于一。"② 明确表达了追求统一的政治意识。早期法家的政治理论以君主权力的一元化为思想基点。申不害说，这种高度集中的君权，是以统治"天下"为政治责任的，"明君治国，三寸之机运而天下定，方寸之谋正而天下治，一言正而天下定，一言倚而天下靡"。③ 以"天下"作为管理的对象，表明追求"一统"的意识已经深入法家理论的核心之中。管理统一的"天下"，已经成为许多

---

① （清）阮元校刻：《十三经注疏》，中华书局据原世界书局缩印本1980年10月影印版，第4766页。
② 《孟子·梁惠王上》，（清）焦循撰，沈文倬点校：《孟子正义》，中华书局2015年10月版，第77页。
③ （宋）李昉等撰：《太平御览》卷三九〇引《申子》，中华书局用上海涵芬楼影印宋本1960年2月复制复印版，第1804页。

政治家的最高追求。如《易·系辞上》所说，"圣人"治国的境界，是"通天下之志"，"成天下之务"，"定天下之业"，"断天下之疑"。①《禹贡》分天下为九州，分别论述了各地的土气、物产，以及向中央政府贡奉的品物、方式和道路。一般认为，《禹贡》成书于战国时代，并不能体现夏代制度。史念海考证，《禹贡》是梁惠王积极图霸期间，魏国人士于安邑撰著成书的，"是在魏国霸业基础上设想出来大一统事业的宏图"。②

《墨子·尚同中》曾经提出过"一同天下"的说法。③ 甚至《庄子·天道》也有涉及"天下"的讨论。如："一心定而王天下。"④ 成为战国晚期秦国政治建设和政治管理指南的《韩非子》一书，可能是先秦诸子中说到"天下"一语频率最高的，竟然多达262次。其中可见所谓"霸天下"、"强天下"、"制天下"、"有天下"、"取天下"、"治天下"、"王天下"、"一匡天下"、"强匡天下"、"进兼天下"、"谓天下王"、"为天下主"、"取尊名于天下"、"令行禁止于天下"等。⑤ 很显然，谋求统一，谋求对"天下"的统治，已经成为十分明确的政治目的，已经成为十分急切的政治要求。

秦的统一，就是在这样的政治文化背景下实现的。其形势"如暴风雷雨，闪击中原"，证明"任何主观的企图，都不足以倒转历史的车轮"。⑥ 秦的统一，当时应当得到了社会的普遍赞同。秦始皇琅邪刻石所谓"普天之下，抟心揖志"⑦，可以理解为政治宣传，然而贾谊《过秦论》评说当时形势所谓"天下之士斐然乡风"，"元元之民""莫不虚心而仰上"⑧，应当大体可信。事实确如何兹全所说，"秦始皇统一大帝国的建立，是顺应历史发展和符合人民利益的"。⑨

---

① （清）阮元校刻：《十三经注疏》，第81页。
② 史念海：《论〈禹贡〉的著作年代》，《河山集》二集，生活·读书·新知三联书店1981年5月版，第392页。
③ （清）孙诒让著，孙启治点校：《墨子间诂》，中华书局2001年4月版，第78页。
④ （清）郭庆藩辑，王孝鱼整理：《庄子集释》，中华书局2004年1月版，第462页。
⑤ 周钟灵、施孝适、许惟贤主编：《韩非子索引》，中华书局1982年5月版，第428—429页。
⑥ 翦伯赞：《秦汉史》，北京大学出版社1983年5月版，第8页。
⑦ 《史记》卷六《秦始皇本纪》，第245页。
⑧ 《史记》卷六《秦始皇本纪》，第283页。
⑨ 何兹全：《秦汉史略》，上海人民出版社1955年5月版，第13页。

虽然孟子对梁襄王"孰能一之"提问的回答是"不嗜杀人者能一之"①，当时的政治现实是，各个大国都积极强兵备战，连年征伐不休。《吕氏春秋·荡兵》称以实现"大一统"为目的的战争形式为"义兵"。"古圣王有义兵而无有偃兵"，"古之贤王有义兵而无有偃兵"，"义兵之为天下良药也亦大矣"。②《史记》卷六《秦始皇本纪》可见李斯等人对秦始皇的赞颂："今陛下兴义兵，诛残贼，平定天下，海内为郡县，法令由一统，自上古以来未尝有，五帝所不及。"③秦时所谓"海内为郡县，法令由一统"的统一局面，是通过"兴义兵"的战争过程实现的。这一过程，依翦伯赞之说，"造成了中国史的紧张性"，"触发了中国史之全面运动"，"在东方世界激起一个历史浪涛"。④

二　秦始皇在统一进程中的作用

贾谊《过秦论》评价秦始皇的功绩，有"续六世之余烈"语。裴骃《集解》引张晏的解说，"六世"，是指"孝公、惠文王、武王、昭王、孝文王、庄襄王"。实际上，自秦孝公发起商鞅变法起，秦国就表现出积极进取的态势，逐步富国强兵，向东方扩张。按照贾谊的说法，秦"内立法度，务耕织，修守战之备，外连衡而斗诸侯"，而后得以"因利乘便，宰割天下，分裂河山"。国势强盛、军威勇进的所谓"虎狼之秦"⑤，成为政治史舞台上的主角。秦的统一，实际上在秦昭襄王时代已经奠定了基础。司马迁《史记》卷一三〇《太史公自序》明确《秦本纪》的主题，于是有"昭襄业帝"的说法。嬴政时代，则进一步推进了统一事业，一一兼并六国。李商隐诗《井泥六十韵》有"嬴氏并六合，所来因不韦"句⑥，指出在嬴政成年之前，曾经主持政务军务的吕不韦对秦统一的作用。嬴政二十二岁时，开始亲自主持国政。他铲除了吕不韦等妨害君权独

---

① 《孟子·梁惠王上》，（清）焦循撰，沈文倬点校：《孟子正义》，第78页。
② 陈奇猷校释：《吕氏春秋校释》，学林出版社1984年4月版，第383页。
③ 《史记》卷六《秦始皇本纪》，第236页。
④ 翦伯赞：《秦汉史》，第17页。
⑤ 《史记》卷六九《苏秦列传》，第2254页。
⑥ 中华书局编辑部点校：《全唐诗》（增订本）卷五四一《李商隐》，中华书局1999年1月版，第8册第6301页。

尊的贵族势力，但是却并不改变武力兼并的策略，继续统一进程。司马迁概括《史记》卷六《秦始皇本纪》的内容，首先强调"始皇既立，并兼六国"。① 这位政治家最主要的历史表现，就是完成了统一。

当时，"以天下为事"，期望"得志于天下"，已经成为秦人直接的政治目标。嬴政策划并且指挥了逐一剪灭六国的战争。在统一战争中，他曾经三次出行前方。《史记》卷六《秦始皇本纪》记载：随着秦军向东推进，秦王政十三年（前234），秦军大破赵军，斩首十万，嬴政亲临河南（今河南洛阳）；秦王政十九年（前228），秦军在进攻赵国的战役中取得决定性胜利，俘获赵王，又欲进击燕，嬴政亲临邯郸，后从太原、上郡返回咸阳；秦王政二十三年（前224），秦军大举攻楚，俘获楚王，秦王又亲临郢陈（今河南淮阳）。嬴政的出行，有特意移置最高指挥中心临近统一战争前线的意义。二十三年的郢陈之行，是秦王政行临距离战争前线最近地方的记录。对于嬴政亲至楚地新占领区的这次出行，云梦睡虎地秦简《编年记》中有对当时楚地战争背景的记录。简文写道："廿三年，兴，攻荆，□□守阳□死。四月，昌文君死。"睡虎地秦墓竹简整理小组解释说，"兴，指军兴，征发军队"。"昌文君，据《史记》卷六《秦始皇本纪》曾与昌平君同时为秦臣，参预攻嫪毐"。② 从简文内容可知，当时战争形势尚十分险恶。秦王政在这样的情况下"游至郢陈"，表现出对楚地军情战况的特殊重视，而作为握有全权的君主和最高军事统帅，这一行为不仅有益于振奋军心、鼓舞士气，自然也可以对把握战机、控制局势产生积极的作用。

秦王嬴政除逐客令，任用李斯、尉缭，求韩非，以郑国主持水利工程，都是在统一进程中的重要举措。平定韩、赵、魏、燕、楚、齐战事，多有嬴政决策的记录。商议攻取楚战略，李信说"不过用二十万人"，王翦以为"非六十万人不可"，嬴政说："王将军老矣，何怯也！李将军果势壮勇，其言是也。"李信受命攻楚，楚人大破之。嬴政亲自"见谢王翦"。决意"空秦国甲士"而专委于王翦，"于是王翦将兵六十万人，始

---

① 《史记》卷一三〇《太史公自序》，第3302页。
② 睡虎地秦墓竹简整理小组：《睡虎地秦墓竹简》，文物出版社1990年9月版，释文注释第7、10页。

皇自送至灞上"。① 后世有学者评价，嬴政"怀并吞之志"，虽"遇人寡恩"，依然能够令"王翦空秦国之士以专征"。② 嬴政作为秦政最高主宰和秦军最高统帅选将用兵时处心积虑，甚至克己违心的历史表现，确实引人注目。

三　改诸侯置郡县

秦始皇时代最重大的历史变化，后人称之为"六王毕，四海一"③，"六王失国四海归"④。其实，秦始皇实现的统一，并不仅仅限于黄河流域和长江流域原战国七雄统治的地域，亦包括对岭南的征服。战争的结局，是《史记》卷六《秦始皇本纪》和《史记》卷一一三《南越列传》所记载的桂林、南海、象郡的设立。按照贾谊《过秦论》的表述，即"南取百越之地，以为桂林、象郡，百越之君俯首系颈，委命下吏"。⑤ 考古学者关于岭南秦式墓葬发现，如广州淘金坑秦墓、华侨新村秦墓，广西灌阳、兴安、平乐秦墓等的判断，以为"说明了秦人足迹所至和文化所及，反映了秦文化在更大区域内和中原以及其它文化的融合"，"两广秦墓当是和秦始皇统一岭南，'以谪徙民五十万戍五岭，与越杂处'的历史背景有关"。⑥ 岭南文化与中原文化的融合，正是自"秦时已并天下，略定杨越"⑦ 起始。而秦帝国的国土规模，于是也远远超越了秦本土与"六王"故地。

秦的统一，是中国历史上的一件大事，也是世界历史上的一件大事。秦王朝的国土空前广袤，据《史记》卷六《秦始皇本纪》说，其地东至海滨暨朝鲜，西至临洮（今甘肃岷县）及羌人居地，南至"北向户"，北据河为界，与阴山并行东至辽东。秦的北边，是以规模宏大的工程长城作

---

① 《史记》卷七三《白起王翦列传》，第2339—2340页。
② （宋）李弥逊：《筠溪集》卷八《议古》，文渊阁《四库全书》本，台湾商务印书馆1986年版，第1130册第662页。
③ （唐）杜牧：《樊川文集》卷一《阿房宫赋》，上海古籍出版社1978年9月版，第1页。
④ （清）厉鹗辑撰：《宋诗纪事》卷四七《莫济·次韵梁尉秦碑》，上海古籍出版社2008年4月版，第1197页。
⑤ 《史记》卷六《秦始皇本纪》，第280页；《史记》卷四八《陈涉世家》，第1963页。
⑥ 叶小燕：《秦墓初探》，《考古》1982年第1期。
⑦ 《史记》卷一一三《南越列传》，第2967页。

为标界的。秦王朝政区范围的确定，为后来中华帝国版图的主体部分确定了基本格局。此后中土文化向四方传播，都是以此作为主要基地的。秦始皇于是分天下以为三十六郡，郡置守、尉、监诸官职，分别负责行政、军事、监察。对于秦郡的设置，历代学者多有考论，而近年出土的湖南里耶秦简"洞庭郡"、"苍梧郡"的发现，又充实了我们对秦代郡制的知识。

秦王朝对于是否实行郡县制度，曾经有过两次辩论。有人建议分置诸侯王，以镇抚管理燕国、齐国、楚国旧地。李斯驳斥了这种意见，以为推行郡县制便于控制天下，是实现海内承平的"安宁之术"，对于"创大业，建万世之功"有重要作用。秦始皇赞同李斯的主张。"改诸侯置郡县"①，是中国古代行政制度史上的重大变化。秦制的这一特点，对于中央强化对地方的控制表现出积极意义。

明代思想家李贽在《史纲评要》卷四《后秦纪》中曾经称李斯倡行郡县之议是"千古创论"，又就"置郡县"之举赞誉道："此等皆是应运豪杰、因时大臣。圣人复起，不能易也。"② 说郡县制度的确立，是"应运""因时"的历史创举，即使古之圣人当世，也同样会采取这样的政治举措的。王夫之说："郡县之制，垂二千年而弗能改矣，合古今上下皆安之，势之所趋，岂非理而能然哉？"③ 秦始皇能够清醒而坚定地以"制"顺"势"，历史判断力和行政意志都值得赞许。

四 一法度衡石丈尺，车同轨，书同文字

秦始皇为了维护统一，确定以"半两"钱为全国通行货币。这种代替了战国时期各国使用的布币、刀币、圆穿圜钱、铜贝和金钣的统一货币，流通地域空前辽阔。"半两"钱直到汉初依然通用。"半两"钱的形制，由于铸造、流通和储藏的方便，对以后历代钱币有长久的影响。对经济生活形成积极影响的重要制度，还有秦始皇琅邪刻石所谓"器械一量"。现存秦代文物多见铭刻秦始皇二十六年诏的统一的衡器和量具。诏

---

① 《释名·释州国》，（东汉）刘熙撰，（清）毕沅疏证，（清）王先谦补，祝敏彻、孙玉文点校：《释名疏证补》，中华书局2008年6月版，第54页。
② （明）李贽评纂：《史纲评要》，中华书局1974年11月版，第89页。
③ （清）王夫之：《读通鉴论》卷一《秦始皇》，中华书局1975年3月版，第1页。

文强调"法度量则不壹歉疑者,皆明壹之"。云梦睡虎地秦墓竹简《工律》还规定,县和工室由官府有关机构校正其衡器的权、斗桶和升,至少每年应校正一次。《工律》中又有这样的内容:"为器同物者,其小、大、短、长、广亦必等。"① 要求制作同一种器物,其大小、长短和宽度必须相同。现代生产管理讲究标准化的要求,在秦始皇时代已经创始。

琅邪刻石"器械一量"的后续词语是"同书文字"。② 文字的统一,原本是先秦思想家提出的文化理想。子思作《中庸》,前引孔子之语,又写道:"今天下车同轨,书同文,行同伦,虽有其位,苟无其德,不敢作礼乐焉;虽有其德,苟无其位,亦不敢作礼乐焉。"③ 宋代学者黄震说:"今子思自谓当时也。""言天下一统也。"④ 战国时期,清醒的思想家注意到,书不同文是影响当时文化进步的严重阻碍。正如东汉学者许慎在《说文解字叙》中所说,"诸侯力政,不统于王",于是礼乐典籍受到破坏,天下分为七国,"田畴异亩,车涂异轨,律令异法,衣冠异制,言语异声,文字异形"。于是,秦灭六国,实现统一之后,"秦始皇帝初兼天下,丞相李斯乃奏同之,罢其不与秦文合者"。⑤ 也就是说,秦王朝以"秦文"为基点,欲令天下文字"同之",与"秦文"不一致的,统统予以废除,以完成文字的统一。历史上的这一重要文化过程,司马迁在《史记》卷六《秦始皇本纪》中写作"书同文字"、"同书文字",在《史记》卷一五《六国年表》与《史记》卷八七《李斯列传》中分别写作"同天下书"、"同文书"。⑥ 有人认为,秦始皇统一文字,首先是为了行政的需要:"书同文,良以教之,不可杂。犹之一国之中而共事一君也。"⑦ 然而这一举措对于丰富、发展和传承中华文化的意义,更是不言

---

① 睡虎地秦墓竹简整理小组:《睡虎地秦墓竹简》,释文注释第43页。
② 《史记》卷六《秦始皇本纪》,第245页。
③ 《礼记·中庸》,(清)朱彬撰,饶钦农点校:《礼记训纂》,中华书局1996年9月版,第779页。
④ (宋)黄震:《黄氏日抄》卷二五《读礼记》,文渊阁《四库全书》本,台湾商务印书馆1986年版,第707册第746页。
⑤ (汉)许慎撰,(清)段玉裁注:《说文解字注》,上海古籍出版社据经韵楼藏版1981年10月影印版,第757—758页。
⑥ 《史记》,第239、245、757、2547页。
⑦ (清)靳辅:《靳文襄奏疏》卷七,文渊阁《四库全书》本,台湾商务印书馆1986年版,第430册第684页。

而喻的。

秦统一文字,是中国文字演变史上的一次大转折。不过,所谓"书同文",并不是一个简单的只靠行政命令就可以在短时期内全面实现的过程。文字的变革,因秦王朝年祚之短暂,并没有真正完成。"书同文"的事业在汉初继续进行,实际上到汉武帝时代才可以说逐步走向定型了。"经过这一转折,汉代的文字和先秦文字差异相当大,以致那时的学者已难通谙先秦的文字。"对于古文字学的对象,一般地说,学界"以秦代统一文字作为下限",这是因为"秦统一文字是中国文字演变史上的一次大转折"。① 秦王朝的"书同文"虽然并不像有些人理解的那样迅速成功,但是当时能够提出这一有益文化进步的规划,并且开始了这一有益文化进步的实践,已经是值得肯定的伟大的创举。思考一直绵延流传下来的中国古文字与后来"死"了的某些古代文明国家的文字之所以不同,或许也应当注意秦"同书文字"的意义。多数学者应当赞同何兹全的判断:"在这个大帝国内,有几千万人口使用着同一的文字,有大体相同的文物制度。在公元前三世纪,秦帝国是世界上一个最大的国家,也是文化最高的国家之一。"②

秦王朝推行文化统一的政策,并不限于文字的统一。我们在秦始皇出巡时在各地的刻石文字中,可以看到要求各地"行同伦"的内容。比如琅邪刻石"匡饬异俗",之罘刻石"黔首改化,远迩同度",均表示各地的民俗都要改造,以求整齐统一。其具体形式,是法律的规范,就是所谓"普施明法,经纬天下,永为仪则"。更为明显的实例,是会稽刻石中还说到皇帝"亲巡天下,周览远方","宣省习俗,黔首斋庄",对于当地民俗的干预,已经相当具体。例如,"有子而嫁,倍死不贞","妻为逃嫁,子不得母"等现象都受到谴责,期望建立所谓"防隔内外,禁止淫泆,男女絜诚"的新的道德秩序,甚至宣称"夫为寄豭,杀之无罪"。掌握最高政治权力的秦帝国的统治者期望直接以强制手段改变民俗,确定新的有利于"常治无极"的"法"、"令"、"轨"、"则",即新的文化规范,以实现所谓"大治濯俗,天下承风"。③ 贾谊《过秦论》所谓"秦王既没,

---

① 李学勤:《古文字学初阶》,中华书局1985年5月版,第2页。
② 何兹全:《秦汉史略》,第18页。
③ 《史记》卷六《秦始皇本纪》,第261—262页。

余威振于殊俗",说明这一政策影响之深刻。明人李攀龙《咏古》诗写道:"濯俗谅已美,刑名非恒常。鞭棰出顽夫,二世寻灭亡。"① 对于以行政强权"匡饬异俗"有所批评。然而"濯俗"行政在客观上依然有促成文化交流和文化融合的意义。分析西汉以后繁荣的汉文化的形成与统一的多民族国家的巩固,不能忽略秦代区域文化政策的历史因素。

秦始皇时代的交通建设,也体现出接近"车同轨"理想的努力。直道是秦始皇时代为加强北边防务,抵御匈奴南犯而开筑的由位于长城防线上军事重镇九原(今内蒙古包头)直通今陕西淳化的林光宫的交通大道。直道工程直通南北,沿途"堑山堙谷"②,据说全程"千八百里"③,规模极其宏大。从现存地面遗迹看,路宽往往达50—60米。在中国早期交通建设的历史记录中,秦直道的建设,是首屈一指的重要工程。秦王朝将中央政府统一规划的交通建设视为执政要务之一,除"决通川防,夷去险阻"之外,还在实现统一的第二年,就开始了"治驰道"的工程。④ 秦"为驰道于天下,东穷燕齐,南极吴楚,江湖之上,濒海之观毕至"。⑤ 秦始皇统一之后曾经五次长途出巡。秦二世为模仿"先帝巡行郡县,以示强,威服海内",也曾"东行郡县"。⑥ 通过秦始皇和秦二世出巡路线的畅通,可以知道驰道当时已经结成了全国陆路交通网的基本要络。以秦始皇"治驰道"为标志的交通建设,为后世统一帝国实现行政效能准备了条件。

五 秦始皇统一的技术因素

对于秦始皇能够实现统一的原因,史家有长期的讨论。论者或以为通过变革而实现的生产关系和社会制度的进步,是秦富国强兵,完成一统的

---

① (明)李攀龙:《沧溟集》卷三,文渊阁《四库全书》本,台湾商务印书馆1986年版,第1278册第206页。
② 《史记》卷六《秦始皇本纪》,第256页。
③ 《史记》一一〇《匈奴列传》张守节《正义》引《括地志》,第2886页。
④ 《史记》卷六《秦始皇本纪》,第252、241页。"治驰道",又见于《史记》卷一五《六国年表》,第757页;《史记》卷八七《李斯列传》,第2561页。
⑤ 《汉书》卷五一《贾山传》,第2328页。
⑥ 《史记》卷六《秦始皇本纪》,第267页。

主要原因。已经有学者就此辨议:"睡虎地竹简秦律的发现和研究,展示了相当典型的奴隶制关系的景象","有的著作认为秦的社会制度比六国先进,我们不能同意这一看法,从秦人相当普遍地保留野蛮的奴隶制关系来看,事实毋宁说是相反"。① 有的学者甚至认为对秦国政治影响至为深刻的法家学派,"倡导的极权主义颇近于法西斯"。② 以生产关系、文化形态和社会制度为基点的关于秦实现统一的原因的争论,看来还可能继续下去。而技术条件对于秦的统一的作用,也应当引起秦史学者的关注。也许技术层面的考察,有助于秦实现统一的历史原因的说明。

秦国水利建设成就突出。目前我们所知"水利"这一语汇的最早使用,见于成书于秦国的《吕氏春秋》一书中。《吕氏春秋·慎人》:"堀地财,取水利。"高诱解释说:"水利,濯灌。"③ 自商鞅变法自雍迁都咸阳之后,秦的文化重心由农耕区的边缘转移到农耕区的中心,对农耕的重视达到空前的地步。当时秦人对"水利"的重视,从河川神祭祀制度可以得到体现。《史记》卷二八《封禅书》:"霸、产、长水、沣、涝、泾、渭皆非大川,以近咸阳,尽得比山川祠。"④ "近咸阳"诸水尽管"皆非大川",均得列入高等级的正统的"山川祠"系统之中,主要因素应在于咸阳附近的水资源对于秦国主要农耕区的"濯灌"发挥了重要的作用。⑤ 战国辩士关于秦地所谓"田肥美,民殷富","沃野千里,蓄积饶多,地势形便,此所谓'天府',天下之雄国也"⑥ 的赞美,应当与水利建设的成功有关。秦始皇时代形成显著经济效益的都江堰和郑国渠,都是中国水利史上的成功典范。《史记》卷二九《河渠书》所谓"秦以富强,卒并诸侯",强调水利事业的成功,是秦实现统一的重要因素之一。

秦人有重视交通的传统。传说中秦先祖事迹多以致力于交通活动著称

---

① 李学勤:《东周与秦代文明》,文物出版社1984年6月版,第378页。
② [英]李约瑟著,王玲协助,何兆武等译:《中国科学技术史》第2卷《科学思想史》,科学出版社、上海古籍出版社1990年8月版,第1页。
③ 陈奇猷校释:《吕氏春秋校释》卷一四,第802、805页。
④ 《史记》,第1374页。
⑤ 参看王子今《秦定都咸阳的生态地理学与经济地理学分析》,《人文杂志》2003年第5期。
⑥ (西汉)刘向集录:《战国策》卷三《秦策一》,上海古籍出版社1985年3月版,第78页。

于世。秦人立国，也直接与"襄公以兵送周平王"①的交通行为有关。秦人祭祀天帝时奉献车马或车马模型。据毛氏传，《诗·秦风》中多见体现秦人"有车马之好"的诗句。春秋时期，秦人曾经在秦晋之间的黄河水面架设临时浮桥。黄河历史上第一座常设的浮桥，也是秦国修建。最早的双辕车应当是秦人发明。②天水放马滩1号秦墓出土的年代为战国晚期的木板地图，明确绘出交通道路，有些还标记道里数字。图中关隘称"閟"，用特殊形象符号表示。③通过这一文物遗存，也可以了解秦交通制度的完备。在秦人军事扩张的历程中，秦军善于"远攻"④，较早创大军团长距离远征，"径数国千里而袭人"⑤的历史记录。秦统一战争中，往往调动数十万人的大军连年出击，无疑也需要凭借强大的运输力量保证后勤供给。秦国最终能够完成击灭六国，实现一统的伟业，有强劲的交通实力以为借助，也是重要因素之一。⑥

《史记》卷六《秦始皇本纪》关于秦始皇陵工程的历史记录中，连续三次出现"机"字，值得我们注意：（1）作机弩矢；（2）以水银为百川江河大海，机相灌输；（3）工匠为机。这种刘向称之为"机械之变"⑦的技术优势，是因设计发明和工艺创造的长期积累而形成的。⑧较早的秦文化的实际遗存中已有体现"工匠为机"的文物。甘肃礼县圆顶山秦贵族墓出土四轮仿车式青铜器件。器盖的开合，也由"机"的结构控制，体现出"为机"的巧思。⑨秦始皇陵兵马俑坑多出弩机。对于有的学者推算的这种"强弓劲弩"的张力和射程还可以讨论，而秦弩有较强的力量和较远的射程，应当是没有疑问的。"弩"之先进性主要体现于"机发"。

---

① 《史记》卷五《秦本纪》，第179页。
② 吴镇烽、尚志儒：《陕西凤翔八旗屯秦国墓葬发掘简报》，《文物资料丛刊》第3集，文物出版社1980年5月版，第67—85页。
③ 甘肃省文物考古研究所、天水市北道区文化馆：《甘肃天水放马滩战国秦汉墓群的发掘》，《文物》1989年第2期；何双全：《天水放马滩秦墓出土地图初探》，《文物》1989年第2期；雍际春：《天水放马滩木板地图研究》，甘肃人民出版社2002年6月版，第140—144页。
④ 《史记》卷七九《范雎蔡泽列传》，第2409页。
⑤ 《史记》卷五《秦本纪》，第190—191页。
⑥ 参看王子今《秦国交通的发展与秦的统一》，《史林》1989年第4期。
⑦ 《汉书》卷三六《刘向传》，第1954页。
⑧ 参看王子今《秦始皇陵的"机械之变"》，《秦陵秦俑研究动态》2007年第2期。
⑨ 甘肃省文物考古研究所、礼县博物馆：《甘肃礼县圆顶山98LDM2、2000LDM4春秋秦墓》，《文物》2005年第2期。

《淮南子·原道》:"其用之也若发机。"高诱注:"机,弩机关。"① 实际上弩机在一般军事实践的运用,秦军久已有丰富的经验。以《战国策》为例,其中10处说到"弩",特别对于韩人"弩"的制作和使用有甚高评价,然而涉及秦军用"弩"的文字,出现密度最大。所谓"强弩在前,铦戈在后",体现使用"强弩"的士兵组成了秦军野战主攻部队。秦兵器中又有所谓"连弩"。据《史记》卷六《秦始皇本纪》,秦始皇本人有亲自使用这种"连弩"射海中"巨鱼"的经历。② 秦人在战争"器械"方面的优势,也是实现统一的技术条件。

开发和利用自然力,以节省人工,提高效率,是生产方式进步的重要条件。这种动力革命对于历史前进的意义,其实十分重要。使用马匹作为运输动力对于社会进步有显著的推进作用。秦人久有重视养马的传统。战国时秦国以"秦马之良,戎兵之众,探前趹后,蹄间三寻者,不可胜数也"③,显示出与其他各国军事实力对比因动力之强所实现机动性和进击速度方面的明显优势。秦始皇陵兵马俑坑出土的形态高大强健的陶马④,可以反映秦人养马业的成就。秦始皇表彰西北畜牧业主乌氏倮的成功,说明秦马政得到西北民族的支持。近年甘肃张家川马家塬墓地的发现⑤,或许可以理解为与这一情形有关的文物遗存。《战国策·赵策一》记载,赵豹警告赵王应避免与秦国对抗:"秦以牛田,水通粮,其死士皆列之于上地,令严政行,不可与战。王自图之!"⑥ 所谓"水通粮",是形成"不可与战"之优越国力的重要因素。漕运这种对于中国古代社会经济交流和政治控制意义重大的运输方式的启用,秦人曾经有重要的贡献。《左传·僖公十三年》记述秦输粟于晋的"汎舟之役"。⑦ 据《华阳国志》卷三《蜀志》,李冰曾经开通多处水上航路,"通正水道","以行舟船",

---

① 何宁撰:《淮南子集释》,中华书局1998年10月版,第90页。
② 《史记》,第263页。
③ 《战国策·韩策一》,(西汉)刘向集录:《战国策》,第934页。
④ 陕西省考古研究所、始皇陵秦俑坑考古发掘队:《秦始皇陵兵马俑坑一号坑发掘报告(1974~1984)》,文物出版社1988年10月版,上册第157—158页。
⑤ 甘肃省文物考古研究所、张家川回族自治县博物馆:《2006年度甘肃张家川回族自治县马家塬战国墓地发掘简报》,《文物》2008年第9期。
⑥ (西汉)刘向集录:《战国策》,第618页。
⑦ 《春秋左传集解》,上海人民出版社1977年8月版,第284页。

"坐致材木,功省用饶"。① 水运条件的优越,使秦国的经济储备得以充实,使秦军的战争实力得以提升。秦始皇时代灵渠的遗存,又提供了秦人在统一战争期间开发水利工程以水力用于军运的确定的实例。徐中舒曾经指出,"牛耕的普遍推行是战国时代秦国的事"。"如果没有牛耕,秦国也就不能抽出更多的壮丁和积聚更多的粮食来作长期的战争。如果没有水通粮(即后来的漕运),也就不能把它所积聚的粮食,输送到远方去征服其它的国家。"② 所谓"秦以牛田,水通粮",从动力开发的意义观察,也可以理解为秦统一战争中表现出突出优势的重要因素之一。

秦始皇登泰山时就"封禅"事咨询齐鲁儒生博士,因儒生所议"难施用",于是"由此绌儒生"。看来,可否"施用",是秦始皇文化判断和政策选择的重要标尺。曾经以博士身份服务于秦始皇的孔子六世孙孔鲋说:"吾为无用之学","秦非吾友"③,也强调了文化态度的这种区别。秦学术文化具有重视实用的特点。其表现,在于技术之学有较高的地位。秦始皇、李斯焚书,"所不去者,医药卜筮种树之书"④,就显示了这一文化倾向。秦技术之学的成熟,体现出对理论的某种轻视。然而从另一个角度看,似乎又暗示着科学精神的萌芽。

东方列国长期依恃丰厚的文化积累傲视秦人,以致"夷翟遇之"。⑤ 他们所忽视的秦在技术层次的优胜,却使得秦人在军事竞争中取得强势地位。贾谊《过秦论》所谓嬴政"振长策而御宇内,吞二周而亡诸侯,履至尊而制六合,执棰拊以鞭笞天下,威振四海"之形势的实现,自有技术条件的因素。然而可以以"长策"、"棰拊"为象征的秦人在技术方面的成功,也许又在某种意义上掩盖了自身文化积累和文化创造方面的若干不足,使得秦帝国的执政者沉浸在"以为自古莫及己",可以"永偃戎兵","长承圣治"的自大意识中,不免最终迅速败亡,"及其衰也,百姓

---

① (晋)常璩撰,任乃强校注:《华阳国志校补图注》,上海古籍出版社1987年10月版,第133页。
② 徐中舒:《论东亚大陆牛耕之起源》,《成都工商导报》,《学林》副刊,1951年12月。
③ (宋)司马光编著,(元)胡三省音注,"标点资治通鉴小组"校点:《资治通鉴》卷七《秦纪二》"始皇帝三十四年",第244页。
④ 《史记》卷六《秦始皇本纪》,第255页。
⑤ 《史记》卷五《秦本纪》,第202页。

怨望而海内畔矣"。①

六　秦始皇统一成就与秦文化的开放性格

秦孝公时，承认"诸侯卑秦，丑莫大焉"。②但是秦始皇在各地刻石，则甚至已经敢于在包括"义"、"理"等各方面指斥六国君王，俨然以先进文化的传布者自居。这种意识，显然来源于统一战争中"秦战未尝不胜，攻未尝不取，所当未尝不破也"的军事优势和因关东地区战时"天下之府库不盈，囷仓空虚"③的片断历史现象引起的错觉。

在秦始皇嬴政的统一事业中，有以秦人传统为基点的文化扩张和文化征服的鲜明特征。而另一方面，嬴政也表现出对东方文化的内心尊重。"秦每破诸侯，写放其宫室，作之咸阳北阪上"④，在咸阳一一复制被征服国的宫殿，在建筑文化史上传为美谈。如劳榦所说，"秦始皇统一天下以后的大部分时期，兼用了儒生和法吏，并且还兼用了方士……。秦始皇的顾问，是七十博士，仿照孔子的七十弟子的数目"。⑤秦的"博士"制度，迎纳包括以儒生为主的众多东方知识人参与议政行政。秦始皇统一之初，就有礼祀东方名山川之行。"即帝位三年，东巡郡县，祠驺峄山，颂秦功业。于是征从齐鲁之儒生博士七十人，至乎泰山下。"礼祠之仪，曾经咨询齐鲁儒士。秦始皇登泰山，又"禅于梁父"，"遂东游海上，行礼祠名山大川及八神"。⑥"八神"，是齐人传统祭祀体系中的崇拜对象。看来，秦始皇对于异己的文化形式，并不完全排斥。他在政体设计中采用五德终始学说，也表现出对于阴阳家理论的某种认同。

对燕齐方士们的信从，也体现出秦始皇"览省远方"、"周览远方"⑦时比较虚心的文化态度。今天许多人看来可以完全归入迷信的方术之学，其神仙思想的形成，按照顾颉刚的分析，有两种原因，"其一是时代的压

---

① 《史记》卷六《秦始皇本纪》，第278页。
② 《史记》卷五《秦本纪》，第202页。
③ 《战国策·秦策一》，（西汉）刘向集录：《战国策》，第98、95页。
④ 《史记》卷六《秦始皇本纪》，第239页。
⑤ 劳榦：《秦汉史》，中国文化学院出版部1980年4月版，第8页。
⑥ 《史记》卷二八《封禅书》，第1366—1367页。
⑦ 《史记》卷六《秦始皇本纪》，第250、261页。

迫","其二是思想的解放"。"有了这两种原因做基础,再加以方士们的点染,旧有的巫祝们的拉拢,精神的和浅薄的,哲学的和宗教的,种种不同的思想糅杂在一起,神仙说就具有了一种出世的宗教的规模了。"① 秦始皇对方术之学的迷妄,有求长生的自私的动机,然而也未尝不可以理解为对于一种陌生的精神文明形式基于新鲜文化感觉的热情。

秦文化原本有开放的性格。秦人倾心迎致的,不仅仅是李斯《谏逐客书》中首先说到的"昆山之玉"、"随、和之宝"以及"随俗雅化佳冶窈窕赵女"等享乐生活的内容,更重要的是东方的人才和东方的学说。"客卿"的任用和优秀文化成就的吸收促成了秦文化的发展。如明人张燧所说,"六国所用相,皆其宗族及国人,独秦则不然。始与谋国开伯业者,魏人公孙鞅也,其他若楼缓赵人,张仪、魏冉、范雎皆魏人,蔡泽燕人,吕不韦韩人,李斯楚人,皆委国而听之不疑"。② 李斯之大受信用,得以"委国而听之不疑",正是秦始皇嬴政的事迹。就学术文化而言,法家思想、墨家思想和东方兵学,都在秦地发生了显著的效能。秦始皇时代因统一的完成和疆域的拓展,不同渊源的文化,得到了相互融汇的更好的历史条件。李学勤指出,"东周时代充满了战乱和分裂",当时的列国可以大致划分为7个文化圈:中原文化圈、北方文化圈、齐鲁文化圈、楚文化圈、吴越文化圈、巴蜀滇文化圈和秦文化圈。而"秦文化的传布",成为重要的历史现象。"秦的兼并列国,建立统一的新王朝,使秦文化成为后来辉煌的汉代文化的基础。"③ 秦始皇时代,秦文化已经从多方面收纳其他区域文化的因素,形成了丰盈而多彩的新的时代风貌。秦始皇嬴政面对这样的历史趋势,表现是主动的。

七 秦始皇统一事业的历史评价

对于秦始皇,明代思想家李贽有"千古一帝"的赞誉。④ 清代学者赵翼认为,"秦皇尽灭六国,以开一统之局",在某些方面已经为秦汉间

---

① 顾颉刚:《秦汉的方士与儒生》,上海古籍出版社1978年2月版,第10—11页。
② (明)张燧撰,贺新天校点:《千百年眼》,河北人民出版社1987年8月版,第53页。
③ 李学勤:《东周与秦代文明》,文物出版社1984年6月版,第7、11—12页。
④ (明)李贽著,漆绪邦、张凡注:《李贽全集注》第4册《藏书注》卷二《混一诸侯》,社会科学文献出版社2010年5月版,第45页。

"天地一大变局"准备了基础。① 近代学者章太炎又说:"古先民平其政者,莫遂于秦",如果秦始皇政风得以延续,"虽四三皇、六五帝,曾不足比隆也"。② 钱穆曾经写道:"中国版图之恢廓,盖自秦时已奠其规模。近世言秦政,率斥其专制。然按实而论,秦人初创中国统一之新局,其所努力,亦均为当时事势所需,实未可一一深非也。"③ 对于秦始皇的评价,历来争议纷纭。而这位历史人物的实践,确实是与当时的时代变革趋向大体一致的。

对于秦始皇焚书坑儒的行为,历来有种种的否定与抨击。然而当时的历史条件和文化背景其实相当复杂。李贽在《史纲评要》卷四《后秦纪》中曾经这样评论李斯建议焚书的上书:"大是英雄之言,然下手太毒矣。当战国横议之后,势必至此。自是儒生千古一劫,埋怨不得李丞相、秦始皇也。"④ 顾颉刚则以为对"焚书""坑儒"应当具体分析。关于"坑儒"事,他说,"当时儒生和方士本是同等待遇,这件事又是方士闯下的祸,连累了儒生;后人往往把这件事与'焚书'作一例看,实在错误。焚书是初统一时期的政治使命,坑儒则不过始皇个人的发脾气而已"。⑤ 尽管千百年后依然异议纷纭,如毛泽东所谓"劝君少骂秦始皇,焚坑事业要商量"⑥,但是焚书坑儒在中国文化专制主义的历史上成为标志性的事件,是没有疑义的。秦王朝对思想文化的严酷的控制,反映了秦始皇嬴政和他身边的决策集团比较急进的行政作风,同时又表现出长期战争之后行政军事化的历史惯性。而这种反文化的政策,在中国历史上确实是一个极恶劣的开端。

值得我们注意的,是就"焚坑事业"的争议虽然颇激烈,然而对于秦始皇的统一,在历代史学评论中,很少听到反对的声音。人们鲜明的印象,有李白"秦王扫六合,虎视何雄哉!挥剑决浮云,诸侯尽西来"的

---

① (清)赵翼著,王树民校证:《廿二史札记校证》卷二《汉初布衣将相之局》,中华书局1984年1月版,第36页。
② 章太炎:《秦政记》,《太炎文录初编》,《章太炎全集》第4卷,上海人民出版社1985年9月版,第71页。
③ 钱穆:《秦汉史》,生活·读书·新知三联书店2004年4月版,第20页。
④ (明)李贽评纂:《史纲评要》,第90页。
⑤ 顾颉刚:《秦汉的方士与儒生》,第12页。
⑥ 毛泽东:《七律·读〈封建论〉呈郭老》。"焚坑事业要商量"或引作"焚坑事业待商量",中央档案馆保存的铅印件作"焚坑事业要商量"。

诗句。① 秦始皇的统一，确实是一部张扬英雄主义的史诗。秦帝国的行政设计，也是显现高超政治智慧的杰作。明人刘基诗"秦皇县九宇，三代法乃变"②，指出郡县制推行的变革意义。而秦始皇其他实现统一和巩固统一的措施，也有明显的推进历史的作用。李天植《咏史》诗也说到"秦皇制六合"的统一大业："紫塞亘万里，外内界则明。《春秋》重此义，兹尚存典刑。后世经术儒，剿说日以横。胡然南面尊，不耻城下盟。祖龙而有知，其气殊未平。"虽然对"焚书筑长城"的批评，"万古以为罪"，但是建立统一帝国的事业，却可以说"岂识理数原，尚留天地精"。③ 许倬云在为一部汉武帝传作序时写道，重要历史人物的决定，可以"终乎在诸项可能之中抉择了演变的方向"。他说，"方向一旦定了，历史不能再回头，后人遂只有接受这个事实，再作下一步的抉择"。④ 秦始皇实现统一，就是这样的"事实"。而这一历史变化显示的对于历史"演变的方向"的"抉择"，其积极、明智、正确，已经为后来的历史进程所证明。中华民族文化共同体的形成和发展，因这一"演变的方向"的"抉择"，具备了有决定性意义的历史条件。

---

① （唐）李白著，（清）王琦注：《李太白全集》卷二《古风五十九首·其三》，第92页。
② （明）刘基著，林家骊点校：《刘基集》卷二〇《五言古诗·感时叙事》，浙江古籍出版社1999年12月版，第367页。
③ （清）朱彝尊编：《明诗综》卷七三《李天植》，文渊阁《四库全书》本，台湾商务印书馆1986年版，第1460册第654页。
④ 金惠：《创造历史的汉武帝》，台湾商务印书馆1984年6月版，第6页。

"皇帝"制度：秦始皇的政治发明

秦王政二十六年（前221），"秦王初并天下"，指令重臣"议帝号"，确定"始皇帝"之称，成就了皇帝制度的发明。这一制度影响中国政治格局两千年之久，秦始皇对"帝号"的看重，自有其文化渊源。回顾战国史，应当重视"秦称西帝，齐称东帝"的事件。确定皇帝称号，"制曰可"的程式，体现了皇帝个人与皇帝制度的关系。"帝号"在秦统一之初执政合法性宣传中有重要意义。"义兵"与"圣德"等自我标榜也是赢得社会认可，支撑国家权力，维护王朝管理的手段。而更有效的宣传策略，可能在于秦帝国执政初期出于对"民"与"民心"的一定程度的重视，有关"普天之下，抟心一志"、"黔首安宁"、"欢欣奉教"、"莫不受德，各安其宁"等舆论制造形成的效应，应符合贾谊《过秦论》关于当时社会普遍"虚心""仰上"的判断。"宗庙"对执政权力的认可，为秦人自我看重的特定因素，从秦始皇、秦二世与李斯等人的表现可以有所说明。然而秦"宗庙"的作用，未必可以对六国人形成强有力的实际影响。不过，当时秦王朝的相关政治表现，可以理解为皇族宗庙祭祀成为国家祭祀的制度史的先声。秦末关东暴动，赵高劝秦王子婴放弃帝号，实际上承认了管理天下的执政权力的丧失。

一　"既并天下而帝"

《史记》卷二八《封禅书》中对于秦史的记录，虽多神秘色彩，亦提供了值得深思的文化线索。其中体现秦人"帝"崇拜之传统的记录，或许主要来自秦官修史书《秦记》。① 例如，关于"畤"的设置与"帝"的祠祀，被看作秦史演进的重要节点："秦襄公攻戎救周，始列为诸侯。秦襄公既侯，居西垂，自以为主少暤之神，作西畤，祠白帝，其牲用骝驹黄牛羝羊各一云。其后十六年，秦文公东猎汧渭之间，卜居之而吉。文公梦黄蛇自天下属地，其口止于鄜衍。文公问史敦，敦曰：'此上帝之征，君其祠之。'于是作鄜畤，用三牲郊祭白帝焉。""作鄜畤后七十八年，秦德公既立，卜居雍，'后子孙饮马于河'，遂都雍。雍之诸祠自此兴。用三百牢于鄜畤。""德公立二年卒。其后四年，秦宣公作密畤于渭南，祭青帝。其后十四年，秦缪公立，病卧五日不寤；寤，乃言梦见上帝……而后世皆曰秦缪公上天。……缪公立三十九年而卒。其后百有余年，而孔子论述六蓺，传略言易姓而王，封泰山禅乎梁父者七十余王矣……""其后百余年，秦灵公作吴阳上畤，祭黄帝；作下畤，祭炎帝。""后四十八年……栎阳雨金，秦献公自以为得金瑞，故作畦畤栎阳而祀白帝。""其后百二十岁而秦灭周。""其后百一十五年而秦并天下。"②

秦国发展史与秦君王有关"帝"的信仰史同步，体现于如下系列行为：秦襄公"作西畤，祠白帝"——秦文公"作鄜畤"，"郊祭白帝"——秦德公"用三百牢于鄜畤"——秦宣公"作密畤"，"祭青帝"——秦灵公"作吴阳上畤，祭黄帝；作下畤，祭炎帝"——秦献公"作畦畤"，"祀白帝"。③ 而随后秦昭襄王短暂称"帝"，秦始皇实现统一之后正式使用专有"帝号"。《封禅书》记载："秦始皇既并天下而帝。"④

有人因此以土木金火水五德之说肯定秦进入黄帝、夏、商、周正统政治序列的合理性："秦始皇既并天下而帝，或曰：'黄帝得土德，黄龙地螾见。夏得木德，青龙止于郊，草木畅茂。殷得金德，银自山溢。周得火德，有赤乌之符。今秦变周，水德之时。昔秦文公出猎，获黑龙，此其水德之

---

① 《史记》卷一五《六国年表》："太史公读《秦记》，至犬戎败幽王，周东徙洛邑，秦襄公始封为诸侯，作西畤用事上帝，僭端见矣。"第685页。参看王子今《〈秦记〉考识》，《史学史研究》1997年第1期；《〈秦记〉及其历史文化价值》，《秦文化论丛》第5辑，西北大学出版社1997年6月版，第42—53页。

② 《史记》，第1358—1361、1363—1366页。

③ 参看王子今《论秦汉雍地诸畤中的炎帝之祠》，《文博》2005年第6期；《秦人的三处白帝之祠》，《早期秦文化研究》，三秦出版社2006年8月版，第21—33页。

④ 《史记》，第1366页。

瑞。'"秦执政者立即适应这一理论，利用这种宣传。"于是秦更命河曰'德水'，以冬十月为年首，色上黑，度以六为名，音上大吕，事统上法。"①

二 "议帝号"的政治讨论

《史记》卷六《秦始皇本纪》记录了统一实现之后，秦王政与丞相、御史等议定"皇帝"称号的情形：

> 秦王初并天下，令丞相、御史曰："异日韩王纳地效玺，请为藩臣，已而倍约，与赵、魏合从畔秦，故兴兵诛之，虏其王。寡人以为善，庶几息兵革。赵王使其相李牧来约盟，故归其质子。已而倍盟，反我太原，故兴兵诛之，得其王。赵公子嘉乃自立为代王，故举兵击灭之。魏王始约服入秦，已而与韩、赵谋袭秦，秦兵吏诛，遂破之。荆王献青阳以西，已而畔约，击我南郡，故发兵诛，得其王，遂定其荆地。燕王昏乱，其太子丹乃阴令荆轲为贼，兵吏诛，灭其国。齐王用后胜计，绝秦使，欲为乱，兵吏诛，虏其王，平齐地。寡人以眇眇之身，兴兵诛暴乱，赖宗庙之灵，六王咸伏其辜，天下大定。今名号不更，无以称成功，传后世。其议帝号。"

> 丞相绾、御史大夫劫、廷尉斯等皆曰："昔者五帝地方千里，其外侯服夷服，诸侯或朝或否，天子不能制。今陛下兴义兵，诛残贼，平定天下，海内为郡县，法令由一统，自上古以来未尝有，五帝所不及。臣等谨与博士议曰：'古有天皇，有地皇，有泰皇②，泰皇最贵。'臣等昧死上尊号，王为'泰皇'。命为'制'，令为'诏'，天子自称曰'朕'。"

> 王曰："去'泰'，著'皇'，采上古'帝'位号，号曰'皇

---

① 《史记》，第 1366 页。秦帝国执政方针亦顺应"水德"相关理念，《史记》卷六《秦始皇本纪》："始皇推终始五德之传，以为周得火德，秦代周德，从所不胜。方今水德之始，改年始，朝贺皆自十月朔。衣服旄旌节旗皆上黑。数以六为纪，符、法冠皆六寸，而舆六尺，六尺为步，乘六马。更名河曰德水，以为水德之始。刚毅戾深，事皆决于法，刻削毋仁恩和义，然后合五德之数。于是急法，久者不赦。"第 237—238 页。

② 司马贞《索隐》："按：天皇、地皇之下即云泰皇，当人皇也。而《封禅书》云：'昔者太帝使素女鼓瑟而悲。'盖三皇已前称泰皇。一云泰皇，太昊也。"第 237 页。

帝'。他如议。"
　　　　制曰："可。"①

所谓"六王咸伏其辜，天下大定"之后，"名号不更，无以称成功，传后世"，说明新的"名号"涉及执政合法性的问题。

　　嬴政以秦王身份指示丞相、御史讨论"名号"，然而在讨论之前，所谓"其议帝号"已经表露对于"帝"字的特别的热爱和明显的倾心。

　　"丞相绾、御史大夫劫、廷尉斯等"建议"尊号""为'泰皇'"，似乎没有注意到秦王政指示"其议帝号"的"帝"字。虽"他如议"，取用"泰皇"的意见却被否决。最终"去'泰'，著'皇'，采上古'帝'位号，号曰'皇帝'"的最高裁定，体现出秦始皇内心对"上古'帝'位号"的特殊重视。

　　《秦始皇本纪》记载中有关秦王"令丞相、御史""其议帝号"，"丞相绾、御史大夫劫、廷尉斯等"发表意见，而秦王政表态"号曰'皇帝'"之后，"制曰'可'"的记载耐人寻味。

　　对"制""诏"的解释，裴骃《集解》引蔡邕曰："制书，帝者制度之命也，其文曰'制'。诏，诏书。诏，告也。"张守节《正义》："制诏三代无文，秦始有之。"而"制曰：'可'"文下，裴骃《集解》引蔡邕曰："群臣有所奏，请尚书令奏之，下有司曰'制'，天子答之曰'可'。"②

　　在"王曰""号曰'皇帝'"之后再记录"制曰：'可'"，或许保留了秦文书档案的原始形态，上下文表示实现了"秦王"和"秦始皇帝"之间执政权力的交接。"秦王"和"秦始皇帝"虽然其身一体，却立足于以不同名号标志的不同地位。这不仅仅是公文史的一则重要资料，也是皇帝制度成立的正式公告。在一篇文字中，"王"与"皇帝"同为一个行为主体，却使用不同称谓，这可能是中国古代皇家文书史上罕见的特例。

　　从"王曰"到"制曰"在正式文书中的记录，体现了"皇帝"名号正式启用的郑重和庄严，也体现了皇帝个人亦附从于皇帝制度的事实。

　　有学者参考居延汉简"元康五年诏书""制曰：可"（10.27，510，332.26），肩水金关简"永始三年诏书""制：可"（74EJF16：1－8）及

---

① 《史记》，第235—236页。
② 《史记》，第237页。

敦煌悬泉置泥墙墨书"大皇大后（制曰）：可"① 等文例，分析"议帝号"诏中"制曰可"的意义，指出："诏书中秦王叙述平灭六国原因的部分，牛震运称之为《初并天下令》，是与嬴政'令丞相、御史曰'之'令'相对应。此时'议帝号'诏尚未形成，'令'字的使用十分准确。此诏颁布之前，《秦始皇本纪》中除篇首几句介绍秦始皇身世和秦王政十八年（前229）'始皇帝母太后崩'一句特例之外，皆称嬴政为'秦王'。在'议帝号'诏中，嬴政仍被称为'王'。但在《秦始皇本纪》'议帝号'诏后的文字中，皆称嬴政为'始皇'。实际上，在颁布'议帝号'诏的同时，其中的规定即已经生效。因此，诏书最后的批答之处，已经改用'制曰'一词。在其后的'除谥法'诏中，也使用了'制曰'一词。此外，'议帝号'诏中嬴政仍自称'寡人'，紧随其后的'除谥法'诏，也已改称为'朕'：制曰：'朕闻太古有号毋谥，中古有号，死而以行为谥。如此，则子议父，臣议君也，甚无谓，朕弗取焉。自今已来，除谥法。朕为始皇帝。后世以计数，二世三世至于万世，传之无穷。'可见，'议帝号'诏中的规定，立即得到了有效的实施。"论者又"尝试复原'议帝号'诏"，在"丞相绾、御史大夫劫、廷尉斯等"文后补"昧死言"字样②，也是合理的。

三　秦昭襄王"西帝"故事

《史记》卷五《秦本纪》记载了公元前288年秦王称"东帝"，齐王称"西帝"的史事："（秦昭襄王）十九年，王为西帝，齐为东帝，皆复去之。"③《史记》卷四三《赵世家》："（赵惠文王）十年，秦自置为西帝。"④《史记》卷四四《魏世家》："（魏昭王）八年，秦昭王为西帝，齐湣王为东帝，月余，皆复称王归帝。"⑤ 《史记》卷七二《穰侯列传》：

---

① 中国文物研究所、甘肃省文物考古研究所编：《敦煌悬泉月令诏条》，中华书局2001年8月版，第4—8页。
② 曾磊：《秦始皇"议帝号"诏评议》，《西安财经学院学报》2016年第4期。
③ 《史记》，第212页。
④ 《史记》，第1816页。
⑤ 《史记》，第1853页。

"昭王十九年，秦称西帝，齐称东帝。月余……而齐、秦各复归帝为王。"①齐王和秦王虽然很快就分别放弃了帝号，这一事件透露的政治文化信息依然值得治史者关注。

《史记》卷四六《田敬仲完世家》对于此事记载较为详细："（齐湣王）三十六年，王为东帝，秦昭王为西帝。苏代自燕来，入齐，见于章华东门。齐王曰：'嘻，善，子来！秦使魏冉致帝，子以为何如？'"苏代建议"明释帝以收天下"，"于是齐去帝复为王，秦亦去帝位"②。然而，我们又看到"秦为西帝，燕为北帝，赵为中帝"之说。据《史记》卷六九《苏秦列传》，苏代又曾经建议燕王使辩士说秦王提出"并立三帝"的设想："秦为西帝，燕为北帝，赵为中帝，立三帝以令于天下。韩、魏不听则秦伐之，齐不听则燕、赵伐之，天下孰敢不听？"③苏代建议齐王"释帝"，又设计"并立三帝"的外交格局，而两种意见，都尊秦为"西帝"。这是符合当时秦据有强势地位的实际，也符合秦王对"帝"的名号的追求的。

所谓"秦自置为西帝"，齐王曰"秦使魏冉致帝"，可知"西帝""东帝"名号的出现，原本是秦人的政治设计。而"秦为西帝，燕为北帝，赵为中帝"之说，不过是苏代拾秦人唾余。通过秦始皇"其议帝号"指令及"采上古'帝'位号，号曰'皇帝'"的最终择定，可知秦执政集团高层对"帝"字的看重。

从秦昭襄王到秦始皇，都对"帝"这一来自"上古"的崇高"位号"深心记念，满怀向往。这种心态是雄图在胸的反映，也充分体现了一种对于"成功"以及将这种"成功"传于"后世"的政治自信。

四 战争合法性宣传："义兵"

"秦始皇既并天下而帝"当年，即在诏书中正式以"皇帝"身份发布政令。实证信息较多的是秦始皇二十六年"法度量"诏："廿六年，皇帝尽并兼天下，黔首大安，立号为'皇帝'，乃诏丞相状、绾：'法度、量

---

① 《史记》，第2325页。
② 《史记》，第1898—1899页。
③ 《史记》，第2270页。

则不壹歉疑者，皆明壹之。'"① 秦始皇东巡刻石亦有在新占领地区发布政治宣言的意义。有学者注意其中"特别强调""皇帝"名号，体现"确立帝国权威的意味非常强烈"。论者辑得秦始皇刻石文字中"皇帝"名号宣示共18例，其中二十八年峄山刻石2例，二十八年泰山刻石2例，二十八年琅邪刻石8例，二十九年之罘刻石4例，三十二年碣石刻石1例，三十七年会稽刻石1例。②

"丞相绾、御史大夫劫、廷尉斯等""议帝号"建议"王为'泰皇'"时说："昔者五帝地方千里，其外侯服夷服，诸侯或朝或否，天子不能制。今陛下兴义兵，诛残贼，平定天下，海内为郡县，法令由一统，自上古以来未尝有，五帝所不及。"③ 指出统一事业的实现，是通过军事手段和战争方式，即所谓"兴义兵，诛残贼，平定天下"。④ 与"义兵"类似的说法，见于东巡刻石。如之罘刻石："大圣作治，建定法度，显箸纲纪。外教诸侯，光施文惠，明以义理。六国回辟，贪戾无厌，虐杀不已。皇帝哀众，遂发讨师，奋扬武德。义诛信行，威燀旁达，莫不宾服。烹灭强暴，振救黔首，周定四极。"其东观曰："圣法初兴，清理疆内，外诛暴强。武威旁畅，振动四极，禽灭六王。阐并天下，甾害绝息，永偃戎兵。"会稽刻石写道："秦圣临国，始定刑名，显陈旧章。初平法式，审别职任，以立恒常。六王专倍，贪戾慠猛，率众自强。暴虐恣行，负力而骄，数动甲兵。阴通间使，以事合从，行为辟方。内饰诈谋，外来侵边，遂起祸殃。义威诛之，殄熄暴悖，乱贼灭亡。"⑤ 这些文字，其实都可以

---

① "法度、量则不壹"断句从熊长云新见。参看熊长云《释"法度"与"量则"：再读始皇度量衡诏书》，《秦汉度量衡研究》，博士学位论文，北京大学，2017年，第95—98页。
② 曾磊：《秦始皇"议帝号"诏评议》，《西安财经学院学报》2016年第4期。
③ 《史记》卷六《秦始皇本纪》，第236页。
④ "义兵"之说又曾为刘邦所用。《史记》卷八《高祖本纪》："汉王项羽相与临广武之间而语。项羽欲与汉王独身挑战。""汉王数项羽""罪十"，又曰："吾以义兵从诸侯诛残贼，使刑余罪人击杀项羽，何苦乃与公挑战！"第376页。《史记》卷九二《淮阴侯列传》载韩信语刘邦曰："项王所过无不残灭者，天下多怨，百姓不亲附，特劫于威强耳。名虽为霸，实失天下心。故曰其强易弱。今大王诚能反其道：任天下武勇，何所不诛！以天下城邑封功臣，何所不服！以义兵从思东归之士，何所不散！"第2612页。也说到"义兵"。又如："成安君，儒者也，常称义兵不用诈谋奇计。"第2615页。《史记》卷九七《郦生陆贾列传》："郦生曰：'必聚徒合义兵诛无道秦，不宜倨见长者。'"第2692页。可知秦汉之际，所谓"义兵"作为战争正义性的宣传方式已经深入人心。考察这一现象，不妨理解为秦帝国政治宣传实现的某种成功。
⑤ 《史记》卷六《秦始皇本纪》，第249—250、261页。

理解为"兴义兵，诛残贼"的不同表现形式。"义兵"在统一战争中的作用，写作"义诛"或"义威诛之"。①

"义兵"之说频繁见于《吕氏春秋》，出现凡14次。如《吕氏春秋·荡兵》："古之贤王有义兵而无有偃兵。""义兵之为天下良药也亦大矣。""古之圣王有义兵而无有偃兵"语重复两次。②《吕氏春秋·振乱》言"当今之世，浊甚矣……世主恣行，与民相离，黔首无所告愬。"而"义兵至，则世主不能有其民矣"。③《吕氏春秋·禁塞》："取攻伐者不可，非攻伐不可，取救守不可，非救守不可，惟义兵为可。兵苟义，攻伐亦可，救守亦可。兵不义，攻伐不可，救守不可。"④《吕氏春秋·怀宠》又说到兼并战争中"义兵""得民"，"民服若化"情形："义兵至，则邻国之民归之若流水，诛国之民望之若父母，行地滋远，得民滋众，兵不接刃而民服若化。"⑤《吕氏春秋·论威》又言"义兵"之"隆"，"义兵之胜"。⑥

与"义兵"有一定关联，"义"是秦政治文化更高等级的目标，也是秦人政治宣传自我标榜时常用语汇。如秦始皇琅邪刻石："圣智仁义，显白道理。"泰山刻石："大义休明，垂于后世，顺承勿革。"之罘刻石："皇帝明德，经理宇内，视听不怠。作立大义，昭设备器，咸有章旗。"均提出"义"与"大义"的道德口号。之罘刻石又言"外教诸侯，光施文惠，明以义理"。⑦所谓"义理"语义，或许可以结合"圣智仁义，显

---

① 有学者指出，"义兵"被秦统治者作为"对政治道义的宣示"，作为"秦统一合理化宣传策略"，"强调了兼并战争的所谓正义性"，于是"从政治伦理方面将统一事业合理化"。论者亦将这种宣传与"贾谊认为秦为了实现统一而施行非仁义的政策具有特定历史阶段的合理性"进行了比较。崔建华：《秦统一合理化宣传策略的形成及改进——以初并天下诏为中心的探讨》，《人文杂志》2015年第11期。
② 陈奇猷校释：《吕氏春秋校释》，学林出版社1984年4月版，第383—384页。
③ 陈奇猷校释：《吕氏春秋校释》，第393—394页。
④ 陈奇猷校释：《吕氏春秋校释》，第401页。
⑤ 陈奇猷校释：《吕氏春秋校释》，第413页。
⑥ 陈奇猷校释：《吕氏春秋校释》，第431页。
⑦ 《史记》，第243、245、249—250页。胡亥对于赵高非法取得地位的建议，曾有"废兄而立弟，是不义也"语，以为加上"不孝"、"不能"，"三者逆德，天下不服，身殆倾危，社稷不血食"（《史记》卷八七《李斯列传》，第2548—2549页）。可知"义"对于最高权力接递的意义。子婴说："丞相高杀二世望夷宫，恐群臣诛之，乃详以义立我。"（《史记》卷六《秦始皇本纪》，第275页）也指出"义"和"立"的关系。对于"义"的推崇，在秦汉之际仍然可以看到显著的社会影响。例如"义帝"尊号的确立。《史记》卷一六《秦楚之际月表》："诸侯尊怀王为义帝。"第776页。《史记》卷八《高祖本纪》："天下共立义帝，北面事之。"第370页。

白道理"文句予以理解。

五　执政合法性宣传:"圣德"

当然,秦始皇时代执政合法性宣传中最响亮的语汇是"德"。《史记》卷六《秦始皇本纪》说,秦始皇东巡,"立石颂秦德","刻石颂秦德","立石刻,颂秦德"。如:"二十八年,始皇东行郡县,上邹峄山。立石,与鲁诸儒生议,刻石颂秦德,议封禅望祭山川之事。""于是乃并勃海以东,过黄、腄,穷成山,登之罘,立石颂秦德焉而去。""南登琅邪,大乐之,留三月。乃徙黔首三万户琅邪台下,复十二岁。作琅邪台,立石刻,颂秦德,明得意。"琅邪刻石的内容中,有直接标榜"德"的文字。如:"皇帝之德,存定四极。诛乱除害,兴利致福。""功盖五帝,泽及牛马。莫不受德,各安其宇。"随从重臣"与议于海上",刻石言:"今皇帝并一海内,以为郡县,天下和平。昭明宗庙,体道行德,尊号大成。群臣相与诵皇帝功德,刻于金石,以为表经。"之罘刻石自诩"奋扬武德","义诛信行",又说:"宇县之中,承顺圣意。""常职既定,后嗣循业,长承圣治。群臣嘉德,祗诵圣烈,请刻之罘。""德"与"圣"的配合引人注目。碣石刻石也写道:"皇帝奋威,德并诸侯,初一泰平。"会稽刻石出现了"德惠"的说法:"皇帝休烈,平一宇内,德惠修长。"又言:"圣德广密,六合之中,被泽无疆。"① "圣德"一语也被直接使用。秦二世东巡,"到碣石,并海,南至会稽,而尽刻始皇所立刻石,石旁著大臣从者名,以章先帝成功盛德焉"。刻石文字为:"皇帝曰:'金石刻尽始皇帝所为也。今袭号而金石刻辞不称始皇帝,其于久远也如后嗣为之者,不称成功盛德。'丞相臣斯、臣去疾、御史大夫臣德昧死言:'臣请具刻诏书刻石,因明白矣。臣昧死请。'制曰:'可。'"② 进行了"盛德"宣传。秦始皇三十三年(前214),"始皇置酒咸阳宫,博士七十人前为寿。仆射周青臣进颂曰:'他时秦地不过千里,赖陛下神灵明圣,平定海内,放逐蛮夷,日月所照,莫不宾服。以诸侯为郡县,人人自安乐,无战争之患,传之万世。

---

① 《史记》,第 242、244—245、247、249—250、252、261—262 页。
② 《史记》,第 267 页。

自上古不及陛下威德.'始皇悦。"① 周青臣说到"自上古不及陛下威德"的这番话,可以看作秦始皇"成功盛德"的注解。《史记》卷八七《李斯列传》记述此事,写作:"始皇三十四年,置酒咸阳宫,博士仆射周青臣等颂称始皇威德。"②

有学者注意到秦始皇政治宣传中对于"天"、"上天"的认可与支持似不予重视。③ 对于"天"的崇拜,以为"天下大定"是"上天"的作用,当时的秦人可能确实未必认同,按照李斯的说法,此"乃三代之事,何足法也"。④ 对于通常以"天"作为符号的自然力的崇拜,当然是秦社会意识的基本背景。但是执政阶层是否喜欢以"天"作为宣传的习用语汇,是另一回事。

---

① 《史记》,第254页。
② 《史记》,第2546页。参看王子今《"秦德"考鉴》,《秦文化论丛》第9辑,西北大学出版社2002年7月版,第48—69页。
③ 论者指出:"平定天下后,秦始皇在诏书里追述攻灭六国的历程,也只是说:'寡人以眇眇之身,兴兵诛暴乱,赖宗庙之灵,六王咸伏其辜,天下大定。'除了赞颂祖宗神灵的保佑外,并没有提到'上天'的任何作用。在著名的琅邪台刻石中,他甚至直接指斥古代的五帝三王,假借鬼神,欺骗民众。"论者据此以为,"秦始皇是不讲'天'的,他的天下是靠武力打下来的,统一天下靠的是他的雄才大略和勇将猛士。这是事实,但这个事实却不能构成帝国政治的合法性基础。所谓'马上得天下,却不能马上治天下'(当然,秦始皇大概并不骑马,他主要是乘车),那么,权力是谁授予的呢?合法性从何而来呢?我认为,从春秋战国到汉武帝时代,一直都在摸索建立一个怎样的政治体制,并且为这种政治体制奠定思想和理论亦即合法性基础。汉武帝基本完成了这个建构。所以,我更愿意强调武帝时代的建设性,经过百余年的摸索(从秦始皇统一开始),到汉武帝时代,才基本完成了统一帝国的政治、经济与社会、文化的建构。汉武帝一生的功业,大约包括三个方面:一是'罢黜百家,独尊儒术',诸如兴太学、改正朔、建封禅等文化事业;二是'外攘夷狄,开疆拓土',包括收两越、击匈奴、通西域、开西南夷等对外军事、外交活动;三是'内修法度,立法建制',包括行察举、削王国、改兵制等政治、军事措施,以及经济上一系列改革。可以说,那是一个创制的时代"。《鲁汉奇谈秦汉帝国的形成》,《东方早报》2015年10月11日。确实,"武帝时代的建设性"尤其值得肯定。汉武帝时代"统一帝国的政治、经济与社会、文化的建构"的完备性稳定性显然实现了更高层次上的成功。不过,论者似乎并没有明确回答秦始皇执政时期"权力是谁授予的呢","合法性从何而来呢"这样的问题。关于所谓汉武帝"罢黜百家,独尊儒术",似应注意当时的历史记述。《汉书》卷六《武帝纪》:"罢黜百家,表章《六经》。"第212页。《汉书》卷五六《董仲舒传》:"推明孔氏,抑黜百家。"第2525页。
④ 《史记》卷六《秦始皇本纪》,第254页。

六 "黔首"的态度:"天下无异意"

"秦初并天下"时政治文告中的执政合法性宣传,最有力的可能是"黔首"的态度。秦帝国执政集团的能力自信可能也主要体现于此。

李斯说:"今海内赖陛下神灵一统,皆为郡县……天下无异意,则安宁之术也。"① 秦始皇琅邪刻石:"上农除末,黔首是富。普天之下,抟心一志。"又有"黔首安宁","欢欣奉教","莫不受德,各安其宇"语。② 之罘刻石说统一事业在于"振救黔首",统一成功,于是"宇县之中,承顺圣意"。③ 碣石刻石也有"庶心咸服"、"天下咸抚"、"莫不安所"文字。④ 会稽刻石也可见如下内容:"大治濯俗,天下承风,蒙被休经。皆遵度轨,和安敦勉,莫不顺令。黔首修絜,人乐同则,嘉保太平。后敬奉法,常治无极,舆舟不倾。"⑤ 天下"太平"之政治预期的依据,是"黔首"们"承顺圣意","各安其宇","莫不安所"。"黔首"的态度并非仅仅是消极的被动的"奉法""顺令",所谓"抟心一志",所谓"天下无异意",是强调了民众的判断、立场和态度的。"奉"、"顺"与"安",指出了社会对新政体、新权力、新"法""令"即政治文化新形式的普遍认同。这当然只是宣传文字。秦帝国政治宣传的这种方式,体现出在执政理念的表面层次对社会"意""志"的看重。

"黔首",又写作"众"。如之罘刻石:"皇帝哀众,遂发讨师,奋扬武德。"或写作"黎庶"。如碣石刻石:"地势既定,黎庶无繇,天下咸抚。"⑥

秦始皇刻石文字对民意的乐观判断以及周青臣"进颂",博得"始皇悦"的"人人自安乐,无战争之患"诸语⑦,很可能也是在一定程度上符

---

① 《史记》卷六《秦始皇本纪》,第239页。
② 同篇又自称"忧恤黔首,朝夕不懈"。《史记》卷六《秦始皇本纪》,第245页。
③ 其东观又有"黔首改化,远迩同度"语。《史记》卷六《秦始皇本纪》,第249—250页。
④ 《史记》卷六《秦始皇本纪》,第252页。
⑤ 同篇又有"黔首斋庄"语。《史记》卷六《秦始皇本纪》,第261—262页。
⑥ 《史记》卷六《秦始皇本纪》,第249、252页。
⑦ 《史记》卷六《秦始皇本纪》,第254页。

合秦统一初年相当数量的民众的心理倾向的。

秦王朝短促而亡的直接原因是民变。民众暴动推翻了空前强大的帝国。虽说"天下苦秦久矣"①，但是"久"可能是相对的。"秦初并天下"时，黔首"抟心一志"与"天下无异意"，或许确是部分历史真实的反映。按照贾谊《过秦论》的说法，当时"既元元之民冀得安其性命，莫不虚心而仰上"。②

秦的政治传统表现出明显的不爱惜民力的弊端。秦穆公时，由余参观宫室积聚，即曾感慨："使鬼为之，则劳神矣；使人为之，亦苦民矣！"③但是另一方面，体现出行政意识有所进步的成书于秦地的《吕氏春秋》中对"民心"的重视，也应当引起我们关注。《吕氏春秋·顺民》："先王先顺民心，故功名成。夫以德得民心以立大功名者，上世多有之矣。失民心而立功名者，未之曾有也。"要谋取政治成功，必须"先顺民心"，"深得民心"。"凡举事，必先审民心然后可举。"④ 这已经是比较开明、比较成熟的政治理念。《吕氏春秋·用民》又讲了以"义""用民"的道理，特别提出了"用民"不得当，可能导致亡国的警告："不得所以用之，国虽大，势虽便，卒无众，何益？古者多有天下而亡者矣，其民不为用也。"又强调："用民之论，不可不熟。"⑤ 这样的认识，秦帝国的执政阶层不可能没有接触到。帝国建设的舆论准备，就此应当是有深层次考虑的。而行政操作中对"民"的重视，在睡虎地秦简《为吏之道》中确实也可以看到实证。⑥

《吕氏春秋·慎大》记载伊尹对桀的批评："不恤其众，众志不堪，

---

① 《史记》卷八《高祖本纪》载刘邦谓沛父老语，第350页。《史记》卷四八《陈涉世家》载陈胜曰，第1950页。
② 《史记》卷六《秦始皇本纪》，第283页。
③ 《史记》卷五《秦本纪》，第192页。
④ 陈奇猷校释：《吕氏春秋校释》，第478、480页。
⑤ 陈奇猷校释：《吕氏春秋校释》，第1270页。
⑥ 睡虎地秦简《为吏之道》："审智（知）民能，善度民力，劳以衞（率）之，正以桥（矫）之。""吏有五失"中，"一曰见民倨（倨）敖（傲）"；"三曰兴事不当，兴事不当则民伤指"。又有"除害兴利，兹（慈）爱万姓"等内容，而且谴责"苟难留民，变民习浴（俗）"等行为。又言："与民有期，安骈而步，毋使民惧。""民之既教，上亦毋骄"，"安而行之，使民望之"。特别强调："地修城固，民心乃宁。百事既成，民心既宁，既毋后忧，从政之经。"亦有"不时怒，民将姚去"的警告。睡虎地秦墓竹简整理小组：《睡虎地秦墓竹简》，文物出版社1990年9月版，第167、169—172页。

上下相疾，民心积怨，皆曰'上天弗恤，夏命其卒'。"①"民心"体现了"上天"的倾向。循《泰誓》所谓"天视自我民视，天听自我民听"思路，可知"民"、"民心"，民众意志与"天"的关系。由此理解所谓"秦始皇是不讲'天'的"，"没有提到'上天'的任何作用"等观点，也许会有新的认识。或许秦始皇、李斯们确实认定"天"与"上天"崇拜"乃三代之事，何足法也"。因此，其他政治文化元素在秦执政者的习用语汇中取代了"天"与"上天"。

七 "宗庙"权威：益阳兔子山秦二世诏子婴"宜王如故"

现在看来，秦人以为最高行政权力之合理取得并得到合法保障，最重要的条件之一，是宗庙的认可。

李斯说："今海内赖陛下神灵一统，皆为郡县……"② 周青臣进颂："他时秦地不过千里，赖陛下神灵明圣，平定海内，放逐蛮夷，日月所照，莫不宾服。以诸侯为郡县，人人自安乐，无战争之患，传之万世。自上古不及陛下威德。"秦始皇则归功于"宗庙"，除前引"赖宗庙之灵，六王咸伏其辜，天下大定"外，又称"赖宗庙，天下初定"。③

秦始皇琅邪刻石又写道："今皇帝并一海内，以为郡县，天下和平。昭明宗庙，体道行德，尊号大成。"④ 所谓"昭明宗庙"，"尊号大成"，可能宣示执政权力向"宗庙"明白报告，得到认可的政治程序。

秦二世胡亥得到帝位继承权，据《史记》卷六《秦始皇本纪》记述，"至平原津而病。始皇恶言死，群臣莫敢言死事。上病益甚，乃为玺书赐

---

① 陈奇猷校释：《吕氏春秋校释》，第844页。
② "神灵"是上古社会崇拜对象，秦人尤重之。"畤"的设置，即作为祠祀"神灵"的地点。《史记》卷五《秦本纪》："（秦襄公）祠上帝西畤。"司马贞《索隐》："畤，止也，言神灵之所依止也。亦音市，谓为坛以祭天也。"第179页。《史记》卷六《秦始皇本纪》："上泰山，立石，封，祠祀。"裴骃《集解》："服虔曰：'增天之高，归功于天。'张晏曰：'天高不可及，于泰山上立封禅而祭之，冀近神灵也。'瓒：'积土为封。谓负土于泰山上，为坛而祭之。'"第242—243页。《史记》卷八《高祖本纪》："止战好畤。"裴骃《集解》："孟康曰：'畤音止，神灵之所在也。'"第368—369页。
③ 《史记》卷六《秦始皇本纪》，第236—239页。
④ 《史记》卷六《秦始皇本纪》，第247页。

公子扶苏曰:'与丧会咸阳而葬。'书已封,在中车府令赵高行符玺事所,未授使者。七月丙寅,始皇崩于沙丘平台"。"高乃与公子胡亥、丞相斯阴谋破去始皇所封书赐公子扶苏者,而更诈为丞相斯受始皇遗诏沙丘,立子胡亥为太子。更为书赐公子扶苏、蒙恬,数以罪,赐死。"① 北京大学藏成书年代可能于西汉早期的竹书《赵正书》记载,"昔者秦王赵正出斿(游)天下,环(还)至白人(柏)而病。病篤(笃),慭(喟)然流涕长大(太)息⋯⋯赵正流涕而谓斯曰:'吾非疑子也,吾忠臣也。其議(议)所立。'丞相臣斯、御史臣去疾昧死顿首言曰:'今道远而诏期窘(群)臣,恐大臣之有谋,请立子胡亥为代后。'王曰:'可。'王死而胡亥立。"② 似乎胡亥即位符合秦始皇遗愿。然而赵高语胡亥曰:"夫沙丘之谋,诸公子及大臣皆疑焉,而诸公子尽帝兄,大臣又先帝之所置也。今陛下初立,此其属意怏怏皆不服,恐为变。"③ 陈胜策划起义时说:"吾闻二世少子也,不当立,当立者乃公子扶苏。扶苏以数谏故,上使外将兵。今或闻无罪,二世杀之。百姓多闻其贤,未知其死也。""今诚以吾众诈自称公子扶苏",期望"为天下唱,宜多应者"。④ 可知当时胡亥执政的合法性在民间"百姓"中也有所质疑。湖南益阳兔子山出土秦二世文告:"天下失始皇帝,皆遽恐悲哀甚。朕奉遗诏,今宗庙吏及箸以明至治大功德者具矣,律令当除定者毕矣。元年与黔首更始,尽为解除流罪,今皆已下矣。朕将自抚天下。吏、黔首,其具行事已。分县赋援黔首,毋以细物苛劾。县吏亟布。"⑤ 就这一文书,已经有学者发表过论文,大致均认为秦二世胡亥即位的不合法性是确定的。⑥ 本文不讨论秦始皇遗诏真伪问题,

---

① 《史记》,第264页。《史记》卷八七《李斯列传》有更详尽的记载,第2548—2552页。
② 北京大学出土文献研究所编:《北京大学藏西汉竹书(叁)》,上海古籍出版社2015年9月版,第189—190页。
③ 《史记》卷八七《李斯列传》,第2552页。
④ 《史记》卷四八《陈涉世家》,第1950页。
⑤ 背面文字:"以元年十月甲午下,十一月戊午到守府。"《湖南益阳兔子山遗址出土秦二世胡亥"奉召登基"的官府文告简牍》,光明网,http://life.gmw.cn/2013-11-24/content_9584484.htm。
⑥ 吴方基、吴昊:《释秦二世胡亥"奉召登基"的官府文告》,简帛网,http://www.bsm.org.cn/show_article.php?id=2025;孙家洲:《〈史记·秦始皇本纪〉研读新知》,中国秦汉史研究会第十三届年会暨国际学术研讨会论文,成都,2014年8月;《兔子山遗址出土〈秦二世元年文书〉与〈史记〉纪事抵牾释解》,《湖南大学学报》(社会科学版)2015年第3期,《朱绍侯九十华诞纪念文集》,河南大学出版社2015年10月版。

我们以为特别值得注意的，是秦二世元年十月"天下失始皇帝"之后这一重要文告中有关"宗庙"诸文字的意义。所谓"今宗庙吏及箸以明至治大功德者具矣"，是所谓"朕奉遗诏"的重要补充，显然被发布者看作可以消减甚至祛除对于"遗诏"之"疑"的重要信号。其中"宗庙吏"，邬文玲以为应读作"宗庙事"，其说有据。又提示我们，"秦二世元年的重要政治活动之一，即是对庙制进行改革，尤其是进一步提升始皇庙的地位和祭祀规格"。以为"此即简牍文告所云'宗庙吏（事）'"。论者指出据《史记》卷六《秦始皇本纪》，"秦二世元年有诏令群臣议定尊始皇庙等事宜"①：

> 二世皇帝元年，年二十一。赵高为郎中令，任用事。二世下诏，增始皇寝庙牺牲及山川百祀之礼。令群臣议尊始皇庙。群臣皆顿首言曰："古者天子七庙，诸侯五，大夫三，虽万世世不轶毁。今始皇为极庙，四海之内皆献贡职，增牺牲，礼咸备，毋以加。先王庙或在西雍②，或在咸阳。天子仪当独奉酌祠始皇庙。自襄公已下轶毁。所置凡七庙。群臣以礼进祠，以尊始皇庙为帝者祖庙。皇帝复自称'朕'。"③

现在看来，因"始皇庙"、"帝者祖庙"、"先王庙"称谓不同，这一举措是否即兔子山秦二世文告之"宗庙事"，似乎还可以讨论。所谓"宗庙事"，似乎宜于结合较宽广的政治崇拜传统和国家权威信仰的意识背景予以理解。

---

① 邬文玲：《秦汉简牍释文补遗》，秦汉史研究动态暨档案文书学术研讨会论文，广州，2015年11月；《秦汉简牍中两则简文的读法》，《出土文献研究》第15辑，中西书局2019年10月版。

② 张守节《正义》："西雍在咸阳西，今岐州雍县故城是也。又一云西雍，雍西县也。"中华书局点校本二十四史修订本《史记》标点仍作"西雍"，中华书局2013年8月版，第334—335页。今按：联系甘肃礼县的考古发现，此"西雍"应作"西、雍"。王子今：《关于〈史记〉秦地名"繁庞""西雍"》，《文献》2017年第4期。

③ 《史记》卷六《秦始皇本纪》，第266页。

八 帝权的败落："宜为王如故"

秦二世时代面对"关东群盗并起"①，"诸侯并起叛秦"② 的形势，赵高所谓"宜为王如故"，以放弃帝号的形式承认了对于"天下"执政权力的丧失。《史记》卷六《秦始皇本纪》记载，赵高指使阎乐逼杀秦二世胡亥，"阎乐归报赵高，赵高乃悉召诸大臣公子，告以诛二世之状。曰：'秦故王国，始皇君天下，故称帝。今六国复自立，秦地益小，乃以空名为帝，不可。宜为王如故，便。'立二世之兄子公子婴为秦王"。③ 这一政治转折，也要经过"宗庙"的认可。

赵高择定子婴为秦王，"令子婴斋，当庙见，受王玺。斋五日，子婴与其子二人谋曰：'丞相高杀二世望夷宫，恐群臣诛之，乃详以义立我。我闻赵高乃与楚约，灭秦宗室而王关中。今使我斋见庙，此欲因庙中杀我。我称病不行，丞相必自来，来则杀之。'高使人请子婴数辈，子婴不行，高果自往，曰：'宗庙重事，王奈何不行？'子婴遂刺杀高于斋宫，三族高家以徇咸阳"。④ 赵高"令子婴斋，当庙见，受王玺"的安排，以及所谓"宗庙重事，王奈何不行"的责难，子婴"今使我斋见庙，此欲因庙中杀我"的疑虑，都说明"宗庙"对于最高权力确定的特殊意义。从这一角度理解秦始皇所谓"赖宗庙之灵，六王咸伏其辜，天下大定"，"赖宗庙，天下初定"，以及琅邪刻石"昭明宗庙，体道行德，尊号大成"等政治宣言的意义，或许可以对"宗庙"于执政合法性的作用有更深刻的认识。⑤

赵高案李斯狱，责以"谋反"之罪。李斯于狱中上书自陈，以历数七条罪状的形式表白"有功"，其中即包括："立社稷，修宗庙，以明主

---

① 《史记》卷六《秦始皇本纪》，第 271 页。
② 《史记》卷五《秦本纪》，第 221 页。
③ 《史记》卷六《秦始皇本纪》，第 275 页。
④ 《史记》卷六《秦始皇本纪》，第 275 页。
⑤ "宗庙"认可对于执政合法性确定的意义，有西汉史例。如霍光迎立昌邑王刘贺入长安，27 日废。丞相张敞等向皇太后的报告中说："陛下未见命高庙，不可以承天序，奉祖宗庙，子万姓，当废。"《汉书》卷六八《霍光传》，第 2945—2946 页。虽仍然使用"陛下"称谓，却以"未见命高庙"明确否定了其作为皇帝的基本资质。王子今：《"宗庙"与刘贺政治浮沉》，《河北师范大学学报》（哲学社会科学版）2020 年第 2 期。

之贤。罪四矣。"① 可知李斯以丞相职任，曾经负责"修宗庙"的营造工程。秦统一之后"立社稷，修宗庙"，应是政治建设的重要内容。"宗庙"对于维护执政权力的威势，因此也可以得到说明。

尽管对于"宗庙"的重视和崇拜已见于上古时代不同政治实体的表现，但是统一后建立的秦帝国有关"宗庙"于执政合法性之作用的意识是空前浓厚的。"宗庙"的意义超越了宗族的规模，也超越了血缘权力与地缘权力相结合的邦国的规模，而成为统一大帝国的居于最高位置的"神灵"的象征。这个新的强大帝国的行政管理，出现了在"天下"范围内以郡县制全面贯彻为标志的中枢行政与地方行政的崭新关系。"宗庙"对这一政权有支持、保障和护佑的作用。

当然，"宗庙"对执政权力的认可，可能是秦人自我看重的特定政治文化要素，应当很可能有益于破除或消解类似"诸公子及大臣皆疑"以及"此其属意怏怏皆不服"甚至导致"为变"危局等不安定因素，但未必可以对六国故地"吏、黔首"们形成强有力的实际的心理影响。这是研究秦史、秦政治史、秦区域文化史和秦地方行政史时应当予以注意的。然而，当时秦王朝执政集团的相关政治表现，可以理解为皇族宗庙祭祀成为国家祭祀的制度史的先声。

秦始皇议定"帝号"，对于秦帝国政治形式的确定有重要的意义。"皇帝"制度成为政治史历程中的重大发明，并影响中国社会两千余年，也以"帝号"为基本文化符号。与秦最高管理阶层确立政治自信及宣传执政合法性相关的诸多文化现象，也值得中国传统政治文化研究者关注。

---

① 《史记》卷八七《李斯列传》，第 2561 页。

乌氏倮、巴寡妇清"名显天下"

有一种传统学术意见，以为商鞅变法即压抑商贾的地位。秦"抑商"说成为对秦史经济政策判断的学术成见。另一方面，亦有否定秦"抑商"，甚至以为秦"重商"的观点。亦可见秦"限商"的意见发表。认真考察秦史，可知"抑商"政策在秦行政方针中其实并不占据特别重要的地位。"抑商"曾经是"重农"的辅助策略，其力度远不如汉初刘邦时代强劲。秦的"市"曾经相当繁荣，成为秦经济生活的重要构成。由秦律遗存可知，秦管理"市"的制度已经相当成熟。商路的畅通也促成了富国强兵事业的成功。李商隐诗云："嬴氏并六合，所来因不韦。"① 通过吕不韦的政治表演可以察知，秦的政治传统并非绝对压抑商人，甚至不排斥商人参政。秦始皇时代不仅允许吕不韦这样的出身商人者把握最高执政权，在嬴政亲政之后对于乌氏倮和巴寡妇清的非常礼遇，以及《史记》卷一二九《货殖列传》记录的诸多秦商的成就，也可以真切反映当时工商业者的地位。相关历史事实的说明，有助于增进我们对秦行政史和经济史，以及秦统一前后政策风格的认识。②

一 "鄙人牧长"和"穷乡寡妇"

瞿兑之《秦汉史纂》在关于秦"商业"的内容中，于"商业既繁，

---

① 中华书局编辑部点校：《全唐诗》（增订本）卷五四一《李商隐》，第 8 册第 6301 页。
② 王子今：《秦"抑商"辨疑：从商君时代到始皇帝时代》，《中国史研究》2016 年第 3 期；《秦"抑商""重商"辨——兼说始皇帝时代乌氏倮、巴寡妇清"名显天下"》，《秦始皇帝陵博物院 2016》，陕西师范大学出版社 2016 年 10 月版；《秦统一的进程与意义》，中国社会科学出版社 2017 年 11 月版。

商人势力益大,进执国政"句后,先说吕不韦事迹,接着引录《史记》卷一二九《货殖列传》文字:"《史记·货殖传》。乌氏倮畜牧及众。斥卖求奇缯物。间献遗戎王。戎王什倍其偿与之畜。畜至用谷量马牛。秦始皇帝令倮比封君。以时与列臣朝请。而巴寡妇清。其先得丹穴。而擅其利数世。家亦不訾。……秦皇帝以为贞妇而客之。为筑女怀清台。夫倮鄙人牧长。清穷乡寡妇。礼抗万乘。名显天下。岂非以富邪。……"① 司马迁《史记》卷一二九《货殖列传》原本记述:

> 乌氏倮畜牧,及众,斥卖,求奇绘物,间献遗戎王。戎王什倍其偿,与之畜,畜至用谷量马牛。秦始皇帝令倮比封君,以时与列臣朝请。而巴(蜀)寡妇清,其先得丹穴,而擅其利数世,家亦不訾。……秦皇帝以为贞妇而客之,为筑女怀清台。夫倮鄙人牧长,清穷乡寡妇,礼抗万乘,名显天下,岂非以富邪?

其中"求奇绘物",《汉书》卷九一《货殖传》作"求奇缯物"。② 《史记》中华书局1959年标点本"巴(蜀)寡妇清",2013年点校本二十四史修订本作"巴寡妇清"。③

宋儒吕祖谦就"乌氏倮"和"巴寡妇清"事迹,又联系秦汉其他历史人物的表现和待遇,有这样的评论:

> 乌氏嬴,秦始皇令比封君,以时与列臣朝请。
> 巴寡妇清,始皇以为贞妇而客之,为筑女怀清台。
> 张长叔、薛子仲訾十千万,王莽皆以为纳言。
> 罗裒致数千万,举其半赂遗曲阳定陵侯,依其权力赊贷郡国,人莫敢负。擅盐井之利,期年所得自倍。
> 凡邪臣之以货事君,入于君者锱铢,而假君之势,入于己者丘山

---

① 瞿兑之:《秦汉史纂》,中国联合出版公司1944年8月版,第75页。
② 《汉书》,第3685页。
③ 《史记》,中华书局1959年9月版,第3260页;中华书局2013年9月点校本二十四史修订本,第3929页。

矣。乃反谓之忠,岂不惑哉?观罗袁之事,可以解其蔽。①

以"罗袁之事"比况乌氏倮和巴寡妇清事,其实并不妥当。乌氏倮和巴寡妇清并非因"以货事君"得到地位和荣誉的"邪臣"。

二 "秦皇帝礼巴寡妇清事"与"秦风"的关系

元代学者陈高称此为史著"美谈":"昔巴寡妇清以财自守,秦始皇帝为筑台而礼之,作史者列之传纪,以为美谈。"② 明代学者王立道则写道:"予每读《史记·货殖传》至巴寡妇清,未尝不叹子长之多爱,而讥其谬也。夫传货殖,已非所以为训,清以一妇人,而且得托名不朽,贪夫婪人,将日皇皇焉。畜聚积实,耻一妇人之不如,使天下见利而不闻义,则子长之罪也。"③ 他站在传统儒学义利观的立场上批评司马迁"传货殖",推崇对"利"的追求,而"清以一妇人,而且得托名不朽",更刺激了"贪夫婪人"们的逐"利"狂热。

明代学者王世贞曾经三次就秦始皇尊礼巴寡妇清事发表议论。他说:"今夫秦皇帝至暴狼戾也,然贤巴寡妇清而尊之,为立女怀清台。"④ 似乎发现"秦皇帝至暴狼戾"的另一面,又有"尊""贤"为表现的重视道德的温和情怀。王世贞又说:"昔者秦皇帝盖客巴寡妇清云,传称清寡妇,饶财,财能用自卫,不见侵。天子尊礼之,制诏有司筑女怀清台。夫秦何以客巴妇为也?妇行坚至兼丈夫任,难矣!客之,志风也,此其意独为右赀殖乎哉?"⑤ 他理解秦始皇"客巴寡妇清"的积极意义,有"志风"即推崇巴寡妇清"行坚至兼丈夫任"的意图。此说当然不能简单否

---

① (宋)吕祖谦:《东莱别集》卷一五《读书杂记四·读汉史手笔》,民国《续金华丛书》本,第282页。
② (元)陈高:《诸公赠赵夫人卷跋》,《不系舟渔集》卷一四《铭》,文渊阁《四库全书》本,台湾商务印书馆1986年版,第1216册第262页。
③ (明)王立道:《跋叶母还金传》,《具茨文集》卷六《杂著》,文渊阁《四库全书》补配文津阁《四库全书》本,第1508页。
④ (明)王世贞:《王节妇项安人祠记》,《弇州四部稿》卷七五《文部》,文渊阁《四库全书》本,台湾商务印书馆1986年版,第1280册263页。
⑤ (明)王世贞:《明故郑母唐孺人墓志铭》,《弇州四部稿》卷九二《文部》,文渊阁《四库全书》本,第1280册第499页。

定，但是秦始皇的深层动机，大概还是司马迁所赞许的"不訾"、"饶财"的尊重。司马迁的原话值得我们认真品读："夫倮鄙人牧长，清穷乡寡妇，礼抗万乘，名显天下，岂非以富邪？"

王世贞还曾发表如此的感叹："余始读秦皇帝礼巴寡妇清事，而卑秦风之不逮贫也。"① 他有关"秦皇帝礼巴寡妇清事"与"秦风"之传统的内在关系的发现，是值得重视的。

三 吕不韦的政策还是"秦始皇的本意"

有学者以为，"令乌氏倮比封君，为巴寡妇筑怀清台是吕不韦当权时搞的名堂，不是秦始皇的本意"。②

这样的说法，不符合《史记》卷一二九《货殖列传》"秦始皇帝令倮比封君，以时与列臣朝请"，"清，寡妇也，能守其业，用财自卫，不见侵犯。秦皇帝以为贞妇而客之，为筑女怀清台"的记载。③

《史记》记录中"秦始皇帝"、"秦皇帝"称谓的明确使用，说明并非"吕不韦当权时搞的名堂"，应出自"秦始皇的本意"。

---

① （明）王世贞：《严节妇诸传》，《弇州四部稿》卷八五《文部》，文渊阁《四库全书》本，第 1280 册第 399 页。
② 吴慧：《桑弘羊研究》，齐鲁书社 1981 年 11 月版，第 31 页。
③ 《史记》，第 3260 页。

《货殖列传》所见成功秦商

《史记》卷一二九《货殖列传》写道："夫山西饶材、竹、榖、纑、旄、玉石；山东多鱼、盐、漆、丝、声色；江南出柟、梓、姜、桂、金、锡、连、丹沙、犀、瑇瑁、珠玑、齿革；龙门、碣石北多马、牛、羊、旃裘、筋角；铜、铁则千里往往山出棋置：此其大较也。皆中国人民所喜好，谣俗被服饮食奉生送死之具也。故待农而食之，虞而出之，工而成之，商而通之。此宁有政教发征期会哉？人各任其能，竭其力，以得所欲。故物贱之征贵，贵之征贱，各劝其业，乐其事，若水之趋下，日夜无休时，不召而自来，不求而民出之。岂非道之所符，而自然之验邪？"四个经济区中，司马迁首列"山西"。所谓"中国人民所喜好，谣俗被服饮食奉生送死之具"，皆"商而通之"。农、工、商、虞，如司马迁所说，"此四者，民所衣食之原也。原大则饶，原小则鲜。上则富国，下则富家。贫富之道，莫之夺予，而巧者有余，拙者不足"。① "山西"商人之活跃，在史家视野中留下的深刻印象，又见于司马迁对于秦地成功商人的表扬。

《货殖列传》应是司马迁政治意识、经济意识、文化意识的集中表达。明代学者钟惺写道："《货殖》之说，昉于子贡，其来历已不同矣。就中有至理，有妙用，有深心。"② 但是《货殖列传》既称"列传"，仍有重要人物事迹的载录。司马迁首先记述了范蠡、子赣的经营成功。随即在白圭、猗顿、郭纵之后，即说到秦始皇时代对乌氏倮、巴寡妇清声誉与地位的抬升。司马迁在当代史记录中，指出"汉兴，海内为一，开关梁，

---

① 《史记》，第 3253—3255 页。
② （明）钟惺：《隐秀轩文列集论二·史一》"货殖"条，《隐秀轩集》，明天启二年沈春泽刻本，第 157 页。

弛山泽之禁，是以富商大贾周流天下，交易之物莫不通，得其所欲，而徙豪杰诸侯强族于京师"的形势。在阐发经济地理学等论说之后，司马迁写道："请略道当世千里之中，贤人所以富者，令后世得以观择焉。"① 在所列举"当世""贤人所以富者"之中，可以看到秦商的成功事迹。

一 "秦破赵，迁卓氏"

秦兼并六国，曾经强行将亡国富户迁徙到秦地。这一举措摧毁了六国原有的经济秩序，削弱了当地的经济实力。这些所谓"迁虏"凭借其经济能力和管理经验，可以利用新的居地的资源优势，重新兴起，成就实业奇迹。

例如，《史记》卷一二九《货殖列传》记载的"卓氏"的成功经验。司马迁记录了这一比较典型的案例：

> 蜀卓氏之先，赵人也，用铁冶富。秦破赵，迁卓氏。卓氏见虏略，独夫妻推辇，行诣迁处。诸迁虏少有余财，争与吏，求近处，处葭萌。唯卓氏曰："此地狭薄。吾闻汶山之下，沃野，下有蹲鸱，至死不饥。民工于市，易贾。"乃求远迁。致之临邛，大喜，即铁山鼓铸，运筹策，倾滇蜀之民，富至僮千人。田池射猎之乐，拟于人君。②

卓氏致富故事，因司马相如与卓文君的情爱经历得以广泛传播。其情节，也透露出卓氏家族富有的程度。

《史记》卷一一七《司马相如列传》记载，"司马相如者，蜀郡成都人也，字长卿。少时好读书，学击剑，故其亲名之曰犬子。相如既学，慕蔺相如之为人，更名相如。以赀为郎，事孝景帝，为武骑常侍，非其好也。会景帝不好辞赋，是时梁孝王来朝，从游说之士齐人邹阳、淮阴枚乘、吴庄忌夫子之徒，相如见而说之，因病免，客游梁。梁孝王令与诸生同舍，相如得与诸生游士居数岁，乃著《子虚》之赋。"梁孝王曾经集合

---

① 《史记》卷一二九《货殖列传》，第3261、3277页。
② 《史记》，第3277页。

了一个文士群体①,其中有对这一小环境"说之",于是"客游梁"的司马相如。后来,梁孝王去世,司马相如返乡,于是发生了和卓文君的故事:"会梁孝王卒,相如归,而家贫,无以自业。素与临邛令王吉相善,吉曰:'长卿久宦游不遂,而来过我。'于是相如往,舍都亭。临邛令缪为恭敬,日往朝相如。相如初尚见之,后称病,使从者谢吉,吉愈益谨肃。临邛中多富人,而卓王孙家僮八百人,程郑亦数百人,二人乃相谓曰:'令有贵客,为具召之。'并召令。令既至,卓氏客以百数。至日中,谒司马长卿,长卿谢病不能往,临邛令不敢尝食,自往迎相如。相如不得已,强往,一坐尽倾。酒酣,临邛令前奏琴曰:'窃闻长卿好之,愿以自娱。'相如辞谢,为鼓一再行。是时卓王孙有女文君新寡,好音,故相如缪与令相重,而以琴心挑之。相如之临邛,从车骑,雍容闲雅甚都;及饮卓氏,弄琴,文君窃从户窥之,心悦而好之,恐不得当也。既罢,相如乃使人重赐文君侍者通殷勤。文君夜亡奔相如,相如乃与驰归成都。家居徒四壁立。卓王孙大怒曰:'女至不材,我不忍杀,不分一钱也。'人或谓王孙,王孙终不听。文君久之不乐,曰:'长卿第俱如临邛,从昆弟假贷犹足为生,何至自苦如此!'相如与俱之临邛,尽卖其车骑,买一酒舍酤酒,而令文君当炉。相如身自著犊鼻裈,与保庸杂作,涤器于市中。卓王孙闻而耻之,为杜门不出。昆弟诸公更谓王孙曰:'有一男两女,所不足者非财也。今文君已失身于司马长卿,长卿故倦游,虽贫,其人材足依也,且又令客,独奈何相辱如此!'卓王孙不得已,分予文君僮百人,钱百万,及其嫁时衣被财物。文君乃与相如归成都,买田宅,为富人。"②

"卓王孙家僮八百人",后来被迫"分予文君僮百人,钱百万","文君乃与相如归成都,买田宅,为富人",可知卓氏经济实力。而其实业的早期创始,是"秦破赵,迁卓氏"时。

关于司马相如的才质品格与人生轨迹,《史记》卷一一七《司马相如列传》还有"与卓氏婚,饶于财"的说法③,《索隐述赞》言"相如纵诞,窃赀卓氏"④,也都强调"卓氏"的富有。

---

① 王子今:《汉初梁国的文化风景》,《光明日报》2008年1月13日。
② 《史记》,第2999—3000页。
③ 《史记》,第3053页。
④ 《史记》,第3074页。

二 "山东迁虏"程郑

以"山东迁虏"身份流落到蜀地,同样以"冶铸"经营致富,与西南"椎髻之民"实现贸易,终于"富埒卓氏"的著名富户,还有程郑。前引《史记》卷一一七《司马相如列传》写道:"临邛中多富人,而卓王孙家僮八百人,程郑亦数百人。"对于这位可能经济实力仅次于"卓王孙"的"临邛""富人",司马迁《史记》卷一二八《货殖列传》写道:

> 程郑,山东迁虏也,亦冶铸,贾椎髻之民,富埒卓氏,俱居临邛。①

程郑同样出身"山东迁虏","亦冶铸"。《汉书》卷九一《货殖传》写道:"程郑,山东迁虏也,亦冶铸,贾魋结民,富埒卓氏。"颜师古注:"魋结,西南夷也。言程郑行贾,求利于其人也。埒,等也。魋音直追反。结读曰髻。"②

程郑,《汉书》卷二〇《古今人表》中列为第九等"下下,愚人"。③ 以其自"山东"至于"临邛"能够再次以"冶铸"这种先进生产方式致富,且能够敏锐捕捉商机,"贾椎髻之民","贾魋结民",发展民族间贸易,班固称其"愚人",其实是不妥当的。

蜀卓氏和程郑迁居蜀地之后,在这里再次致富。以"大关中"的经济地理观判断④,他们是可以归入秦地商人之列的。

三 宣曲任氏

在司马迁《史记》卷一二九《货殖列传》所表扬的成功实业家的名单里,还有"宣曲任氏":

---

① 《史记》,第3278页。
② 《汉书》,第3690页。
③ 《汉书》,第921页。
④ 王子今:《秦汉区域地理学的"大关中"概念》,《人文杂志》2003年第1期;王子今、刘华祝:《说张家山汉简〈二年律令·津关令〉所见五关》,《中国历史文物》2003年第1期。

> 宣曲任氏之先，为督道仓吏。秦之败也，豪杰皆争取金玉，而任氏独窖仓粟。楚汉相距荥阳也，民不得耕种，米石至万，而豪杰金玉尽归任氏，任氏以此起富。富人争奢侈，而任氏折节为俭，力田畜。田畜人争取贱贾，任氏独取贵善。富者数世。然任公家约，非田畜所出弗衣食，公事不毕则身不得饮酒食肉。以此为闾里率，故富而主上重之。

"宣曲任氏之先，为督道仓吏。"应与蜀卓氏和程郑来自东方，迁入秦地不同，原本出身秦地。关于"宣曲"，《史记》三家注皆有解说。裴骃《集解》："徐广曰：'高祖功臣有宣曲侯。'"司马贞《索隐》："韦昭云：'地名。高祖功臣有宣曲侯。'《上林赋》云'西驰宣曲'，当在京辅，今阙其地。"张守节《正义》："案：其地合在关内。张揖云'宣曲，宫名，在昆池西也'。"①

《史记》卷一八《高祖功臣年表》：宣曲侯丁义，"以卒从起留，以骑将入汉，定三秦，破籍军荥阳，为郎骑将，破锺离眛军固陵，侯，六百七十户"。② 司马相如《上林赋》："西驰宣曲，濯鹢牛首。"裴骃《集解》："《汉书音义》曰：'宣曲，宫名，在昆明池西。牛首，池名，在上林苑西头。'"③《汉书》卷六五《东方朔传》："从宣曲以南十二所，中休更衣。"又有"长杨、五柞、倍阳、宣曲尤幸"语。颜师古注："宣曲，宫名，在昆明池西。"④ 与裴骃《集解》引《汉书音义》同。《汉书》卷一九上《百官公卿表上》："长水校尉掌长水宣曲胡骑。"颜师古注："长水，胡名也。宣曲，观名，胡骑之屯于宣曲者。"⑤《汉书》卷六六《刘屈氂传》记述"巫蛊之祸"时太子刘据起事，"发武库兵，命少傅石德及宾客张光等分将，使长安囚如侯持节发长水及宣曲胡骑"。颜师古注："长水，校名。宣曲，宫也，并胡骑所屯。今鄠县东长水乡即旧营校之地。"⑥ 又《汉书》卷六八《金安上传》颜师古注："胡越骑之在三辅者，若长水、

---

① 《史记》，第 3280 页。
② 《史记》，第 921—922 页。
③ 《史记》，第 3037 页。
④ 《汉书》，第 2847—2848 页。
⑤ 《汉书》，第 737—738 页。
⑥ 《汉书》，第 2881—2882 页。

长杨、宣曲之属是也。"① 宣曲,在关中重心位置,应有比较好的经济基础和交通条件。

任氏之先"为督道仓吏",裴骃《集解》:"韦昭曰:'督道,秦时边县名。'"② 杭世骏《史记考证》卷七引《班马异同》曰:"督道者,仓所在地名耳,犹后传注《汉宫阙疏》所称细柳仓也。"③ 《汉书》卷九一《货殖传》"督道仓吏",《汉书补注》:"刘奉世曰:督道者,仓所在地名耳,犹后传注《汉宫阙疏》所称细柳仓也。为仓吏,故能藏粟致富也。周寿昌曰:督道为地名,若秦时督亢之类。先谦曰:督道,刘周说是。仓名无考者多矣。"④ 大约任氏起家应在秦地。

四 因"塞之斥"致富的桥姚

司马迁划分天下为四个基本经济区:山西,山东,江南,龙门、碣石北。"龙门、碣石北多马、牛、羊、旃裘、筋角。"可知是畜牧业生产水准较高的地方。

《史记》卷一二九《货殖列传》予以正面介绍的在经济生活中成功的实业家,也有经营畜牧业致富的突出例证。首先如:"乌氏倮畜牧,及众,斥卖,求奇缯物,间献遗戎王。戎王什倍其偿,与之畜,畜至用谷量马牛。秦始皇帝令倮比封君,以时与列臣朝请。"⑤ 讲述"巴蜀"经济优越,说到"西近邛笮,笮马、旄牛"⑥,也是畜牧业资源。又说拥有"陆地牧马二百蹄,牛蹄角千,千足羊,泽中千足彘"者,"此其人皆与千户侯等"。所谓"陆地牧马二百蹄",裴骃《集解》:"《汉书音义》曰:'五十匹。'"司马贞《索隐》:"案:马有四足,二百蹄有五十匹也。《汉书》则云'马蹄噭千',所记各异。"所谓"牛蹄角千",裴骃《集解》:"《汉

---

① 《汉书》,第 2964 页。
② 《史记》,第 3280 页。
③ (清)杭世骏撰:《史记考证》,清乾隆五十三年补史事亭《刻道古堂外集》本,第 83 页。(清)佚名撰:《史记疏证》,清钞本,第 527 页。
④ (清)王先谦撰:《汉书补注》,中华书局据清光绪二十六年虚受堂刊本 1983 年 9 月影印版,第 1548 页。
⑤ 《史记》,第 3260 页。
⑥ 《史记》,第 3261 页。

书音义》曰：百六十七头也。马贵而牛贱，以此为率。"司马贞《索隐》："牛足角千。案：马贵而牛贱，以此为率，则牛有百六十六头有奇也。"①

司马迁还说，资产达到"马蹄躈千，牛千足，羊彘千双"的，"此亦比千乘之家，其大率也"。对于"马蹄躈千"的解释，裴骃《集解》："徐广曰：'躈音苦吊反，马八髎也，音料。'"司马贞《索隐》："徐广音苦吊反，马八髎也，音料。《埤仓》云'尻骨谓八髎，一曰夜蹄'。小颜云'躈，口也。蹄与口共千，则为二百匹'。"又引顾胤则云："上文马二百蹄，比千乘之家，不容亦二百。则躈谓九窍，通四蹄为十三而成一马，所谓'生之徒十有三'是也。凡七十六匹马。"司马贞案："亦多于千户侯比，则不知其所。"②

关于北边地方实力充备的著名的畜牧业主，《史记》卷一二九《货殖列传》还说到一位"桥姚"：

> 塞之斥也，唯桥姚已致马千匹，牛倍之，羊万头，粟以万钟计。

关于"塞之斥也"，裴骃《集解》："《汉书音义》曰：'边塞主斥候卒也。唯此人能致富若此。'"司马贞《索隐》："孟康云：'边塞主斥候之卒也。'又案：斥，开也，《相如传》云'边塞益斥'是也。"张守节《正义》："孟康云：'边塞主斥候卒也。唯此人能致富若此。'颜云：'塞斥者，言国斥开边塞，更令宽广，故桥姚得恣其畜牧也。'"③"塞之斥也"的"斥"，似不宜作身份解。应即"《相如传》云'边塞益斥'"的"斥"。④ 桥姚居边塞之地经营畜牧业成功，作为秦边塞居民的可能性是很大的。

"塞斥者，言国斥开边塞，更令宽广，故桥姚得恣其畜牧也"的理解应该是正确的。《汉书》卷九四下《匈奴传下》亦有"斥开边塞"的说法："北边塞至辽东，外有阴山，东西千余里，草木茂盛，多禽兽，本冒

---

① 《史记》，第 3272—3273 页。
② 《史记》，第 3274—3275 页。
③ 《史记》，第 3280—3281 页。
④ 《史记》卷一一七《司马相如列传》："除边关，关益斥。"司马贞《索隐》："张揖曰：'斥，广也。'"第 3407、3408 页。《汉书》卷五七下《司马相如传下》："除边关，边关益斥。"第 2581 页。

顿单于依阻其中，治作弓矢，来出为寇，是其苑囿也。至孝武世，出师征伐，斥夺此地，攘之于幕北。"① 边地开拓，安定平和，为畜牧业的发展创造了条件，也促成了"桥姚"等人的成功。按照司马迁所说"陆地牧马二百蹄，牛蹄角千"，"此其人皆与千户侯等"，"马蹄躈千，牛千足""此亦比千乘之家"，则桥姚的实力已经数倍于此。

五　无盐氏及"关中富商大贾"

《史记》卷一二九《货殖列传》说到战时长安有称作"子钱家"的富户，采取"赀贷子钱"的金融经营方式获得高额利息：

> 吴楚七国兵起时，长安中列侯封君行从军旅，赍贷子钱，子钱家以为侯邑国在关东，关东成败未决，莫肯与。唯无盐氏出捐千金贷，其息什之。三月，吴楚平，一岁之中，则无盐氏之息什倍，用此富埒关中。

所谓"其息什之"，司马贞《索隐》："谓出一得十倍。"②

无盐氏于长安"赀贷子钱"，利用"吴楚七国兵起"，得以"富埒关中"。获"息什倍"之时在汉景帝时，而汉初经济凋敝，百业萧条，我们不能排除其家在秦代已经积累财富可以具有"出捐千金贷"之经济实力的可能。

司马迁还写道："关中富商大贾，大抵尽诸田，田啬、田兰。韦家栗氏，安陵、杜杜氏，亦巨万。"③ "诸田"等富家，秦时迁居关中，他们在关中地区重新暴发，应依据原有资本和经营经验，而秦地适应商业发育的文化背景和经济生态，应当也是重要的条件。

《史记》卷三〇《平准书》写道："天下已平，高祖乃令贾人不得衣丝乘车，重租税以困辱之。"④ 《汉书》卷一下《高帝纪下》的记载较为

---

① 《汉书》，第3803页。
② 《史记》，第3280—3281页。
③ 《史记》，第3281页。
④ 《史记》，第1418页。

具体："（八年）春三月，行如雒阳。令……贾人毋得衣锦绣绮縠絺纻罽，操兵，乘骑马。"① 可知汉高祖刘邦建国之初，曾经推行严厉的"抑商"政策。有经济史学者指出："原来在战国时期颇为发达的商业，到秦始皇统治期间曾一度趋于消沉。进入汉朝以后，又迅速地发展起来，并显示了特殊的繁荣，一时'富商大贾，周流天下，交易之物莫不通，得其所欲'，在中国古代封建社会中，成为商业的一个突出的发展时期。"② 商业是否"到秦始皇统治期间曾一度趋于消沉"是可以讨论的。而汉初"抑商"政策与秦代商业管理形式相比较，究竟是继承还是变换，也值得我们认真思考。

《史记》卷一二九《货殖列传》赞誉成功的工商业主及经营农牧业致富的成功者，有这样的说法："此其章章尤异者也。皆非有爵邑奉禄弄法犯奸而富，尽椎埋去就，与时俯仰，获其赢利，以末致财，用本守之，以武一切，用文持之，变化有概，故足术也。若至力农畜，工虞商贾，为权利以成富，大者倾郡，中者倾县，下者倾乡里者，不可胜数。"他接着写道：

> 夫纤啬筋力，治生之正道也，而富者必用奇胜。田农，掘业，而秦扬以盖一州。掘冢，奸事也，而田叔以起。博戏，恶业也，而桓发用富。行贾，丈夫贱行也，而雍乐成以饶。贩脂，辱处也，而雍伯千金。卖浆，小业也，而张氏千万。洒削，薄技也，而郅氏鼎食。胃脯，简微耳，浊氏连骑。马医，浅方，张里击钟。此皆诚壹之所致。
>
> 由是观之，富无经业，则货无常主，能者辐凑，不肖者瓦解。千金之家比一都之君，巨万者乃与王者同乐。岂所谓"素封"者邪？非也？③

除了以上"章章尤异者"之外，其他"大者倾郡，中者倾县，下者倾乡里""至力农畜，工虞商贾，为权利以成富"之人"不可胜数"。所列举

---

① 《汉书》，第65页。
② 傅筑夫、王毓瑚编：《中国经济史资料·秦汉三国编》，中国社会科学出版社1982年6月版，第357页。
③ 《史记》，第3281—3283页。

"田农""秦扬","掘冢""田叔","博戏""桓发","行贾""乐成","贩脂""雍伯","卖浆""张氏","洒削""郅氏","胃脯""浊氏","马医""张里"等，应当都是司马迁比较熟悉的，应当以秦地经营者可能性比较大。"贩脂"、"卖浆"、"胃脯"等饮食服务业活动，很可能经营地点就在长安。王莽经营东都，始建国四年（12）宣布："昔周二后受命，故有东都、西都之居。予之受命，盖亦如之。其以洛阳为新室东都，常安为新室西都。邦畿连体，各有采任。"次年，策划迁都于洛阳。这一决定，一时在长安引起民心浮动，许多百姓不愿修缮房屋，甚至拆除了原有住宅。《汉书》卷九九中《王莽传中》记载，"是时，长安民闻莽欲都雒阳，不肯缮治室宅，或颇彻之。"王莽于是宣布："玄龙石文曰'定帝德，国雒阳'。符命著明，敢不钦奉！以始建国八年，岁缠星纪，在雒阳之都。其谨缮修常安之都，勿令坏败。敢有犯者，辄以名闻，请其罪。"①可知西汉长安城中多有专门服务于朝廷行政部门和上层贵族官僚的行业经营。饮食服务业当然在其中。②《后汉书》卷一一《刘玄传》说农民军进入长安后封赏太滥，"长安为之语曰：'灶下养，中郎将。烂羊胃，骑都尉。烂羊头，关内侯。'"③ 而《史记》卷一二九《货殖列传》所谓"行贾，丈夫贱行也，而雍乐成以饶"，"雍乐成"，应当读作活动于"雍"地之姓乐名成者。④明确"乐成"是"雍"人。"张氏"、"郅氏"、"浊氏"名号，体现家族继承职业的特点。则司马迁生活时代活跃的这些经营者，很可能秦时已经创业。

---

① 《汉书》，第4128、4132页。也是反映长安饮食业经营形式的有意义的史料。
② 王子今：《西汉末年洛阳的地位和王莽的东都规划》，《河洛史志》1995年第4期。
③ 《后汉书》，第471页。
④ 钟华编《史记人名索引》"雍乐成"信息列入"乐成"条。中华书局1977年4月版，第68页。

班壹"致马牛羊数千群"

司马迁在《史记》卷一二九《货殖列传》中说到成功实业经营者中若干"章章尤异者"。又说，其他尚有"大者倾郡，中者倾县，下者倾乡里"，"至力农畜，工虞商贾，为权利以成富"者，"不可胜数"。

班氏家族在秦代迁徙至北边者，即取得了非同寻常的创业成功。班壹，是重要的代表人物。

《汉书》卷一〇〇上《叙传上》保留了相关记录。

一　班氏之先

班固在《汉书》卷一〇〇上《叙传上》开篇追述祖上的光荣。说到"班氏之先"曾为楚国望族：

> 班氏之先，与楚同姓，令尹子文之后也。子文初生，弃于瞢中，而虎乳之。楚人谓乳"穀"，谓虎"於檡"，故名穀於檡，字子文。楚人谓虎"班"，其子以为号。

"弃于瞢中"，颜师古注："瞢，云瞢泽也。《春秋左氏传》曰：'楚若敖娶于䢵，生鬭伯比。若敖卒，从其母畜于䢵，淫于䢵子之女，生子文焉。䢵夫人使弃诸瞢中，兽乳之。䢵子田，见之，惧而归，夫人以告，遂使收之。'瞢与梦同。"关于"楚人谓乳'穀'"，颜师古注："如淳曰：'穀音构。牛羊乳汁曰构。'师古曰：'穀读如本字，又音乃苟反。於音乌。檡字或作菟，并音涂。'"

"楚人谓虎'班'，其子以为号。"颜师古注解释道："子文之子鬭班，亦为楚令尹。"①

"楚人谓虎'班'",原字或即"斑",即虎皮毛显见的斑纹。陈直《汉书新证》在"班氏之先,与楚同姓"句下写道:

> 直按:青海湟源出土《赵宽碑》云:"虽杨贾斑杜,弗或过也。"班氏以虎斑得姓,则"斑"当为正字,"班"为假借字,《赵碑》是也。又按:《金石续编》卷一,刘宋《爨龙颜碑》云:"子文诏德于《春秋》,斑朗绍纵于季汉,斑彪删定《汉记》,斑固述修道训,爰暨汉末,采邑于爨,因氏族焉。"以"班"为"斑",与《赵碑》同。其叙爨姓为班氏之后,则不见于其他古籍。又按:《隶释》卷六,《武斑碑》云:"追昔刘向辨贾之徒,比□万矣。"是"班"字又可假借为"辨",仅此一见。或《武斑碑》为其子弟所书,因讳"班"字,而改作"辨"字,亦未可知,非正例也。②

班氏姓号,"'斑'当为正字,'班'为假借字"的判断,是正确的。

二 "秦之灭楚,迁晋、代之间"

《汉书》卷一〇〇上《叙传上》叙说班氏的家族史,至于秦兼并六国,实现统一的历史阶段,又接着写道:

> 秦之灭楚,迁晋、代之间,因氏焉。

颜师古注:"遂以班为姓。"③ 就是说,班氏家族是在秦灭楚之后被迫北迁,才以"斑"为正是氏族代表性符号。后来"斑"又写作"班"。

所谓"晋、代之间",已经迫近北边。周振鹤分析西汉初年政区地理时指出:"高帝六年,封兄喜为代王,名义上有云中、雁门、代三郡。七年,更封子如意。九年如意徙王赵,代地属赵。十一年,分云中郡东部置

---

① 《汉书》,第4197页。
② 陈直:《汉书新证》,天津人民出版社1979年3月版,第491页。
③ 《汉书》,第4197页。

定襄郡，以定襄、雁门、代、太原四郡置代国，封子恒。景帝三年，代国唯余太原一郡，其定襄、雁门、代三边郡属汉。武帝元鼎三年，代王徙清河，代国除为太原郡。"① 汉初在刘喜封代王之前，临北边有中央直属的陇西、北地、上郡、云中、雁门、代郡六郡和燕国的上谷、渔阳、右北平、辽西、辽东五郡。封刘喜后，中央直属十五郡中，临北边有陇西、北地、上郡、云中四郡。而北边的中段和东段均为代国和燕国所有。②

关注汉初历史的学者不能忽视的历史事实，是代国长期处于匈奴军事文化的强辐射区。《史记》卷一一〇《匈奴列传》说，"至冒顿而匈奴最强大，尽服从北夷，而南与中国为敌国"，"单于之庭直代、云中"。张守节《正义》："代郡城，北狄代国，秦汉代县城也，在蔚州羌胡县北百五十里。云中故城，赵云中城，秦云中郡，在胜州榆林县东北四十里。言匈奴之南直当代、云中也。"据司马迁记述："（冒顿）悉复收秦所使蒙恬所夺匈奴地者，与汉关故河南塞，至朝䢵、肤施，遂侵燕、代。是时汉兵与项羽相距，中国罢于兵革，以故冒顿得自强，控弦之士三十余万。"③ 匈奴侵代造成的农耕居民及其行政管理者的困窘，在韩王信上书中的表述是"国被边，匈奴数入"。《史记》卷九三《韩信卢绾列传》记载："上以韩信材武，所王北近巩、洛，南迫宛、叶，东有淮阳，皆天下劲兵处，乃诏徙韩王信王太原以北，备御胡，都晋阳。信上书曰：'国被边，匈奴数入，晋阳去塞远，请治马邑。'上许之，信乃徙治马邑。秋，匈奴冒顿大围信，信数使使胡求和解。汉发兵救之，疑信数间使，有二心，使人责让信。信恐诛，因与匈奴约共攻汉，反，以马邑降胡，击太原。"④ 刘邦"诏徙韩王信王太原以北"的动机，是看重他"材武"，又有所王"皆天下劲兵处"的经历，指望他能够"备御胡"。然而不料在匈奴军事强权的重压下，韩王信竟然"降胡"，甚至与匈奴合军攻汉。⑤

刘邦曾经亲自率领汉军主力在代地与匈奴直接对抗。"七年冬，上自

---

① 周振鹤：《西汉政区地理》，人民出版社1987年8月版，第70页。
② 《史记》卷一七《汉兴以来诸侯王年表》："自雁门、太原以东至辽阳，为燕、代国。"第801—802页。
③ 《史记》，第2890—2892页。
④ 《史记》，第2633页。
⑤ 王子今：《汉帝国交通地理的"直单于庭"方向》，《中国历史地理论丛》2020年第1期。

往击，破信军铜鞮，斩其将王喜。信亡走匈奴。其与白土人曼丘臣、王黄等立赵苗裔赵利为王，复收信败散兵，而与信及冒顿谋攻汉。匈奴使左右贤王将万余骑与王黄等屯广武以南，至晋阳，与汉兵战，汉大破之，追至于离石，复破之。匈奴复聚兵楼烦西北，汉令车骑击破匈奴。匈奴常败走，汉乘胜追北，闻冒顿居代谷，高皇帝居晋阳，使人视冒顿，还报曰'可击'。上遂至平城。上出白登，匈奴骑围上，上乃使人厚遗阏氏。阏氏乃说冒顿曰：'今得汉地，犹不能居；且两主不相厄。'居七日，胡骑稍引去。时天大雾，汉使人往来，胡不觉。护军中尉陈平言上曰：'胡者全兵，请令强弩傅两矢外向，徐行出围。'入平城，汉救兵亦到，胡骑遂解去。汉亦罢兵归。韩信为匈奴将兵往来击边。"① 白登之围，给汉王朝的最高统治者留下了沉痛的记忆。其事距刘恒封代王不过四年。

代地，是高帝时代汉王朝与匈奴作战的主战场，又长期承担着抗御匈奴主力的边防重任。刘恒封代王时，最高执政集团对这一严重形势是有所考虑的。《史记》卷八《高祖本纪》："（十一年）分赵山北，立子恒以为代王，都晋阳。"② 《汉书》卷一下《高帝纪下》写道：

> （十一年冬）太尉周勃道太原入定代地，至马邑，马邑不下，攻残之。……
>
> （春正月）诏曰："代地居常山之北，与夷狄边，赵乃从山南有之，远，数有胡寇，难以为国。颇取山南太原之地益属代，代之云中以西为云中郡，则代受边寇益少矣。王、相国、通侯、吏二千石择可立为代王者。"燕王绾、相国何等三十三人皆曰："子恒贤知温良，请立以为代王，都晋阳。"③

刘恒立为代王，是以代地频仍的战事为背景的，特别是"与夷狄边"，"数有胡寇"的形势，形成了"难以为国"的政治困境。刘邦"颇取山南太原之地益属代，代之云中以西为云中郡"的行政区划调整，以图"代

---

① 《史记》卷九三《韩信卢绾列传》，第2633—2634页。
② 裴骃《集解》："如淳曰：'《文纪》言都中都。又文帝过太原，复晋阳、中都二岁，似迁都于中都也。'"第389页。
③ 《汉书》，第69—70页。

受边寇益少"。

我们陈说了汉初代地在当时边疆与民族问题十分严重的形势下"与夷狄边","数有胡寇"的情形,是希望说明班氏在"秦之灭楚,迁晋、代之间"时面对的特殊的条件。

根据《汉书》卷一〇〇上《叙传上》的记载,班壹竟然在这样的情势下取得了非同寻常的成功。

三 班壹"以财雄边"

据班固在《汉书》卷一〇〇上《叙传上》中的记述,班壹在秦始皇执政时期的末年来到楼烦,并取得畜牧业经营的突出成就:

> 始皇之末,班壹避墬于楼烦,致马牛羊数千群。值汉初定,与民无禁,当孝惠、高后时,以财雄边……

楼烦,在今陕西神池南。① 颜师古注:"国家不设衣服车旗之禁,故班氏以多财而为边地之雄豪。"②

说班壹在楼烦"致马牛羊数千群",班固回顾祖上之富有,使用了特殊语句。《史记》卷三〇《平准书》说汉初经济形势:"汉兴,接秦之弊,丈夫从军旅,老弱转粮饷,作业剧而财匮,自天子不能具钧驷,而将相或乘牛车,齐民无藏盖。"所谓"钧驷",司马贞《索隐》:"天子驾驷马,其色宜齐同。今言国家贫,天子不能具钧色之驷马。《汉书》作'醇驷',醇与纯同,纯一色也。"经文景时代的休养生息,汉武帝时代经济形势显著好转。"至今上即位数岁,汉兴七十余年之间,国家无事,非遇水旱之灾,民则人给家足,都鄙廪庾皆满,而府库余货财。京师之钱累巨万,贯朽而不可校。太仓之粟陈陈相因,充溢露积于外,至腐败不可食。众庶街巷有马,阡陌之间成群,而乘字牝者傧而不得聚会。"③《史记》《汉书》

---

① 谭其骧主编:《中国历史地图集》,中国地图出版社 1982 年 10 月版,第 2 册第 17—18 页。
② 《汉书》,第 4197—4198 页。
③ 《史记》,第 1417、1420 页。

中言"马牛羊"数量以"群"计者,唯此一例。① 而班固赞美班壹"致马牛羊数千群"之说,尤为惊人。

四 北方多以"壹"为字

《汉书》卷一〇〇上《叙传上》中有关班壹事迹的追述,还说到他生前的荣耀以及去世之后的社会影响:

> (班壹)出入弋猎,旌旗鼓吹,年百余岁,以寿终,故北方多以"壹"为字者。

颜师古注:"马邑人聂壹之类也。今流俗书本多改此传壹字为懿,非也。"②《史记》卷一〇八《韩长孺列传》:"元光元年,雁门马邑豪聂翁壹因大行王恢言上曰:'匈奴初和亲,亲信边,可诱以利。'阴使聂翁壹为间,亡入匈奴,谓单于曰:'吾能斩马邑令丞吏,以城降,财物可尽得。'单于爱信之,以为然,许聂翁壹。聂翁壹乃还,诈斩死罪囚,县其头马邑城,示单于使者为信。曰:'马邑长吏已死,可急来。'于是单于穿塞将十余万骑,入武州塞。"司马贞《索隐》:"聂,姓也;翁壹,名也。《汉书》云'聂壹'。"③《史记》卷一一〇《匈奴列传》:"汉使马邑下人聂翁壹奸兰出物与匈奴交,详为卖马邑城以诱单于。单于信之,而贪马邑财物,乃以十万骑入武州塞。汉伏兵三十余万马邑旁,御史大夫韩安国为护军,护四将军以伏单于。"司马贞《索隐》:"按:《卫青传》唯称'聂壹'。顾氏云'壹,名也。老,故称翁',义或然也。"④

陈直《汉书补注》在有关《叙传上》的内容中,于"故北方多以'壹'为字者"句下写道:

---

① 《史记》卷二四《乐书》说到"牛羊之群",第1201页。《汉书》卷五一《枚乘传》说到"群牛",第2362页。《史记》卷七〇《张仪列传》说到"群羊",第2283、2289页。语义皆与此不同。
② 《汉书》,第4198页。
③ 《史记》,第2861页。
④ 《史记》,第2905页。

> 直按：两汉人皆名"翁壹"，已见《韩安国传》注。或有因字须用两字者，故亦加"翁"字，如《百官表》少府宋畸字"翁壹"是也。①

所谓"两汉人皆名'翁壹'，已见《韩安国传》注"，即前引《史记》卷一〇八《韩长孺列传》司马贞《索隐》："翁壹，名也。"

《史记》卷一〇八《韩长孺列传》："单于入汉长城武州塞。未至马邑百余里，行掠卤，徒见畜牧于野，不见一人。单于怪之，攻烽燧，得武州尉史。欲刺问尉史。尉史曰：'汉兵数十万伏马邑下。'单于顾谓左右曰：'几为汉所卖！'乃引兵还。"②《史记》卷一一〇《匈奴列传》："单于既入汉塞，未至马邑百余里，见畜布野而无人牧者，怪之，乃攻亭。是时雁门尉史行徼，见寇，葆此亭，知汉兵谋，单于得，欲杀之，尉史乃告单于汉兵所居。单于大惊曰：'吾固疑之。'乃引兵还。"③ 两说一言"徒见畜牧于野，不见一人"于是"单于怪之"，一言"见畜布野而无人牧者，怪之"。马邑在今山西朔州④，位于楼烦北。我们从所谓"畜牧于野"或说"畜布野"，可以推想班壹当时"致马牛羊数千群"情景。

---

① 陈直：《汉书新证》，第491页。
② 《史记》，第2862页。
③ 《史记》，第2905页。
④ 谭其骧主编：《中国历史地图集》，第2册第17—18页。

李斯与"焚书坑儒"

秦始皇在实现统一之后第八年和第九年做的两件事,也就是通常所说的"焚书"和"坑儒",标志着秦帝国的政治方向和文化原则。秦始皇不会想到,这样的决策后来会成为千古议论的话题。后人有时"焚坑"并说,如宋人朱熹所谓"焚坑之祸"①,元人张九垓所谓"焚坑之厄"②,明人郑真所谓"焚坑之惨"③。更为著名的自然是毛泽东《七律·读〈封建论〉呈郭老》"劝君少骂秦始皇,焚坑事业要商量"诗句。"要商量"或引作"待商量",中央档案馆保存的铅印件作"要商量"。④

焚书,因丞相李斯建议。坑儒事件,则李斯的作用还可以讨论。

一 "丞相李斯"的焚书建议

《史记》卷六《秦始皇本纪》有关于"焚书"事件的明确记载。秦始皇三十四年(前213),发生一次重要的廷前争议,主题涉及国家行政格局的基本设计:

> 始皇置酒咸阳宫,博士七十人前为寿。仆射周青臣进颂曰:"他时秦地不过千里,赖陛下神灵明圣,平定海内,放逐蛮夷,日月所

---

① (宋)黎靖德编,王星贤点校:《朱子语类》卷七八《尚书一》,中华书局1986年3月版,第1979页。
② (清)汪森编辑,黄盛陆、石恒昌、李瓒绪、王宗孟校点:《粤西文载》卷二六《横州学记》,广西人民出版社1990年8月版,第264页。
③ (明)郑真撰:《荥阳外史集》卷五〇《采芝生赞》,文渊阁《四库全书》补配文津阁《四库全书》本,第269页。
④ 王子今:《毛泽东论析秦始皇》,《百年潮》2003年第10期。

照，莫不宾服。以诸侯为郡县，人人自安乐，无战争之患，传之万世。自上古不及陛下威德。"始皇悦。

而博士淳于越指斥周青臣"面谀以重陛下之过，非忠臣"，明确提出了封建的主张，倡言"师古"：

> 博士齐人淳于越进曰："臣闻殷周之王千余岁，封子弟功臣，自为枝辅。今陛下有海内，而子弟为匹夫，卒有田常、六卿之臣，无辅拂，何以相救哉？事不师古而能长久者，非所闻也。今青臣又面谀以重陛下之过，非忠臣。"

秦始皇令就此进行讨论：

> 始皇下其议。

随即李斯发表了著名的坚持"法令出一"，而反对"法""三代之事"的明确意见，斥责"今诸生不师今而学古，以非当世，惑乱黔首"，并且提出了焚书并严刑禁止民间"偶语《诗》《书》"的建议：

> 丞相李斯曰："五帝不相复，三代不相袭，各以治，非其相反，时变异也。今陛下创大业，建万世之功，固非愚儒所知。且越言乃三代之事，何足法也？异时诸侯并争，厚招游学。今天下已定，法令出一，百姓当家则力农工，士则学习法令辟禁。今诸生不师今而学古，以非当世，惑乱黔首。丞相臣斯昧死言：古者天下散乱，莫之能一，是以诸侯并作，语皆道古以害今，饰虚言以乱实，人善其所私学，以非上之所建立。今皇帝并有天下，别黑白而定一尊。私学而相与非法教，人闻令下，则各以其学议之，入则心非，出则巷议，夸主以为名，异取以为高，率群下以造谤。如此弗禁，则主势降乎上，党与成乎下。禁之便。臣请史官非秦记皆烧之。非博士官所职，天下敢有藏《诗》、《书》、百家语者，悉诣守、尉杂烧之。有敢偶语《诗》《书》者弃市。以古非今者族。吏见知不举者与同罪。令下三十日不烧，黥为城旦。所不去者，医药卜筮种树之书。若欲有学法令，以吏

为师。"

所谓"人善其所私学",裴骃《集解》引徐广曰:"私,一作'知'。"就是说,作"人善其所知学"。所谓"有敢偶语《诗》《书》者弃市",裴骃《集解》:"应劭曰:'禁民聚语,畏其谤己。'"张守节《正义》:"偶,对也。"所谓"黥为城旦",裴骃《集解》引如淳曰:"《律说》'论决为髡钳,输边筑长城,昼日伺寇虏,夜暮筑长城'。城旦,四岁刑。"所谓"若欲有学法令,以吏为师",裴骃《集解》引徐广曰:"一无'法令'二字",即作"若欲有学,以吏为师"。李斯的建议得到秦始皇的认可:

> 制曰:"可。"①

李斯进行意识形态全面控制的主张得到推行。

《史记》卷八七《李斯列传》也有关于这一决策的记述。然而在"始皇三十四年,置酒咸阳宫,博士仆射周青臣等颂称始皇威德",随后"齐人淳于越进谏"之前,写道:"二十余年,竟并天下,尊主为皇帝,以斯为丞相。夷郡县城,销其兵刃,示不复用。使秦无尺土之封,不立子弟为王,功臣为诸侯者,使后无战攻之患。"言废封建的政治格局定式,在此次辩议之前已经形成。而淳于越"进谏"之后"始皇下其议"的"议",是这种形式:

> 始皇下其议丞相。丞相谬其说,绌其辞,乃上书曰:"古者天下散乱,莫能相一,是以诸侯并作,语皆道古以害今,饰虚言以乱实,人善其所私学,以非上所建立。今陛下并有天下,别白黑而定一尊;而私学乃相与非法教之制,闻令下,即各以其私学议之,入则心非,出则巷议,非主以为名,异趣以为高,率群下以造谤。如此不禁,则主势降乎上,党与成乎下。禁之便。臣请诸有文学《诗》《书》百家语者,蠲除去之。令到满三十日弗去,黥为城旦。所不去者,医药卜筮种树之书。若有欲学者,以吏为师。"始皇可其议,收去《诗》

---

① 《史记》,第254—256页。

《书》百家之语以愚百姓，使天下无以古非今。①

李斯的建议是以"上书"方式提出的。在学术舆论、文化舆论和社会舆论与"主势""一尊"发生"异""议"时，以为"禁之便"。这一政治表现，可以看作国家对于意识形态严厉控制的恶劣开端。

而且，这种"禁"，体现为对于可能"以古非今"的"私学"的全面禁绝，"诸有文学《诗》《书》百家语者，蠲除去之"，"收去《诗》《书》百家之语"。这里没有看到《史记》卷六《秦始皇本纪》"皆烧之"、"杂烧之"的火星，但是"令下三十日不烧，黥为城旦"，"令到满三十日弗去，黥为城旦"的处罚等级，是一致的。只是没有出现死刑处置："有敢偶语《诗》《书》者弃市。以古非今者族。吏见知不举者与同罪。"

二 "秦焚书"的历史记录和历史评价

直接记录"焚书"事件的《史记》卷六《秦始皇本纪》言"皆烧之"、"杂烧之"，没有出现"焚书"字样。而《史记》卷八七《李斯列传》甚至没有使用"烧"字，李斯"上书"仅见"诸有文学《诗》《书》百家语者，蠲除去之"，司马迁的记述也只说"收去《诗》《书》百家之语以愚百姓"。但是《史记》卷一二一《儒林列传》明确可见"秦时焚书"，"及至秦焚书，书散亡益多"的说法。②

"秦焚书"的历史记忆，又见于《汉书》卷三六《楚元王刘交传》③，《后汉书》卷六六《陈蕃传》④。

对于秦"焚书"导致的先秦文献破坏的严重性，很早就有人提出"秦火"危害有限的议论。如《通志》卷七一《校雠略》载录《秦不绝儒学论二篇》，其中有关于焚书的议论：

---

① 《史记》，第2546页。
② 《史记》，第3124、3126页。
③ 《汉书》，第1921页。
④ 《后汉书》，第2166页。

> 萧何入咸阳，收秦律令图书。则秦亦未尝无书籍也。其所焚者，一时间事耳。后世不明经者，皆归之秦火，使学者不睹全书。未免乎疑以传疑。然则《易》固为全书矣，何尝见后世有明全《易》之人哉？臣向谓秦人焚书而书存，诸儒穷经而经绝，盖为此发也。《诗》有六亡篇，乃《六笙诗》，本无辞。① 《书》有《逸》篇，仲尼之时已无矣。皆不因秦火。自汉已来，书籍至于今日百不存一二。② 非秦人亡之也③，学者自亡之耳。④

体味论者原意，在于揭示文化史进程中书籍散亡的复杂因素，但绝不是肯定"秦火"的合理。所谓"秦人焚书而书存"，一者因"博士官所职"的国家典藏，二者因民间在艰险情况下的保护和传承。前者又经历"项籍之罪"⑤，"项羽之火"⑥。后者不能避免传授过程中由不同立场和不同视角出发对早期经典的修正和扭曲。

秦始皇事后回顾"焚书"事，言"吾前收天下书不中用者尽去之"。⑦ 称"焚书"对象为"天下书不中用者"。医药、卜筮、种树之书等实用之学的积累确实得以保存，又有学者指出兵学知识仍然在民间普及，如袁宏道《经下邳》诗所谓"枉把六经灰火底，桥边犹有未烧书"。⑧ 也有人据"夜半桥边呼孺子，人间犹有未烧书"咏张良事迹诗⑨，

---

① 《焦氏笔乘》续集卷三"秦不绝儒学"条引录此文，作"本无其词"。（明）焦竑撰，李剑雄点校：《焦氏笔乘》，上海古籍出版社1986年4月版，第264页。
② 《焦氏笔乘》续集卷三"秦不绝儒学"条引录此文，作"书籍至今百不存一二"。（明）焦竑撰，李剑雄点校：《焦氏笔乘》，第264页。
③ 《焦氏笔乘》续集卷三"秦不绝儒学"条引录此文，作"岂亦秦人亡之哉？"（明）焦竑撰，李剑雄点校：《焦氏笔乘》，第264页。
④ （宋）郑樵撰，王树民点校：《通志二十略》，中华书局1995年11月版，第1803页。
⑤ （清）刘大櫆著，吴孟复标点：《刘大櫆集》卷一《焚书辩》，上海古籍出版社1990年12月版，第24页。
⑥ 刘师培：《左庵集》卷三《六经残于秦火考》，《刘师培全集》第三册，中共中央党校出版社1997年6月版，第30页。
⑦ 《史记》卷六《秦始皇本纪》，第258页。
⑧ （清）朱彝尊编：《明诗综》卷六二《袁宏道》，文渊阁《四库全书》本，第1460册第472页。
⑨ （清）陈恭尹著，郭培忠校：《独漉堂集·读秦纪》，中山大学出版社1988年8月版，第87页。

论"兵家言原在'不燔'之列"。尽管秦文化重视实用的风格使得许多技术层面的知识得以存留，但是以理论为主题的体现较高思辨等级的文化遗产遭遇"秦火"造成的中国文化的劫难，是不可否认的历史真实。虽然"民间《诗》《书》，未必能家摧而户烧之，燔余烬遗，往往或有"①，我们却不能在回顾文化史时，轻易宽恕毁灭文明成就的文化专制主义的罪恶。

王充《论衡·书解》说："秦虽无道，不燔诸子，诸子尺书，文篇具在，可观读以正说，可采掇以示后人。"② 赵岐《孟子章句题辞》也说秦不焚诸子。《文心雕龙·诸子》："烟燎之毒，不及诸子。"③ 钱锺书有"百家杂碎，初未从火"的说法。④ 然而《史记》卷六《秦始皇本纪》和《史记》卷八七《李斯列传》都明确说焚书对象是包括"百家语"的。也许"蠲除去之"的严厉程度，"百家语"不及《诗》《书》。但是对于这一问题，显然还有进一步考察的必要。

明代思想家李贽在《史纲评要》卷四《后秦纪》中曾经这样评论李斯关于焚书的上书：

> 大是英雄之言，然下手太毒矣。当战国横议之后，势必至此。自是儒生千古一劫，埋怨不得李丞相、秦始皇也。⑤

清人朱彝尊《秦始皇论》说："法制禁令，所以防民之奸而非化民成俗之具也。惟秦之为国，不本于道德而一专乎法。"也说到"焚书"：

> 盖吾观于始皇之焚《诗》《书》而深有感于其际也，当周之衰，圣王不作，处士横议，孟氏以为邪说诬民，近于禽兽。更数十年历秦，必有甚于孟氏所见者。又从人之徒，素以摈秦为快。不曰"嫚秦"，则曰"暴秦"，不曰"虎狼秦"，则曰"无道秦"。所以诟詈之

---

① 钱锺书：《管锥编·史记会注考证五八则》，中华书局1979年3月版，第1册第262页。
② 黄晖撰：《论衡校释》（附刘盼遂集解）卷二八，中华书局1990年2月版，第1159页。
③ 王利器校笺：《文心雕龙校证》卷四，上海古籍出版社1980年8月版，第119页。
④ 钱锺书：《管锥编·史记会注考证五八则》，第1册第263页。
⑤ （明）李贽评纂：《史纲评要》，中华书局1974年11月版，第90页。

> 者靡不至。六国既灭，秦方以为伤心之怨，隐忍未发。而诸儒复以事不师古，交讪其非。祸机一动，李斯上言，百家之说燔而《诗》《书》亦与之俱烬矣。嗟乎，李斯者，荀卿之徒，亦常习闻仁义之说，岂必以焚《诗》《书》为快哉？彼之所深恶者，百家之邪说而非圣人之言。彼之所坑者，乱道之儒，而非圣人之徒也。特以为《诗》《书》不燔，则百家有所附会，而儒生之纷纭不止，势使法不能出于一。其忿然焚之不顾者，惧黔首之议其法也。彼始皇之初心，岂若是其忍哉！盖其所重者法，激而治之，甘为众恶之所归而不悔也。呜呼！邪说之祸，其存也，无父无君，德人陷于禽兽；其发也，至合圣人之书烬焉。然则非秦焚之，处士横议者焚之也。后之儒者，不本乎圣贤之旨，文其私说，杂出乎浮屠老氏之学以眩于世，天下任法之君，多有使激而治之。可不深虑也哉！①

其说与李贽"战国横议之后，势必至此"之说有共通处，又注意到"从人之徒""诟詈之"所表现的因亡国而生成的仇恨，以及长期敌对形成的情感惯性等因素，加上"而诸儒复以事不师古，交讪其非"，于是导致执政者"忿然焚之"，"激而治之"。这样的论点，我们并不同意。特别是对于"后之儒者"与"天下任法之君"敌对态势的认识，混淆了基本的是非。但是对于"焚书"应当思考多方面因素的思路，是可取的。

对于"李丞相、秦始皇""焚书"之背景、动机和直接出发点的探索，还可以进行深入的讨论。但是基本史实的认定，应当是研究的基点。

三 "坑儒" 辨疑

汉桓帝延熹九年（166），"李膺等以党事下狱考实"。陈蕃"上疏极谏"："臣闻贤明之君，委心辅佐；亡国之主，讳闻直辞。故汤武虽圣，而兴于伊吕；桀纣迷惑，亡在失人。由此言之，君为元首，臣为股肱，同体相须，共成美恶者也。伏见前司隶校尉李膺、太仆杜密、太尉掾范滂等，正身无玷，死心社稷。以忠忤旨，横加考案，或禁锢闭隔，或死徙非

---

① （清）朱彝尊：《曝书亭集》卷五九《论》，世界书局1937年5月版，第694—695页。

所。杜塞天下之口,聋盲一世之人,与秦焚书坑儒,何以为异?"①东汉时期,可能"焚书坑儒"之说开始出现于历史文献。较陈蕃稍早还有文字略异的说法,如《汉书》卷二八下《地理志下》:"昭王曾孙政并六国,称皇帝,负力怙威,燔书坑儒,自任私智。"② 又《后汉书》卷五三《申屠蟠传》:"卒有坑儒烧书之祸,今之谓矣。"③《后汉书》卷六一《左雄传》:"宗周既灭,六国并秦,坑儒泯典,划革五等,更立郡县。"④

关于秦始皇"坑儒"的记载,见于《史记》卷六《秦始皇本纪》言秦始皇为侯生、卢生出逃激怒:

> 始皇闻亡,乃大怒曰:"吾前收天下书不中用者尽去之。悉召文学方术士甚众,欲以兴太平,方士欲练以求奇药。今闻韩众去不报,徐市等费以巨万计,终不得药,徒奸利相告日闻。卢生等吾尊赐之甚厚,今乃诽谤我,以重吾不德也。诸生在咸阳者,吾使人廉问,或为訞言以乱黔首。"于是使御史悉案问诸生,诸生传相告引,乃自除。犯禁者四百六十余人,皆坑之咸阳,使天下知之,以惩后。⑤

近年多有学者著文否认秦始皇"坑儒"事。主要论点,以为所坑杀的对象是"术士"而非"儒生"。

人们可能首先会提出这样的问题:难道"术士"与"儒生"的生存权不能等同?难道"术士"地位较"儒生"低贱,就可以随意屠杀吗?而且,究竟秦始皇坑杀对象究竟能否排除儒生,依然是需要澄清的问题。

言秦始皇"皆坑之咸阳"之"四百六十余人"使用"术士"称谓者,较早有《史记》卷一一八《淮南衡山列传》载伍被语所谓"杀术士,燔《诗》《书》"⑥以及《汉书》卷八八《儒林传》所谓"燔《诗》《书》,杀术士"⑦。不过,《汉书》中其他相关评论,都明确认定"坑

---

① 《后汉书》卷六六《陈蕃传》,第2166页。
② 《汉书》,第1641页。
③ 《后汉书》,第1752页。
④ 《后汉书》,第2016页。
⑤ 《史记》,第258页。
⑥ 《史记》,第3086页。《汉书》卷四五《伍被传》同,第2171页。
⑦ 《汉书》,第3592页。

儒"。如《汉书》卷二七下之上《五行志下之上》"燔《诗》《书》，坑儒士"①，《汉书》卷二八下《地理志下》"燔书坑儒"②。此后如《后汉书》卷六六《陈蕃传》"焚书坑儒"，以及《后汉书》卷五三《申屠蟠传》"坑儒烧书"③，《后汉书》卷六一《左雄传》"坑儒泯典"④，《魏书》卷六六《李崇传》与《北齐书》卷三六《邢邵传》"坑儒灭学"⑤，也都是明确的表述。其实，所谓"术士"、"方士"和"儒生"，文化资质有某种相通之处。正如有的学者所说，"谓所坑乃'方技之流'，非'吾儒中人'，盖未省'术士'指方士亦可指儒生"⑥。"术士"可指"儒生"之例，有《史记》卷一一八《淮南衡山列传》载伍被语："昔秦绝圣人之道，杀术士，燔《诗》《书》，弃礼义，尚诈力"⑦，《汉书》卷四五《伍被传》作"往者秦为无道，残贼天下，杀术士，燔《诗》《书》，灭圣迹，弃礼义"⑧。又《汉书》卷八八《儒林传》："至秦始皇兼天下，燔《诗》《书》，杀术士，六学从此缺矣。"⑨ 分析上下文"圣人之道"以及"礼义"、"圣迹"、"六学"诸语，理解当时语境，可以知道这里说的"术士"就是"儒生"。

《史记》卷六《秦始皇本纪》所谓"诸生传相告引，乃自除。犯禁者四百六十余人，皆坑之咸阳"之"诸生"，作为社会称谓的使用，所指代的社会身份可能原本是比较模糊的。顾颉刚说："当时儒生和方士本是同等待遇。""（秦始皇）把养着的儒生方士都发去审问，结果，把犯禁的四百六十余人活葬在咸阳：这就是'坑儒'的故事。"⑩ 以为受害者即"儒生方士"。两种身份并说。

《论衡·语增》肯定"焚书坑儒"是历史真实，以为坑杀对象就是"儒生"，然而否定了秦始皇欲全面取缔儒学的说法："传语曰：秦始皇帝

---

① 《汉书》，第1472页。
② 《汉书》，第1641页。
③ 《后汉书》，第1752页。
④ 《后汉书》，第2016页。
⑤ 《魏书》，第1471页。《北齐书》，第477页。
⑥ （清）光聪谐：《有不为斋随笔》，光绪十四年刻本。
⑦ 《史记》，第3086页。
⑧ 《汉书》，第2171页。
⑨ 《汉书》，第3592页。
⑩ 顾颉刚：《秦汉的方士与儒生》，上海古籍出版社1978年2月版，第12页。

燔烧《诗》《书》，坑杀儒士，言燔烧《诗》《书》，灭去五经文书也；坑杀儒士者，言其皆挟经传文书之人也。烧其书，坑其人，《诗》《书》绝矣。言燔烧《诗》《书》，坑杀儒士，实也。言其欲灭《诗》《书》，故坑杀其人，非其诚，又增之也。"在史事辨析时，又完全剔除了"术士"的表现："三十五年，诸生在咸阳者多为妖言。始皇使御史案问诸生，诸生传相告引者、自除犯禁者四百六十七人，皆坑之。""坑儒士，起自诸生为妖言。"①

我们必须重视的一则重要信息，是《史记》卷六《秦始皇本纪》在"四百六十余人皆坑之咸阳"之后记录的扶苏的表态："始皇长子扶苏谏曰：'天下初定，远方黔首未集，诸生皆诵法孔子，今上皆重法绳之，臣恐天下不安。唯上察之。'始皇怒，使扶苏北监蒙恬于上郡。"② 扶苏所谓"诸生皆诵法孔子"，明确解说了"诸生"的文化资质和文化立场。又《史记》卷六《秦始皇本纪》载李斯驳淳于越语，前说"今陛下创大业，建万世之功，固非愚儒所知"，后说"今诸生不师今而学古，以非当世，惑乱黔首"③，此处"诸生"就是"儒"。《史记》中使用"诸生"称谓凡33例，没有一例可以明确包含"方士"身份。除前引多例外，《史记》卷二八《封禅书》"使博士诸生刺《六经》中作《王制》，谋议巡狩封禅事"，"自得宝鼎，上与公卿诸生议封禅。封禅用希旷绝，莫知其仪礼，而群儒采封禅《尚书》、《周官》、《王制》之望祀射牛事"。又如："群儒既已不能辨明封禅事，又牵拘于《诗》《书》古文而不能骋。上为封禅祠器示群儒，群儒或曰'不与古同'，徐偃又曰'太常诸生行礼不如鲁善'，周霸属图封禅事，于是上绌偃、霸，而尽罢诸儒不用。"④ 又《史记》卷四七《孔子世家》太史公曰："余读孔氏书，想见其为人。适鲁，观仲尼庙堂车服礼器，诸生以时习礼其家，余祗回留之不能去云。"⑤ 在司马迁笔下，"诸生"称谓都明确直指"儒"、"群儒"。

古代政论家很早就注意到，秦始皇坑杀的"诸生"确是"儒"的最明朗的史料依据，是扶苏"诸生皆诵法孔子"之说。不过，宋元之际有

---

① 黄晖撰：《论衡校释》（附刘盼遂集解）卷七，第354—355、356页。
② 《史记》卷六《秦始皇本纪》，第258页。
③ 《史记》，第254、255页。
④ 《史记》，第1382、1397页。
⑤ 《史记》，第1947页。

学者发表意见否定扶苏之说。萧参《希通录》："古今相承，皆曰'坑儒'，盖惑于扶苏之谏。""自扶苏一言之误，使儒者蒙不韪之名。"① 陶宗仪《南村辍耕录》卷二五"论秦蜀"条有同样的说法，只是"自扶苏一言之误"作"自扶苏言之误"。②"扶苏之谏"，是直接针对坑杀"诸生"的批评意见，是与历史真实时间距离和空间距离最近的判断。发表者与帝国最高决策人秦始皇有最亲近的感情，与执政中枢机关有最密切的关系。轻易指斥"扶苏一言之误"，"扶苏言之误"，恐怕是难以说服读者的。

还应当看到"焚坑"是体现出政策连续性的事件。"焚书"时已经有对违令儒生严厉惩处的手段，这就是所谓"有敢偶语《诗》《书》者弃市"和"以古非今者族"。

《通志》卷七一《校雠略》载录《秦不绝儒学论二篇》，有关于秦时儒学地位、儒生地位的分析：

> 陆贾，秦之巨儒也。郦食其，秦之儒生也。叔孙通，秦时以文学召，待诏博士。数岁，陈胜起，二世召博士诸儒生三十余而问其故，皆引《春秋》之义以对，是则秦时未尝不用儒生与经学也。况叔孙通降汉时，自有弟子百余人。齐鲁之风亦未尝替。故项羽既亡之后，而鲁为守节礼义之国。③ 则知秦时未尝废儒，而始皇所坑者，盖一时议论不合者耳。④

就"坑儒"一事提出异见。朱彝尊《秦始皇论》也写道："彼之所坑者，乱道之儒，而非圣人之徒也。"⑤ 虽然历史上任何每一次政治迫害运动之后，都依然会有迫害对象和迫害对象同等级者的存留。然而以儒生在历史舞台上继续表演的历史记载推定"秦不绝儒学"，"秦时未尝废儒"，仍然是有一定的说服力的。这样的说法，其实只是限定了"坑儒"的范围，并没有完全否定"坑儒"的史实。

---

① （元）萧参：《希通录》（及其他一种），中华书局1991年1月版，第9页。
② （元）陶宗仪撰：《南村辍耕录》，中华书局1959年2月版，第304页。
③ 《焦氏笔乘》续集卷三"秦不绝儒学"条引录此文，作"鲁为守礼义之国"。（明）焦竑撰，李剑雄点校：《焦氏笔乘》，第264页。
④ （宋）郑樵撰，王树民点校：《通志二十略》，第1803页。
⑤ （清）朱彝尊：《曝书亭集》卷五九《论》，第694—695页。

四　"焚坑"非"一时间事"

"焚书坑儒"是中国政治史和文化史中沉痛的记忆。《秦不绝儒学论二篇》对于"焚书"有"一时间事"的说法。现在看来，不注意"焚坑"事的前源和后流，只是看作偶然的短暂的历史片段，可能是不正确的。

宋代曾有"世人说坑焚之祸，起于荀卿"的意见。① 明人杨慎也说到，宋人讥荀卿云，"卿之学不醇，故一传于李斯，即有坑焚之祸"。② 吕思勉说，"在《管子·法禁》，《韩非子·问辩》两篇中，早有焚书的主张。秦始皇及李斯就把他实行了"。③ 所说《管子·法禁》的主张，可能即"行僻而坚，言诡而辩，术非而博，顺恶而泽者，圣王之禁也"。④《韩非子·问辩》中的相关内容，或许即"言行而不轨于法令者必禁"，"言当则有大利，不当则有重罪"。⑤

我们注意到，《韩非子·和氏》说，商君建议秦孝公"燔《诗》《书》而明法令"，"孝公行之，主以尊安，国以富强"。⑥ 可知早在秦孝公、商鞅时代，"焚书"作为已经"实行"的行政操作方式明确见诸文献。宋王应麟《困学纪闻》卷一〇《诸子》写道："《韩子》曰：商君教秦孝公燔《诗》《书》而明法令。愚按《史记·商君传》不言燔《诗》《书》，盖《诗》《书》之道废，与李斯之焚之无异也。"⑦ 是说商鞅和李斯坚持的文化主旨"无异"，而读《韩非子》本文，可知"燔《诗》《书》"，就是"焚书"无疑。前引《史记》卷一一八《淮南衡山列传》及《汉书》卷八八《儒林传》所谓"燔《诗》《书》"，以及《汉书》卷九九下《王莽传下》所谓"昔秦燔《诗》《书》以立私议"，都是说秦始

---

① （宋）黎靖德编，王星贤点校：《朱子语类》卷一三七《战国汉唐诸子》，第3256页。
② （明）李贽：《读史·宋人讥荀卿》，《焚书　续焚书》卷五，中华书局1975年1月版，第218页。
③ 吕思勉：《吕著中国通史》，华东师范大学出版社1992年8月版，第347页。
④ 黎翔凤撰，梁运华整理：《管子校注》，中华书局2004年6月版，第278页。
⑤ （清）王先慎撰，钟哲点校：《韩非子集解》，中华书局2013年7月版，第429页。
⑥ （清）王先慎撰，钟哲点校：《韩非子集解》，第103、104页。
⑦ （宋）王应麟著，（清）翁元圻等注，栾保群、田松青、吕宗力校点：《困学纪闻》（全校本）卷一〇《诸子》，上海古籍出版社2008年12月版，第1267页。

皇"焚书"。

"焚书坑儒"形成的文化惯性，对后世政治生活依然有着长久的影响。以行政权力强化思想控制、文化控制、意识形态控制，成为帝制时代的政治文化传统。在历史上有的时代，控制和反控制矛盾的激化，可能重演秦代发生过的严酷的文化摧残和人身迫害。东汉党锢之祸发生，陈蕃上疏极谏，以当时局面直接比况秦时形势："伏见前司隶校尉李膺、太仆杜密、太尉掾范滂等，正身无玷，死心社稷。以忠忤旨，横加考案，或禁锢闭隔，或死徙非所。杜塞天下之口，聋盲一世之人，与秦焚书坑儒，何以为异？"① 面对汉末黑暗政治，申屠蟠也曾经说："昔战国之世，处士横议，列国之王，至为拥篲先驱，卒有坑儒烧书之祸，今之谓矣。"于是有"穷退""韬伏"的选择②，取另一种抵制的态度。这可以看作宋人俞德邻所谓"商皓虽寂寞，幸免坑焚悲"③ 的翻版。明智士人对"焚坑"之祸的重复发生深心警觉，是因为这种危险确实长期存在。

有的学者是站在维护现政权的稳定的立场上总结"焚坑"教训的。如清人李光地写道，秦的政治危局，"其祸究于坑焚，则士大夫之陈列无闻而诵说亦幸矣"。④"焚坑"导致的危害，如贾谊《过秦论》所说："秦俗多忌讳之禁，忠言未卒于口而身为戮没矣。故使天下之士倾耳而听，重足而立，拑口而不言。是以三主失道，忠臣不敢谏，智士不敢谋，天下已乱，奸不上闻，岂不哀哉！"这就是所谓"雍蔽之伤国"。⑤

唐人章碣诗："坑灰未冷山东乱，刘项元来不读书。"⑥ 元人洪希文诗："坑焚若为防遗患，可笑秦王计也疏。"⑦ 胡布诗："刘项不识字，硕

---

① 《后汉书》卷六六《陈蕃传》，第2166页。
② 《后汉书》五三《申屠蟠传》，第1752、1754页。
③ （宋）俞德邻：《佩韦斋集》卷三《暇日饮酒辄用靖节先生韵积二十首之四》，文渊阁《四库全书》本，台湾商务印书馆1986年版，第1189册第21页。
④ （清）李光地：《读论语札记》卷下《孔子曰天下有道章》，文渊阁《四库全书》本，台湾商务印书馆1986年版，第210册第80页。
⑤ 《史记》卷六《秦始皇本纪》，第278页。
⑥ （宋）洪迈编：《万首唐人绝句》卷三五《焚书坑》，文渊阁《四库全书》本，台湾商务印书馆1986年版，第1349册第293页。
⑦ （元）洪希文：《续轩渠集》卷五《读秦隐士黄石公素书有原始正道求人之志本德宗道遵义安礼六篇有秘戒不传不道不神不圣不贤之人大抵不离于七国纵横余习非得于圣贤修齐治平之学》，文渊阁《四库全书》本，台湾商务印书馆1986年版，第1205册第101页。

儒徒坑焚。"① 清人田雯诗："坑焚渗漏笑强秦，刘氏功凭马上臣。"② 都指出"焚坑"手段不能在社会危局严重的情况下成功维护稳定，保存旧制。这些咏史怀古诗作中体现的对"焚坑"的思考，也可以说明这一历史现象长久的文化影响。

---

① （明）朱存理编：《珊瑚木难》卷八《车辘辘》，文渊阁《四库全书》本，台湾商务印书馆1986年版，第815册第255页。
② （清）田雯：《古欢堂集》卷一四《读陆贾传》，文渊阁《四库全书》本，台湾商务印书馆1986年版，第1324册第172页。

徐巿东渡的历史记忆

秦始皇时代是中国古代提供了集中的历史创造的阶段。军事指挥、政制建设、交通规划、工程组织等方面的成就都成为历史的里程碑。此外，徐巿主持的航海行动，在中国古代海外交通史、海外开发史和探险史上也有非常重要的地位。与徐巿事迹相关的东洋航路的开通，也是丝绸之路交通史研究应当关注的课题。

一　徐巿"入海求仙人"

徐巿是齐地方士。"燕齐海上方士"作为一个知识群体，在战国秦汉时期为海洋探索发挥了积极的作用。徐巿，是其中最著名的人物。

秦始皇二十八年（前219），徐巿上书建议求海中神山仙人，为秦始皇批准。司马迁在《史记》卷六《秦始皇本纪》中记载：

> 齐人徐巿等上书，言海中有三神山，名曰蓬莱、方丈、瀛洲，仙人居之。请得斋戒，与童男女求之。于是遣徐巿发童男女数千人，入海求仙人。

张守节《正义》："《汉书·郊祀志》云：'此三神山者，其传在渤海中，去人不远，盖曾有至者，诸仙人及不死之药皆在焉。其物禽兽尽白，而黄金白银为宫阙。未至，望之如云；及至，三神山乃居水下；临之，患且至，风辄引船而去，终莫能至云。世主莫不甘心焉。'""入海求仙人"句后，张守节《正义》："《括地志》云：'亶洲在东海中，秦始皇使徐福将童男女入海求仙人，止在此州，共数万家。至今洲上人有至会稽市易者。

吴人《外国图》云亶洲去琅邪万里。'"①

在关于秦始皇三十五年（前212）的记录中，又可以看到秦始皇对徐市寻找海中神山未获成功的不满：

> 徐市等费以巨万计，终不得药。

在有关秦始皇三十七年（前210）史事的记录中，司马迁又写道，秦始皇从长江下游沿海岸北上，至琅邪。应当有对于方士入海求仙人事的查问：

> 方士徐市等入海求神药，数岁不得，费多，恐谴，乃诈曰："蓬莱药可得，然常为大鲛鱼所苦，故不得至，愿请善射与俱，见则以连弩射之。"始皇梦与海神战，如人状。问占梦，博士曰："水神不可见，以大鱼蛟龙为候。今上祷祠备谨，而有此恶神，当除去，而善神可致。"乃令入海者赍捕巨鱼具，而自以连弩候大鱼出射之。自琅邪北至荣成山，弗见。至之罘，见巨鱼，射杀一鱼。遂并海西。②

秦始皇在梦中与海神战斗，随即命令入海者携带捕捉巨鱼的渔具，而"自以连弩候大鱼出射之"。自琅邪北至荣成山，沿途都没有看到巨鱼。至之罘时，发现巨鱼，据说竟然"射杀一鱼"。

这是秦始皇最后一次出行，也是他最后一次行经海上。"梦与海神战"，"自以连弩候大鱼出射之"，"见巨鱼，射杀一鱼"等行为，体现中华大一统帝国最高执政者与海洋特别的亲近，成为海洋探索史的珍闻。这些情形，都是因徐市海洋航行经验的汇报而发生的。

看来，徐市求海中神山仙人的航海实践，前后至少有10年的经历。通过"巨鱼"、"大鱼"的故事，可以知道徐市的航船可能并不仅仅在近海浮行，而是已经尝试了经历相对较远航程的感受。

二 徐市"止王不来"

《史记》卷二八《封禅书》记载："始皇自以为至海上而恐不及矣，

---

① 《史记》，第247—248页。
② 《史记》，第258、263页。

使人乃赍童男女入海求之。"①《汉书》卷二五上《郊祀志上》写作："始皇如恐弗及，使人赍童男女入海求之。"② 此说"使人""入海求之"，但是没有明确说所"使"者何人。《史记》卷一一八《淮南衡山列传》记载淮南王与伍被的对话，伍被介绍秦末政治危局，说到"徐福入海"故事：

> 又使徐福入海求神异物，还为伪辞曰："臣见海中大神，言曰：'汝西皇之使邪？'臣答曰：'然。''汝何求？'曰：'愿请延年益寿药。'神曰：'汝秦王之礼薄，得观而不得取。'即从臣东南至蓬莱山，见芝成宫阙，有使者铜色而龙形，光上照天。于是臣再拜问曰：'宜何资以献？'海神曰：'以令名男子若振女与百工之事，即得之矣。'"秦皇帝大说，遣振男女三千人，资之五谷种种百工而行。徐福得平原广泽，止王不来。于是百姓悲痛相思，欲为乱者十家而六。

所谓"以令名男子若振女"，裴骃《集解》引徐广曰："《西京赋》曰'振子万童'。""骃案：薛综曰：'振子，童男女。'"③ 所谓"止王不来"，张守节《正义》："《括地志》云：'亶州在东海中，秦始皇遣徐福将童男女，遂止此州。其后复有数洲万家，其上人有至会稽市易者。'"④

"徐福"受秦始皇派遣入海求神异物，回来后宣称见到了"海中大神"，被看作西皇的使节，表达了"愿请延年益寿药"的请求。而大神表示："汝秦王之礼薄，得观而不得取。"又说，带来童男女和工匠"即得之矣"。秦始皇非常高兴，决定满足海神的要求。于是派三千童男女携带谷种和工匠一起远行。徐市到了平原广泽适合发展农耕的地方，以为合适的生存空间，在那里自为首领，竟不再归来。"徐福"此次以"伪辞"向秦始皇的报告中所言"海中大神"、"神"、"海神"，是秦始皇"梦与海神战"的直接缘由。

---

① 《史记》，第1370页。
② 《汉书》，第1205页。
③ 参看王子今《秦汉神秘主义信仰体系中的"童男女"》，《周秦汉唐文化研究》第5辑，三秦出版社2007年6月版，第105—119页。
④ 《史记》，第3086—3087页。《汉书》卷四五《伍被传》："又使徐福入海求仙药，多赍珍主，童男女三千人，五种百工而行。"第2171页。

关于徐市"入海"求仙药不再返回的情形,《汉书》卷二五下《郊祀志下》也写道:

> 秦始皇初并天下,甘心于神仙之道,遣徐福、韩终之属多赍童男童女入海求神采药,因逃不还,天下怨恨。①

又有《三国志》卷四七《吴书·吴主传》的记载:

> 亶洲在海中,长老传言秦始皇帝遣方士徐福将童男童女数千人入海,求蓬莱神山及仙药,止此洲不还。②

以为"徐福将童男童女数千人"定居于"海中""亶洲"。

唐代诗人汪遵《东海》诗写道:"漾舟雪浪映花颜,徐福携将竟不还。同作危时避秦客,此行何似武陵滩。"③ 以为徐市行为无异于避世隐居。熊皦《祖龙词》也写道:"平吞六国更何求,童女童男问十洲。沧海不回应怅望,始知徐福解风流。"④ 对徐市故事又也有新的解说。又如罗隐《始皇陵》诗:"荒堆无草树无枝,懒向行人问昔时。六国英雄漫多事,到头徐福是男儿。"⑤ 似乎将徐市海上航行终至"不还"视作反抗秦政的成功一种成功方式。

白居易有讥讽求仙行为的《海漫漫》诗,其中写道:"海漫漫,风浩浩,眼穿不见蓬莱岛。不见蓬莱不敢归,童男丱女舟中老。"⑥ 其实跟随徐市海上探寻仙山的童男童女们并没有"舟中老",他们很可能确实定居在中原人前所未知的海外世界,开创了新的文化。《三国志》卷四七《吴书·吴主传》记载:"遣将军卫温、诸葛直将甲士万人浮海求夷洲及亶

---

① 《汉书》,第1260页。
② 《三国志》,第1136页。
③ (宋)洪迈编:《万首唐人绝句》卷四二《东海》,文渊阁《四库全书》本,第1349册第358页。
④ (宋)洪迈编:《万首唐人绝句》卷四二《东海》,文渊阁《四库全书》本,第1349册第636页。
⑤ (宋)洪迈编:《万首唐人绝句》卷四二《东海》,文渊阁《四库全书》本,第1349册第440页。
⑥ 中华书局编辑部点校:《全唐诗》(增订本)卷四二六《白居易》,第7册第4703页。

洲。亶洲在海中，长老传言秦始皇帝遣方士徐福将童男童女数千人入海，求蓬莱神山及仙药，止此洲不还。世相承有数万家，其上人民，时有至会稽货布，会稽东县人海行，亦有遭风流移至亶洲者。"① 说徐市及其随行人员定居在东海列岛。

三 徐市行迹与中国文化与"倭"的联系

《后汉书》卷八五《东夷列传·倭》的有关记载，将"徐福""入海"与中原人关于东夷方向"倭"的知识联系了起来：

> 会稽海外……有夷洲及澶洲。传言秦始皇遣方士徐福将童男女数千人入海，求蓬莱神仙不得，徐福畏诛不敢还，遂止此洲，世世相承，有数万家。②

东汉时，"倭"国已经与中原王朝建立了正式的联系。《后汉书》卷八五《东夷列传·倭》追述自汉武帝平定朝鲜起，倭人已有三十余国与汉王朝通交："倭在韩东南大海中，依山岛为居，凡百余国。自武帝灭朝鲜，使驿通于汉者三十许国。"③

成书年代更早，因而史料价值高于《后汉书》卷八五《东夷列传》的《三国志》卷三〇《魏书·东夷传》中，关于倭人的内容多达 2 千余字，涉及 30 余国风土物产方位里程，记述相当详尽。这些记载，很可能是根据曾经到过日本列岛的使者——带方郡建中校尉梯儁和塞曹掾史张政等人的报告④，也可能部分采录"以岁时来献见"的倭人政权的使臣的介绍。

《后汉书》卷八五《东夷列传·倭》记述，光武帝建武中元二年

---

① 《三国志》，第 1136 页。
② 《后汉书》，第 2822 页。
③ 《后汉书》，第 2820 页。
④ 《三国志》卷三〇《魏书·东夷传》："正始元年，太守弓遵遣建中校尉梯儁等奉诏书印绶诣倭国，拜假倭王，并赍诏赐金、帛、锦罽、刀、镜、采物"，八年，"遣塞曹掾史张政等因赍诏书、黄幢，拜假难升米为檄告喻之"。第 857—858 页。

(57)，"倭奴国奉贡朝贺，使人自称大夫，倭国之极南界也。光武赐以印绶"。① 1784 年在日本福冈市志贺岛发现的"汉委奴国王"金印，显然已可以证实这一记载。一般认为"委（倭）奴国"地望，在北九州博多附近的傩县一带。

《三国志》卷三〇《魏书·东夷传》说，"自郡至女王国万二千余里"，而"女王国东渡海千余里，复有国，皆倭种。又有侏儒国在其南，人长三四尺，去女王四千余里。又有裸国、黑齿国复在其东南，船行一年可至。参问倭地，绝在海中洲岛之上，或绝或连，周旋可五千余里"。② 有人认为"黑齿国"方位与《梁书·诸夷列传·扶桑》中沙门慧深所述扶桑国情形相合，其所在远至太平洋彼岸的美洲。③ 而又有学者指出，所谓扶桑国若确有其地，"其地应在中国之东，即东北亚某地离倭国不太远之处"。④ 今考裸国、黑齿国所在，应重视"南"与"东南"的方位指示，其地似当以日本以南的琉球诸岛及台湾等岛屿为是。⑤

《太平御览》卷三七三引《临海异物志》所谓"毛人洲"，卷七九〇引《土物志》所谓"毛人之洲"⑥，以及《山海经·海外东经》郭璞注所谓"去临海郡东南二千里"的"毛人"居地⑦，其实大致与《三国志》卷三〇《魏书·东夷传》所谓"裸国、黑齿国"方位相近。这些生活在大洋之中海岛丛林的文明程度较落后部族的文化状况，中国大陆的居民通过海上交通已经逐渐有所了解。而对于这一地区文化面貌的最初的认识，是以秦汉时期航海事业的发展为条件而实现的。徐市，正是东方航海史这一历史阶段的标志性人物。

---

① 《后汉书》，第 2821 页。
② 《三国志》，第 855、856 页。
③ 赵评春：《中国先民对美洲的认识》，《未定稿》1987 年第 14 期。
④ 罗荣渠：《扶桑国猜想与美洲的发现——兼论文化传播问题》，原载《历史研究》1983 年第 2 期，1984 年修订稿载《北京大学哲学社会科学优秀论文选》第 2 辑，北京大学出版社 1988 年 5 月版，第 398—430 页。
⑤ 中国云南傣族、佤族、布朗族、基诺族等族，古称黑齿民，至今仍有染齿风习，或称与服食槟榔的传统习俗有关。海上黑齿国亦应为槟榔产地，清人陈伦炯《海国闻见录》中《东西详记》关于台湾风习，也有"文身黑齿"的记载。
⑥ （宋）李昉等撰：《太平御览》，第 1719、3500 页。
⑦ 袁珂校注：《山海经校注》卷四《海外东经》，上海古籍出版社 1980 年 7 月版，第 264 页。

《太平御览》卷七八二《东夷三》"纻屿人"条引《外国记》有这样一段涉及"徐福"的记述：

> 周详泛海，落纻屿上。多纻，有三千余家。云是徐福僮男之后。风俗似吴人。①

"徐福"带领童男童女开发海上岛国的传说，可能是真实历史的反映。徐市"止王不来"的地点，却不能确知。《后汉书》卷八《东夷列传》说徐市"遂止此洲"的内容，列在"倭"条下。而《太平御览》卷九七三引《金楼子》说徐市故事，也与东瀛"扶桑"传说相联系：

> 秦皇遣徐福求一寸椹。碧海之中，有扶桑树长数千丈，树两两同根，生更相依倚，是名为扶桑。仙人食其椹而体作金光飞腾玄宫也。②

"碧海之中"，"徐福求""仙人"所食"一寸椹"与"扶桑树"的神秘关系，可能是考察丝绸之路史的学者应当关心的。

宋代诗人有以"日本刀歌"为题的诗作，如："其先徐福诈秦民，采药淹留童丱老。百工五种与之俱，至今器用皆精巧。前朝贡献屡往来，士人往往工辞藻。徐福行时书未焚，逸书百篇今尚存。令严不许传中国，举世无人识古文。嗟予乘桴欲往学，沧波浩荡无通津，令人感叹坐流涕。"这首诗见于司马光《传家集》卷五，又见于欧阳修《文忠集》卷五四③，虽然著作权的归属尚不能明确，却表明当时文化人普遍相信徐市将中原文化传播到了日本。日本一些学者也确信徐市到达了日本列岛，甚至有具体登陆地点的考证，许多地方纪念徐市的组织有常年持续的活动。有的学者认为，日本文化史进程中相应时段发生的显著进步，与徐市东渡有关。应当说，徐市，已经成为象征文化交往的一个符号。《剑桥中国秦汉史》中

---

① （宋）李昉等撰：《太平御览》，第3466页。
② （宋）李昉等撰：《太平御览》，第4315页。
③ （宋）司马光：《传家集》卷五《和钱君倚日本刀歌》，文渊阁《四库全书》本，第1094册第46页。（宋）欧阳修：《文忠集》卷五四《日本刀歌》，渊阁《四库全书》本，第1102册第413页。

的说法大致可以代表史学家们对徐市航海集团去向的普遍认识:"徐一去不复返,传说他们在日本定居了下来。"①

徐市东渡,体现了秦汉人探索未知世界的勇气和智慧,作为中国早期航海事业的成功的标志,也书写了东方文化交流史上极其重要的一页。在世界文明史的进程中,也有引人注目的地位。

四 "千童"与"徐山"

关于徐市东渡,古代地理文献也有相关遗存。唐代的地理书《元和郡县图志》卷一八《沧州》写道,饶安县,原本是汉代的千童县,就是秦代的千童城。"始皇遣徐福将童男女千人入海求蓬莱,置此城以居之。"② 宋代地理书《太平寰宇记》卷二四《密州》引《三齐记》说到"徐山",也是因徐市东渡而出现的地名:"始皇令术士徐福入海求不死药于蓬莱方丈山,而福将童男女二千人于此山集会而去,因曰'徐山'。"③ 宋代诗人林景熙《秦望山》诗则在"会稽嵊县秦始皇登山望海处"发表"徐福楼船不见回"的感慨。④

徐市浮海,并不限于一次,关于其出海港的传说涉及许多地点,是可以理解的。近年来,若干地方相继形成了徐市研究热,如果超越地域文化的局限,进行视野开阔的深入研究,应当能够深化对中国古代航海史的认识,推进中国古代文化交流史的研究。

---

① (英)崔瑞德、鲁惟一编,杨品泉等译,张书生、杨品泉校订:《剑桥中国秦汉史:公元前221年至公元220年》,中国社会科学出版社1992年2月版,第74页。
② (唐)李吉甫撰,贺次君点校:《元和郡县图志》卷一八《河北道三·沧州》,中华书局1983年6月版,第519页。
③ (宋)乐史撰,王文楚等点校:《太平寰宇记》卷二四《河南道二十四·密州》,中华书局2007年11月版,第494—495页。
④ (宋)林景熙:《霁山文集》卷一《秦望山》,文渊阁《四库全书》本,第1188册第697页。

赵佗与龙川秦城

秦统一的规模，并不限于兼并六国。进军岭南，并置桂林、南海、象郡，使得秦帝国的版图在南方超越了楚国原有疆域，岭南地方自此融汇入中原文化圈中。秦始皇南海置郡，使得中原文化成功扩展到珠江流域。岭南地方与中原的文化交流，在秦代密切起来。① 秦汉之际，赵佗发挥了特殊的作用。他控制的南越国，实现了岭南地方的局部安定，也继续不断强化与中原的经济联系和文化沟通。

一 赵佗乘龙川而跨南越

对于南越政权在秦末特殊的政治背景下生成的过程，司马迁在《史记》卷一一三《南越列传》中有这样的记述：

> （赵）佗，秦时用为南海龙川令。
>
> 至二世时，南海尉任嚣病且死，召龙川令赵佗语曰："闻陈胜等作乱，秦为无道，天下苦之，项羽、刘季、陈胜、吴广等州郡各共兴军聚众，虎争天下，中国扰乱，未知所安，豪杰畔秦相立。南海僻远，吾恐盗兵侵地至此，吾欲兴兵绝新道，自备，待诸侯变，会病甚。且番禺负山险，阻南海，东西数千里，颇有中国人相辅，此亦一州之主也，可以立国。郡中长吏无足与言者，故召公告之。"即被佗书，行南海尉事。

---

① 王子今：《论秦始皇南海置郡》，《陕西师范大学学报》（哲学社会科学版）2017 年第 1 期；《岭南移民与汉文化的扩张——考古资料与文献资料的综合考察》，《中山大学学报》2010 年第 4 期。

嚣死，佗即移檄告横浦、阳山、湟溪关曰："盗兵且至，急绝道聚兵自守！"因稍以法诛秦所置长吏，以其党为假守。

秦已破灭，佗即击并桂林、象郡，自立为南越武王。①

任嚣和赵佗，本人原先都是秦王朝委任的地方官。任嚣在秦末社会大动乱中的立场，一方面承认"秦为无道，天下苦之"，对于反抗秦政的斗争有所赞同，另一方面则又"恐盗兵侵地至此"，于是"兴兵"而"自备"，足见其政治识见之敏锐而成熟；赵佗则一方面"以法诛秦所置长吏"，另一方面则又"以其党为假守"，也表现出政治风格的果断与干练。不过，我们还是会想到这样一个问题，任嚣选择赵佗"行南海尉事"，是不是真正是因为"郡中长吏无足与言者"，是不是主要是因为"郡中长吏无足与言者"呢？

分析任嚣择定赵佗作为其继承人，负责南海郡军事的原因，似乎不能排除这样的可能：

1. 龙川令赵佗控制着较强的军事力量②；
2. 龙川占据着较重要的军事战略地位。

考察当时的军事交通条件，龙川确实是扼守南北通路的军事要地。赵佗在实际掌握南海郡军权之后，"即移檄告横浦、阳山、湟溪关曰：'盗兵且至，急绝道聚兵自守！'"要求"急绝道"，只说到横浦、阳山、湟溪三关，似乎没有提到龙川，很可能是因为龙川早在赵佗控制之中，已经早有部署的缘故。据《嘉庆重修一统志》卷四四五《惠州府》，龙川县北有"铙钹山隘"，县西北有"猴岭隘"，县东北有"铁龙隘"。虽然此三处未必是最重要的关隘，但是由此也可以大略认识龙川的军事地理形势和军事交通地位。当然，对于所谓"湟溪关"存在的不同的认识，我们下文还将进行讨论。

《史记》卷一一三《南越列传》张守节《正义》："裴氏《广州记》云：本博罗县之东乡，有龙穿地而出，即穴流泉，因以为号也。"③《汉

---

① 《史记》，第2967页。
② 《史记》卷一一八《淮南衡山列传》："（秦皇帝）又使尉佗逾五岭攻百越。"第3086页。《史记》卷一一二《平津侯主父列传》："秦乃使尉佗将卒以戍越。"第2958页。都以赵佗为岭南秦军最高军事领袖，或许也可以从一个侧面作为助证。
③ 《史记》卷一一三《南越列传》，第2968页。

书》卷二八下《地理志下》南海郡龙川条下，颜师古注引文略同。这一龙穴传说得以流行，可能和赵佗后来曾经称帝的历史事实有关。

《水经注》卷三七《浪水》说："（浪水）又径博罗县西界龙川。左思所谓目龙川而带坰者也。赵佗乘此县而跨据南越矣。"①

所谓"赵佗乘此县而跨据南越矣"，说明郦道元显然注意到了龙川的地位与赵佗终成大业的关系。

博罗即今广东博罗，与龙川因东江航道而成上下。所谓"目龙川而带坰"，出自左思《吴都赋》，全句曰："拓土画疆，卓荦兼并，包括干越，跨蹑蛮荆，婺女寄其曜，翼轸寓其精，指衡岳以镇野，目龙川而带坰。"② 东吴经略东南，成就帝业，是"包括干越，跨蹑蛮荆"，即以岭南的富足为依托的。而"目龙川而带坰"语，似乎说明越过五岭，当以经由龙川的通路为要道。在晋人以"吴"为基点的认识中龙川的交通地位，无疑应当引起我们重视。

二 龙川：赵佗的据点，北人的通路

曾昭璇《番禺族源与南越国都》一文引述先秦时期吴国曾经在岭南建城的传说："按后汉赵晔《吴越春秋》云：'阖闾子孙避越岭外，筑南武城。'即说明当日番禺是吴国避难的后方根据地，远离浙江的越国。可见吴国盛时是占有南海的。今粤北仁化有夫溪（今曰扶溪），相传即为吴国征兵南越妇女送夫、兵丁扶妻送别的地点，南越船舶最北的航运终点之一（锦江上游是清代以前航运的起点）。反映春秋末年有一段时期南越亦曾属吴，楚国势力未到粤北地方。因楚吴起南平百越是在战国初期之事（前401—前380年）。"③ 说到有关扶溪的动人传说，人们还会注意到，龙川以北，其实也同样是"南越船舶最北的航运终点之一"。

不过，南武城地望，又有位于会稽郡娄县（今江苏昆山东北）之说。《汉书》卷二八上《地理志上》："（会稽郡）娄，有南武城，阖闾所起以

---

① （北魏）郦道元著，陈桥驿校证：《水经注校证》，中华书局2007年7月版，第874页。
② （南朝梁）萧统编，（唐）李善、吕延济、刘良、张铣、吕向、李周翰注：《六臣注文选》，中华书局1987年8月版，第101页。
③ 曾昭璇：《岭南史地与民俗》，广东人民出版社1994年12月版，第31页。

候越。"① 谭其骧主编《中国历史地图集》即标注南武城在今江苏常熟与昆山之间。② 然而，一说"候越"，一说"避越"，显然不同。可能清人"吴既灭，其子孙南徙，遂移'南武'之名于岭外"③ 的说法，是比较接近历史真实的。

古有赣南地区春秋时曾经为吴地的说法。《太平御览》卷一七〇引《十道志》："虔州南康郡，春秋时吴地，秦属九江郡，汉为赣县地，属豫章郡。"④

如果吴人的军事力量曾经进入岭南的说法能够成立，则由今江西寻乌循寻乌水南下经龙川至东江的通路，显然最为便捷。

谭其骧在讨论反映楚国重要交通史迹的鄂君启节铭文时，曾经写道："与湖南的情况相反，铭文里所有舟车各路都没有接触到今江西省境的任何一部分。这一情况跟史籍记载正相符合。"谭其骧又说，"铭文之所以不及江西省境，盖由于节铸于怀王初年，其时江西犹为越地。但从春秋直到汉初有关越国和越族的历史记载看来，越的西界最远似不可能超越今鄱阳湖东岸。因此，自鄱阳湖迤西迤北之地，在怀王初年若不在楚国版图之内，便当系楚、越两国间的瓯脱之地，其未经开发更可想见"。⑤

谭其骧没有特别说到鄱阳湖迤南之地，大约情形也有类似之处。就是说，吴人如果在败于越后由楚国和越国的间隙之中南下岭外，正是和"避越"的说法相符合的。

关于粤东初民，谭其骧早年曾经撰专文论说。他指出："越灭后句践子孙之散处江南海上者，仅限于今浙、闽两省，其苗裔至秦末汉初有闽越王无诸、越东海王摇，而粤东无闻焉。""秦汉时人即或有以'越'指称粤东种族者，亦不得便以粤东初民为'越族'也。蜑族最初见于巴中，常璩《华阳国志》述之，六朝以来，始辗转移入粤东。瑶族于汉晋时称

---

① 《汉书》，第1591页。
② 谭其骧主编：《中国历史地图集》，中国地图出版社1982年10月版，第1册第45—46页。
③ （清）仇巨川纂，陈献猷校注：《羊城古钞》卷七《古迹》，广东人民出版社1993年12月版，第569页。
④ （宋）李昉等撰：《太平御览》，第830页。
⑤ 谭其骧：《鄂君启节铭文释地》，《长水集》，人民出版社1987年7月版，下册第210—211页。

盘瓠种,《后汉书》及南朝诸史《南蛮传》言之綦详,唐宋之际,始度岭而南。二者并属迁来客族,亦非粤东土著。""汉人之移殖粤东,唐宋以来始盛。"①

但是,谭其骧这里是就较大规模的种族移民而言,由今江西至粤东的个别零星乃至较小规模的移民,当然不便完全否定。赵佗由龙川起事,而"颇有中国人相辅",就是当地已经"颇有"北人的例证。

三 赵佗龙川秦城规划

张荣芳、黄淼章著《南越国史》写道:秦王朝自平岭南直到前207年秦亡止,"虽仅七八年时间,但秦对岭南的开发与经营,对岭南地区社会经济的发展却有着重大的意义"。②

龙川秦城的规划和筑作,就是秦王朝对岭南的短暂统治的值得重视的遗存。

按照一般的常规,对新区的占领,往往首先控制的是交通要道。《汉书》卷一九上《百官公卿表上》:"(县)有蛮夷曰'道'。"③ 就是说,"道",一般设置在少数民族地区。拙著《秦汉交通史稿》中写道:"人们自然会注意到,'道'之所在,大都处于交通条件恶劣的山区。很可能'道'之得名,正在于强调交通道路对于在这种特殊地理条件和特殊民族条件下实施政治管理的重要作用。也可能在这种交通条件较为落后的少数族聚居地区,政府当时所能够控制的,仅仅限于联系主要政治据点的交通道路。即中央政府在这些地区实际只控制着若干点与线,尚无能力实施全面的统治。"④ 后来笔者不能不因孤陋寡闻而深自惭愧,近年读台湾友人寄赠严耕望《唐代交通图考》,方知严耕望早已发表了这样的论说:"汉制,县有蛮夷者曰道,正以边疆少数民族地区,主要行政措施惟道路之维持与控制,以利政令之推行,物资之集散,祈渐达成民族文化之融和耳。"⑤

---

① 谭其骧:《粤东初民考》,《长水集》,上册第258—259页。
② 张荣芳、黄淼章:《南越国史》,广东人民出版社1995年12月版,第31页。
③ 《汉书》,第742页。
④ 王子今:《秦汉交通史稿》,中共中央党校出版社1994年7月版,第520—521页。
⑤ 严耕望:《唐代交通图考》,"中研院"历史语言研究所专刊之83(1985年)。

秦汉设"道"的地区以秦地四围数量最为集中,"(县)有蛮夷曰'道'",起初当是战国秦制。秦王朝新地,有蛮夷则似乎不再一一称"道"。南海郡地名就是例证。然而,南海新县的设置,其实和所谓"道"的作用可能是相近的。龙川置县,最初就有不宜忽视的交通意义。

任嚣所谓"南海僻远,吾恐盗兵侵地至此,吾欲兴兵绝新道,自备,待诸侯变",这里所说的"新道",司马贞《索隐》引苏林曰:"秦所通越道。"赵佗"移檄告横浦、阳山、湟溪关曰:'盗兵且至,急绝道聚兵自守!'"所绝"道",当然也是"秦所通越道"。张荣芳、黄淼章对于"秦所通越道",有如下的考论:

> 秦所修筑的通越新道,其尚可考者有以下四条:
> 第一条,从江西南安(今江西南康),经过大庾岭,出横浦关(今广东南雄县小梅关),复沿浈水西行,取北江顺江可抵番禺。这条道经过横浦关。横浦关故址在今广东南雄县西北的庾岭上,以后赵佗划岭而治时,即绝了包括横浦关在内的秦关及通过的新道,这从侧面反映出经过横浦关的新道十分重要。
> 第二条,从湖南郴州,跨骑田岭,出阳山关(今广东阳山县西北),沿湟水(今连江)东南行,经湟溪关、洭口,取北江南下可抵番禺。这条道路经过阳山关、湟溪关、洭口关,此三关,皆"秦关,名曰三关"[①],这条道路也是赵佗所绝的秦道之一;或从湖南道州跨桂岭,顺贺江而汇至西江,东去番禺。
> 第三条,从湖南湘江南下,再西南行,经过广西全州,再过秦城、严关,走湖桂走廊而至桂林,再由桂林南行到达郡治布山及象郡。此道见于史志,如"湖广永州府零陵县有驰道,阔五丈余,类大河道。《史记》秦始皇命天下修驰道,以备游幸,此其遗迹也"[②],此外,《大清一统志》也有载,说零陵县外八十里处有秦驰道。
> 第四条,从福建进入广东揭阳一路。这一路经过揭阳岭。揭阳岭就是今之莲花山脉,该山脉从福建戴云山脉而来,西南至大鹏湾处入海,呈东北—西南走向。这条新道,有较充分的考古资料可资取证。

---

① 原注:邓淳:《岭南丛述》卷三《舆地》。
② 原注:《读史方舆纪要》卷八一。

如 1940 年时，揭阳岭曾出土了铸有篆文"秦"字的铜刀，1960 年时又出土了许多秦代文物，如铜剑等，说明秦军曾经过此路①，法国汉学家鄂卢梭也是这样认为，他说，秦取闽中郡后的军队"从福州出发，应该沿着海边的通道往南走，到今日广东潮安一带，由是抵揭阳岭。这就是福建通广东直达的要道。"②

张荣芳、黄淼章又总结道：

> 以上四条道路，皆秦平岭南后所新筑的通越道路，为了保障新道的畅通无阻，在新道的要隘等地形险要之处，秦又修筑了城池关防。③

对于"秦所通越道"，张荣芳、黄淼章的分析堪称详密，只是似乎应当补述通过龙川的道路。

另外，关于所谓"湟浦关"，"湟"或又写作"涅"。《史记》卷一一三《南越列传》"湟溪关"，司马贞《索隐》："涅溪。邹氏、刘氏本并作'涅'，音年结反。《汉书》作'湟溪'，音皇。""而姚察云《史记》作'涅'，今本作'湟'，'涅'及'湟'不同，良由随闻则辄改故也。《水经》云含汇县南有汇浦关，未知孰是。然邹诞作'涅'，《汉书》作'湟'，盖近于古。"今按"含汇县"当作含洭县，地在今广东英德西北；"汇浦关"当作洭浦关，地在今广东英德西南。而"涅溪关"之说，则使人联想到《水经注》卷三七《浪水》："其余水又东至龙川，为涅水，屈北入员水。""又径博罗县西界龙川。左思所谓目龙川而带洍者也。赵佗乘此县而跨据南越矣。"④ 龙川和"涅水"的关系，自然会使人们产生"涅溪关"或许与龙川有关的推想。

赵佗在龙川筑城，遗迹后世犹存。《元和郡县图志》卷三四《岭南道一》："龙川故城，在（河源）县东北，水路一百七十五里。秦龙川县也。

---

① 原注：蔡英文：《揭阳县旧城考证》，《汕头文物》1984 年第 4 期。
② 原注：冯承钧：《西域南海史地考证译丛》九编。
③ 张荣芳、黄淼章：《南越国史》，第 36—37 页。
④ （北魏）郦道元著，陈桥驿校证：《水经注校证》，第 874 页。

秦南海尉任嚣疾，召龙川令赵佗，授之以政，即此处也。"① 《嘉庆重修一统志》卷四四五《惠州府》"古迹"类"龙川故城"条下写道："《寰宇记》：旧雷乡县。刘龑乾亨元年改曰龙川，仍移循州就县古赵佗城。西接嶅山，南临浰水。《舆地纪胜》引《循阳志》云：绍兴十五年，知州韩京迁于城东，即尉佗之故基。又曰：龙川故城，在循州治西三十步。"②

唐人韦昌明《越井记》写道："南越王赵佗氏昔令龙川时，建池于嶅湖之东，阻山带河，四面平旷，登山景望，惟此为中。厥土沃壤，草木渐包，垦辟定规制。北距嶅十里，东距五马峰五里，南距河里许，相对即海珠山也。凿井于治之东偏，曰'越井'。""井周围为二丈许，深五丈，虽当亢旱，万人汲之不竭。其源出嶅山泉，极清冽，味甘而香。"韦昌明又写道："稽《史记》列传称汉既平中国，而佗能集扬越以保南藩称职贡，则佗之绩良足为多。又秦徙中县之民于南方三郡，使与百越杂处，而龙有中县之民四家，昌明祖于陕中人来此，已几三十五代矣，实与越井相终始。"③

赵佗当时经营龙川，有统领中县移民，"垦辟定规制"的事迹，但是龙川筑城，作为军事设施，意义主要还在于控制南北交通，在所谓"负山险"的地理形势下，利用这一条件控制南越地区，又防止南越人借这一条件对抗中央政府的管理。当然，龙川秦城的规划，从总体上看，显然也应当归入所谓"秦所通越道"的交通体系之中。

不过，还应当看到，龙川秦城和其他军事交通据点不同，这一古城的营造，不仅用以针对南越地方势力对南北交通畅通的威胁，而且有对东北方向所谓"东越狭多阻，闽越悍，数反复"④的诸地方势力遥相监控的作用。

四 汉代南北交通的枢纽

《汉书》卷二八上《地理志上》豫章郡条下写道：

---

① （唐）李吉甫撰，贺次君点校：《元和郡县图志》卷三四《岭南道一·循州》，中华书局1983年6月版，第894页。
② 《嘉庆重修一统志》，四部丛刊续编本，上海涵芬楼景印清史馆藏进呈写本，第166册。
③ （清）董诰等编：《全唐文》卷八一六，中华书局1983年11月版，第8592—8593页。
④ 《史记》卷一一四《东越列传》，第2984页。

雩都，湖汉水东至彭泽入江，行千九百八十里。①

里程如此精确，说明这条水道是水上航运的通路。王先谦《汉书补注》引《明统志》说所谓"湖汉水"水系状况：

> 又径（会昌）县北七里，折而西北流，与安远水合。安远水出安远县东南八十里欣山，其地有三百坑水源出焉，亦名三百坑水。南流百里，至定南厅界，为九洲河，始通舟楫。
>
> 又二百五十里，至广东龙川县界，为东江。谚曰："赣州九十九条河，却有一条通博罗。"谓此水也。②

可见赣江通道与东江通道古来可以沟通，而龙川在这一交通系统中占据着重要的地位。在江西安远，北流的所谓安远水（今称濂江）与南流的寻乌水和定南水上游之间，直线距离不过20公里左右。

而龙川向南，则是可以直接通达番禺（今广州）的深阔的水道。《太平御览》卷一七二引《南越志》：

> 郡东水道一千里，赵佗昔为龙川尉，所莅于此。③

显而易见，赵佗曾经管理过的龙川，当时成为以水路交通形式为主的联系南北交通的重要枢纽。

《史记》卷一一八《淮南衡山列传》载伍被语，说道："（秦皇帝）又使尉佗逾五岭攻百越。尉佗知中国劳极，止王不来。"④ 这当然是辩士之言，然而从这一思路分析，似龙川有可能是秦军"逾五岭"之初设立的军事据点。对于秦时"逾五岭攻百越"之役，《淮南子·人间》有这样的记述：

---

① 《汉书》，第1593页。
② （清）王先谦撰：《汉书补注》，中华书局1983年9月版，第764页。
③ （宋）李昉等撰：《太平御览》，第837页。
④ 《史记》卷一一八《淮南衡山列传》，第3086页。

> （秦皇）乃使尉屠睢发卒五十万，为五军，一军塞镡城之领，一军守九疑之塞，一军处番禺之都，一军守南野之界，一军结余干之水，三年不解甲弛弩，使监禄无以转饷，又以卒凿渠而通粮道，以与越人战，杀西呕君译吁宋。而越人皆入丛薄中，与禽兽处，莫肯为秦虏。相置桀骏以为将，而夜攻秦人，大破之，杀尉屠睢，伏尸流血数十万。乃发適戍以备之。①

对于秦"五军"的部署，东汉学者高诱有这样的解释：

> 镡城，在武陵西南，接郁林。
> 九疑，在零陵。
> 番禺，南海。
> 南野，在豫章。
> 余干，在豫章。

"在豫章"的两处，"南野"，明确可知地在今江西南康南；"余干之水"，则明指水路，所谓"干"，很可能与"赣"有关，而"余"，若理解为与大庾岭（今江西大余南）之"庾"有关，则与"余干之'水'"文义相悖，且余干之军亦与南野之军的作用相重叠，那么，这里所谓"余"，是否与"雩都"（今江西于都）之"雩"有关呢？

如果这一推想成立，则可以说明贡水和寻乌水乃至龙江早期联航的实现，而龙川秦城的军事交通意义也可以得到进一步的证实。②

不过，公元前112年汉武帝出兵平南越，分军五路，行军路线似乎未

---

① 何宁撰：《淮南子集释》，中华书局1998年10月版，第1289—1290页。《史记》卷一一二《平津侯主父列传》载严安语："（秦王）又使尉屠睢将楼船之士南攻百越，使监禄凿渠运粮，深入越，越人遁逃。旷日持久，粮食绝乏，越人击之，秦兵大败。秦乃使尉佗将卒以戍越。"第2958页。

② 《汉书》卷二八上《地理志上》豫章郡雩都条下，王先谦《汉书补注》："《寰宇记》：本南海揭阳县地，汉高六年灌婴所立。雩水出县北雩山入湖汉。先谦案：陈婴所立也，灌婴不闻至此。"第764页。雩都原属南海郡，无疑与东江水系以及龙川地区有较密切的交通联系。又，拙文《秦汉时期的内河航运》在分析《淮南子·人间》记述"南攻百越"秦军各部队的集结地点时曾经说，"护卫番禺秦军的四军，分别据沅江、湘江、赣江、信江水道"。《历史研究》1990年第2期。现在看来，显然"信江"之说不确，应予更正。

取龙川一线，《史记》卷一一三《南越列传》记载：

> （天子）乃下赦曰："天子微，诸侯力政，讥臣不讨贼。今吕嘉、建德等反，自立晏如，令罪人及江淮以南楼船十万师往讨之。"
> 元鼎五年秋，卫尉路博德为伏波将军，出桂阳，下汇水；主爵都尉杨仆为楼船将军，出豫章，下横浦；故归义越侯二人为戈船、下厉将军，出零陵，或下离水，或抵苍梧；使驰义侯因巴蜀罪人，发夜郎兵，下牂柯江：咸会番禺。①

汉武帝时代的此次南下远征，大约没有利用东江航道，龙川的军事交通作用看来没有得到直接的发挥。

五 龙川军事交通地位的其他史证

对于《汉书》卷二八上《地理志上》所谓"（豫章郡）雩都，湖汉水东至彭泽入江，行千九百八十里"②，王先谦《汉书补注》又写道：

> 《一统志》又云：汉世豫章之水，湖汉为大，故《志》此下独云东北入江，其彭、牵、盱、蜀，诸水皆云入湖汉，豫章水虽亦言北出大江，然不言诸水所入，亦不详其里数。疑当时尚未知二水之源异流同，姑并著之，而专以湖汉为经流也。自郦注以豫章水为正，而湖汉之名遂隐。③

秦及西汉，豫章方在早期开发，"当时尚未知二水之源异流同"，是很可能的。"而专以湖汉为经流"，正体现这一水道较早被利用以发展航运。

特别是所谓"汉世豫章之水，湖汉为大"的意见，恰与秦及西汉气候条件较现今温暖湿润，生态环境亦较优越，一些江河水量较今充沛的事

---

① 《史记》卷一一三《南越列传》，第2974、2975页。
② 《汉书》，第1593页。
③ （清）王先谦撰：《汉书补注》卷二八上《地理志上》，第764页。

实相符合。①

其实在"汉世"以后，我们所讨论的龙川南北通道依然服务于交通事业。以人们比较熟悉的历史事件为例，唐代黄巢起义，据有广州，镇海节度使高骈曾建议自"将万人自大庾岭趣广州击黄巢"，而北拒岭上以堵截黄巢的部署，除使人"将兵五千于郴州守险"外，特别令人"将兵八千于循、潮二州邀遮"②，而循州治所，就在龙川。宋末文天祥抗元，在赣南失利之后，即"收残兵奔循州，驻南岭"，他最后的抗击南下蒙古军的军事实践，都是在这一带进行的。③

《元丰九域志》卷九《广南路》关于"循州"，有这样的内容：

> 下，循州，海丰郡，军事。治龙川县。

其所属县第一就是龙川县：

> 望，龙川。二乡。驿步一镇，大有一铅厂。有嶅山、龙川江、鳄湖。④

其中关于有"驿步一镇"及"龙川江"的记载，说明当时龙川的水陆交通条件都受到重视。

《嘉庆重修一统志》卷四四五《惠州府》说，龙川县交通条件优越，又曾经因此设置交通防卫机构：

> 田心屯 在龙川县东南兴乐都通衢之西南。明洪武二十三年立。宏治十七年贼劫通衢司，因于此筑城。其北有岭西屯，在县东一百里。又东北三十五里有兴隆屯。又东北八十里有上莒屯。
>
> 老龙埠 在龙川县东二十里。为水陆舟车之会，闽粤商贾辐辏。

---

① 王子今：《秦汉时期气候变迁的历史学考察》，《历史研究》1995 年第 2 期。
② （宋）司马光编著，（元）胡三省音注，"标点资治通鉴小组"校点：《资治通鉴》卷二五三《唐纪六九》"唐僖宗乾符六年"，第 8216 页。
③ 《宋史》卷四一八《文天祥传》，第 12538 页。
④ 《元丰九域志》，中华书局 1989 年 12 月版，第 410 页。

> 明洪武九年建递运所于此。嘉靖九年裁。①

龙川能够千百年来长期保持重要的军事交通地位,令人惊异。然而同样引起我们注意的,又有龙川多年来"为水陆舟车之会,闽粤商贾辐辏"的历史作用。

---

① 《嘉庆重修一统志》,四部丛刊续编本,上海涵芬楼景印清史馆藏进呈写本,第166册。

"四皓""避秦商山"

张良是秦史人物。与张良明确持反秦立场不同,"四皓"取"避秦"的态度。

因张良智谋得以传播的"四皓"故事虽然形成于汉初,却可以透露出道家在战国晚期以至于秦代的某些文化风格。

就"四皓"故事及相关问题,通过对交通地理形势、文化联络路径、政治参与程度以及历史影响方式等方面的考察,应当有益于理解和说明当时道家思想的文化风貌和政治影响。

一 "四皓"事迹原始

"四皓"事迹最初见于《史记》的记录。而《史记》未用"四皓"称谓,直接的说法是"四人"。

《史记》卷五五《留侯世家》写道:"上欲废太子,立戚夫人子赵王如意。大臣多谏争,未能得坚决者也。吕后恐,不知所为。"有人对吕后说:"留侯善画计策,上信用之。"于是,"吕后乃使建成侯吕泽劫留侯,曰:'君常为上谋臣,今上欲易太子,君安得高枕而卧乎?'"张良起初以"以爱欲易太子,骨肉之间,虽臣等百余人何益"婉拒,然而"吕泽强要曰:'为我画计'",于是提议借用隐居"山中"的四位老人以为助力:"此难以口舌争也。顾上有不能致者,天下有四人。四人者年老矣,皆以为上慢侮人,故逃匿山中,义不为汉臣。然上高此四人。今公诚能无爱金玉璧帛,令太子为书,卑辞安车,因使辩士固请,宜来。来,以为客,时时从入朝,令上见之,则必异而问之。问之,上知此四人贤,则一助也。"张良的建议得到采纳,"于是吕后令吕泽使人奉太子书,卑辞厚礼,迎此四人。四人至，客建成侯所。"① 《太平御览》卷四三引《高士传》曰："高车山上有四皓碑及祠，皆汉惠帝所立也。汉高后使张良诣南山迎四皓之处，因名高车山也。"似说张良亲自"诣南山迎四皓"，与《史记》不同。② 随后发生的故事告诉我们，四位老人的态度对于太子地位的维护和巩固表现出重要的意义：

> 汉十一年，黥布反，上病，欲使太子将，往击之。四人相谓曰："凡来者，将以存太子。太子将兵，事危矣。"乃说建成侯曰："太子将兵，有功则位不益太子；无功还，则从此受祸矣。且太子所与俱诸将，皆尝与上定天下枭将也，今使太子将之，此无异使羊将狼也，皆不肯为尽力，其无功必矣。臣闻'母爱者子抱'，今戚夫人日夜待御，赵王如意常抱居前，上曰'终不使不肖子居爱子之上'，明乎其代太子位必矣。君何不急请吕后承间为上泣言：'黥布，天下猛将也，善用兵，今诸将皆陛下故等夷，乃令太子将此属，无异使羊将狼，莫肯为用，且使布闻之，则鼓行而西耳。上虽病，强载辎车，卧而护之，诸将不敢不尽力。上虽苦，为妻子自强。'"

《史记》卷五五《留侯世家》记述，"于是吕泽立夜见吕后，吕后承间为上泣涕而言，如四人意。上曰：'吾惟竖子固不足遣，而公自行耳。'于是上自将兵而东，群臣居守，皆送至灞上。留侯病，自强起，至曲邮，见上曰：'臣宜从，病甚。楚人剽疾，愿上无与楚人争锋。'因说上曰：'令太子为将军，监关中兵。'上曰：'子房虽病，强卧而傅太子。'是时叔孙通为太傅，留侯行少傅事。"③ 情势的演进，竟然完全如"四人"的谋划。太子避免了"将兵"出征，与"枭将"、"猛将"竞争的危难，又得到了"为将军，监关中兵"，控制王朝中枢的行政实践的机会。太子与赵王如意竞争的这一重要回合，前者占据上风。张良与"四人"配合的默契，亦得显现。

---

① 《史记》，第2044—2045页。
② 《太平御览》，第206页。《太平寰宇记》卷一四一《山南西道九·商州》也取此说。（宋）乐史撰，王文楚等点校：《太平寰宇记》，中华书局2007年11月版，第2736页。
③ 《史记》，第2045—2046页。

刘邦击败黥布军后，年老病重，"欲易太子"的态度更为偏执，甚至无视张良的劝阻。而"此四人"的表现又发生了重要的作用：

> 汉十二年，上从击破布军归，疾益甚，愈欲易太子。留侯谏，不听，因疾不视事。叔孙太傅称说引古今，以死争太子。上详许之，犹欲易之。及燕，置酒，太子侍。四人从太子，年皆八十有余，须眉皓白，衣冠甚伟。上怪之，问曰："彼何为者？"四人前对，各言名姓，曰东园公，角里先生，绮里季，夏黄公。上乃大惊，曰："吾求公数岁，公辟逃我，今公何自从吾儿游乎？"四人皆曰："陛下轻士善骂，臣等义不受辱，故恐而亡匿。窃闻太子为人仁孝，恭敬爱士，天下莫不延颈欲为太子死者，故臣等来耳。"上曰："烦公幸卒调护太子。"四人为寿已毕，趋去。上目送之，召戚夫人指示四人者曰："我欲易之，彼四人辅之，羽翼已成，难动矣。吕后真而主矣。"戚夫人泣，上曰："为我楚舞，吾为若楚歌。"歌曰："鸿鹄高飞，一举千里。羽翮已就，横绝四海。横绝四海，当可奈何！虽有矰缴，尚安所施！"歌数阕，戚夫人嘘唏流涕，上起去，罢酒。竟不易太子者，留侯本招此四人之力也。①

"留侯"和"四人"的合力，使刘邦有"难动"之悟，最终"竟不易太子"，汉初的政治稳定得以维持。关于《史记》记述的这"四人"，后来通常因"年皆八十有余，须眉皓白"称"四皓"。《史记》卷九《吕太后本纪》："如意立为赵王后，几代太子者数矣，赖大臣争之，及留侯策，太子得毋废。"所谓"留侯策"，司马贞《索隐》："令太子卑词安车，以迎四皓也。"②《汉书》卷四〇《张良传》"顾上有所不能致者四人"，颜师古注："四人，谓园公、绮里季、夏黄公、角里先生，所谓商山四皓也。"又："四人者从太子，年皆八十有余，须眉皓白，衣冠甚伟。"颜师古注："所以谓之'四皓'。"③

---

① 《史记》，第2046—2047页。《新序·善谋下》引录这一故事，末句作"竟不易太子者，留侯召四人之谋也"。（汉）刘向编著，石光瑛校释，陈新整理：《新序校释》，中华书局2001年1月版，第1371页。

② 《史记》，第395、396页。

③ 《汉书》，第2033—2034、2035—2036页。

《汉书》已经使用"四皓"称谓。卷一八《外戚恩泽侯表》："高帝拨乱诛暴，庶事草创，日不暇给，然犹修祀六国，求聘四皓。"颜师古注："《张良传》高帝谓四人曰'吾求公，公避逃我，今公何自从吾儿游乎？'""四皓须眉皓白，故谓之'四皓'。称号在《王贡两龚鲍传》。"①又《汉书》卷一〇〇上《叙传上》："高四皓之名，割肌肤之爱。"颜师古注："不立戚夫人子。"②《艺文类聚》卷一〇引《王命论》同。《艺文类聚》卷三七引魏桓范《荐管宁表》曰："汉祖高四皓之名，屈命于商洛之野。史籍叹述，以为美谈。"③

　　关于"四皓"称谓的最初出现，现在大致可以判定最迟始于西汉晚期。④从现有文献记录看，最初使用"四皓"称谓的，是扬雄的论著。⑤

　　《汉书》卷一〇〇下《叙传下》有"四皓遁秦，古之逸民"的说法⑥，《太平御览》卷一六八引皇甫谧《帝王世纪》也说"四皓始皇时隐于商山"⑦，看来，通过"四皓"言行认识战国晚期以至汉初的文化风貌，是适宜的。

　　《汉书》卷七二《王贡两龚鲍传》序写道："汉兴有园公、绮里季、夏黄公、甪里先生，此四人者，当秦之世，避而入商雒深山，以待天下之

---

① 《汉书》，第677—678页。

② 《汉书》，第4211—4212页。

③ （唐）欧阳询撰，汪绍楹校：《艺文类聚》，上海古籍出版社1965年11月版，第193、665页。

④ 据说汉惠帝陵前有"四皓"纪念刻石，但未必出现"四皓"字样。有研究者以为制作年代为东汉。（宋）赵明诚：《宋本金石录》卷一九《跋尾九·汉》"四皓神位刻石"条："右四皓神位神胙几刻石四，在惠帝傍。验其字画，盖东汉时书。"中华书局1991年1月版，第450页。（宋）洪适《隶释　隶续》卷二六《金石录下》"四皓神位刻石"，"在惠帝陵傍"作"在惠帝陵旁"。中华书局据洪氏晦木斋刊本1985年11月影印版，第281页。

⑤ 《汉书》卷八七下《扬雄传下》记载扬雄《解嘲》，其中有"四皓采荣于南山"句。颜师古注："'荣'者，谓声名也。一曰，'荣'谓草木之英，采取以充食。"《汉书》，第3573—3574页。《文选》卷四五《解嘲》李善注："'采荣'，采取荣名也。"中华书局1977年11月版，第632页。又扬雄《法言·重黎》："或问'贤'。曰：'为人所不能。''请人'。曰：'颜渊、黔娄、四皓、韦玄。'"李轨注："四皓白首，高尚其事。"汪荣宝撰，陈仲夫点校：《法言义疏》卷十，中华书局1987年3月版，第399—400页。

⑥ 《汉书》，第4260页。

⑦ （宋）李昉等撰：《太平御览》，第817页。

定也。自高祖闻而召之，不至。其后吕后用留侯计，使皇太子卑辞束帛致礼，安车迎而致之。四人既至，从太子见，高祖客而敬焉，太子得以为重，遂用自安。语在《留侯传》。""汉兴有园公、绮里季、夏黄公、甪里先生"句后颜师古注："'四皓'称号，本起于此，更无姓名可称知。此盖隐居之人，匿迹远害，不自标显，秘其氏族，故史传无得而详。至于后代皇甫谧、圈称之徒，及诸地理书说，竞为四人施安姓字，自相错互，语又不经，班氏不载于书。诸家皆臆说，今并弃略，一无取焉。"① 以为"后代""四皓"传说，如"氏族"、"姓字"、"地理"等，有"臆说"性质，"自相错互，语又不经"，"并弃略，一无取"的态度，总体来说，可能是适宜的。然而也可以具体分析。如文献所见"园公"，圈称《陈留风俗传》说"圈公"，颜师古有驳议②，然而宋人赵明诚《金石录》发现汉代文字遗存"四皓神位刻石"亦为"圈公"，可知圈称所说并非完全是"臆说"。③ 至于有关"四皓"的其他文化信息，也可以从不同的视角进行分析。

现在看来，"'四皓'称号"，很可能是比较典型的借用数字指代明确的人物组合的称谓形式，总结相关称谓的论著因为所讨论的对象以"四"与"八"居多，而称为"四八目"。④ 此前有秦穆公"三良"等，其后又有东汉晚期所谓"三君"、"八俊"、"八顾"、"八及"、"八厨"，魏晋所谓"竹林七贤"等。而以被称为"四皓"的四位老人始终同行同声，思

---

① 《汉书》，第3056页。

② 颜师古《匡谬正俗》卷八："圈称，《陈留风俗传·自序》云'圈公之后'，'圈公为秦博士，避地南山，汉祖聘之不就，惠太子即位，以圈公为司徒。自圈公至称，传世十一。'按班《书》述四皓，但有园公，非圈公也。公当秦之时，避地而入商洛深山，则不为博士明矣。又汉初不置司徒，安得以圈公为之乎？且呼惠帝为'惠太子'，无意义。"颜师古以为其说"实为鄙野"，并与"近代草莱末学之人，多喜自撰家谱，处置昭穆，妄称爵位"的文化现象联系起来批评。中华书局1985年版，第115—116页。

③ 赵明诚《宋本金石录》卷一九《跋尾九·汉》引录颜说，又写道："余尝疑称著书自述其世系，不应妄诞如此。及得四皓刻石，见其所书，亦为'圈公'，乃知称所述果非臆说，盖当时所传如此尔。至谓圈公为秦博士，及惠帝时拜司徒者，疑无所据。"第451页。

④ 《史记》卷五五《留侯世家》司马贞《索隐》："四人，四皓"，"此皆王劭据崔氏、周氏系谱及陶元亮《四八目》而为此说"。第2045页。《陶渊明集》卷九《集圣贤群辅录上》题注："一曰《四八目》。"列"燧人四佐"、"少昊四叔"、"羲和四子"，及"羲和死后分置八伯"，"高阳氏才子八人""天下之民谓之八凯"，"高辛氏才子八人""天下之民谓之八元"等。宋刻递修本，第33—34页。

想言论作为竟然完全一致，凝聚程度最为显著。

二 "商山四皓"的出现

"四皓"为吕氏迎致之前的行迹，《史记》记载张良语只说"逃匿山中"①，《汉书》卷八七下《扬雄传下》则有"四皓采荣于南山"语。②《汉书》卷七二《王贡两龚鲍传》序文则说"避而入商雒深山"，颜师古注："即今之商州商雒县山也。"③后来于是通行"商山四皓"的说法。④《太平御览》卷一六八引皇甫谧《帝王世纪》曰："四皓始皇时隐于商山，作歌曰：'英英高山，深谷逶迤。晔晔紫芝，可以疗饥。唐虞时远，吾将何归。'"⑤宋陈景沂《全芳备祖后集》卷一一《卉部·芝草》引《史》："四皓避秦，隐居商山，采芝而歌曰：'漠漠高山，深谷迤逦，晔晔紫芝，可以疗饥。唐虞世远，吾将何归。驷马高车，其忧甚大。富贵之留人，不如贫贱之肆志。'"⑥

宋人欧阳忞《舆地广记》卷一四《陕西永兴军路下·商州·上洛县》："商山，在县西南，秦四皓所隐也。"⑦"商山"或说"商洛山"⑧、"商雒深山"、"商雒县山"所在，有商君封地作为政治地理坐标⑨，战国

---

① 《史记》卷五五《留侯世家》，第2045页。
② 《汉书》，第3573页。
③ 《汉书》，第3056页。
④ 较早有《艺文类聚》卷三六引曹植《商山四皓赞》，第649页。又《太平御览》卷二四五引《汉书》曰："高祖欲废太子，吕后用张良计，致商山四皓，以为宾客。"第1159页。"商山四皓"称谓不见今本《汉书》。
⑤ 《太平御览》，第817页。文渊阁《四库全书》本《太平御览》"英英高山"作"莫莫高山"，"唐虞时远"作"唐虞世远"。第894册第627页。
⑥ （宋）陈景沂：《全芳备祖后集》，明毛氏汲古阁钞本，第305页。
⑦ （宋）欧阳忞撰，李勇先、王小红校注：《舆地广记》，四川大学出版社2003年7月版，第399页。
⑧ （宋）祝穆《古今事文类聚》前集卷三三《退隐部·隐逸》"商山四皓"条引《高士传》："四皓……乃共入商洛山，以待天下定。"书目文献出版社据元刻本1991年8月影印版，第357页。（宋）陈景沂《全芳备祖后集》卷一一《卉部·芝草》引《史》："乃共入商山，隐于地肺山。秦灭，汉高祖召之，不至，深入终南山。"第305页。（明）彭大翼《山堂肆考》卷一〇九《人品·隐士》"逃入蓝田"条引《高士传》作"乃共入商雒，隐地肺山"。文渊阁《四库全书》本，台湾商务印书馆1986年版，第976册第197页。
⑨ 王子今、焦南峰、周苏平：《陕西丹凤商邑遗址》，《考古》1989年第7期。

时期又依傍丹江川道形成了通行条件优越的联系秦楚的重要通路。因武关之险，这条古道又称"武关道"。① 楚怀王与秦国的外交失败，最终客死于秦的悲剧，许多场面发生在武关道上。《史记》卷四〇《楚世家》："秦昭王遗楚王书曰：'……寡人愿与君王会武关，面相约，结盟而去，寡人之愿也。敢以闻下执事。'楚怀王见秦王书，患之。欲往，恐见欺；无往，恐秦怒。""怀王子子兰劝王行，曰：'奈何绝秦之欢心！'于是往会秦昭王。昭王诈令一将军伏兵武关，号为秦王。楚王至，则闭武关，遂与西至咸阳，朝章台，如蕃臣，不与亢礼。""秦因留楚王，要以割巫、黔中之郡。楚王欲盟，秦欲先得地。楚王怒曰：'秦诈我而又强要我以地！'不复许秦。秦因留之。""顷襄王横元年，秦要怀王不可得地，楚立王以应秦，秦昭王怒，发兵出武关攻楚，大败楚军，斩首五万，取析十五城而去。二年，楚怀王亡逃归，秦觉之，遮楚道，怀王恐，乃从间道走赵以求归。赵主父在代，其子惠王初立，行王事，恐，不敢入楚王。楚王欲走魏，秦追至，遂与秦使复之秦。怀王遂发病。顷襄王三年，怀王卒于秦，秦归其丧于楚。"② 从武关道穿越秦岭路段的栈道遗存看，当时这条道路最艰险的路段也可以驶行车辆，可以保证比较好的通行效率。③

张仪以"献商於之地六百里"作为外交诱饵使楚王断绝和齐的联盟，事见《战国策·秦策二》及《史记》卷四〇《楚世家》、卷七〇《张仪列传》、卷八四《屈原贾生列传》。《资治通鉴》卷三列于"周赧王二年"条下，即公元前313年（秦惠文王更元十二年，楚怀王十六年）。"商於之地"的方位，《史记》卷四〇《楚世家》裴骃《集解》："商於之地在今顺阳郡南乡、丹水二县，有商城在於中。故谓之

---

① 《后汉书》卷九六《王允传》："乃上护羌校尉杨瓒行左将军事，执金吾士孙瑞为南阳太守，并将兵出武关道，以讨袁术为名，实欲分路征卓。"第2175页。《三国志》卷八《魏书·张鲁传》裴松之注引《魏略》："（刘雄鸣）有众数千人，据武关道口。太祖遣夏侯渊讨破之，雄鸣南奔汉中。"第266页。王子今："武候"瓦当与战国秦汉武关道交通，《文博》2013年第6期；《武关·武候·武关候：论战国秦汉武关位置与武关道走向》，《中国历史地理论丛》2018年第1期。

② 《史记》，第1727—1729页。

③ 王子今、焦南峰：《古武关道栈道遗迹调查简报》，《考古与文物》1986年第2期；王子今：《武关道蓝桥河栈道形制及设计通行能力的推想》，《栈道历史研究与3S技术应用国际学术研讨会论文集》，陕西人民教育出版社2008年8月版。

商於。"司马贞《索隐》："商於在今慎阳。"① 《水经注》卷二〇《丹水》也说："丹水径流（丹水、南乡）两县之间，历於中之北，所谓'商於'者也。故张仪说楚绝齐许以商於之地六百里，谓以此矣。"② 宋人王观国《学林》卷五"於"条就此提出异议："《史记·张仪传》曰：'仪说楚王：请献商於之地六百里。'又《楚世家》曰：'取故秦所分楚商於之地六百里。'裴骃注曰：'商於之地，在今顺阳郡南乡、丹水二县，有商城在於中，故谓之商於。'然则'商於'之'於'亦音央居切。《广韵》曰：'於，央居切。地名商於也。'刘禹锡《送陈郎中召直史馆》曰：'若问旧人刘子政，如今头白在商於。'与'除'字同韵，则用为央居切不误也。世俗多误读'商於'之'於'为'乌'，不可不审也。"③《太平御览》卷一六八引《史记》："张仪说楚怀王曰：'大王诚能绝约于齐，臣请献商於之地六百里。'楚于是与齐绝约，使一将军随张仪至秦。仪谓楚使者曰：'臣有奉邑六里，愿以献大王左右。'楚使者曰：'臣受命于王以商於之地六百里，不闻六里。'"这段文字置于"商州"条下④，也显示了《太平御览》编纂者对"商於之地"的认识。《太平寰宇记》卷一四一《山南西道九·商州》："商州上洛郡，今理上洛县。古商於之地。""后周宣政元年改洛州为商州，取古商於之地为名。"又"商洛县"条下："汉立商县，所谓商於之地。"又写道："商洛山在县南一里，一名'楚山'，即四皓所隐之处。高后使迎四皓，故今连亘有'高车山'，盖因之得名。"⑤ 宋王存等《新定九域志》也说："古商国。《帝王世纪》云：离始于商，则今上洛县，亦秦封商君之地。张仪诈以商於地方六百里赂楚，即此地也。"⑥ 但宋代地理书仍有取"商

---

① 《史记》，第1723页。
② （北魏）郦道元著，陈桥驿校证：《水经注校证》，中华书局2007年7月版，第488页。
③ （宋）王观国著，田瑞娟点校：《学林》，中华书局1988年1月版，第166—167页。
④ （宋）李昉等撰：《太平御览》，第817页。
⑤ （宋）乐史撰，王文楚等点校：《太平寰宇记》，第2733、2734、2738页。
⑥ （宋）王存等撰，王文楚、魏嵩山点校：《元丰九域志》附录《新定九域志·古迹》卷三《商州》，中华书局1984年12月版，第587页。

於之地六百里"为丹水、南乡说者。① 谭其骧《中国历史地图集》在《战国·秦蜀》图中将"商（邬、於商）"标注于今陕西丹凤，将"商於"标注于今河南西峡、淅川、内乡一带，将"於（於中）"标注于西峡东。② 在《战国·楚越》图中则只标注"商（邬、於商）"，未标注"商於"和"於（於中）"。③ 可知对于"商於之地"的方位，至今仍存在不同意见。然而即使在今河南西峡、淅川、内乡地方，也因武关道交通与秦地有着密切的联系。④ 有学者指出，"商於"地处"丹江流域"，"以今天陕西商洛市的商州区、丹凤、商南和河南南阳的西峡、淅川、内乡六县区为核心"。⑤ 据《史记》卷六八《商君列传》司马贞《索隐》："卫鞅所封商於二县以为国，其中凡有十五都，故赵良劝令归之。"张守节《正义》："公孙鞅封商於十五邑，故云'十五都'。"⑥ 则说"商於"即商鞅封地。这样的认识可能比较接近历史真实。《左传·文公十年》记载："城濮之

---

① 如（宋）乐史《太平寰宇记》卷一四二《山南东道一·邓州》："按：《荆州图副》：（内乡）今县东七里地名於村，即秦张仪所谓商於之地也。"第2757页。（宋）欧阳忞《舆地广记》卷八《京西南路》："（内乡县丹水镇）东有於村，张仪说楚绝齐，许以商於之地六百里，即此。"第174页。显然都是源自"臣有奉邑六里，愿以献大王左右"的传说。

② 谭其骧主编：《中国历史地图集》，中国地图出版社1982年10月版，第1册第43—44页。

③ 谭其骧主编：《中国历史地图集》，第1册第45—46页。

④ 石泉主编，何浩、陈伟副主编《楚国历史文化辞典》对于"商於之地"是这样解释的："楚地区名。约在怀王前期为秦所取。《史记·楚世家》：'今使使者从仪西取故秦所分楚商於之地六百里。'即此。其地望主要有三说：（1）《史记·楚世家·集解》、《水经·丹水注》定在丹江下游一带；（2）《史记·张仪列传·索隐》引刘伯庄说，定在今陕西商县及其以西一带；（3）近有学者认为在丹江中下游以西及汉水上游两岸，今鄂豫陕三省交界地区。"武汉大学出版社1996年1月版，第379页。现在看来，以（1）说比较切近史实。所谓"约在怀王前期为秦所取"者，为商鞅封地商邑的遗存所否定。主持商邑发掘的考古学者认为："丹凤古城村商邑遗址中大量春秋中期至战国中期楚文化遗存的发现，说明这里在商鞅就封之前曾经为楚国所有，并且是一处具有浓厚军事气氛的楚国邑聚。"杨亚长、王昌富：《商鞅封邑遗址的考古的调查、发掘和初步研究》，陕西省考古研究所、商洛市博物馆编著《丹凤古城楚墓》附录一，三秦出版社2006年6月版，第188页。

⑤ 梁中效：《论秦、楚商於之争》，《咸阳师范学院学报》2010年第5期。论者还指出，"古商於之地是楚族、楚国、楚文化的发祥地"。"古商於之地是秦国的战略要地和前进基地。""古商於之地是秦、楚文化交汇之地。"

⑥ 《史记》，第2236页。

役"后，主将之一子西自杀，被楚王救止，"使为商公"。① "商"地所在，学者有所讨论者，多以为在丹江上游。② 已经考古工作者调查与发掘证实的商鞅封地，在今陕西丹凤古城。③

"四皓"所居"商山"所在，属于或说秦楚曾经发生领土纠纷的"商於之地"，一说"故秦所分楚商於之地"，而"商洛山在县南一里，一名'楚山'，即四皓所隐之处"以及《水经注》卷二〇《丹水》发源于"楚山"的河流又称"楚水"的说法④，更暗示"四皓"与楚文化的关系。东汉冯衍《显志》"披绮季之丽服兮，扬屈原之灵芬"将"四皓"中"绮季"与"屈原"并说⑤，也符合这一情形。《后汉书》卷二八下《冯

---

① 《春秋经传集解》，上海古籍出版社1978年8月版，第471页。
② （宋）罗泌《路史》卷二六《国名纪三》："子西为商公，今商之商洛之地，《志》属弘农。"文渊阁《四库全书》本，台湾商务印书馆1986年版，第383册第294页。库勒纳、李光地《日讲春秋解义》卷二五《文公》亦取此说："商，杜注：楚邑，上雒商县。今属陕西商州。"文渊阁《四库全书》本，台湾商务印书馆1986年版，第172册第327页。（清）顾栋高《春秋大事表》卷四《列国疆域表·序》则说："文十年《传》'子西为商公'，即商州之雒南县也。"同书卷六上《列国地形犬牙相错表》："先王建国，各有分地，纷若列碁，界如分畛。其后列侯争相侵夺，务据势胜，而春秋列国之疆域繁然乱矣。如山东濮州范县为晋士会邑，楚之子西为商公，为今陕西商州之雒南县。学者多所不晓。以此读《传》，譬若矮人观场，余窃病之。"他以为，"子西之为商公，在文十年"，当时"少习、武关早为楚有"，而"商城在武关西北百二十里"。同书卷六中《列国疆域表·陕西·商州》又写道："雒南县为楚之商邑。文十年《传》楚子西为商公，杜注：商，楚邑，今上雒商县。上雒废城在今商州东九十里。古商邑本契所封，春秋时属楚。盖近河南南阳府界。盛弘之《荆州记》：武关西北百二十里有商城。"吴树平、李解民点校：《春秋大事表》，中华书局1993年6月版，第524、609、644页。（清）秦蕙田《五礼通考》卷二一六《嘉礼·设官分职》："（宣公）十一年，《左氏传》：诸侯县公皆庆寡人。注：楚县大夫皆僭称公。""蕙田案：楚县公之名，见于《传》者，如息公子朱、申公巫臣、期思公复遂、申公寿余、叶公诸梁、白公胜，及子西为商公、弃疾为蔡公之类，与县尹似少不同。"圣环图书公司1994年5月版，第34页。"商公"，即商县与"县尹"类同的地方行政主宰。今按：所谓"楚县大夫皆僭称公"，取宋人林尧叟《春秋左传句解》"楚僭王，其县尹皆称公"意。（明）王道焜、赵如源：《左传杜林合注》卷一六，文渊阁《四库全书》本，台湾商务印书馆1986年版，第171册第488页。是楚在"商"早已置县。
③ 商洛地区考古调查组：《丹江上游考古调查简报》，《考古与文物》1981年第3期；王子今、周苏平、焦南峰：《陕西丹凤商邑遗址》，《考古》1989年第7期；陕西省考古研究所、商洛市博物馆：《丹凤古城楚墓》，第2—4页。
④ 《水经注》卷二〇《丹水》：丹水东南过上洛县南，"楚水注之，水源出上洛县西南楚山，昔四皓隐于楚山，即此山也。"陈桥驿校注："'水源'二字，近刻作'楚水'。"（北魏）郦道元著，陈桥驿校证：《水经注校证》，第486页。
⑤ （宋）陈仁子编：《文选补遗》，上海古籍出版社1993年8月版，第516页。

衍传下》李贤注："绮季，四皓之一也。《前书》曰，四皓随太子入侍，须眉皓白，衣冠甚伟。《楚汉春秋》曰'四人冠韦冠，佩银环，衣服甚鲜'，故言'丽服'也。"① 所谓"绮季之丽服"，所谓"四人""衣服甚鲜"，也与"楚服盛服"的说法一致。② 后人诗作所谓"西见商山芝，南到楚乡竹"③，"商岭芝可茹，楚泽兰堪纫"④，"已剖巴陵橘，犹歌商岭芝"⑤，"又见武陵桃，更有商岭芝"⑥，都以"商山"、"商岭"和楚地风土对应。而"商山"亦称"楚山"的说法，又因考古资料所见丹江上游上古遗存表现出来自江汉方向的文化影响而得到了印证。或有对子西"为商公"的"商"是否确在商洛有所怀疑的意见⑦，考古收获所见当地楚文化的发现可以释疑。商州紫荆新石器时代遗址出土器物"带有屈家岭文化的因素"，体现了"江汉地区和中原地区诸原始文化逆丹江而上"的发展历程。⑧ 丹凤巩家坡西周遗址出土器物的文化特征"与关中地区的宗周文化""存在有明显差异"，"而与湖北有些地区所出土的楚式陶鬲则比较接近"。主持发掘的考古学者认为，这一情形可以说明"丹江上游地区的西周中晚期遗存，应与楚人早期活动具有密切关系"。⑨ 位于商州市东南约3公里处丹江北岸，与传说中"四皓"活动地点"商洛山"即

---

① 《后汉书》卷二八下《冯衍传下》，第999—1000页。
② 《战国策·秦策五》："异人至，不韦使楚服而见，王后悦其状。"高诱注："楚服盛服。"鲍彪注："以王后楚人，故服楚制以说之。"（西汉）刘向集录：《战国策》，上海古籍出版社1985年3月版，第279—280页。
③ （唐）宋之问：《游陆浑南山自歇马岭到枫香林以诗代书答李舍人适》，（宋）李昉等编《文苑英华》卷一六〇《诗》，中华书局1966年5月版，第2册第763页。
④ （元）吴皋：《吾吾类稿》卷一《拟古十首次刘闻廷韵之六》，文渊阁《四库全书》本，台湾商务印书馆1986年版，第1219册第15页。
⑤ 钱惟善：《题马远画商山四皓图》，（清）陈邦彦等《御定历代题画诗类》卷三四，文渊阁《四库全书》本，台湾商务印书馆1986年版，第1435册第432页。
⑥ （明）孙一元：《太白山人漫藁》卷三《周舜卿山水图歌》，文渊阁《四库全书》本，台湾商务印书馆1986年版，第1268册803页。
⑦ 如杨伯峻《春秋左传注》（修订本）："使（子西）为商公。商，据杜注，当在今陕西省商县东南之商洛镇，然当时楚之疆域恐不至此。江永《考实》谓是僖二十五年《传》之商密，或是也。"中华书局1993年2月版，第576页。
⑧ 商县图书馆、西安半坡博物馆、商洛地区图书馆：《陕西商县紫荆遗址发掘简报》，《考古与文物》1981年第3期。
⑨ 陕西省考古研究所、商洛地区文管会：《陕西丹凤县巩家湾遗址发掘简报》，《考古与文物》2001年第6期。

"楚山"非常接近的东龙山遗址,也是"西周时期的楚文化遗存"。"春秋时期的楚文化遗存以商南过风楼遗址为代表。"① 对于丹凤古城村东周墓的发掘,判定年代为春秋中期、春秋晚期、战国早期、战国中期,体现出地方文化"连续不断的发展过程"。从文化属性看,尽管"这里已经远离了楚国的腹心之地而与秦、晋邻近",但是墓葬遗存的"总体特征与目前已知的同期楚墓基本上大同小异,而与关中、侯马等地所发现的同期秦墓和晋墓则有很大差别"。考古学者因此认为"这批墓葬应属楚系"。这一地区考古收获所见浓厚的楚文化的风格,使得考古学者得出了这样的结论:"从考古资料来看,约自春秋中期至战国中期,丹江上游所发现的考古遗存为楚文化遗存。"同样,"在山阳鹃岭东周墓地,战国早期和中期墓葬均属楚系"。许多考古遗存证明,"到了战国晚期,丹江上游地区的楚文化已经被秦文化所完全取代"。② 面对这样的历史趋势,"四皓遁秦",或许也可以理解为对于一种文化传统的坚守。

应当注意到,早期道家学说正是以楚地作为最初的文化基地的。李水海曾经分析《老子》书中楚语、楚音的痕迹③,揭示了楚文化因素对老子学说的影响。任继愈亦曾指出先秦文化的区域渊源,"从文化角度看,孔孟代表周鲁文化,老庄代表荆楚文化"。④ 张智彦也曾论证老子思想与楚文化的密切关系。他是从6个方面进行说明的:(1)楚国农业文化对老子思想的影响;(2)楚国社会发展道路对老子思想的影响;(3)楚国文化发展道路对老子思想成长的影响;(4)楚俗对老子思想的影响;(5)老子思想升华了楚人的审美情趣;(6)老子哲学便是楚文化各种因素的提升,老子哲学是楚文化的核心。他认为,从道家文化的内涵去分析,楚国则是老子思想的发祥地。正是在楚文化的滋养下,老子思想形成了自己的独特风格。通过思想渊源的考察,也可以说,老子思想带有楚文化的色彩。⑤ 有学者指出,对于这样的认识尽管还存在不同的看法,"但

---

① 杨亚长:《略论秦楚关系》,陕西省考古研究所、商洛市博物馆编著《丹凤古城楚墓》附录二,第193—194页。
② 陕西省考古研究所、商洛市博物馆:《丹凤古城楚墓》,第164—166页。
③ 李水海:《老子〈道德经〉楚语考论》,陕西人民教育出版社1990年1月版。
④ 任继愈:《中国文化的两大思想流派》,巩德顺主编《老子与中华文明》,陕西人民教育出版社1993年10月版,第9—13页。
⑤ 张智彦:《老子与中国文化》,贵州人民出版社1996年1月版,第121—141页。

老子思想具有楚文化的思想渊源，这是可以肯定的"。①

同样值得我们注意的，是"商山"地方后世仍有传说表现出与道家文化的长期的密切关系。最著名的有《太平广记》卷五〇引《传奇》"裴航"、"云英"情爱故事。主人公后来双双"神化自在，超为上仙"。② 至今陕西蓝田蓝桥河仍存留古石刻"捣玉臼杵处"，可以与"蓝桥神仙窟"③ 传说对应。传吕洞宾《遇仙桥》诗："几回秦女夜吹箫，洞底松风送寂寥。不作巫阳云雨梦，却寻仙侣到蓝桥。"④ 古秦楚通路上的"蓝桥"在后来道教文化系统中，被看作"遇仙桥"。

三 "四皓"表演与张良的文化立场

我们分析"四皓"避世"楚山"的文化行为，或许与北上影响中原的楚文化存在某种联系。然而皇甫谧《高士传》卷中《四皓》则说："四皓者，皆河内轵人也，或在汲。"⑤ 上海涵芬楼影印宋本《太平御览》卷五〇七引皇甫士安《高士传》同。⑥ 而文渊阁《四库全书》本《太平御

---

① 张岂之主编：《中国思想学说史·先秦卷（下）》，广西师范大学出版社2008年1月版，第501页。

② 唐穆宗长庆年间，有裴航秀才南行湘、汉，同舟有国色佳人樊夫人，心慕而求好。夫人"操比冰霜，不可干冒"，有赠诗："一饮琼浆百感生，玄霜捣尽见云英。蓝桥便是神仙窟，何必崎岖上玉清。"后"不告辞而去，人不能知其所造"。裴航"遍求访之，灭迹匿形"，于是归长安，"经蓝桥驿侧近，因渴甚，遂下道求浆而饮"，有老姬咄曰"云英擎一瓯浆来"，有"芳丽"女子玉手捧瓷奉浆。裴航因樊夫人诗而惊异，于是求宿，随即求婚。老姬曰："昨有神仙，遗灵丹一刀圭，但需玉杵臼捣之百日，方可就吞。""君约取此女者，得玉杵臼，吾当与之也。"裴航拜谢曰："愿以百日为期，必携杵臼而至，更无他许人。"后来裴航在京师竭力寻访，终于从"虢州药铺卞老书"处得到玉杵臼，急步赶往蓝桥。老妪大笑道："有如是信士乎？吾岂爱惜女子而不酬其劳哉。"于是与云英成婚，"引见诸宾，多神仙中人也"。有仙女云是妻之姊者，竟是"鄂渚同舟回而抵襄汉"者，"已是高真，为玉皇之女吏"。随后裴航将妻"神化自在，超为上仙"。唐文宗太和年间，有友人"遇之于蓝桥驿之西，因说得道之事，遂赠蓝田美玉十斤"。（宋）李昉等编：《太平广记》，中华书局1961年9月版，第313—315页。

③ （宋）朱胜非：《绀珠集》卷一一《蓝桥神仙窟》，文渊阁《四库全书》本，台湾商务印书馆1986年版，第872册第495页。

④ 童养年：《全唐诗续补遗》卷一七《吕岩》，陈尚君辑校《全唐诗补编》，中华书局1992年10月版，第552页。

⑤ 周光培编：《历代笔记小说集成·汉魏六朝笔记小说》，河北教育出版社1994年版，第620页。

⑥ （宋）李昉等撰：《太平御览》，第2313页。

览》卷五〇七引皇甫士安《高士传》写作："四皓者，皆河内轵人也，或在汝。"① 似应以前者为是。"四皓"来自韩地的说法，很可能也从一个特殊的侧面反映了他们和张良的特殊关系。所谓"或在汝"，其方位也与张良"与客狙击秦皇帝博浪沙中，误中副车，秦皇帝大怒，大索天下，求贼甚急"，被迫"更名姓，亡匿下邳"②的逃亡地点相近。

张良以对"四皓"的熟悉和理解③，启动了这四位老人影响汉王朝政治方向的表演。张良的举措意义重大。宋代学者晁说之《晁氏客语》："张良致四皓以正太子，分明是决然之策。"④ 谢采伯《密斋笔记》卷一写道："（高帝）及得天下又溺于戚姬，几欲废太子，微四皓，则又是一场狼狈。"⑤ 罗大经《鹤林玉露》乙编卷四"四老安刘"条也说："子房智人也，乃引四皓为羽翼，使帝涕泣悲歌而止。"⑥ 前引《高士传》所谓"汉高后使张良诣南山迎四皓"，即张良亲自入山迎致"四皓"的说法，更突出地在渲染张良与"四皓"的特殊关系。⑦

张良本人形迹有明显的道家色彩。《史记》卷五五《留侯世家》记载他由黄石公处得传兵书的故事："良尝闲从容步游下邳圯上，有一老父，衣褐，至良所，直堕其履圯下，顾谓良曰：'孺子，下取履！'良鄂然，欲殴之。为其老，强忍，下取履。父曰：'履我！'良业为取履，因长跪履之。父以足受，笑而去。良殊大惊，随目之。父去里所，复还，曰：

---

① （宋）李昉等撰：《太平御览》，文渊阁《四库全书》本，台湾商务印书馆1986年版，第897册第625页。

② 《史记》卷五五《留侯世家》，第2034页。

③ （唐）苏颋《夷齐四皓优劣论》："四皓见贤于子房。"（清）董诰等编《全唐文》卷二五六，中华书局1983年11月版，第2594页。（宋）王安石《四皓二首》之二："嫡孽一朝正，留侯果知言。"《临川先生文集》卷二，中华书局1959年1月版，第90页。

④ 周光培编：《历代笔记小说集成·宋代笔记小说》，河北教育出版社1995年版，第14册第62页。

⑤ 周光培编：《历代笔记小说集成·宋代笔记小说》，第15册第111页。

⑥ 罗大经：《鹤林玉露》，中华书局1983年8月版，第189页。

⑦ 前引《汉书》卷七二《王贡两龚鲍传》序："吕后用留侯计，使皇太子卑辞束帛致礼，安车迎而致之。"元人王恽《四皓图》七首之一写作"尺一招来四老翁"，《历代题画诗类》卷三四，文渊阁《四库全书》本，台湾商务印书馆1986年版，第1435册第430页。张良起初的建议是"令太子为书，卑辞安车，因使辩士固请"，事实亦应如《史记》卷五五《留侯世家》所记述："于是吕后令吕泽使人奉太子书，卑辞厚礼，迎此四人。四人至，客建成侯所。"第2045页。"汉高后使张良诣南山迎四皓"的说法应是想象，但是不排除张良发生作用，如私下传递相关信息或吕泽以张良名义延请的可能。

'孺子可教矣。后五日平明，与我会此。'良因怪之，跪曰：'诺。'五日平明，良往。父已先在，怒曰：'与老人期，后，何也?'去，曰：'后五日早会。'五日鸡鸣，良往。父又先在，复怒曰：'后，何也?'去，曰：'后五日复早来。'五日，良夜未半往。有顷，父亦来，喜曰：'当如是。'出一编书，曰：'读此则为王者师矣。后十年兴。十三年孺子见我济北，谷城山下黄石即我矣。'遂去，无他言，不复见。旦日视其书，乃《太公兵法》也。良因异之，常习诵读之。"关于老父形貌，张守节《正义》引《括地志》云："孔文祥云'黄石公状，须眉皆白，杖丹黎，履赤舄'。"《留侯世家》还记载："子房始所见下邳圯上老父与太公书者，后十三年从高帝过济北，果见谷城山下黄石，取而葆祠之。留侯死，并葬黄石。每上冢伏腊，祠黄石。"又记载，"留侯从入关。留侯性多病，即道引不食谷，杜门不出岁余"。裴骃《集解》："《汉书音义》曰：'服辟谷之药，而静居行气。'"后来，张良明确表示"愿弃人间事"而从仙人游的心志，然而却为吕后强行制止："乃称曰：'家世相韩，及韩灭，不爱万金之资，为韩报雠强秦，天下振动。今以三寸舌为帝者师，封万户，位列侯，此布衣之极，于良足矣。愿弃人间事，欲从赤松子游耳。'乃学辟谷，道引轻身。会高帝崩，吕后德留侯，乃强食之，曰：'人生一世间，如白驹过隙，何至自苦如此乎！'留侯不得已，强听而食。"所谓"赤松子"，司马贞《索隐》引《列仙传》："神农时雨师也，能入火自烧，昆仑山上随风雨上下也。"①《抱朴子》内篇《至理》写道："按孔安国《秘记》云：良得黄石公不死之法，不但兵法而已。"② 这是比较早地指出"黄石公"和张良的文化交接富于道家色彩的判断。

所谓"学辟谷，道引轻身"，裴骃《集解》引徐广曰："一云'乃学道引，欲轻举'也。"③《汉书》卷四〇《张良传》作："乃学道，欲轻举。"颜师古注："道谓仙道。"④ 后人或写作"乃学道辟谷，欲轻举"。⑤ 他实际上已经实践了早期道教的修行程序。处于秦岭留坝山中

---

① 《史记》，第2034—2035、2044、2048页。
② （晋）葛洪：《抱朴子》，上海古籍出版社1990年10月版，第39页。
③ 《史记》，第2048页。
④ 《汉书》，第2037页。
⑤ （明）胡广：《胡文穆杂著》"魏豹吕后之言"条，上海古籍出版社1993年7月版，第7页。

的张良庙，后来成为道教胜地。张良被看作道教文化系统中神仙信仰的典范。

除了与张良关系亲密而外，"四皓"自身也确实表现出与早期道教文化特征十分接近的品格。皇甫谧《高士传》卷中《四皓》："四皓者……一曰东园公，二曰角里先生，三曰绮里季，四曰夏黄公。皆修道洁己，非义不动。秦始皇时，见秦政虐，乃退入蓝田山。"① 其中"皆修道洁己"句，特别值得注意。又《太平御览》卷五七三引崔琦《四皓颂》曰："昔商山四皓者，盖角里先生、绮里季、夏黄公、东园公是也。秦之博士，遭世暗昧，道灭德消，坑黜儒术，《诗》《书》是焚，于是四公退而作歌曰：'莫莫高山，深谷灭哉。② 晔晔紫芝，可以疗饥。唐虞世远，吾将何归。驷马高盖，其忧甚大。富贵畏人兮，不如贫贱之肆志。'"③ 讲述秦世政治问题，以"道灭德消"形容。所使用的，似乎也是早期道教的语言。李白《过四皓墓》诗："我行至商洛，幽独访神仙。园绮复安在，云萝尚宛然。荒凉千古迹，芜没四坟连。伊昔炼金鼎，何言闭玉泉。……紫芝高咏罢，青史旧名传。"④ 可知"四皓"的文化肖像，有浓重的"神仙"色彩。而所谓"炼金鼎"、"闭玉泉"等等，则明显是道家行为。李白想象中的"四皓"生活完全是道家风格，体现出唐代文人意识中的"四皓"形象已经在道家的文化位置上定格。

宋人王禹偁《拟留侯与四皓书》其中称美"四皓"语，谓："先生抱大道，藏大器，荣辱之事出于身外，兴亡之理，了于掌中。胶漆云泉，泥滓爵位。琼林瑶池，以游以息。云浆霞馔，以饮以食。芳君桂父，先生之交也；青鸾紫凤，先生之驾也。龟亡鹤夭，神气愈清。桂朽椿枯，童颜未改。万乘不能屈其节，千金不能聘其才。真所谓神仙中人，风尘外物。"所陈述的是道教色彩鲜明的神仙理想。下文又有"良愿先生出云关，开

---

① 周光培编：《历代笔记小说集成·汉魏六朝笔记小说》，第620页。《太平御览》卷五〇七引皇甫谧《高士传》："四皓者……一曰东园公，二曰角里先生，三曰绮里季，四曰夏黄公。皆修道洁己，非义不动。秦始皇时见秦政虐，乃退入蓝田山。"第2313页。
② （宋）李昉等撰：《太平御览》卷五〇七作"深谷逶迤"，第2313页。
③ （宋）李昉等撰：《太平御览》，第2587页。
④ （唐）李白著，（清）王琦注：《李太白全集》卷二二《古近体诗》，中华书局1977年9月版，第1033页。

岫幌，驾玄鹤，驭金虬，俯降殿庭，辱对旒冕，定天下之惑，决君上之疑"语。① 所使用的也是道家习用文辞。这虽然是后人虚拟文字，却也反映了拟作者心目中的张良精神与"四皓"心态。

宋吴曾《能改斋漫录》卷八《沿袭》有"张良与四皓书韩退之与李渤书"条，其中写道："《商芸小说》载张良所与商山四皓书曰：'良白，仰惟先生秉超世之殊操，身在六合之间，志凌造化之表。但自大汉受命，贞灵显集，神母告符，足以宅兆民之心。先生当于此时，耀神爽乎云霄，濯凤翼于天汉，使九门之外，有非常之客，北阙之下，有神气之宾，而渊潜山隐，窃为先生不取也。'"② 所谓"张良与四皓书"当然出于后人臆想，其中所谓"神母告符"等所透露出的道家的文化印迹，也是值得我们注意的。

《初学记》卷五引《辛氏三秦记》云："其山从长安向西可二百里，中有石室灵芝。常有一道士，不食五谷，自言太一之精，斋洁乃得见之。而所居地名曰'地肺'，可避洪水。相传云，上有水神，人乘船行，追之不及。犹见有故漆船者，秦时四皓亦隐于此山。"③ 所谓"秦时四皓"所居，与"常有一道士，不食五谷，自言太一之精，斋洁乃得见之"的情境，形成了引人注目的文化联系。

《抱朴子》内篇《至理》引孔安国《秘记》说张良"得黄石公不死之法"，又说："良本师四皓甪里先生、绮里季之徒，皆仙人也。良悉从受其神方。虽为吕后所强饮食，寻复修行仙道，密自度世，但世人不知，故云其死耳。"《抱朴子》于是写道："如孔安国之言，则良为得仙也。"④ 我们则以为更值得注意的，是"良本师四皓甪里先生、绮里季之徒"，"良悉从受其神方"的说法。张良和"四皓"因共同的道家追求而发生联系的说法，又以见于唐诗"本为留侯慕赤松，汉庭方识紫芝翁"⑤，可知得到后人的认同。

---

① 曾枣庄、刘琳主编：《全宋文》，巴蜀书社1989年6月版，第4册第380—381页。
② （宋）吴曾：《能改斋漫录》，中华书局1960年11月版，第239—240页。
③ （唐）徐坚辑：《初学记》，中华书局1962年1月版，第105页。
④ （晋）葛洪：《抱朴子》，第39页。
⑤ （唐）李商隐著，叶葱奇疏注：《李商隐诗集疏注》卷下《四皓庙》，人民文学出版社1985年11月版，第522页。

四 "紫芝"象征

《朱子语类》卷一三五："观四皓恐不是儒者，只是智谋之士。""伯丰问四皓是如何人品。曰：是时人材都没理会学术权谋，混为一区。如安期生、蒯通、盖公之徒，皆合做一处。四皓想只是个权谋之士。""但不知高后时此四人在甚处。蔡丈云：康节谓事定后四人便自去了。曰：也不见得。恐其老死亦不可知。"① 也许所谓"事定后四人便自去了"，即"四皓"神秘隐身的判断是有一定的合理性的。朱熹说当时"人材""混为一区"，然而又推断"观四皓恐不是儒者"，而与安期生等"皆合做一处"，值得注意。或许有人会因所谓"智谋之士"、"权谋之士"否定"四皓"接近道家的品质。其实，道家思想并不排斥"智谋"、"权谋"。张良自言人生志向"愿弃人间事，欲从赤松子游耳"，又"学辟谷，道引轻身"，然而他在历史上的鲜明面貌，却是"智谋"、"权谋"大家，刘邦自谓"运筹策帷帐中，决胜千里外，子房功也"②，"夫运筹策帷帐之中，决胜于千里之外，吾不如子房"③。司马迁也说："运筹帷幄之中，制胜于无形，子房计谋其事。"④

所谓"四公退而作歌"，"驷马高盖，其忧甚大"，"晔晔紫芝，可以疗饥"，将"四人便自去了"情节渲染为隐逸精神的高上标范。而"紫芝"也因"四皓"故事成为一种文化象征，值得我们注意。

《淮南子·俶真》："巫山之上，顺风纵火，膏夏紫芝与萧艾俱死。"高诱注："膏夏……紫芝皆喻贤智也。萧艾，贱草，皆喻不肖。"⑤ "紫芝"成为代表"贤智"的符号，或与"四皓"故事有关。唐人习称"四皓"为"紫芝翁"⑥、"紫

---

① （宋）黎靖德编，王星贤点校：《朱子语类》，中华书局1986年3月版，第3223页。
② 《史记》卷五五《留侯世家》，第2048、2042页。
③ 《史记》卷八《高祖本纪》，第381页。《史记》卷五五《留侯世家》："夫运筹策帷帐之中，决胜千里外，吾不如子房。"第2049页。
④ 《史记》卷一三〇《太史公自序》，第3312页。
⑤ 何宁撰：《淮南子集释》，中华书局1998年10月版，第161页。
⑥ 前引李商隐诗。又温庭筠《四皓》诗："商於甪里便成功，一寸沈机万古同。但得戚姬甘定分，不应真有紫芝翁。"曾益等笺注，王国安标点：《温飞卿诗集笺注》卷五，上海古籍出版1998年3月版，第117—118页。

芝客"①、"紫芝叟"②，"四皓""旧歌"亦作"紫芝曲"③、"紫芝谣"④、"紫芝歌"⑤，都反映在长久的历史记忆中。"紫芝"作为指代"四皓"和"四皓"行为的文化符号的事实。

在汉代人的意识中，"紫芝"与"福禄来处"、"神福来处"有关，据说"王以为宝"。《焦氏易林》卷一《师·夬》："文山紫芝，雍梁朱草。生长和气，福禄来处。"《同人·剥》："文山紫芝，雍梁朱草。长生和气，与以为宝。公尸侑食，神福来处。"《蛊·涣》："紫芝朱草，生长和气。公尸侑食，福禄来下。"卷四《丰·家人》："文山紫芝，雍梁朱草。生长和气，王以为宝。公尸侑食，福禄来处。"又《涣·节》："文山紫芝，雍梁朱草。生长和气，王以为宝。公尸侑食，福禄来处。"⑥王充《论衡·验符》写道："建初三年，零陵泉陵女子傅宁宅，土中忽生芝草五本，长者尺四五寸，短者七八寸，茎叶紫色，盖紫芝也。太守沈酆遣门下掾衍盛奉献。皇帝悦怿，赐钱衣食。诏会公卿，郡国上计吏民皆在，以芝告示天下。"⑦《太平御览》卷九八五引《续汉书》："建初五年，零陵女子傅宁宅内生紫芝五株，长者尺四寸，短者七八寸。太守沈丰使功曹赍

---

① 刘禹锡《秋日书怀寄白宾客》诗："蝉噪芳意尽，雁来愁望时。商山紫芝客，应不向秋悲。"（唐）刘禹锡：《刘宾客文集》外集卷二，上海古籍出版社1993年6月版，第208页。

② 白居易《授太子宾客归洛》诗："白首外缘少，红尘前事非。怀哉紫芝叟，千载心相依。"（唐）白居易：《白氏长庆集》卷二二，上海古籍出版社1994年1月版，第253页。于邺《斜谷道》诗："远烟当驿敛，骤雨逐风多。独忆紫芝叟，临风歌旧歌。"（清）邓显鹤编纂：《沅湘耆旧集》，岳麓书社2007年12月版，第55页。

③ 杜甫《洗兵马》诗："隐士休歌紫芝曲，词人解撰河清颂。"《题李尊师松树障子歌》："松下丈人巾屦同，偶坐似是商山翁。怅望聊歌紫芝曲，时危惨澹来悲风。"（唐）杜甫著，（清）钱谦益笺注：《钱注杜诗》，上海古籍出版2009年4月版，第65、120页。李德裕《余所居平泉村舍近蒙韦常侍大尹特改嘉名因寄诗以谢》："未谢留侯疾，常怀仲蔚园。闲谣紫芝曲，归梦赤松村。"（唐）李德裕：《李卫公会昌一品集》别集卷一〇，丛书集成初编，中华书局1985年版，第250页。

④ 白居易《和令公问刘宾客归来称意无之作》："闲尝黄菊酒，醉唱紫芝谣。"（唐）白居易：《白氏长庆集》卷三三，第379页。

⑤ 令狐楚《将赴洛下旅次汉南献上相公二十兄言怀八韵》："许随黄绮辈，闲唱紫芝歌。"中华书局编辑部点校《全唐诗》（增订本）卷三三四，第3752页。张九龄《商洛山行怀古》："长怀赤松畴，复忆紫芝歌。"（唐）张九龄：《曲江集》卷四，上海古籍出版社1992年11月版，第30页。李德裕《题寄商山石》："绮皓岩中石，尝经伴隐沦。紫芝呈几曲，红藓闷千春。"（唐）李德裕：《李卫公会昌一品集》别集卷一〇，第239页。

⑥ 《百子全书》第4册《焦氏易林》，浙江人民出版社1984年5月版。

⑦ 黄晖：《论衡校释》（附刘盼遂集解），中华书局1990年2月版，第840—841页。

芝以闻，帝告示天下。"① 可以看作"王以为宝"的实例。

宋人罗愿《尔雅翼》卷三《释草·芝》说到"芝"和"方术家"的关系，"紫芝"和"商洛山""四老"的关系："芝乃多种，故方术家有六芝。其五芝，备五色五味，分生五岳。惟紫芝最多。昔四老人避秦入商洛山，采芝食之，作歌曰'晔晔紫芝，可以疗饥'是也。"② 明人卢之颐《本草乘雅半偈》卷一《本经上品一·六芝》中，"紫芝"列为第一："郭璞云：一岁三华，瑞艸也。昔四皓采芝，群仙服食者也。智者大师云：服食石药，但可平疾。服食芝艸，并可得仙。"③ "紫芝"和"方术家"学说有关，又有"服食"则可"得仙"的传说。如"四皓采芝，群仙服食"确为郭璞文字，则年代并不很晚。

"紫芝"作为隐逸之士"四皓"表演的道具，也可以看作和神仙方术有关的一种文化态度的荣衔或者品牌。宋人唐慎微《证类本草》卷六《草部上品之上》："紫芝，味甘，温，主耳聋，利关节，保神，益精气，坚筋骨，好颜色，久服轻身不老，延年。"④ 所谓"久服轻身不老延年"的神效，使得"紫芝"成为想象中神仙饮食生活的内容。敦煌卷子P3810有所谓《紫芝灵舍咒》："万化丛中一颗草，其色青青香更好。神仙采取在花篮，千般变化用不了。吾令法练隐吾身，纵横世界无烦恼。行亦无人知，坐亦无人见。遇兵不受惊，遇贼不受拷。护道保长生，相随白鹤草。吾奉太上老君急急如律令敕，东岳帝君速降摄。"据说念此咒时左手掐斗诀，右手掐剑诀，脚踏斗罡，云如此则能化草隐遁。为修炼遁法所用的《白鹤灵彰咒》亦见于敦煌卷子P3810，其中写道："慧眼遥观来害者，须臾变态隐吾身。一化白鹤，二化紫芝。隐头其测，众神护持。"⑤ 紫芝可以"千般变化用不了"，化身紫芝，可得

---

① （宋）李昉等撰：《太平御览》，第4361—4362页。
② （宋）罗愿撰，石云孙点校，吴孟复、王福庭审订：《尔雅翼》，黄山书社1991年10月版，第27页。
③ （明）卢之颐撰，冷方南、王齐南点校：《本草乘雅半偈》，人民卫生出版社1986年8月版，第8页。
④ （宋）唐慎微等撰，陆拯等校注：《重修政和经史证类备用本草》，中国中医药出版社2013年1月版，第427页。
⑤ 上海古籍出版社、法国国家图书馆编：《法藏敦煌西域文献》，上海古籍出版社2004年2月版，第28册第133页。

"众神护持",可见其神奇。"紫芝"与"白鹤"① 或"白鹤草"② 的组合,正体现了道家文化传统。

五 黄老之学的短暂主导和道家行政参与的尝试

鲁迅曾经在社会历史评论中涉及中国人对道教的文化感觉:"前曾言中国根柢全在道教,此说近颇流行。以此读史,有多种问题可迎刃而解。"③《而已集·小杂感》中又说:"人往往憎和尚,憎尼姑,憎回教徒,憎耶教徒,而不憎道士。懂得此理者,懂得中国大半。"④ 有学者认为,"中国三大宗教(儒、释、道)是中国传统文化的三大支柱"。然而,"学术界对儒教经典研究得较多,对佛教经典研究得较少,对道教经典研究得就更少"。⑤ 指出道教文化研究薄弱的意见,许多学者都是同意的。道教是以中国民间有悠久传统的神秘主义文化为土壤条件而得以最初发生的,是以汉代文化的繁荣为气候条件而得到早期发展的。任继愈等又从五个方面分析了早期道教的主要来源:第一,来源于古代宗教和民间巫术。第二,来源于战国至秦汉的神仙传说与方士方术。第三,来源于先秦老庄哲学和秦汉道家学说。第四,来源于儒学与阴阳五行思想。第五,来源于古代医学与体育卫生知识。⑥ 这样的分析大体是准确的。然而第一和第二两个来源其实互有重叠。也可以说,两者其实并不能截然分断。而第五所说古代医学与体育卫生知识,其实也多有巫术成分。而医药学的早期发展,和方术又有难以分割的密切的关系。

---

① 《道法会元》卷二三二有"白鹤诀"。道家传说仙食有"白鹤脯",道士以此名义用蘑菇、桑蛾替代,采作醮献供品。见《天皇至道太清玉册》卷八。参看胡孚琛主编《中华道教大辞典》"白鹤诀"条、"白鹤脯"条(刘仲宇执笔),中国社会科学出版社1995年8月版,第679、1509页。

② 《白云仙人灵草歌》:"白鹤偏有功,叶青花自红。独体伏真汞,长生在林中。""外丹家用白鹤草独结砂子。"《中华道教大辞典》"白鹤草"条(刘宁执笔),第1414页。

③ 鲁迅:《鲁迅全集》第11册《致许寿裳》(1918年8月20日),人民文学出版社1981年版,第353页。

④ 鲁迅:《鲁迅全集》,第3册第532页。

⑤ 任继愈主编:《中国道教史》(修订本),中国社会科学出版社2001年9月版,上卷第1页。

⑥ 任继愈主编:《中国道教史》(修订本),上卷第9—16页。

可能李零的有关总结更为准确。他说，"春秋战国时期的诸子之学，从知识背景上也可分为两大类，一类是以诗书礼乐等贵族教育为背景或围绕这一背景而争论的儒、墨两家，另一类是以数术方技等技术为背景的阴阳、道两家以及从道家派生的法、名两家"。"秦汉以后的中国本土文化也分两大系统，即儒家文化和道教文化。儒家文化不仅以保存和阐扬诗书礼乐为职任，还杂糅进刑名法术，与上层政治紧密结合；而道教文化是以数术方技之学为知识体系，阴阳家和道家为哲学表达，民间信仰为社会基础，结合三者而形成，在民间有莫大势力。"李零还指出，"过去，学界对中国古代文化的认识往往注意的只是从百家争鸣到儒家定于一尊这一过程，而很少考虑在先秦诸子'之前'和'之下'还有以数术方技之学为核心的各种实用文化。特别是他们还从这种发展的结果看问题，即汉以后的儒学一直是扮演着官方意识形态的角色，影响着官僚士大夫的一举一动；而儒学又是以人文教育为内容，'不语怪神，罕言性命'①。因此，人们往往把中国文化理解为一种纯人文主义的文化。②但近年来随着考古发现的增多，我们已日益感觉其片面。在我们看来，中国文化还存在着另外一条线索，即以数术方技为代表，上承原始思维，下启阴阳家和道家，以及道教文化的线索"。③有关道教文化包涵"以数术方技之学为核心的各种实用文化"，且"在民间有莫大势力"的判断，应当是接近社会意识史的真实的。而"道教文化""以数术方技之学为知识体系，阴阳家和道家为哲学表达，民间信仰为社会基础"的认识，也有助于我们理解和"四皓"相关的文化现象。

人们熟知黄老之学在文景时代的历史作用，其实，在高帝和吕后的时代，这一学说的影响已经渐入上层政治生活。吕后称制时的一些政策设计，可以说对文景之治的历史成功有引导性的意义。司马迁在《史记》卷九《吕太后本纪》篇末以"太史公曰"的形式表扬说："孝惠皇帝、高后之时，黎民得离战国之苦，君臣俱欲休息乎无为，故惠帝垂拱，高后女主称制，政不出房户，天下晏然。刑罚罕用，罪人是希。民务稼穑，衣食

---

① 《后汉书》卷八二上《方术列传上》，第2703页。
② 参看复旦大学历史系编《中国传统文化的再估计——首届国际中国文化学术讨论会（1986）文集》，上海人民出版社1987年5月版，第4页。
③ 李零：《中国方术正考》，中华书局2006年5月版，第11—12页。

滋殖。"① "休息乎无为"的政治导向，大致在吕后时代已经确立。司马迁这一判断的可信性，是不宜怀疑的。注意到这一历史现象，当然不应当忽略张良和"四皓"等人曾经发生的作用。

虽然汉武帝时代开始推行"罢黜百家，表章《六经》"②，"推明孔氏，抑黜百家"③的文化政策，儒家的地位空前提升，儒学成为国家意识形态的主导，然而早期道教依然在民间悄然发育，扩展着自己的影响。在西汉晚期，甚至曾经有参与和干预高层行政的尝试。《汉书》卷七五《李寻传》记载，汉成帝时，齐人甘忠可作《天官历包元太平经》十二卷，言汉王朝"当更受命于天"，于是以"假鬼神罔上惑众"罪死于狱中。其弟子夏贺良在汉哀帝即位后得以待诏黄门，直接向皇帝宣传甘忠可的思想，建言"宜急改元易号，乃得延年益寿，皇子生，灾异息矣"④。在社会矛盾日益尖锐，西汉政治面临危局时，以"太平"为政治理想和政治口号的思潮终于对上层政治实行了有效的干预，汉哀帝皇帝不仅在一定程度上接受了《天官历包元太平经》的理论，甚至承用"太平"之说，将帝号也改作"陈圣刘太平皇帝"了。⑤ 或说这一短暂决策是"惑于术士之说"⑥，其实道家思想影响的迹象相当明显，亦可见早期道教"欲妄变政事"的倾向。《汉书》卷一一《哀帝纪》颜师古注解说"陈圣刘太平皇帝"名号，引李斐曰："陈，道也。言得神道。"汉哀帝事后自己的检讨，也有"朕过听贺良等言"⑦，"朕信道不笃，过听其言"的沉痛之辞。夏贺良等"皆下狱"，罪名即"反道惑众"。⑧ 至于东汉末年道教对政治与社会生活的全面的冲击，则是众所周知的。考察早期道教的发展轨迹和文化影响，也许不应当轻视张良、"四皓"们的表现。

---

① 《史记》，第412页。参看王子今《吕后对文景之治起到了引导性的作用》，《中华读书报》2010年3月24日。
② 《汉书》卷六《武帝纪》，第212页。
③ 《汉书》卷五六《董仲舒传》，第2525页。
④ 《汉书》，第3192页。
⑤ 王子今：《汉代早期道教对社会政治生活的参与和干预》，《理论学刊》2004年第1期。
⑥ （汉）班固撰，（唐）颜师古注，（清）齐召南等考证：《前汉书附考证》卷一一《哀帝纪》，文渊阁《四库全书》本，台湾商务印书馆1986年版，第249册第176页。
⑦ 《汉书》卷一一《哀帝纪》，第340页。
⑧ 《汉书》卷七五《李寻传》，第3193页。

六　"四皓"在道教文化系统中的地位

许多学者可能只是将"四皓"看作隐士逸民的代表①，"只是智谋之士"，"只是个权谋之士"，并不以为与道教有关。有的综合介绍道教文化的辞书亦并不设"四皓"词条。② 其实，在一些传统道教典籍的记录中，是可以看到"四皓"的文化形象的。

《说郛》卷七下葛洪《枕中书》："广成丈人，今为钟山真人九天仙王。汉时四皓、仙人安期、彭祖，今并在此辅焉。"③ 似乎在葛洪的时代，"汉时四皓"已经列入道家神仙谱系之中。前引《抱朴子》内篇《至理》据孔安国《秘记》云"良本师四皓甪里先生、绮里季之徒，皆仙人也"以及"良悉从受其神方"，也将"四皓"置于道家体系中绝高的地位。

后出道教文献同样可见"四皓"名位。梁陶弘景《真诰》卷一四《稽神枢》："至于青精先生、彭铿、凤纲、南山四皓、淮南八公，并以服上药不至一剂，自欲出处嘿语，肥遁山林，以游仙为乐，以升虚为戚，非不能登天也，弗为之耳。"④ 据《说郛》卷五七上陶弘景《真灵位业图·玉清三元宫》，青精先生太宛北谷子在"第三左位"，彭铿、凤纲、商山四皓、淮南八公在"第四中位"。⑤ 大约南北朝时的《修炼大丹要旨》卷上可见"神雪丹阳四皓丹"，在说明原料成分及制作程序之后写道："寒炉阙，其药飞在鼎口四向，其色黑，可收之。其银母坠底，去母不用，取药收之，名曰'四皓丹'。"⑥ 成书时代大致相当的《传授经戒仪注诀·诣师投辞法第十》说到"诣师门""受妙法"方式："初集之夕，依法投辞，书治礼拜，具在自然仪中。辞之消息，增损随时，准拟旧文，古本如左。（此本是四皓所传，与《自然诀》所载不同，乐先生用之，宜与《自

---

①　《汉书》卷一〇〇下《叙传下》："四皓遁秦，古之逸民。"第4260页。《后汉书》卷三五《郑玄传》："潜光隐耀，世嘉其高。"第1208页。

②　如胡孚琛主编《中华道教大词典》。

③　（明）陶宗仪等编：《说郛三种》，上海古籍出版社1988年10月版，第3册第334页。

④　[日]吉川忠夫等编：《真诰校注》，朱越利译，中国社会科学出版社2006年12月版，第460页。

⑤　（明）陶宗仪等编：《说郛三种》，第5册第2647页。

⑥　《道藏》，文物出版社、上海书店、天津古籍出版社1988年3月版，第19册第142页。

然诀》相参取衷。)"① 北周武帝宇文邕敕纂《无上秘要》卷八四《得太清道人名品》写道："东方朔服初神丸，仕汉武帝者。方明，力牧，昌宇，此三人黄帝臣。宵封服石脑而赴火，则作火解。淮南八公，即是八老先生。东园公、绮里季、夏黄公、甪里先生，此四人商山四皓。"② 唐人王松年撰《仙苑编珠》卷上"三老炼气四皓饵漆"条引《神仙传》："长陵三老服阴炼气，乃得成道。又云：商山四皓，服九加散、饵漆得道。"③ 宋人张君房《云笈七签》卷二七《洞天福地》载《天地宫府图》中，有"第五十八商谷山"，称"在商州，是四皓仙人隐处"。李思聪《洞渊集》卷四《天下名山七十二福地》："第一福地地肺山，在长安终南山心，四皓先生修炼处。"④ 也反映"四皓"在道家文化系统中的地位。宋人王衮《博济方》卷五《张果先生服杏仁法》："彭、祖、夏、姬，商山四皓，炼杏仁为丹，以致仙宫。"⑤ 则将道教文化范畴中具体的养生技术的发明权归于"四皓"名下。

传说"四皓"的居处、墓园和纪念"四皓"的庙祠，历代有不同的记录。《太平御览》卷四三引《高士传》曰："高车山上有四皓碑及祠，皆汉惠帝所立也。汉高后使张良诣南山迎四皓之处，因名'高车山'也。"⑥《水经注》卷二〇《丹水》：丹水东南过上洛县南，"楚水注之，水源出上洛县西南楚山，昔四皓隐于楚山，即此山也。其水两源合舍于四皓庙东，又东径高车岭南，翼带众流，北转入丹水。岭上有四皓庙"。⑦ 是有关"四皓"纪念建筑最初的记载。楚水及高车岭地方，"四皓庙"已有两处。《魏书》卷一〇六下《地形志下》"雍州"条说石安"有四皓祠"。又"洛州"条说上洛有"四皓祠"。⑧ 宋人宋敏求《长安志》卷一一《县一·万年》："四皓庙在终南山，去县五十里。唐元和八

---

① 《道藏》，第 32 册第 173 页。

② 《道藏》，第 25 册第 242 页。

③ 《道藏》，第 11 册第 26 页。

④ 《道藏》，第 23 册第 843 页。

⑤ （宋）王衮著，王振国、宋咏梅点校：《博济方》，上海科学技术出版社 2003 年 3 月版，第 187 页。

⑥ （宋）李昉等撰：《太平御览》，中华书局用上海涵芬楼影印宋本 1960 年 2 月复制重印版，第 206 页。

⑦ （北魏）郦道元撰，陈桥驿校证：《水经注校证》，第 486 页。

⑧ 《魏书》，中华书局 1974 年 6 月版，第 2608、2632 页。

年重建。"① 又卷一三《县三·咸阳》："四皓庙在县东二十五里。"自注："汉高帝时人，商山隐士也。"又写道："四皓祠在安陵西。"是宋代"四皓庙"又有"在终南山"者。② 程大昌《雍录》卷五《南山三》："《记》又曰：终南、太一，左右三十里内名福地。《三秦记》曰：太一在骊山，西去长安二百里，一名地肺山。则凡指终南以为太一者，当在万年，不当在武功，此又可审也。而予于此又有见焉。福地、地肺，皆道家言。皇甫谧《高士传》则曰'四皓隐地肺山，以待天下之定，秦败，自匿于终南山也'，此又因炭谷有太一祠，而借四皓以信道家之语也。"③ 清毕沅《关中胜迹图志》卷二五《商州·名山》记载了清代可以看到的"四皓"纪念地点："高车山，在商州西南五里。《水经注》：楚水东径高车岭南。《御览》《高士传》曰：山上有四皓碑及祠，汉惠帝所立也。汉使张良以驷马高车迎四皓于此，故名。"又："良余山，在商州西南九十里。"《西安府志》：'山西南有花水峰，亦四皓隐处。'"同卷《商州·古迹》："四皓墓，在商州西三里。《通志》：'有四皓冢。冢前有庙，庙有古今碑刻。又商洛旧县西亦有四皓冢。'谨按：《十六国春秋·前凉》张重华云：长安有四皓墓。考《文章缘起》云：惠帝为之立碑商山，则葬长安之说误也。但今商州四皓墓有二：一在州西三里，一在州东八十里商洛镇西。未知孰是。"④

"四皓"纪念遗址的纷乱，体现了有关历史记忆的模糊和文化线索的复杂。我们更为注意的，则是如"福地、地肺，皆道家言"，"借四皓以信道家之语也"一类文化信息。在秦岭地方道教信仰体系和纪念遗存中，"四皓"显为文化主角。

《旧唐书》卷四六《经籍志上》"乙部史录"之"杂传类"，有"《列仙传赞》二卷，刘向撰"，"《神仙传》十卷，葛洪撰"，"《洞仙传》十卷，见素子撰"，"《高士老君内传》三卷，尹喜、张林亭撰"，"《老子

---

① 《类编长安志》卷五《庙祠》："四皓庙，在终南山。唐元和八年重建。"（元）骆天骧撰，黄永年点校：《类编长安志》，中华书局1990年8月版，第158页。

② （宋）宋敏求、（元）李好文撰，辛德勇、郎洁点校：《长安志　长安志图》，三秦出版社2013年12月版，第313、411、413页。

③ （宋）程大昌撰，黄永年点校：《雍录》，中华书局2002年6月版，第107页。

④ （清）毕沅撰，张沛校点：《关中胜迹图志》，三秦出版社2004年12月版，第754、775页。

传》一卷"之后，有"《关令尹喜传》一卷"，署"鬼谷先生撰，四皓注"。① 《新唐书》卷五九《艺文志三》"丙部子录·道家类·神仙"题下，亦有："鬼谷先生《关令尹喜传》一卷，四皓注。"② 可见在道家文献著录系统中，也曾经有作为著作家的"四皓"的席位。

还可以顺便说到，《太平御览》卷六九二引《相手板经》曰："相手板法出萧何，或曰四皓。初出殆不行世。东方朔见而善之，曰：此非庸人所解。"③《说郛》卷九七下《相手板经》有如下文字："相手板法出萧何，或曰四皓。初出殆未行世，东方朔见而喜之，曰：此非庸人所至。"④ 一说"殆不行世"，一说"殆未行世"，说法略有不同，其著作权则或属于萧何，或属于"四皓"。"相手板法"据说出自"四皓"，也透露出这四位老人在历史记忆中的文化表情，长久具有神秘主义的特征。

---

① 《旧唐书》，第2004页。
② 《新唐书》，第1519页。
③ （宋）李昉等撰：《太平御览》，第3092页。
④ （明）陶宗仪等编：《说郛三种》，第7册第4466页。

孔鲋:"秦非吾友"

孔鲋是孔子八世孙。秦统一后,虽然任用了一些儒生多方面参与文化咨询,孔鲋没有进入这一行列。陈涉发起反秦暴动,六国复国浪潮涌起,孔鲋却积极投入张楚政权中。孔鲋持与秦王朝不合作的立场,据说有"吾为无用之学","秦非吾友"的表态。孔鲋的体会,可以比较典型地说明秦文化的实用风格怎样阻碍了社会才力的发挥,并且影响了秦史的走向。

秦文化有明确的推崇实用的风格。这是与东方文化差异鲜明的特色之一。春秋战国时期,秦的社会风俗与全面继承周礼乐传统之东方诸国存在明显的差异。中原诸国对于秦人曾经"夷翟遇之"①,视之为"夷狄也"②,史称"诸夏宾之,比于戎翟"③。东方人又有"秦戎翟之教"④,"秦杂戎翟之俗"⑤,"秦与戎翟同俗"⑥的说法。东方诸国由于与秦国持久的军事对抗,对于秦文化自然不免心怀戒心和敌意。不过,当时所谓"夷狄"、"戎翟"一类污蔑性言辞却也曲折反映了秦文化在

---

① 《史记》卷五《秦本纪》:"秦僻在雍州,不与中国诸侯之会盟,夷翟遇之。"第 202 页。
② 《史记》卷一七《天官书》:"秦、楚、吴、越,夷狄也,为强伯。"第 1344 页。《汉书》卷二六《天文志》:"秦、楚、吴、粤,夷狄也,为强伯。"第 1301 页。
③ 《史记》卷一五《六国年表》:"秦始小国僻远,诸夏宾之,比于戎翟。至献公之后,常雄诸侯。论秦之德义,不如鲁、卫之暴戾者。"第 685 页。
④ 《史记》卷六八《商君列传》:"始秦戎翟之教,父子无别,同室而居。"第 2234 页。
⑤ 《史记》卷一五《六国年表》:"今秦杂戎翟之俗,先暴戾,后仁义,位在藩臣,而胪于郊祀,君子惧焉。"第 685 页。
⑥ 《史记》卷四四《魏世家》:"无忌谓魏王曰:'秦与戎翟同俗,有虎狼之心,贪戾好利无信,不识礼义德行,苟有利焉,不顾亲戚兄弟,若禽兽耳。此天下之所识也,非有所施厚积德也。'"第 1857 页。

西北少数民族影响下不受东方礼教拘束，富有进取精神，节奏形式比较急进暴烈的特征。秦文化的另一个特点，是明显的实用主义的倾向。或说东方文化有"迂大而闳辩"的风格①，秦文化的基本特点则明显有异，体现出对"功用"直接的简单的急切的追求。这种追求的极端化，导致对引领文明进步的论辩、理性、哲思的反感，限制了文化提升的空间。

孔鲋的言行及其境遇，对于我们认识秦文化的特质，提供了有益的启示。

一 "陈涉博士"孔鲋

孔鲋是秦代文化闻人。《史记》卷一二一《儒林列传》记载了他在秦末社会动荡中"往归"农民暴动首领陈胜的事迹：

> 及至秦之季世，焚《诗》《书》，坑术士，《六艺》从此缺焉。陈涉之王也，而鲁诸儒持孔氏之礼器往归陈王。于是孔甲为陈涉博士，卒与涉俱死。陈涉起匹夫，驱瓦合適戍，旬月以王楚，不满半岁竟灭亡，其事至微浅，然而缙绅先生之徒负孔子礼器往委质为臣者，何也？以秦焚其业，积怨而发愤于陈王也。

"于是孔甲为陈涉博士"，裴骃《集解》："徐广曰：'孔子八世孙，名鲋字甲也。'"②《史记》卷一二一《儒林列传》关于"申公"事迹的记述，说道："弟子为博士者十余人。"第一位即"孔安国至临淮太守"。裴骃《集解》："徐广曰：'孔鲋之弟子襄为惠帝博士，迁为长沙太傅，生忠，忠生武及安国。安国为博士，临淮太守。'"③

据《史记》卷四七《孔子世家》记载，孔子至孔鲋世系，于"孔子生鲤，字伯鱼"，"伯鱼生伋，字子思"，"子思生白，字子上"，"子上生

---

① 《史记》卷七四《孟子荀卿列传》："驺衍之术迂大而闳辩；奭也文具难施；淳于髡久与处，时有得善言。故齐人颂曰：'谈天衍，雕龙奭，炙毂过髡。'"第2348页。

② 《史记》，第3116—3117页。

③ 《史记》，第3122页。

求,字子家","子家生箕,字子京","子京生穿,字子高"之后,又说:

> 子高生子慎,年五十七,尝为魏相。
> 子慎生鲋,年五十七,为陈王涉博士,死于陈下。
> 鲋弟子襄,年五十七。尝为孝惠皇帝博士,迁为长沙太守。长九尺六寸。
> 子襄生忠,年五十七。忠生武,武生延年及安国。安国为今皇帝博士,至临淮太守,蚤卒。安国生卬,卬生驩。①

记述至于司马迁生活的时代,应当是大致准确的。但是,从"子慎"至于"鲋",到"鲋弟子襄",再到"子襄"子"忠",这四位人物都是"年五十七",未免令人惊异。梁玉绳《史记志疑》没有对四位相关联人物"年五十七"的巧合提出疑问,但是就孔鲋的名号有所讨论:"案:《孔光传》是'鲋',而《儒林传》作'甲',师古曰'名鲋字甲'。《后序》子鱼名鲋,后名甲。《孔丛·独治篇》子鱼名鲋甲,陈人或谓之子鲋,或称孔甲。《史》失书其字。"②

二　《古今人表》中孔鲋的等序

班固《汉书》卷二〇《古今人表》载录内容截止于秦末。这与题名"古今"不符。颜师古注:"但次古人而不表今人者,其书未毕故也。"③《汉书》的《古今人表》《百官公卿表》《刑法志》《五行志》《地理志》《艺文志》,是《史记》之后所新创。班固继承了司马迁《史记》"表"的形式,主题却有创新。《古今人表》就是一例。

对于《汉书》卷二〇《古今人表》,刘知幾《史通》卷一六《杂说上》有否定其设计的意见:"观太史公之创表也,于帝王则叙其子孙,于公侯则纪其年月,列行萦纡以相属,编字戢撃而相排。虽燕越万里,而于径寸之内,犬牙可接;虽昭穆九代,而于方寸之中,雁行有序。使读书者

---

① 《史记》,第1946—1947页。
② (清)梁玉绳撰:《史记志疑》,中华书局1981年4月版,第1141页。
③ 《汉书》,第861页。

阅文便睹，举目可详，此其所以为快也。如班氏之《古今人表》者，唯以品藻贤愚、激扬善恶为务尔，既非国家递袭，禄位相承，而亦复界重行，狭书细字，比于他表，殆非其类欤！盖人列古今，本殊表限，必吝而不去，则宜以'志'名篇。始自上上，终于下下，并当明为标榜，显列科条。以种类为篇章，持优劣为次第。仍每于篇后云若干品，凡若干人。亦犹《地理志》肇述京华，末陈边塞，先列州郡，后言户口也。"① 以为应该称作"志"，体例亦应变化。他在《史通》卷三《表历》中批评"表"的作用，以为《史记》在各有"本纪"、"世家"、"列传"的情况下，"重列之以表，成其烦费，岂非谬乎？"还写道："……又有甚于斯者。异哉，班氏之《人表》也！区别九品，网罗千载，论世则异时，语姓则他族，自可方以类聚，物以群分，使善恶相从，先后为次，何藉而为表乎？且其书上自庖牺，下穷嬴氏，不言汉事，而编入《汉书》，鸠居鹊巢，茑施松上，附生疣赘，不知剪截，何断而为限乎？"② 宋代学者魏了翁对于《古今人表》也曾发表"多舛缪甚矣"的批评。③ 王利器则肯定《古今人表》的价值。他在《汉书古今人表疏证小引》中写道："积年整理先秦文献，深感《汉书·古今人表》为从事研究工作手边必备之书；质言之，实先秦之人名大辞典也。于是嘱大儿子王贞珉留心搜辑有关资料，日积月累，蔚然可观，因是董理，即成疏证，盖将以为通古今之邮之一助也。"④

《汉书》卷二〇《古今人表》中，人分九个阶次，即所谓"列九等之序"，以"归乎显善昭恶，劝戒后人"。九等，即："上上圣人"、"上中仁人"、"上下智人"、"中上"、"中中"、"中下"、"下上"、"下中"、"下下愚人"。⑤ 孔鲋列名于"中中"，与淳于越、李牧、燕太子丹、鞠武、荆轲、樊於期等列为同一等级。较列为"中上"的韩非、燕将渠、

---

① （唐）刘知幾著，张振珮笺注：《史通笺注》，贵州人民出版社1985年12月版，第585页。
② （唐）刘知幾著，张振珮笺注：《史通笺注》，第53—54页。
③ （宋）魏了翁撰：《蔡文懿公百官公卿年表序》，《重校鹤山先生大全文集》卷五六，《四部丛刊》景宋本，第458页。
④ 王利器、王贞珉著，乔仁诚索引：《汉书古今人表疏证》，齐鲁书社1988年8月版，第1页。
⑤ 《汉书》，第861、863页。

乐间、高渐离低一等次。而高于列为"中下"的秦始皇、李斯、秦武阳、项梁、秦子婴、项羽、陈胜、吴广。而"孔鲋之弟子"孔襄，则较孔鲋高两个等级，列为"上下"即"智人"一等，写作："孔襄，孔鲋弟子。"① 注明了"孔鲋"姓名。

"孔襄，孔鲋弟子"位列"上下智人"，而孔鲋位列"中中"，相差两个层次。王利器、王贞珉《汉书古今人表疏证》写道："案：孔襄何以居第三？岂因其藏书壁中，有功经学，又尝为孝惠博士、长沙太傅欤？"② 所谓"因其藏书壁中，有功经学"的推测，是有道理的。秦时"藏书壁中"事，《汉书》卷三〇《艺文志》颜师古注："《家语》云孔腾字子襄，畏秦法峻急，藏《尚书》、《孝经》、《论语》于夫子旧堂壁中，而《汉记·尹敏传》云孔鲋所藏。二说不同，未知孰是。"③ 但是钱大昕《三史拾遗》卷二《汉书》发表的意见是："当与孔鲋同等，误超二格。"④ 王先谦《汉书补注》引此说并有自己附和的意见："钱大昕云：'当与孔鲋同等。'此皆刊本之误，非班意。"⑤ 这样的判断，有参考价值，但是不具备使人确信的说服力。

关于《古今人表》"孔襄，孔鲋弟子"，《史记》卷四七《孔子世家》作"鲋弟子襄"。⑥《史记志疑》标点相同，作"鲋弟子襄"。⑦ 而《史记》卷一二一《儒林列传》裴骃《集解》："徐广曰：'孔鲋之弟子襄为惠帝博士……'"⑧ 二者不同，于是可能产生"弟"与"弟子"的理解歧异。⑨ 而《汉书》卷二〇《古今人表》明确作"孔襄，孔鲋弟子"，似可

---

① 《汉书》，第951页。
② 王利器、王贞珉著，乔仁诚索引：《汉书古今人表疏证》，第224页。
③ 《汉书》，第1707页。
④ （清）钱大昕撰，田汉云点校：《三史拾遗》，陈文和主编《嘉定钱大昕全集》，江苏古籍出版社1997年12月版，第4卷第59页。
⑤ （清）王先谦撰：《汉书补注》，中华书局据清光绪二十六年虚受堂刊本1983年9月影印版，第388页。王利器、王贞珉《汉书古今人表疏证》："钱大昕曰：'当与孔鲋同等，误超二格，此皆刊本之误，非班意。'"第224页。似将王先谦说误入"钱大昕曰"。
⑥ 《史记》，1947页。
⑦ （清）梁玉绳撰：《史记志疑》，第1141页。
⑧ 《史记》，3122页。
⑨ 点校本二十四史修订本《史记》卷四七《孔子世家》仍作"鲋弟子襄"，第2356页。而《史记》卷一二一《儒林列传》裴骃《集解》引徐广曰已改为"孔鲋之弟子襄为惠帝博士"。第3793页。

澄清疑议。但是王先谦《汉书补注》写道："先谦曰：'子'字衍，见《孔子世家》。"①

三 孔鲋"秦"、"楚"职任

按照前引《史记》卷四七《孔子世家》之说，"子京生穿，字子高"，"子高生子慎"，"子慎生鲋"。《汉书》卷八一《孔光传》："穿生顺"，"顺生鲋"。② 后世关于孔鲋事迹也有另外的说法。如臧励龢等编《中国人名大辞典》"孔鲋"条："孔鲋，秦。穿子，字子鱼，亦字甲。博通经史。秦始皇并天下，召为鲁国文通君，迁少傅。李斯始议焚书，鲋闻之，收其家《论语》《尚书》《孝经》等书藏于旧宅壁中。隐居嵩山，教弟子百余人。后陈涉为楚王，聘为太傅，寻托疾而退，卒于陈。著书二十篇，名曰《孔丛子》。"③ 所据应为宋明儒者所说。

宋黄震《黄氏日抄》卷三二《读本朝诸儒理学书》"阙里谱系"条写道："九代鲋，字子鱼。该览六艺，秦并天下，召为鲁国文通君，拜少傅。秦焚书，乃归，藏书屋壁，自隐嵩山。陈涉起，聘为博士，迁太傅，仕六旬，言不用，退。卒于陈，年五十七。著《孔丛子》。"④ 金孔元措《孔氏庙庭广记》卷一《先圣》："九代鲋，字子鱼。好习经史，该览六艺，秦始皇并天下，分为三十六郡，召为鲁国文通君，拜为少傅。三十四年，丞相李斯始议焚书。是时，鲋知秦将灭，藏其《家语》《论语》《尚书》《孝经》等，安于祖堂旧壁中，自隐于嵩山。后为楚王太傅，卒于陈。"⑤ 明陈镐《阙里志》卷二《世家》："九代鲋，字子鱼，一字甲。该览六艺，秦始皇并天下，召为鲁国文通君，拜少傅。三十四年，丞相李斯始议焚书。鲋与弟子腾子襄藏其《家语》《论语》《尚书》《孝经》等于

---

① （清）王先谦撰：《汉书补注》，第388页。
② 《汉书》，第3352页。
③ 臧励龢等编：《中国人名大辞典》，上海书店据商务印书馆1921年版1980年11月复印版，第46页。
④ （宋）黄震撰：《黄氏日抄》卷三二《读本朝诸儒理学书》"阙里谱系"条，元后至元刻本，第728页。
⑤ （金）孔元措撰：《孔氏祖庭广记》卷一《先圣》，清光绪《琳琅秘室丛书》本，第3页。

祖堂旧壁中，自隐于嵩山，教弟子百余人。后陈涉为楚王，聘为太傅。凡仕六月，托疾而退，卒于陈下，年五十七。著书二十余篇，记先圣及子思、子上、子高、子顺与己行事，名曰《孔丛子》。"① 明郭子章《圣门人物志》："承以至九世，生子三：鲋、腾、树。鲋字子鱼，一字甲。秦始皇召为鲁国文通君，拜少傅。李斯议焚书，鲋与弟子襄藏其《家语》《论语》《尚书》《孝经》等于祖堂旧壁中，自隐于嵩山，教弟子百余人。后陈涉为楚王，聘为太傅。凡仕六月，托疾而退，卒于陈下，年五十七。著书二十余篇，记先圣及子思、子上、子高、子顺与己行事，名曰《孔丛子》。"② 明王世贞《衍圣公爵系表》写道："第九世鲋，字子鱼。慎子。秦始皇并天下，召封为鲁文通君，拜少傅。归隐。陈王涉召为博士，拜太傅。陈灭，死于兵。"③

孔鲋事业人生在宋明人笔下，有层类地增益的痕迹。大体说来，有这样五个闪光点注意：（1）"秦并天下，召为鲁国文通君，拜少傅"；（2）"秦焚书，乃归，藏书屋壁"；（3）"自隐于嵩山，教弟子百余人"；（4）"陈涉起，聘为博士，迁太傅，仕六旬，言不用，退"；（5）"著《孔丛子》"。

《孔丛子》见于《隋书》卷三二《经籍志一·经》，称"陈胜博士孔鲋撰"。④ 所谓"陈胜博士"的身份标识，是引人注目的。可以说提示了他的人生中最显耀的亮点。《宋史》卷二〇五《艺文志四》称"汉孔鲋撰"。⑤《孔丛子》又有题"汉太傅孔鲋著"者。⑥ 所谓"汉孔鲋"与"汉太傅孔鲋"之说，与《史记》有关孔鲋死于陈涉败亡之时的记叙不合。

前引《史记》卷四七《孔子世家》说，孔鲋"为陈王涉博士"，《史记》卷一二一《儒林列传》说"为陈涉博士"。孔鲋任张楚政权"博士"，大概是确实的。孔鲋"卒于陈"、"卒于陈下"、"死于兵"之说，也值得注意。

---

① （明）陈镐撰：《阙里志》卷二《世家》，名嘉靖刻本，第33页。
② （明）郭子章撰：《圣门人物志》卷一《孔子世家》，明万历二十二年赵彦刻本，第10页。
③ （明）王士贞撰：《弇山堂别集》卷三九，中华书局1985年12月版，第708页。
④ 《隋书》，中华书局1973年8月版，第937页。
⑤ 《宋史》，中华书局1977年11月版，第5192页。
⑥ （清）丁丙撰：《善本书室藏书志》卷一五，清光绪刻本，第287页。

四　孔鲋之死

称《孔丛子》"汉孔鲋撰"、"汉太傅孔鲋著"者，都是错误的。孔鲋没有活到汉王朝建立。

前引《阙里谱系》说：孔鲋投入陈涉政权，"仕六旬，言不用，退。卒于陈，年五十七"。宋人已有孔鲋在张楚政权中服务，"仕陈胜为博士，以言不见用，托目疾而退"的说法。如宋咸《注孔丛子序》①，晁公武《郡斋读书志》"《孔丛子》七卷"条。②

"卒于陈"的具体情形，前引《史记》卷四七《孔子世家》："为陈王涉博士，死于陈下。"《史记》卷一二一《儒林列传》："为陈涉博士，卒与涉俱死。"又《汉书》卷八八《儒林传》："陈涉之王也，鲁诸儒持孔氏礼器往归之，于是孔甲为涉博士，卒与俱死。"③

我们看到两种说法，一说孔鲋已"退"，但是仍然"卒于陈"；一说"与涉俱死"。看来后一种说法或许可信。而且即使"言不用，退"，或者托疾"退"，也同样可能"与涉俱死"。《盐铁论·褒贤》"大夫"之言也有关于孔鲋之死的信息："文学高行，矫然若不可卷；盛节絜言，皦然若不可涅。然戍卒陈胜释辂辂，首为叛逆，自立张楚，素非有回、由处士之行，宰相列臣之位也。奋于大泽，不过旬月，而齐、鲁儒墨缙绅之徒，肆其长衣，——长衣，容衣也。——负孔氏之礼器《诗》、《书》，委质为臣。孔甲为涉博士，卒俱死陈，为天下大笑。深藏高逝者固若是也？"④也说"俱死陈"。所谓"孔甲为涉博士，卒俱死陈，为天下大笑"之说，其实轻薄浅陋，真真可"为天下大笑"者。在保护典籍，"藏书屋壁"，"自隐于嵩山，教弟子百余人"之外，康有为《孔子改制考》针对《盐铁论》"为天下大笑"的嘲讽，从"传教"的意义出发，肯定了孔鲋"虽

---

① 曾枣庄、刘琳主编，四川大学古籍整理研究所编：《全宋文》卷四一三，巴蜀书社1990年8月版，第10册第452页。孙少华：《孔丛子研究》，中国社会科学出版社2011年11月版，第483页。

② （宋）晁公武撰，张猛校证：《郡斋读书志校证》，上海古籍出版社1990年10月版，第512页。标点为："仕陈胜，为博士，以言不见用，托目疾而退。"

③ 《汉书》，第3592页。

④ 王利器校注：《盐铁论校注》（定本），中华书局1992年7月版，第241页。

死而不辞"的精神："孔子卒后，澹台灭明居楚，子贡居卫，子夏居西河，大者为师傅卿相，小者友教士大夫。七十弟子，六万徒侣，专以传教为事。故以涉之微浅，而负礼器《诗》《书》委质为臣，孔甲且为博士，虽死而不辞。传教为主，则不必择其人，但以行其教也。"①

陈胜暴动，"奋于大泽，不过旬月"，而孔鲋往投。农民军失败，"卒俱死陈"。孔鲋之死体现的文化风格、政治态度和人生原则，其实是值得敬重的。

五 孔鲋："吾为无用之学"

《史记》卷二八《封禅书》记载，秦始皇东巡至泰山下，曾经就"封禅"程式咨询齐鲁儒生博士，因所议"难施用"，于是"由此绌儒生"。②又写道："上念诸儒及方士言封禅人人殊，不经，难施行。"③《史记》卷一二《孝武本纪》也写作"难施行"。④看来，可否方便"施用"、"施行"，是秦始皇文化判断和政策选择的重要标尺。

前引《史记》卷七四《孟子荀卿列传》所谓"奭也文具难施"之"难施"，应当有与"难施用"、"难施行"接近的语义。

曾经以博士身份服务于秦始皇的孔子八世孙孔鲋说："吾为无用之学"，"秦非吾友"。⑤也强调了文化态度的这种区别。《孔丛子》卷六《独治》有这样的记载："秦始皇东并。子鱼谓其徒叔孙通曰：'子之学可矣，盍仕乎？'对曰：'臣所学于先生者，不用于今，不可仕也。'子鱼曰：'子之材能见时变，今为不用之学，殆非子情也。'叔孙通遂辞去，以法仕秦。"⑥对于秦政鄙薄和敌视儒家"文学"的政策，有的儒生依然

---

① （清）康有为撰：《孔子改制考》卷一四《诸子攻儒考》，民国《万木草堂丛书》本，第221页。
② 《史记》卷二八《封禅书》："即帝位三年，东巡郡县，祠驺峄山，颂秦功业。于是征从齐鲁之儒生博士七十人，至乎泰山下。诸儒生或议曰：'古者封禅为蒲车，恶伤山之土石草木；埽地而祭，席用葅秸，言其易遵也。'始皇闻此议各乖异，难施用，由此绌儒生。"第1366页。
③ 《史记》，第1398页。
④ 《史记》卷一二《孝武本纪》："上念诸儒及方士言封禅人人殊，不经，难施行。"第475页。
⑤ （宋）司马光编著，（元）胡三省音注，"标点资治通鉴小组"校点：《资治通鉴》卷七《秦纪二》"始皇帝三十四年"，第244页。
⑥ 傅亚庶撰：《孔丛子校释》，中华书局2011年6月版，第410页。

坚守文化立场"为不用之学",有的儒生则"能见时变"。"所学"之"用"与"不用",似乎形成了政治态度的分野。

据傅亚庶《孔丛子校释》,《孔丛子》有的版本记录孔鲋明确说到"有用之学"。叶氏藏本、蔡宗尧本、汉承弼校跋本、章钰校跋本孔鲋语都可以看到"吾不为有用之学,知吾者唯友。秦非吾友,吾何危哉?"字样。① 宋潘自牧《记纂渊海》卷四九《性行部》"有守"引《秦纪》:"陈馀谓孔鲋曰:'秦将灭先王之籍,而子为书籍之主,其危哉!'子鱼曰:'吾为无用之学,知吾者惟友。秦非吾友,吾何危哉?'"② 所说"《秦纪》"应当是《资治通鉴》的《秦纪》。王夫之《读通鉴论》卷一《秦始皇·二》就此有所评说:"孔鲋藏书,陈馀危之。鲋曰:'吾为无用之学,知吾者为友。秦非吾友,吾何危哉?'呜呼!能为无用之学,以广其心而游于乱世,非圣人之徒而能若是乎?"王夫之还写道:"君子之道,储天下之用,而不求用于天下。知者知之,不知者以为无用而已矣。故曰:'其愚不可及也。'""庄周惩乱世而欲为散木,言无用矣③,而无以储天下之大用。""知进退存亡而不失其正,易简以消天下之险阻,非圣人之徒,其孰与归?"④

孔鲋言辞所透露的信息,似乎可以反映秦对所谓"无用之学"兼而有之的轻蔑与无知。

秦文化高度务实的倾向在特定历史条件下的积极作用得以突出显现。秦实现统一,技术层面诸多优越条件的作用,应与此有密切关系。⑤ 但是另一方面,推崇"实用"之学至于极端,简单武断地否定所谓"不用之学"、"无用之学",自然不利于历史意义深刻而长久的理论思考、文化建设和教育进步。

---

① 傅亚庶撰:《孔丛子校释》,第414页。此信息承中国人民大学国学院孙闻博副教授提示,谨此致谢。
② (宋)潘自牧撰:《记纂类海》卷四九,文渊阁《四库全书》本,台湾商务印书馆1986年版,第963页。
③ 《庄子·人间世》:"散木也。以为舟则沉,以为棺椁则速腐,以为器则速毁,以为门户则液樠,以为柱则蠹,是不材之木也。无所可用,故能若是之寿。"(清)郭庆藩辑,王孝鱼整理:《庄子集释》,中华书局1961年7月版,第171页。
④ (清)王夫之著,舒士彦点校:《读通鉴论》卷一《秦始皇》,中华书局1975年7月版,第2—3页。
⑤ 参看王子今《秦人的机械发明》,《国学学刊》2009年第1期(创刊号);《秦统一原因的技术层面考察》,《社会科学战线》2009年第9期。

有学者曾经指出,"秦之学术的作用多在形而下的实用方面。这个特点实际在于由秦国到秦王朝的统治者对学术的约束而形成的"。"秦统治者的这种态度也是春秋战国时期严峻的国与国的政治形势决定的。他们需要的是用速成的办法富国强兵,以应付当时对秦国不利的国际环境。这样一来,真正思辨的思想家是难于见用的。因为他们的思想实行起来见效慢,而且所言大多比较空泛。庄子说:'大智闲闲,小智间间;大言炎炎,小言詹詹'①。对于大智、大言,急于成功的诸侯们,都认为那是'大而无当'的,不中绳墨,不中规矩②,也就是难于实施,不具有操作性,所以这种学者并不受到统治者垂青。"③ 这样的意见是基本正确的。然而,我们可以强调"秦王朝的统治者对学术的约束","秦统治者的这种态度"的作用,但是如果以为这就是单一的因素,则认识似乎稍嫌片面。此外,论者指出,当时列国诸侯都"重功利","孟子见梁惠王,梁惠王第一句话就是:'叟,不远千里而来,亦将有以利吾国乎?'④ 这不是求功利吗?"⑤ 固然各国皆"重功利",但是秦人"功用"追求的极端化特征,表现出了独异的文化个性,是不可以忽视的历史真实。

《史记》卷八《高祖本纪》说,"周秦之间,可谓文敝矣",继战乱导致的文化破坏之后,而"秦政不改",司马迁以"岂不缪乎"予以批评。这应当也是秦短促而亡的因素之一。司马迁又写道,"汉兴,承敝易变"⑥,刘邦建国,对于秦政的"敝",推行了拨乱反正的政策⑦,又得到文景时代的坚持,方使得文化史的进程转而健康正常。司马迁于是又有"得天统

---

① 原注:"《庄子·齐物论》。"
② 原注:"《庄子·逍遥游》。"
③ 张文立、宋尚文:《秦学术史探赜》,陕西人民出版社 2004 年 5 月版,第 19 页。
④ 原注:"《孟子·梁惠王》上。"
⑤ 张文立、宋尚文:《秦学术史探赜》,第 19 页。
⑥ 《史记》,第 394 页。
⑦ 汉初政治语汇中,常可看到"拨乱反正"的说法。《史记》卷八《高祖本纪》写道,刘邦去世,群臣赞美道:高祖出身低微,"拨乱世反之正,平定天下",创立汉家帝业,功最高。于是上尊号为"高皇帝"。第 392 页。《史记》卷六〇《三王世家》也说,"高皇帝拨乱世反诸正",宣扬至德,平定海内。第 2109 页。《史记》卷一六《秦楚之际月表》中也有"拨乱诛暴,平定海内,卒践帝祚,成于汉家"的说法。第 759 页。《汉书》卷六《武帝纪》赞曰:"汉承百王之弊,高祖拨乱反正……"第 212 页。《汉书》卷一八《外戚恩泽侯表》:"高帝拨乱诛暴。"第 677 页。《汉书》卷二二《礼乐志》也写道:"汉兴,拨乱反正,日不暇给。"唐代学者颜师古解释说:所谓拨乱反正,是说"拨去乱俗而还之于正道也"。第 1030 页。

矣"的肯定性的赞美。① 即认为汉王朝文化政策的调整，使得国家走向空前的辉煌。这样的历史观察，是符合秦汉转折的真实境况的。

当然，回顾汉代学术史，依然可以看到对秦文化重视应用科学传统的延续。汉代的兵学、农学、医学以及天文历算之学，都表现出技术之学继承与创作的突出成就。②

六　"秦非吾友"的文化传统分析

孔鲋"吾为无用之学"，"秦非吾友"的判断，是十分清醒的认识。这一判断的生成，基于对秦文化实用主义原则其久远传统的发现。

秦始皇焚书，医学、数术之学以及农学等有实用价值的著作不在禁毁之列。据《史记》卷六《秦始皇本纪》记载，丞相李斯建议："臣请史官非《秦记》皆烧之。非博士官所职，天下敢有藏《诗》、《书》、百家语者，悉诣守、尉杂烧之。有敢偶语《诗》《书》者弃市。以古非今者族。吏见知不举者与同罪。令下三十日不烧，黥为城旦。所不去者，医药卜筮种树之书。""制曰：'可。'"③ 即李斯的主张得以批准推行。对于"皆烧之"与"所不去者"的文献区分，《史记》卷八七《李斯列传》的表述是："诸有文学、《诗》《书》、百家语者，蠲除去之"，"所不去者，医药卜筮种树之书"。④

从秦末至楚汉战争中项梁、项羽、张良、黥布、陈余、韩信以及韩信破赵之战中双方将士熟悉兵书、学习兵书的事迹看，当时民间兵学书籍的流传，似乎也没有被禁止。《史记》卷七《项羽本纪》："每吴中有大繇役及丧，项梁常为主办，阴以兵法部勒宾客及子弟，以是知其能。"⑤ 《史记》卷五五《留侯世家》："下邳圯上，有一老父……出一编书，曰：'读此则为王者师矣。后十年兴。十三年孺子见我济北，谷城山下黄石即我矣。'遂去，无他言，不复见。旦日视其书，乃《太公兵法》也。良因异

---

① 《史记》，第394页。
② 参看张岂之主编《中国思想学说史·秦汉卷》，广西师范大学出版社2008年1月版。
③ 《史记》，第255页。
④ 《史记》，第2546页。
⑤ 《史记》，第296页。

之，常习诵读之。""良数以《太公兵法》说沛公，沛公善之，常用其策。"①《史记》卷九一《黥布列传》："或说楚将曰：'布善用兵，民素畏之。且兵法，诸侯战其地为散地。今别为三，彼败吾一军，余皆走，安能相救！'不听。布果破其一军，其二军散走。"②《史记》卷九二《淮阴侯列传》："（陈余）常称义兵不用诈谋奇计，曰：'吾闻兵法十则围之，倍则战。今韩信兵号数万，其实不过数千。能千里而袭我，亦已罢极。今如此避而不击，后有大者，何以加之！则诸侯谓吾怯，而轻来伐我。'不听广武君策，广武君策不用。""信乃使万人先行，出，背水陈。赵军望见而大笑。"韩信最终获胜，"诸将效首虏，毕贺，因问信曰：'兵法右倍山陵，前左水泽，今者将军令臣等反背水陈，曰破赵会食，臣等不服。然竟以胜，此何术也？'"韩信回答道："此在兵法，顾诸君不察耳。兵法不曰'陷之死地而后生，置之亡地而后存'？且信非得素拊循士大夫也，此所谓'驱市人而战之'，其势非置之死地，使人人自为战；今予之生地，皆走，宁尚可得而用之乎！"于是，"诸将皆服曰：'善。非臣所及也。'"③

从某种意义上可以说，兵学也是实用之学。④

《韩非子·和氏》说，早在秦始皇焚书之前，商鞅已经有"燔《诗》《书》而明法令"的政治举措。⑤ 也就是说，秦始皇极其严酷的遭到千百

---

① 《史记》，第2035、2036页。
② 《史记》，第2606页。
③ 《史记》，第2615—2617页。
④ 《史记》，第2035页。《汉书》卷三〇《艺文志》关于"兵家"有言："孔子曰为国者'足食足兵'，'以不教民战，是谓弃之'，明兵之重也。""足食足兵"，颜师古注："《论语》载孔子之言。无兵与食，不可以为国。""以不教民战，是谓弃之"，颜师古注："亦《论语》所载孔子之言，非其不素习武备。"第1762—1763页。从这一意义来说，兵学与农学具有同样重要的意义。
⑤ 陈奇猷校注《韩非子集释》作"燔诗书而明法令"。陈奇猷校注："李赓芸曰：据此，是秦燔书不待始皇也。王先慎曰：《困学纪闻》云：'《史记·商君传》不言燔诗书，盖诗书之道废，与李斯之焚无异也。'奇猷案：以《商鞅传》及《商君书》推之，鞅治秦而焚书之事，似为事实。盖商鞅之治，在使民喜农而乐战，而诗书者，乃儒家之典籍，诗书不废，能使民逸而为儒生，甚有害于法治，故《商君书·壹言篇》曰：'贱游学之人。'且儒家之典章制度，多出虚构，旨在复古，宜鞅之治秦而焚诗书矣。《五蠹篇》曰：'明主之国，无书简之文，以法为教，无先王之语，以吏为师，无私剑之悍，以斩首为勇'，与此言焚诗书亦合。韩非乃本商鞅立说。第鞅法行于秦仅十八年，鞅于孝公二十四年被害，其法即废，而秦处西陲，儒家典籍之传入当亦甚少，则所燔之书不多，故史阙而不载耳。"陈奇猷校注：《韩非子集释》，上海人民出版社1974年7月版，第238、243页。

年严厉批评的文化专制主义政策,其实可以在商鞅时代发现先行者。①

《朱子语类》卷五六记录了对商鞅的批评:"他欲致富强而已,无教化仁爱之本,所以为可罪也。"② 朱熹认为商鞅轻视文化建设和道德维护,推行的法令政策,目的是单一的、短视的,只是"欲致富强而已"。这一目标虽然得以实现③,然而从长时段的文化史视角考察,对"教化仁爱之本"的败坏,应当承当罪责。看来,从商鞅到嬴政,文化取向是基本一致的。

所谓"燔《诗》《书》",不言其他著作,可以推想,实用之学的学术积累得以存留。《韩非子·五蠹》说"境内皆言兵,藏孙、吴之书者家有之"④,显然兵学曾经得以广泛普及。而《吕氏春秋》中《上农》等四篇保留了重要的古农学经验⑤,被农史学者看作"比较全面性的农学著作"。⑥ 农学史学界认为,"就农家思想而言,《吕氏春秋》中的记载是当时最为详细和完整的"。⑦ 有学者指出,"《上农》论述重农抑商政策的必要性及其措施,是我国保持至今的最早的农业政策论文之一。《任地》、

---

① (宋)王应麟《困学纪闻》卷一〇《诸子》:"《韩子》曰:'商君教秦孝公燔《诗》《书》而明法令。'愚按《史记·商君传》不言'燔《诗》《书》'。盖《诗》《书》之道废,与李斯之焚之无异也。"何焯云:"意者商鞅所燔止于国中,至李斯乃流毒天下。"(宋)王应麟著,(清)翁元圻等注,栾保群、田松青、吕宗力校点:《困学纪闻》(全校本),上海古籍出版社2008年12月版,第1267—1268页。(明)陈耀文《正杨》卷一有"焚书起于韩非"条:"秦焚书坑儒起于李斯乎?斯之先固有为此说于秦者矣,韩非是也。""作俑者乃韩非,匪斯也。"文渊阁《四库全书》本,第22页。

② (宋)黎靖德编,王星贤点校:《朱子语类》卷五六《孟子六·离娄上》,中华书局1986年3月版,第1331页。

③ 《史记》卷八七《李斯列传》:"孝公用商鞅之法","国以富强"。第2542页。(宋)陈埴撰《木钟集》卷一一《史》:"秦自商君立法,欲民务农力战,故重耕战之赏。以商贾务末,不能耕战,故重为谪罚以抑之。所以立致富强。"文渊阁《四库全书》本,第155页。(宋)叶适《习学纪言序目》卷五〇《皇朝文鉴四·论》:"六国初,尚夷狄摈秦,秦孝公用商鞅变法致富强。"中华书局1977年10月版,第743页。

④ 陈奇猷校注:《韩非子集释》,第1066页。

⑤ 参看王毓瑚《先秦农家言四篇别释》,农业出版社1981年3月版;张企曾《〈吕氏春秋〉中〈上农〉等四篇论文的农学成就》,《河南农业大学学报》1988年第3期;杨钊《〈吕氏春秋〉与农业》,《农业考古》2002年第3期;张景书《〈吕氏春秋〉的农业教育思想》,《西北农林科技大学学报》2003年第2期。

⑥ 胡道静:《我国古代农学发展概况和若干古农学资料概述》,《农书·农史论集》,农业出版社1985年6月版,第117页。

⑦ 钟祥财:《中国农业思想史》,上海社会科学院出版社1997年12月版,第46页。

《辩土》、《审时》则为我国保持至今的最早的农业技术论文"。"三篇大体构成一个整体，带有作物耕作栽培技术通论的性质。"①"《吕氏春秋》中保存的农学片断，成为唯一可藉以探索先秦农业科学内容的主要资料，这就使它在我国农学史的研究上十分可贵。"②

这种"保存"，或许可以说明商鞅"燔《诗》《书》"时，"种树之书"并未遭到禁毁。

秦始皇事后对于焚书事件有这样的言辞："吾前收天下书不中用者尽去之。"③ 所谓六国史书以及"《诗》、《书》、百家语"，或说"文学、《诗》《书》、百家语"。所谓"不中用"，后来成为民间通行的"俚谈""俗语"。

萧参《希通录》讨论了这一语言现象的发生："俚谈以不可用为不中用，自晋时已有此语。《左传·成二年》郤子曰：'克于先大夫，无能为役。'杜预注：'不中为之役使。'"④ 此所言"晋时"，是指春秋晋史故事。《困学纪闻》卷一九《评文》"俗语皆有所本"条则指出："'不中用'出《史记·外戚世家》、《王尊传》。"⑤ 阎若璩按："《秦始皇本纪》：'吾前收天下书不中用者。'《外戚世家》：'武帝择宫人不中用者，斥出归之。'《王尊传》：'其不中用，趣自避退，毋久妨贤。'"⑥ 看来，"不中用"是秦汉社会通行的"俚谈""俗语"。而较早的例证，竟是秦始皇的言辞。"天下书不中用者"判断之所谓"不中用"，值得我们思考。秦始皇所谓"收"以及前引史籍记载之所谓"皆烧之"，所谓"蠲除去之"的极端激烈的政策，体现出特定的文化取向。

---

① 梁家勉主编：《中国农业科学技术史稿》，农业出版社1989年10月版，第159—160页。
② 中国农业科学院、南京农学院中国农业遗产研究室编著：《中国农学史》（初稿）上册，科学出版社1959年12月版，第87页。
③ 《史记》卷六《秦始皇本纪》，第258页。
④ （清）沈自南撰：《艺林汇考·称号篇》卷一〇《诨名类》引《希通录》，文渊阁《四库全书》本，第288页。
⑤ 今按：栾保群、田松青、吕宗力校点《困学纪闻》（全校本）误作"出《史记·外戚世家·王尊传》"。第2047页。《史记》卷四九《外戚世家》："武帝择宫人不中用者，斥出归之。"第1978页。《汉书》卷九七上《外戚传上·孝武卫皇后》："武帝择宫人不中用者斥出之，子夫得见，涕泣请出。"第3949页。《汉书》卷七六《王尊传》："又出教敕掾功曹'各自底厉，助太守为治。其不中用，趣自避退，毋久妨贤'。"第3228页。
⑥ （宋）王应麟著，（清）翁元圻等注，栾保群、田松青、吕宗力校点：《困学纪闻》（全校本），第2047、2055页。

《盐铁论·散不足》也使用了这一"俚谈""俗语":"古者,衣服不中制,器械不中用,不粥于市。今民间雕琢不中之物,刻画玩好无用之器。玄黄杂青,五色绣衣,戏弄蒲人杂妇,百兽马戏斗虎,唐锑追人,奇虫胡妲。"王利器校注:"《礼记·王制》:'用器不中度,不粥于市,兵车不中度,不粥于市,布帛精粗不中数,幅广狭不中量,不粥于市……'"① 可以看到,所谓"不中用",其实也就是"无用"。或写作"不用"。如《盐铁论·崇礼》所谓"玩好不用之器"。②

《荀子·儒效》中有这样一条秦史与秦文化研究者以及关心秦史与秦文化的人们应当予以重视的资料:"秦昭王问孙卿子曰:'儒无益于人之国?'"③ 大致同样的记述又见于《新序》。或作:"秦昭王问孙卿曰:'儒无益于人之国。'"标点形式显示肯定语气。④ 秦昭襄王从现实出发,对在东方已经形成强势学术地位的儒学提出的质疑,立足点在于"儒"对于国家"无益"。也就是说,儒学对于执政者"欲致富强"的目的是"无益"的。就其直接意义来说,是"不中用"的。

后世有学者对所谓"儒无益于人之国"有所辩说。如宋代学者袁甫《经筵进讲故事》就匡衡上疏所言"六戒"的讨论中涉及"儒无益于人之国"的观点:"匡衡、刘向,号为名儒,卒不能有格心之业,使天下谓'儒无益于人之国'。儒果无益于国耶?读史至此,为之掩卷三叹。"⑤ 论者所言"匡衡、刘向"事,已经属于另外的政论主题。然而就"儒无益于人之国"一语"为之掩卷三叹",可知对于秦昭襄王的儒学观形成了深刻的历史文化记忆。

从秦昭襄王"儒无益于人之国"的言论看,秦执政者对于"无益"之学、"不中用"之学的抵触和否定,其实由来已久。这种带有主导性意义的倾向,对于秦政的风格有所影响。但是起基本作用的,是秦文化的

---

① 王利器校注:《盐铁论校注》(定本),第349、364页。所谓"不中度"、"不中数"、"不中量",应该都是"不中制"。

② 王利器校注:《盐铁论校注》(定本),第437页。

③ (清)王先谦撰,沈啸寰、王星贤点校:《荀子集解》,中华书局1988年9月版,第117页。

④ (汉)刘向编著,石光瑛校释,陈新整理:《新序校释》,中华书局2001年1月版,第692页。

⑤ (宋)袁甫撰:《蒙斋集》卷一《经筵讲义》,文渊阁《四库全书》补配文津阁《四库全书》本,第7页。

倾向。

《韩非子》被看作法家学说的集大成者。这部法家名著于秦政的方向多显示出指导作用。读《韩非子》书中的相关论述，又可以看到秦文化这种实用特征形成历史作用，也有法家学说的助托。

《韩非子》的学术语言中，"功用"有特别重要的地位。

《韩非子·八经》"参言"一节强调君主必须以"功"、"用"为原则审察各种"言"、"说"、"辩"的表达，判定其是否"邪"、"奸"、"诬"："言不督乎用则邪说当上。……有道之主，听言、督其用，课其功，功课而赏罚生焉，故无用之辩不留朝。任事者知不足以治职，则放官收。说大而夸则穷端，故奸得而怨。无故而不当为诬，诬而罪，臣言必有报，说必责用也，故朋党之言不上闻。"①"督其用，课其功"，是"主"考察和管理臣下，行使其权力的行政要点。对所谓"无用之辩"的排斥，立场是鲜明的。《韩非子·六反》认为执政者应当遵循这一原则否定"虚旧之学"和"矜诬之行"："明主听其言必责其用，观其行必求其功，然则虚旧之学不谈，矜诬之行不饰矣。"②所谓"必责其用"，"必求其功"，可以与"督其用，课其功"联系起来理解。

"功"和"用"，与法家学说最推崇的"法"也存在内在联系。《韩非子·五蠹》写道："谈言者务为辩而不周于用"，"儒以文乱法"，"行仁义者非所誉，誉之则害功；文学者非所用，用之则乱法"。③"谈言者""不周于用"之"不周于用"，"文学者非所用"之"非所用"，也就是"无用"。"文学者"的文化理念一旦实践于政治生活，则可以"乱法"。

对于"无用"的否定，不仅限于"言"，而且包括"行"。《韩非子·问辩》这样说："夫言行者，以功用为之的彀者也。夫砥砺杀矢而以妄发，其端未尝不中秋毫也，然而不可谓善射者，无常仪的也。设五寸之的，引十步之远，非羿、逢蒙不能必中者，有常也。故有常则羿、逢蒙以五寸的为巧，无常则以妄发之中秋毫为拙。今听言观行，不以功用为之的彀，言虽至察，行虽至坚，则妄发之说也。"④明确指出"功用"是"言

---

① 陈奇猷校注：《韩非子集释》，第1029页。
② 陈奇猷校注：《韩非子集释》，第953页。
③ 陈奇猷校注：《韩非子集释》，第1066、1057页。
④ 陈奇猷校注：《韩非子集释》，第898—899页。

行"的唯一追求。而辨别是非,决定取舍的基本标准,也是"功"和"用"。

《韩非子》中,曾经明确提出"去无用"、"禁无用"的主张。

《韩非子·难言》对"华而不实"等 12 种言谈表现形式予以指责,表示"非之所以难言而重患也"。其中两种,韩非斥其"无用":(1)"多言繁称,连类比物,则见以为虚而无用。"(2)"闳大广博,妙远不测,则见以为夸而无用。"① 所谓"虚而无用"和"夸而无用"的"虚"和"夸",都指出了这种文化倾向脱离实际的问题。所谓"闳大",使人联想到前引《史记》卷七四《孟子荀卿列传》对于东方有的学派"迂大而闳辩"的介绍。

对于排斥"文学者非所用"之"虚而无用"和"夸而无用"等倾向的主张,《韩非子·忠孝》有如下明朗的表述:"世之所为烈士者,虽众独行,取异于人,为恬淡之学而理恍惚之言。臣以为恬淡,无用之教也;恍惚,无法之言也。言出于无法,教出于无用者,天下谓之察。""事君养亲不可以恬淡","言论忠信法术不可以恍惚"。"恍惚之言,恬淡之学,天下之惑术也。"② 指出所以应当予以斥责抵制,在于其"无用"、"无法"。

韩非所鄙弃的"虚旧之学"、"矜诬之行",应当是指形成传统的有充分自信的文化理念。他所责难的具体指向究竟是什么呢?《韩非子·八说》有这样一段表现出激烈批判精神的话:"今世主察无用之辩,尊远功之行,索国之富强,不可得也。博习辩智如孔、墨,孔、墨不耕耨,则国何得焉?修孝寡欲如曾、史,曾、史不战攻,则国何利焉?"③ 攻击的锋芒直指"孔、墨"、"曾、史"思想所体现的非法家学说和东方传统道德。"孔、墨不耕耨",不能有益于"国"之"得";"曾、史不战攻",不能有益于"国"之"利"。这样的意见,正符合秦国执政集团"好利"的行政倾向。如果对"无用之辩"和"远功之行"予以容忍和肯定,则无从追求"国之富强"。这种主张,正是前引朱熹严厉批评的"欲致富强而

---

① 陈奇猷校注:"津田凤卿曰:谥法:'华言无实曰夸。'"陈奇猷校注:《韩非子集释》,第 48—49 页。
② 陈奇猷校注:《韩非子集释》,第 1109 页。
③ 陈奇猷校注:《韩非子集释》,第 973—974 页。

已,无教化仁爱之本,所以为可罪也"。理解所谓"好利",可以读《史记》卷四四《魏世家》所见信陵君对秦的批评。他说:"贪戾好利无信,不识礼义德行,苟有利焉,不顾亲戚兄弟,若禽兽耳,此天下之所识也,非有所施厚积德也。"① 指出了秦文化和东方崇尚"礼义德行","施厚积德"传统的差异。《史记》卷四二《郑世家》:"(郑桓)公曰:'吾欲居西方,何如?'②(太史伯)对曰:'其民贪而好利,难久居。'"③ 所谓秦"贪戾好利无信"以及"西方""其民贪而好利"的文化地理学或说民俗地理学的信息,也值得秦文化研究者重视。

《韩非子·五蠹》强调"明主"用臣下之力行政,应当遵循"赏其功,必禁无用"的原则。④《韩非子·显学》又提出明确的主张:"明主举实事,去无用;不道仁义者故,不听学者之言。"⑤ 所谓"举实事,去无用",体现出后世称之为"实用"的文化特色。而"禁无用"、"去无用"的"禁"与"去",后来在秦始皇的政治实践中是表现为血与火的残暴手段的。⑥

秦文化传统对"实用"的高度看重甚至极端推崇,与东方文化理念形成鲜明对立,发生强烈冲撞。通过孔鲋事迹,可以看到相关现象及其影响。⑦

---

① 《史记》,第 1857 页。
② 司马贞《索隐》:"《国语》曰:'公曰:谢西之九州,何如?'韦昭曰:'谢,申伯之国。谢西有九州,二千五百家为州。'其说盖异此。"
③ 《史记》,第 1757 页。
④ 陈奇猷校注:《韩非子集释》,第 1067 页。
⑤ 陈奇猷校注:《韩非子集释》,第 1102 页。
⑥ 王子今:《秦文化的实用之风》,《光明日报》2013 年 7 月 15 日,第 15 版"国学";《秦"功用"追求的极端性及其文化影响》,《陕西历史博物馆馆刊》第 20 辑,三秦出版社 2013 年 12 月版。
⑦ 王子今:《孔鲋的文化立场》,《光明日报》2020 年 8 月 1 日第 11 版"国学"。

后　　记

《秦史人物论稿》以作者有关秦史若干人物的研究为基础，通过对这些对秦史进程形成影响的历史人物的分析，以求深化对秦史与秦文化的认识。我想，理解这些人物的立场、思想、表现及其历史影响，对于多视角地考察秦史，可以提供有价值的新发现。而秦文化的风貌，也可以得到更具体、更生动的说明。

由于前期成果的零散，这部书稿作为"秦史人物"研究论著，各篇并不整齐。有的以一位历史人物为对象，如"宣太后"、"扁鹊"、"甘罗"、"秦项橐"、"白起"、"郑国"、"嫪毐"、"班壹"、"李斯"、"徐市"、"赵佗"、"孔鲋"等；有的一位历史人物以两篇或者多篇分述，如"商鞅"、"吕不韦"、"秦始皇"等；有的两位历史人物合篇讨论，如"秦文公和史敦"、"秦孝公与商鞅"、"乌氏倮、巴寡妇清"等；有的则论说对象为多位历史人物甚或一个人物组合，如"政论与史论：秦史政治人物的对话"涉及的"秦穆公与由余的对话"、"秦孝公与卫鞅的对话"、"秦昭襄王与范雎的对话"、"范雎与蔡泽的对话"、"秦王政神交韩非"等，以及"秦武公与秦'力士'"、"《货殖列传》所见成功秦商"、"'四皓''避秦商山'"等。结构设计和行文形式未能一致，是为了理解和说明考察主题的方便，希望读者朋友们理解。

可以说由于疫情对生活和工作的影响，研究进展蹇难困厄，以致定稿时间较原先的计划迟滞很久。但是严肃反省，主要原因还是自己的驽钝和懒散。当然如陆云诗句所谓"时过年迈,晻冉桑榆"[1],老朽力不从心,也是学术效率低下的原因。

作为中国人民大学重大规划项目"秦史与秦文化研究"(项目批准号:18XNLG02)的阶段性成果,这一工作得到中国人民大学科研处的支持。

书稿完成,承首都博物馆李兰芳博士认真核对引文信息,处理文档格式,承担了非常大的工作量,付出很多辛劳。对原稿的完善也提供了不少具体的帮助。谨此致谢。

王子今

北京大有北里

2020 年 10 月 16 日

---

[1] (晋)陆云《赠顾彦先》诗其四:"邂逅相遇,良愿乃从。不逢知己,谁济予躬?莫攀莫附,愧我高风。时过年迈,晻冉桑榆。晞光赖润,亦在斯须。假我夷涂,顿不忘驱。泛予津川,桴不失浮。无爰余晖,遂暗东嵎。""余晖"、"东嵎"对言,一如陆云《答兄平原》诗所谓"昔我往矣,辰在东嵎;今我于兹,日薄桑榆"。(晋)陆云撰,黄葵点校:《陆云集》,中华书局1988 年 8 月版,第 73—74、48 页。